LIÇÕES DE DIREITO INTERNACIONAL PRIVADO
I

A. FERRER CORREIA
Professor jubilado da Faculdade de Direito
e Reitor honorário da Universidade de Coimbra
Professor ordinário da Faculdade de Direito
da Universidade Católica Portuguesa
Membro emérito da Academia Internacional de Direito Comparado
Membro honorário do Instituto de Direito Internacional

LIÇÕES DE DIREITO INTERNACIONAL PRIVADO
I

Com a colaboração de Luís Barreto Xavier,
Assistente da Faculdade de Direito da
Universidade Católica Portuguesa

9.ª Reimpressão da Edição de Outubro / 2000

ALMEDINA

LIÇÕES DE DIREITO INTERNACIONAL PRIVADO

AUTOR
A. Ferrer Correia

EDITOR
EDIÇÕES ALMEDINA, S.A.
Rua Fernandes Tomás, nºs 76 a 80
3000-167 Coimbra
Tel.: 239 851 904 · Fax: 239 851 901
www.almedina.net · editora@almedina.net

PRÉ-IMPRESSÃO
G.C. - GRÁFICA DE COIMBRA, LDA.

IMPRESSÃO E ACABAMENTO
PAPELMUNDE

Dezembro, 2016

DEPÓSITO LEGAL
153715/00

ISBN
978-972-40-1412-8

NOTA PRÉVIA

Estas Lições de Direito Internacional Privado são a versão modificada, ampliada e actualizada daquelas que, redigidas de 1973 a 1975 e destinadas fundamentalmente aos alunos do 5º ano da Faculdade de Direito de Coimbra, nunca chegaram a ser impressas. Contudo, isso não estorvou a sua difusão por um público mais vasto, mas essencialmente escolar.

Depois de longamente hesitar, o autor chegou à conclusão de que a publicação da obra em letra impressa não poderia tardar mais: fazia-se agora ou não se faria nunca.

Só que as Lições policopiadas dos anos 70 estavam manifestamente envelhecidas. Havia que actualizar certos capítulos, que acrescentar outros e que modernizar o todo. Foi a esta obra que o Autor se dedicou, ajudado pelo Assistente Mestre da Faculdade de Direito da Universidade Católica Luís Barreto Xavier, cuja colaboração se regista e agradece.

Para além disto, o Autor contava também com alguns trabalhos seus, publicados nos anos 80 e 90. Destes estudos, o mais importante era sem dúvida a versão portuguesa do curso da Academia de Direito Internacional da Haia (Problèmes de Codification en Droit International Privé, Rec. des Cours, 1975, II) que foi publicada, logo na 1ª reimpressão, com o título de "Direito Internacional Privado — Alguns Problemas". Outros trabalhos mais foram vindo a lume nas décadas de 80 e 90, mas só três concorreram de modo assaz significativo para a elaboração deste livro, a saber: "Considerações sobre o método do Direito Internacional Privado", 1982, "A Revisão do Código Civil e o Direito Internacional Privado" (em Estudos vários de Direito, 1982) e "Le Système Portugais sur la Compétence

Internationale (directe)", em *Études de Droit International en l'honneur de Pierre Lalive*, 1993.

Quanto aos restantes, versam quase todos matérias que estão fora do âmbito de umas lições escolares que não têm a pretensão de exceder os limites da parte geral da nossa disciplina. Só num 2º volume — se lá chegarmos — será possível ir mais além.

Em resumo: esta obra é constituída essencialmente pelas lições dactilografadas e policopiadas dos anos 70, que o Autor procurou melhorar e actualizar em tanto quanto lhe foi possível: possa a boa vontade de que deu provas suprir as deficiências do livro que agora se oferece aos estudantes das nossas Escolas de Direito e se apresenta ao público em geral.

Coimbra, 2000

À memória da minha querida Ângela Maria, inesquecível companheira de toda uma vida.

À memória de meus saudosos Pais e Irmãs.

A meus Filhos e Noras.

A todos quantos foram meus alunos na Faculdade de Direito de Coimbra, escola onde fui também aluno, onde me formei e doutorei e onde decorreu a maior parte da minha longa caminhada pelo ensino. Aos Mestres que lá tive.

À Maria Fernanda de Oliveira, em reconhecimento de uma inteligente e dedicada colaboração de tantos anos.

INTRODUÇÃO

CAPÍTULO I

Objecto, função e conceito do Direito Internacional Privado

1. O Direito Internacional Privado (DIP) é o ramo da ciência jurídica onde se definem os princípios, se formulam os critérios, se estabelecem as normas a que deve obedecer a pesquisa de soluções adequadas para os problemas emergentes das relações privadas de carácter internacional. São essas relações (ou situações) aquelas que — expressão de uma actividade jurídica que se não comporta nas fronteiras de um único Estado — entram em contacto, através dos seus elementos, com diferentes sistemas de direito. Não pertencem a um só domínio ou espaço legislativo, mas a vários: são relações "plurilocalizadas".

Por via de regra, não assumem esta natureza as relações que nos diversos países são levadas à apreciação e julgamento dos tribunais: na sua maioria, tais relações pertencem à esfera jurídica interna de um só Estado.

Mas nem sempre as coisas se apresentam deste jeito. Nem todos os factos e processos do comércio jurídico ocorrem e se desenvolvem inteiramente no âmbito da mesma comunidade estadual. As sociedades civis organizadas em Estados, bem ao invés de constituírem compartimentos estanques, são estreitamente solidárias e interdependentes, e constantemente se estabelecem entre os seus membros as mais variadas modalidades de intercâmbio, quer no campo económico, quer no cultural, quer na esfera dos actos atinentes à instituição da família. Por toda a parte e a todo o momento, homens de todos os países e latitudes criam uns com os outros os mil contactos e relações da autêntica vida em sociedade — uma sociedade de indivíduos à escala mundial —, juntando novas malhas à teia de um comércio jurídico internacional sempre em crescendo.

2. Daqui nascem os problemas do DIP.

Como acabámos de dizer, todos os dias se constituem ou desenvolvem no território de um Estado relações de direito privado que se não apresentam como a expressão pura e simples da vida jurídica local, mas que, já pela nacionalidade ou o domicílio dos sujeitos, já em razão do lugar onde devem ser executadas as respectivas obrigações, já pela situação das coisas a que respeitam, se definem antes como fenómenos desse comércio jurídico internacional atrás aludido. São relações, essas, que encerram na sua estrutura elementos estrangeiros, e tais elementos são outros tantos pontos de contacto ou outras tantas conexões com sistemas de direito diferentes.

Certo, não seria boa solução sujeitá-las sempre e sem mais exame à autoridade do direito local. E dada a conexão existente entre elas e várias ordens jurídicas, há uma solução que a simples intuição nos aponta como natural: escolher dessas ordens jurídicas a que lhes seja *mais próxima*, a que tenha com elas *o contacto mais forte ou mais estreito*: determinar se é essa a solução a seguir, ou qual seja a solução a seguir — e qual seja nos diferentes casos essa lei — é justamente o problema a que o DIP se propõe dar resposta. Está claro que a questão do direito aplicável não se levantaria, por inteiramente irrelevante, se o direito privado vigente fosse o mesmo em toda a parte. É, porém, facto notório que entre as instituições civis e comerciais dos vários Estados existem, de um modo geral, diferenças bem vincadas. Desta sorte, o problema posto adquire um interesse premente.

3. Para ilustrar o tipo de situações que estão na origem do DIP, vejamos alguns exemplos:

a) Caso Kaufman v. American Youth Hostels, Inc. Uma jovem

residente em Nova Iorque, que se inscrevera numa excursão organizada pela American Youth Hostels — instituição de fins beneficentes com sede em Nova Iorque — veio a ser vítima de acidente mortal durante a excursão, na ascensão do monte Hood, no Oregon. O pai da vítima, também residente em Nova Iorque, intentou neste Estado uma acção de indemnização de perdas e danos contra a referida instituição. A ré defendeu-se alegando que, nos termos do direito em vigor no lugar do acidente, a sua qualidade de instituto de beneficência a isentava de toda a responsabilidade civil pelos prejuízos causados a terceiros por actos ou omissões dos seus empregados ou agentes. Posto que em Nova Iorque a invocada imunidade dos institutos de beneficência houvesse já sido abolida nessa época, o tribunal, decidindo-se pela aplicação do direito do Oregon, julgou a acção improcedente.

b) *Caso Maldonado.* A espanhola Eloisa Hernandez Maldonado, viúva, domiciliada em Santander, faleceu intestada em 1924, sem deixar parentes sucessíveis. À herança pertenciam títulos de crédito, que se achavam depositados num banco londrino. O Estado espanhol, argumentando ser ele o único herdeiro da *de cujus* segundo a lei da sua nacionalidade e também do seu domicílio (Cód. Civ. esp. art. 956.º), propôs uma acção contra a Coroa inglesa em que pedia lhe fosse reconhecida a propriedade dos referidos títulos. Segundo o direito inglês (*Administration of Estates Act*, de 1925, sec. 46,1,VI), a Coroa pode assenhorear-se das coisas hereditárias sem dono (*bona vacantia*) situadas na Inglaterra. Não obstante isto, a "Court of Appeal" de Londres julgou a acção procedente, o que quer dizer que entendeu dever a questão resolver-se pela precedência da norma da lei espanhola, lei reguladora da sucessão (como *lex domicilii*).

c) *Caso Allard.* Em 1952, subiu ao STJ um recurso de revista cujo objecto residia no seguinte problema: um francês, Guy Joseph Allard, filho ilegítimo de pai português e mãe francesa, reconhecido sucessivamente por ambos os progenitores (pela mãe em primeiro lugar), falecera com testamento em Lisboa, onde era domiciliado, no estado de solteiro e sem descendência. Da herança faziam parte bens móveis e imóveis, sitos em Portugal. No testamento, pelo qual os bens do testador eram distribuídos por várias instituições, este declarava ter como único parente sucessível a mãe, que no entanto não nomeava formalmente herdeira ou legatária.

Posto isto, a questão fundamental que se debateu no processo foi a de saber se os pais ilegítimos são chamados à sucessão dos filhos *ex vi legis*, como herdeiros legitimários; questão a que o direito francês respondia pela negativa, e o direito português afirmativamente.

O Supremo, entendendo que a lei aplicável à sucessão, ao fim e ao cabo, vinha a ser a portuguesa — em virtude de um "reenvio" da lei da nacionalidade do *de cujus* para a do seu domicílio e *lex rei sitae* —, decidiu a contenda a favor da mãe do hereditando[1].

d) *Caso Babcock v. Jackson* (1963). De um acidente de viação ocorrido no Canadá (Ontário), resultou uma acção de reparação de danos proposta contra o proprietário e condutor do veículo na ocasião do acidente. O fundamento da acção era a culpa. A acção foi proposta no Estado de Nova Iorque, aquele onde todos os interessados residiam e onde tivera início o passeio ao Canadá no carro do casal Jackson. Para estes casos de responsabilidade do condutor da viatura pelos danos causados ao passageiro transportado graciosamente, existe na lei do Ontário (no *Highway Traffic Act*) uma disposição especial (uma *Guest-passenger Law*), nos termos da qual a responsabilidade só existe provando-se culpa grave do condutor. No caso concreto, não se provou culpa grave. Ao invés, segundo o direito do Estado de Nova Iorque, verificavam-se todos os pressupostos da obrigação de indemnizar. O Tribunal de Apelação nova-iorquino,

[1] Revista de Legislação e de jurisprudência, 85.°, p. 269

baseado na estreita relação da sua lei com as partes e no interesse do Estado local, concedeu a indemnização reclamada[2].

e) Um nacional de um país de direito muçulmano, onde o casamento é essencialmente um acto religioso, não sendo portanto havido por tal um casamento civil ainda que celebrado no estrangeiro, ao abrigo da *lex loci celebrationis*, casou na Alemanha — onde só se conhece o casamento civil — com uma alemã. Este matrimónio deverá ser tido por válido em Portugal, apesar de o Estado da nacionalidade do marido o haver por nulo ou até por juridicamente inexistente? E os filhos do casal serão legítimos?

f) Morre em Portugal, onde estava domiciliado, um cidadão do Reino Unido, que deixa por testamento a maior parte dos seus bens a instituições portuguesas de fins culturais e beneficentes. Poderão os filhos do testador, fundando-se no art. 2169.º do nosso Cód. civ., obter a redução da liberalidade para os limites do art. 2159.º, apesar de o direito nacional do hereditando desconhecer o instituto da legítima?

Todos os casos descritos oferecem a particularidade de se acharem em conexão com dois sistemas de direito. Surge, portanto, em todos eles, o problema do direito aplicável, que poderá ser o que tiver com o caso concreto a conexão mais forte ou estreita. E como determinar essa conexão?

4. Já dissemos que não seria decerto boa solução sujeitar todos os factos e situações da vida jurídica internacional à autoridade do direito local. Noutro sentido poderá observar-se que nada obriga a admitir que os tribunais portugueses, chamados a conhecer de uma relação plurilocalizada, tenham só por isso de encarar a possibilidade de para ela encontrar uma regulamentação diferente da que resultasse, por via directa, do seu direito

---

[2] *Vide* do A. *Direito Internacional Privado — Alguns problemas*, pp. 26 e segs., 66 e segs.

interno. Porque não aceitar que os tribunais de um país apliquem sempre, sejam quais forem as circunstâncias do caso vertente, as disposições das leis desse país? Pois não é de presumir que essas leis são boas e justas — e decerto o serão para todos, nacionais e estrangeiros? E que sistema poderá garantir melhor do que este o acerto das decisões judiciais? Pois a probabilidade do erro judiciário não redobrará, logo que o juiz deixe de pisar o chão firme dos princípios e instituições do direito pátrio, único que lhe é familiar?

Mas é fácil provar que os inconvenientes de tal sistema — o arcaico sistema da territorialidade das leis (*omnia statuta realia*) — superam de largo as suas vantagens.

Na verdade, a aplicação da *lex fori materialis* a factos que lhe sejam estranhos, que não tenham com ela qualquer conexão espacial, violaria ostensivamente um indiscutível princípio universal de direito: aquele que nos diz que a norma jurídica, como norma reguladora de comportamentos humanos — que ela visa coibir ou incentivar e que em qualquer caso condiciona —, não é por sua natureza aplicável a condutas que se situem fora da sua esfera de eficácia, fora do alcance do seu preceito, quer em razão do tempo (princípio da irretroactividade da lei) quer em razão do lugar em que se verificaram. O não acatamento deste princípio traria inevitavelmente consigo o perigo de ofensa de direitos adquiridos ou, quando menos, de expectativas legitimamente concebidas pelos interessados.

Para além disto, a aplicação sistemática do direito local levaria por vezes a situações claramente insatisfatórias.

Suponhamos que duas pessoas de nacionalidade búlgara, residentes em Sófia, pretendem contrair casamento em Portugal[3]. Porém, há entre elas uma relação de parentesco (trata-se de primos coirmãos) que as impede, segundo o direito búlgaro, de o fazerem. Se, não obstante isso, a autoridade portuguesa

---

[3] WOLFF, *Private International Law*, 2ª ed., Oxford, p. 2.

competente lhes atendesse a pretensão e celebrasse o casamento, este estaria desde logo votado a uma total ineficácia jurídica justamente naquele Estado — o único! — a que, a todas as luzes, as partes pertencem: a que pertencem pelo duplo vinculo do domicílio e da nacionalidade.

5. (cont.) — As considerações expostas tendem a mostrar que a colocação do problema da lei aplicável para todas e quaisquer situações com elementos internacionais — para todas e quaisquer situações do comércio jurídico internacional, *hoc sensu* — é realmente algo de forçoso, de postulado pela própria natureza das coisas[4]. É de elementar justiça e necessidade que toda a relação da vida social seja apreciada, onde quer que tal se faça mister, em função dos preceitos de uma lei tida por *competente.* Ademais, os Estados formam uma comunidade, e o reconhecimento e o respeito que mutuamente se devem tributar bem poderão abranger as respectivas instituições civis. E nem as divergências entre estas traduzem em regra qualquer autêntico desnível de civilização, que faça aparecer como insuportável o acatamento e a aplicação num país de leis estranhas. Cada povo sabe que há mais coisas justas sobre a terra, além das que cabem na sua filosofia...

No entanto — convém acentuá-lo desde já — não é directamente por atenção ao interesse e à soberania dos Estados que as suas leis civis devem ser reconhecidas e aplicadas além fronteiras; é, sim, fundamentalmente, por atenção ao interesse dos indivíduos: que destes sobretudo tratamos, no âmbito da nossa disciplina (de seus actos e contratos, seus direitos e deveres mútuos, enfim, das variadas coisas de suas vidas e das vontades que deixam para cumprir quando falecem) — dos indivíduos tratamos, não dos Estados como entes soberanos e das relações

[4] Como, aliás, se confirma pelo testemunho da prática geral dos Estados.

que entre eles se constituem. Em direito internacional privado, são interesses relativos aos indivíduos, não aos Estados, que representam a dimensão preponderante, o principal critério e sentido das normas jurídicas[5].

6. *O princípio do reconhecimento e aplicação das leis estrangeiras como princípio de direito internacional positivo.* — É hoje um princípio de direito comum às nações civilizadas o reconhecimento e aplicação das leis estrangeiras. Não constitui exagero dizer que nenhuma legislação hoje existe que pretenda valer, sem excepção, para todos os factos e relações do comércio jurídico: não há Estado membro da comunidade internacional que não consinta em excluir, do âmbito de aplicação das suas normas de direito privado, determinadas categorias de relações e de factos, para os sujeitar aos critérios valorativos de outros sistemas jurídicos.

Esses factos tendem a ser todos quantos se situarem fora dos limites da vida jurídica local — ou, pelo menos, se ligarem mais estreitamente, na opinião do respectivo legislador, à vida de um agregado social estranho[6].

Reciprocamente, a competência da legislação portuguesa não pressupõe um facto por completo absorvido na vida jurí-

---

[5] Claro está que é justo e necessário dar atenção a outros interesses, como se faz também no campo do direito privado interno. Mas a razão profunda do reconhecimento e aplicação de leis estrangeiras não é outra senão a indicada.

[6] Na verdade, não é forçoso que o facto ou a questão de direito seja absolutamente estranha à esfera jurídica local. Ex.: Um estrangeiro contraiu casamento em Portugal com uma compatriota, ficando os cônjuges a viver no nosso país. É evidente que a vida deste casal não decorre à margem do que poderemos chamar o comércio jurídico local, bem pelo contrário. Todavia, além da validade intrínseca do matrimónio, também as relações entre os cônjuges, assim pessoais como patrimoniais, serão regidas por uma lei que em princípio não é a nossa, mas sim a lei nacional comum das partes (Cód. Civ., art.s 52.° e 53.°).

dica local. Suponhamos um facto ilícito praticado em território português, sendo o lesante e o lesado ambos estrangeiros, nacionais de Estados diferentes e domiciliados em países estrangeiros também diferentes. Ao problema de responsabilidade civil emergente desse facto serão aplicáveis as disposições do nosso direito privado (Cód. civ., art. 45.°, n.° 1). Do mesmo modo, é a nossa lei que fixa o estatuto de uma sociedade mercantil com sede em Portugal, embora o objecto social seja prosseguido no território de outro Estado (Cód. das Soc. Com., art. 3.°, n.° 1).

Tal a prática antiga e comum das nações — e dela não será ousadia dizer que corresponde a um verdadeiro sentimento da sua necessidade jurídica e, logo, a uma norma de direito internacional positivo (consuetudinário).

7. *Conceito de DIP* — Completando e precisando a definição do conceito do DIP que demos logo no início deste curso, diremos agora que o direito internacional privado procura formular os princípios e regras conducentes à determinação da lei ou leis aplicáveis às questões emergentes das relações privadas internacionais, e bem assim assegurar o reconhecimento no Estado do foro das situações jurídicas puramente internas, mas situadas na órbita de um único sistema de direito estrangeiro (situações internacionais de conexão única, situações relativamente internacionais). Este assunto e o que se lhe vai seguir serão ainda considerados de novo noutro capítulo.

8. *As regras de conflitos — primeira noção.*

As questões do tipo assinalado (v.gr. a da lei reguladora da sucessão *mortis causa* dos estrangeiros falecidos no Estado do foro, a do direito aplicável à responsabilidade civil extracontratual e à validade intrínseca do matrimónio ou às relações entre os cônjuges) são resolvidas em cada Estado de acordo com normas do direito desse Estado. Cada Estado tem o seu DIP para uso interno — a sua interpretação própria do DIP.

Verdadeiramente, à comunidade dos Estados, agindo concertadamente, é que pertenceria resolver os referidos problemas: só através de uma definição, que a todos vinculasse, do domínio de aplicação dos respectivos sistemas jurídicos, poderiam tais questões receber a solução uniforme correspondente à vocação ecuménica do DIP. Como, porém, esse consenso não existe, é prática corrente cada Estado formular, para resolução dos conflitos de leis, as normas que tenha por mais convenientes e mais justas. Essas normas são ditas *regras de conflitos* — as regras de conflitos do DIP[7].

Elas propõem-se resolver um problema de concurso entre preceitos jurídico-materiais procedentes de diversos sistemas de direito.

Como desempenha a regra de DIP a sua função de designar, para cada tipo de casos — mais propriamente: para cada matéria ou questão normativa — o preceito jurídico aplicável?

A técnica usada consiste em a regra de conflitos deferir determinada questão ou área de questões de direito, ou determinada função ou tarefa normativa — a regulamentação de um determinado sector normativo (validade intrínseca e efeitos dos contratos, sucessões *mortis causa*, relações entre cônjuges ou entre pais e filhos, direitos reais) — ao ordenamento jurídico que for designado por certo elemento da situação de facto, a que chamamos *elemento ou factor de conexão*. Através da concretização do factor de conexão, tornam-se conhecidas a lei e a norma material chamadas a resolver a questão de direito proposta[8]. Daqui já se deixa ver como à mesma situação da

[7] Outras designações usadas: *regras de colisão* («Kollisionsnormen») ou «Anknüpfungsnormen» (*regras de conexão*), «règles de rattachement, «norme di collegamento».

[8] Como veremos no capítulo relativo ao método do DIP, há normas de conflitos que não indicam o elemento de conexão determinante de maneira fechada e rígida, deixando antes ao juiz certa liberdade na fixação desse factor: são as *open-ended Rules*.

vida podem ser chamadas duas ou mais leis. Assim, por exemplo, a um contrato celebrado em Portugal podem ser aplicáveis normas de três sistemas de direito: o direito nacional das partes pelo que respeita à capacidade destas, o direito escolhido pelos contraentes quanto à substância e efeitos do negócio jurídico — e ainda, em dados termos, a lei do lugar da celebração no tocante à forma externa.

Acrescentaremos agora que o elemento de conexão determinante da competência da lei tanto pode referir-se à pessoa dos sujeitos da relação jurídica (sua nacionalidade, domicílio, residência), como ao acto ou facto jurídico encarado em si mesmo (lugar da celebração ou da execução do contrato, lugar da prática do facto gerador de responsabilidade civil) ou à coisa objecto do negócio jurídico (situação dela). Assim, a regra de conflitos dirá, por exemplo: as questões de direito derivadas das relações conjugais serão resolvidas pela lei da nacionalidade comum dos cônjuges, na sua falta pela lei da residência habitual comum e em último termo por aquela com a qual a vida da família se achar mais estreitamente conexa; a forma da declaração negocial depende, em dadas circunstâncias, da lei do lugar em que é emitida; as sucessões *mortis-causa* serão regidas pela lei da última nacionalidade do hereditando; o regime dos direitos reais será definido pela *lex rei sitae* e a capacidade dos contraentes pela respectiva lei nacional.

Isto basta para evidenciar a natureza específica do DIP. Diferentemente das normas do direito material, a norma do DIP não se propõe fixar ela mesma o regime das relações da vida social, compor ela mesma os conflitos interindividuais de interesses; é uma regra de carácter meramente instrumental: limita-se a indicar a lei que fornecerá o regime da situação, a lei onde hão-de procurar-se as normas que venham orientar a decisão do litígio. Contribui, é certo, para a resolução da questão jurídico-privada, mas não diz por si própria qual ela seja.

9. *Outros modos de regular as situações da vida jurídico-privada internacional*

Remete-se este assunto para o capítulo onde se versará a matéria do método do DIP. Mas diremos desde já que nem todas as normas do DIP obedecem ao esquema descrito no número anterior. Com efeito, se a maioria das regras de DIP corresponde a esse desenho e a essa função, destinando-se a situar as relações da vida internacional e as questões jurídicas delas emergentes na órbita de determinado sistema de direito (são, pois, normas «localizadoras»), outras de tais regras operam a escolha da lei em função do resultado material a que levaria a aplicação das diversas leis envolvidas (são as regras de conexão de carácter «substancial»). Cfr. *infra*, parte I, Cap. II, § 6.° (Conclusões).

CAPÍTULO II

Natureza e fontes

10. Dissemos atrás que as questões de que se incumbe o DIP se resolvem em cada Estado de harmonia com normas pertencentes à ordem jurídica nele vigente. O DIP a que os tribunais dos vários países recorrem a fim de dar solução aos problemas emergentes das relações privadas internacionais — designadamente o da determinação da lei aplicável a tais relações — é todo ele de fonte estadual. Internacional pelo objecto ou a função, o DIP é *direito estadual pela fonte.*

Mas não estarão os Estados obrigados a receber na sua ordem interna certas normas de conflitos postuladas pelo direito internacional público geral?

Alguns autores, como por exemplo KAHN e GUTZWILLER[9], assim o entendem.

Estariam nesse caso a regra que declara aplicável aos imóveis a *lex rei sitae*, aquela que em matéria de forma externa dos contratos remete, em certos termos, para a lei do lugar da celebração do negócio, talvez também o preceito que manda regular os contratos pela lei escolhida pelos contraentes Mas a doutrina dominante tem-se recusado a subscrever esta tese: do simples facto de determinados princípios serem de aplicação muito geral não pode concluir-se que eles correspondam a autênticos preceitos de direito internacional público.

---

[9] Ver sobre este ponto MAKAROV, na *International Encyclopedia of Comparative Law*, Vol. III (Private International Law, 1972, cap. 2 (fontes), pág. 7.

Menos ainda pode admitir-se uma teoria como a de ZITELMANN[10]. Este autor pretendeu construir um sistema completo de DIP partindo de certos princípios de direito internacional público: os da soberania pessoal e territorial dos Estados. Contudo, essas normas de DIP supra-estadual, além do seu valor paradigmático, teriam unicamente a função de integrar as lacunas da legislação positiva dos diversos Estados. Mas nem oferecida sob esta forma atenuada a ideia logrou impor-se. A verdade é que não existe — ou não existe ainda — um DIP geral de carácter verdadeiramente internacional. Demonstra-o o próprio facto do procedimento geral dos Estados, que agem na convicção de gozarem de uma liberdade praticamente ilimitada quando fixam os pressupostos de aplicabilidade das leis estrangeiras *in foro domestico*.

Todavia, como se disse, uma obrigação decorre certamente para os Estados do direito internacional público vigente: a de se não recusarem eles, de maneira sistemática, a aplicar direito estrangeiro, prescrevendo aos seus tribunais a aplicação exclusiva do direito nacional[11]. E não só: também o dever de não aplicarem o seu direito interno a situações que lhe sejam absolutamente estranhas, e o de aplicarem o direito vigente em certo país a factos que por inteiro pertençam à vida jurídica interna desse país.

11. Mas se não há normas de conflitos decorrentes de preceitos do direito internacional público geral, cumpre, por outro lado, assinalar a existência de numerosos tratados e convenções interestaduais versando matéria de DIP.

---

[10] *Internationales Privatrecht*, I (1897), págs. 71-81.

[11] WOLFF, embora situando-se na mesma linha de pensamento, admite algumas outras limitações impostas ao legislador interno pelo direito internacional. Cfr. deste A. o seu *Derecho internacional privado*, trad. esp. (publicada em 1936 na Colecção Labor) da 1ª ed. de *Das IPR Deutschlands*, pág. 27 e segs. Cfr. também DÖLLE, *IPR* (1968), p. 15.

É, porém, ainda relativamente reduzida a área coberta por tais instrumentos diplomáticos e diminuto o número de países ligados por esses diferentes convénios.

Dentre estes, os mais importantes são as Convenções da Haia[12].

Foi em 1894 que pela vez primeira se reuniu na Haia, a convite do governo holandês[13], uma Conferência Internacional com o objectivo de conseguir a unificação do DIP em determinadas matérias. Até à 1ª Guerra Mundial, mais três Conferências se realizaram. O resultado destas quatro primeiras Conferências da Haia cifrou-se na elaboração de seis Convenções, todas elas de importância indiscutível: a de 1896 sobre processo civil (foi revista em 1905 e em 1954); a de 12 de Junho de 1902 sobre a capacidade para contrair casamento e a forma do casamento; a da mesma data sobre o divórcio e a separação de pessoas e bens; a da mesma data sobre a tutela; a de 17 de Julho de 1905 sobre os efeitos pessoais e patrimoniais do casamento; a da mesma data sobre interdição. Estas Convenções foram ratificadas por um número muito reduzido de Estados, todos da Europa continental[14].

Se no período entre as duas guerras a obra de unificação do DIP nenhuns progressos realizou na Europa, podem ao invés

---

[12] V. em MAKAROV, *loc. cit.*, uma explanação bastante completa deste assunto. V. também KEGEL, *Internationales Privatrecht*, 7ª ed., p. 168 e segs. Na obra de GIANNINI, *Le Convenzioni di DIP* (Milano 1953), 1.º apêndice, Milano 1960, encontram-se reproduzidas todas as convenções de DIP celebradas até final de 1959.

[13] A iniciativa partiu de ASSER. Já em 1874 e 1881, o governo italiano, instigado por MANCINI, fizera igual tentativa, mas sem êxito.

[14] O relativo insucesso da iniciativa terá derivado do facto de todas as Convenções citadas consagrarem o princípio da aplicabilidade da lei nacional no âmbito do chamado estatuto pessoal. É que a este respeito existe, como veremos, um forte antagonismo entre a orientação dominante na Europa continental e a adoptada nos países de *common law* e em geral nos Estados americanos.

considerar-se assaz importantes os avanços conseguidos nas últimas 5 décadas, principalmente depois que as Conferências da Haia perderam o seu carácter de conferências diplomáticas *ad hoc* para darem lugar a uma verdadeira instituição internacional permanente: a Conferência da Haia de Direito Internacional Privado.

Foram as seguintes as principais realizações desse organismo até ao presente: Convenção destinada a resolver os conflitos entre a lei nacional e a lei do domicílio, de 16 de Junho de 1955; Convenção, de 15.6.1955, estabelecendo uma lei uniforme[15] sobre o direito aplicável às vendas internacionais de coisas móveis; Convenção, de 1.6.1956, sobre o reconhecimento da personalidade jurídica das sociedades, associações e fundações estrangeiras; Convenção (24.10.1956), estabelecendo um regulamento uniforme sobre a lei aplicável à transferência da propriedade nas vendas internacionais de coisas móveis; Convenções (24.10.1956) sobre a obrigação de prestar alimentos aos menores e o reconhecimento e execução de sentenças na mesma matéria; Convenções de 5.10.1961, uma delas eliminando a necessidade de legalização de documentos públicos exarados no estrangeiro, outra incidindo sobre a questão da lei aplicável à forma dos testamentos, outra ainda versando a competência das autoridades e a lei aplicável em matéria de protecção de menores; Convenções sobre o reconhecimento e a execução de sentenças estrangeiras em matéria civil e comercial (1971), sobre o reconhecimento de sentenças de divórcio e de separação de pessoas e bens (1968); sobre a lei aplicável à obrigação de alimentos (1973); etc.

Ao lado das Convenções da Haia, há que mencionar as de Genebra, de 1930 e 1931, destinadas a regular certos conflitos

[15] Convenções deste tipo são aquelas cujas normas não valem só nas relações entre os Estados contraentes, antes cada um destes Estados se obriga a adaptar a sua legislação nacional ao regime instituído pela convenção.

de leis em matéria de letras e livranças, a primeira, e em matéria de cheques, a segunda. Revestem-se de grande importância as Convenções de Bruxelas de 1968 (sobre a competência judiciária e o reconhecimento e execução das sentenças em matéria civil e comercial), de Lugano de 1988, sobre a mesma matéria, Convenção de San Sebastian de 1989 (adesão da Espanha e de Portugal à Conv. de Bruxelas), de Roma, de 1980, sobre a lei aplicável às obrigações contratuais, de Nova Iorque, de 1973, sobre a forma de um testamento internacional, etc. Citem-se ainda as Convenções sobre arbitragem comercial internacional (Protocolo de Genebra de 1923, Conv. de Genebra de 1927, Conv. de Nova Iorque de 1958 e de Genebra de 1961).

De mencionar também a obra de codificação do DIP no seu conjunto, levada a cabo, em 1928, pela União Pan Americana: o chamado *Código Bustamante*, do nome do autor do respectivo projecto.

12. Acabamos de verificar que há muitas regras de DIP convencional e que o seu número cresce incessantemente. Não deverá, portanto, dizer-se — corrigindo em parte afirmação produzida antes — que as normas de conflitos, que os tribunais dos vários países aplicam, tanto podem pertencer ao direito interno como ao direito internacional?

A verdade é que os tribunais internos, como os restantes órgãos e agentes de um Estado, não aplicam senão direito internacional privado que seja direito vigente na ordem jurídica interna desse Estado. Certo que há normas de conflitos estabelecidas por tratados e convenções internacionais; só que essas normas não se tornam eficazes na ordem interna de cada um dos Estados contratantes enquanto não forem aí recebidas ou incorporadas. São regras que os Estados contratantes se obrigam a fazer cumprir na sua esfera interna, mas que só se tornam aí obrigatórias depois de verificadas as condições de que a legislação nacional faz depender a incorporação. De resto, essas condições são variáveis. Entre nós, elas resumem-se na aprovação pelo Governo (Constituição, art.s 197.° e 200.°) ou pela Assembleia da República (art. 161.°) do tratado ou convenção internacional, sua ratificação pelo Presidente da República (art. 138.°) e publicação oficial (art. 8.°).

A Constituição veio, assim, consagrar, por forma expressa, a doutrina da recepção plena ou automática do direito internacional convencional na ordem interna portuguesa; doutrina que, sufragada por bom número de juristas, tinha sido posta em causa por alguns[16].

Está claro que a aceitação desta doutrina em nada infirma o entendimento de que as normas de origem internacional se transformam, com a recepção, em normas de direito interno[17].

Aliás, pode ocorrer que os preceitos estabelecidos pela convenção interestadual já vinculem internacionalmente o Estado, apesar de não se terem cumprido ainda as condições de que depende, segundo a lei desse Estado, a sua validade na ordem jurídica interna. Basta pensar na hipótese de determinada convenção, já aprovada e ratificada pelo Estado português, não ter ainda o respectivo texto publicado no Diário da República; formalidade esta sem a qual, como vimos, as normas constantes do tratado não vigoram na ordem interna portuguesa (cit. art. 8.° da Constituição).

Conclua-se, portanto, de conformidade com a doutrina dominante, que as normas de DIP criadas por convenções inter-

---

[16] Cfr. MIGUEL GALVÃO TELES, *Eficácia dos tratados na ordem interna portuguesa*, p. 27 e segs.

[17] Conta, porém, com partidários a teoria segundo a qual o Estado contratante se limitaria a prescrever o acatamento e a aplicação no seu território do direito internacional. Os preceitos estabelecidos pela convenção internacional seriam, assim, aplicáveis como tais na ordem interna, mediante o *exequatur* do Estado (*Vollzugsbefehl*). Mas a doutrina exposta no texto é a tradicional e dominante.

Cfr. a este respeito KEGEL, *IPR*, 7ª ed., p. 5 e segs., e DÖLLE, *IPR*, pág. 21.

estaduais, enquanto não convertidas ou transformadas em direito nacional, só obrigam os próprios Estados para os quais o texto da convenção se tornou lei internacional. Através do depósito do instrumento de ratificação, o Estado fica internacionalmente obrigado a emanar na ordem interna os preceitos jurídicos formulados pela convenção ratificada ou preceitos paralelos desses: são estes preceitos, formalmente distintos ainda que materialmente idênticos aos de fonte convencional, que os tribunais internos vão depois aplicar.

Daqui resulta que tais preceitos, entendidos como normas aptas para desempenhar a função que lhes compete de orientar as decisões dos tribunais e a conduta dos indivíduos, não têm propriamente por fonte a convenção ou o tratado de que, aliás, procedem. As convenções internacionais só como fonte *mediata* de DIP podem ser consideradas. Na fase actual da organização da comunidade internacional, é a lei interna — nos países, como o nosso (Cód. civ., art. 3.°, n.° 1), em que o direito consuetudinário carece de vigor próprio — a única fonte das normas de conflitos.

13. Apurado que o DIP é direito estadual, vejamos agora a qual dos dois grandes ramos em que segundo a concepção tradicional o ordenamento jurídico aparece dividido — o direito público e o direito privado — ele pertence.

Já sabemos em que consiste o objecto (ou o principal objecto) do DIP: consiste na averiguação da lei aplicável às relações privadas internacionais, com vista à determinação da disciplina jurídico-material reguladora de tais relações. Ora isto logo nos faz propender para inserir o DIP no sistema do direito privado. É verdade que da aplicação da norma do DIP não deriva ainda a decisão da questão jurídico-privada, mas não é menos certo ser tal decisão o que em último termo buscamos quando recorremos a essa norma. A norma de conflitos não resolve por si mesma a questão de fundo, mas concorre (como já dissemos) para a resolução dessa questão. O caminho para a solução da questão jurídico-material passa pela norma de DIP.

Aliás, é fundamentalmente ao serviço de interesses relativos aos indivíduos — já o anotámos de passagem e havemos de o ver melhor dentro em breve — que o DIP se encontra. E não é essencialmente da aplicação de preceitos jurídico-privados que as regras de conflitos decidem? Não demarcam elas a esfera de competência dos vários preceitos ou complexos de preceitos de que se compõem os sistemas de direito privado existentes? Ora parece bem que a normas, cuja função é decidir da aplicação doutras normas, seja atribuída para fins de ordenação sistemática a mesma natureza que é própria das últimas.

Acrescente-se, *ex abundanti*, que a problemática do DIP apresenta muito maiores afinidades e pontos de contacto com a do direito civil e comercial do que com a de qualquer ramo do direito público; o que, aliás, está em perfeita consonância com as observações que acabámos de fazer. Não é efectivamente possível formar uma clara ideia acerca dos problemas postos ao DIP pelos vários institutos do direito privado material, sem bem conhecer tais institutos: sem estar penetrado da sua natureza, de posse dos seu princípios basilares, ao corrente dos interesses de que são expressão e modo técnico de realização[18].

[18] A doutrina exposta é a dominante; RAAPE, *IPR*, 5ª ed., págs. 5-6; KEGEL, *IPR*, 7ª ed., p. 18; DÖLLE, *IPR*, pág. 3. É o ponto de vista que de há longos anos temos adoptado no nosso ensino: cfr. a versão de 1950 destas lições, págs. 163-64.

CAPÍTULO III

Fundamento geral do Direito Internacional Privado e principais interesses que pretende satisfazer*

14. No domínio do DIP, é a valores de certeza e estabilidade jurídica que cabe a primazia: a "justiça" do direito de conflitos é predominantemente de cunho formal. Ao DIP compete organizar a tutela das relações jurídicas plurilocalizadas. São relações estas que, exactamente em virtude de pertencerem a diversos espaços legislativos, se encontram numa situação de particular instabilidade. É função do DIP reduzir essa instabilidade ao mínimo possível, assegurando o respeito das referidas relações jurídicas onde quer que um interesse legítimo — designadamente o de evitar que as justas expectativas das partes e de terceiros sejam frustradas — faça surgir a necessidade de obter para elas a protecção da lei.

* Bibliografia: WENGLER, *Les principes généraux du DIP et leurs conflits*, Rev. crit 1952, p. 595-622, e 1953, p. 37-60; *Les conflits de lois et le principe d'égalité*, Rev. crit. 1963, p. 203- 231, *General Principles of PIL*, Rec. des Cours 104, p. 354-374; ZWEIGERT, *Die dritte Schule im IPR*, Fest. f. L. Raape (1948), p. 49 e 52; BEITZKE, *Betrachtungen zur Methodik im IPR*, Fest. f. R. Smend (1952), p.1 a 22, BATIFFOL, *Aspects philosophiques du DIP*(1956); M. AGUILAR NAVARRO, *Algunos supuestos politicos del DIP*, REDI 13, 1960, p. 45-82, e *DIP* I, p. 94-106 e 449-455; MIAJA DE LA MUELA, *Soluciones "sanas" a los conflictos de leys*, REDI 1964, p. 16-38; FREIHERR VON SCHWIND, *Raum und Zeit im IPR*, Fest. f. H. Dölle II, 1963, p. 105-117; KEGEL, *Begriffs- und Interessenjurisprudenz im IPR*, Fest. f. H. Lewald 1953, p. 259-288, e *IPR*, 7ª ed., p. 106 e segs.; FERRER CORREIA, *Estudos Jurídicos III*, p. 84 e segs.; BAPTISTA MACHADO, *Âmbito de eficácia e âmbito de competência das leis*, pp. 174 a 184.

Para tanto convirá, além do mais, admitir à partida a aplicabilidade às diversas situações factuais de todas as leis que com elas tenham estado conectadas no momento da sua constituição, modificação ou extinção (conforme o efeito ou o aspecto da relação jurídica que estiver em causa). A missão das normas de conflitos consiste em indicar a tarefa que é adjudicada a cada um desses sistemas, em definir o plano, perfil ou efeito da situação concreta que a cada um deles compete disciplinar; missão de que se desempenham designando os factores de conexão relevantes nas várias matérias ou sectores de regulamentação jurídica[19].

15. Daqui se segue que os propósitos a que o DIP responde são dois. Em primeiro lugar, trata-se de determinar a lei sob o império da qual uma certa relação deve constituir-se para que seja juridicamente válida e possa tornar-se eficaz. Depois, de executar essa tarefa de modo tal que a lei designada seja também tida por aplicável em todos os demais países; aliás, o reconhecimento internacional da relação em causa não estará assegurado. É verdade que a esta questão — a do reconhecimento das situações constituídas no estrangeiro — pode ser concedida uma certa autonomia: pode um Estado estabelecer na sua legislação que o reconhecimento *in foro domestico* de tais situações é independente do facto de à constituição da relação jurídica ter presidido a lei declarada competente pelas normas de conflitos locais. Só que não é este o procedimento geralmente adoptado: em regra, o reconhecimento pressupõe que a relação tenha sido criada de acordo com as disposições da lei considerada competente pelo DIP do *Forum*[20].

---

[19] *Sic*, *IDEM*, *op. cit.*, p. 28.

[20] Se, porém, a relação jurídica já foi objecto de uma decisão judicial, a orientação que tende actualmente a prevalecer, pelo menos ao nível das convenções internacionais, é outra. É ver, por exemplo, a Convenção

Por conseguinte, não é bastante dizer que o DIP tem por missão indicar a lei aplicável às relações multinacionais: é indispensável acrescentar que, para cumprir de modo adequado essa missão, há-de ele proceder em termos de a competência da lei assim designada ser susceptível de reconhecimento universal.

16. Equivale isto a dizer que um dos principais objectivos, senão o primordial, visados pelo DIP é a *harmonia jurídica internacional*: uma ideia de que nos falava já SAVIGNY[21] e que depois dele não cessou de ser proclamada com maior ou menor vigor em todos os tempos e lugares. O princípio da harmonia jurídica internacional responde à intenção primeira do direito de conflitos, que é assegurar a continuidade e a uniformidade de valoração das situações plurilocalizadas. Nenhum sistema positivo o pode ignorar: com efeito, ele está na própria natureza das coisas. Ignorá-lo seria o mesmo que negar, pura e simplesmente, o DIP[22].

---

da HAIA de 1971 sobre o reconhecimento das sentenças estrangeiras em matéria civil e comercial: aí se estabelece (art. 7.°, al. 1ª) que "o reconhecimento ou execução não pode ser recusado pelo único motivo de o tribunal do Estado de origem haver feito aplicação de uma lei diferente daquela que teria sido aplicável segundo as normas de DIP do país requerido" (veja-se, contudo, a excepção que na alínea seguinte logo se introduz a esta regra). Idêntica a doutrina consagrada na Convenção da Bruxelas de 1968 sobre a competência judiciária e a execução das decisões em matéria civil e comercial: cfr. os artigos 27.°, n.° 4, 29.° e 34.°, al. 2ª.

A orientação referida é também adoptada na ordem interna de vários Estados: cfr. o nosso estudo *Reconnaissance et exécution des jugements étrangers*, p. 39 e segs. (incluído em *Estudos Vários de Direito*, p. 105 segs) e o que publicámos na RLJ 108 e 109, n.° 3561 e 3570, sob o título: *Breves reflexões sobre a competência internacional indirecta.*

[21] Cabe, porém, a FRANZ KAHN o mérito de ter formulado pela primeira vez esse princípio, cfr. WENGLER, Rev. crit. 1955, p. 611.

[22] Facilmente se concebem os inconvenientes que hão-de resultar do facto de uma situação jurídica não ser submetida em todos os países à mesma lei. Na verdade, da incerteza quanto ao direito aplicável deriva

Todavia, isto não significa que seja possível construir um sistema de DIP tomando unicamente por critério e guia o princípio da harmonia internacional: se só ele estivesse em causa, é manifesto que o conteúdo das normas de conflitos seria então *indiferente*[23].

Por outra parte, embora a importância do objectivo apontado seja inegável — sobretudo no domínio dos negócios jurídicos e de certas situações resultantes directamente da lei —, é evidente que ele não resume em si toda a axiologia do DIP. Tomemos o exemplo da responsabilidade extracontratual. Certamente, a necessidade de harmonia jurídica não deixa de se fazer sentir nesse campo: também aí há que impedir o *forum shopping*, também aí importa facilitar o reconhecimento das sentenças proferidas num país diferente daquele onde se pretende o respectivo *exequatur*. Mas já a necessidade de protecção das expectativas das partes se manifesta aqui com bem menor intensidade[24]: neste domínio, é a outros interesses que pertence a primazia.

---

um estado de coisas que não difere, em substância, do que é gerado, no domínio das relações de direito interno, pela ambiguidade da lei ou pelas flutuações da jurisprudência. É que conhecer o texto legal a aplicar, mas não o verdadeiro sentido e alcance do preceito que nele se inscreve, e conhecer os diversos preceitos potencialmente aplicáveis, sem todavia poder precisar aquele que sobrelevará aos demais — são duas situações em toda a linha coincidentes (cfr. os nossos *Estudos Jurídicos III*, p. 166). Por vezes, a falta de acordo entre os Estados interessados quanto ao direito aplicável conduz a situações difíceis, para não dizer dramáticas, de conflitos de deveres.

Aliás, enquanto se não chegar à designação de uma única lei para cada questão jurídica concreta, não se poderá pôr termo à bem conhecida tendência das pessoas para se dirigirem àquela jurisdição nacional, de entre as que se julguem competentes para conhecer do caso, cuja decisão se lhes antolhe mais favorável; acabamos de aludir ao *forum shopping*.

[23] Bastaria, por exemplo (a observação é de CURRIE, apud KEGEL, Rec. des Cours 112, p. 179), que se conviesse em aplicar sempre a lei do primeiro Estado na ordem alfabética, ou a do Alasca, de Ruanda ou do Burundi.

[24] CAVERS, Rec. des Cours 131, p. 102

É, portanto, impossível, como dizíamos, elaborar um sistema de regras de DIP partindo unicamente do princípio da harmonia jurídica internacional ou do mínimo de conflitos. Mas se o legislador interno, no momento de elaborar essas normas, estiver atento às soluções geralmente admitidas e se esforçar sempre por adoptar critérios que por sua razoabilidade sejam verdadeiramente susceptíveis de se tornar universais[25], esse legislador estará realmente imbuído do autêntico espírito do DIP e compenetrado da missão internacional que lhe cumpre levar a cabo. Por outra via, o referido princípio da harmonia jurídica internacional levar-nos-á também a preconizar que o DIP disponha dos instrumentos e técnicas adequados a corrigir o jogo normal das regras de conflitos, em ordem a promover a uniformidade das decisões judiciais a despeito das importantes divergências ainda existentes entre os diversos sistemas nacionais: é este um assunto a que contamos voltar mais tarde.

17. Outro princípio geral a ter em conta é o da *harmonia material.*

Ao invés da harmonia internacional, não está este novo princípio ligado à natureza específica do DIP: no fundo, o que ele exprime não é senão a ideia da unidade do sistema jurídico, a ideia de que no seio do ordenamento jurídico as contradições ou *antinomias normativas* são intoleráveis[26]. Ora o jogo das normas de conflitos, na medida em que conduz por vezes à convocação de duas leis para a resolução do mesmo ponto de direito, presta-se de modo singular à criação de situações deste

---

[25] Cfr. VALLINDAS, Rev. Hell., 1948, p. 329 a 355, MIAJA DE LA MUELA, *DIP*, I, p. 333 e seg.; CAVERS, Rec. des Cours 131, p. 153.

[26] Cfr. WENGLER, Rev. crit. 1952, p. 603. Sobre o tema das antinomias normativas ver, entre outros, ENGISCH, *Die Einheit der Rechtsordnung*, p. 42 e seg., e *Einführung in das juristische Denken*, p. 156 e segs.; N. BOBBIO, *Antinomia,* Novissimo Digesto Italiano, I 1.º, p. 667 e seg; CASTANHEIRA NEVES, RLJ 108 (1975), n.os 3550-52.

género. Assim acontece, desde logo, quando a controvérsia respeita a duas relações jurídicas distintas, submetidas a leis diferentes, e todavia tão estreitamente interligadas que a decisão quanto a uma delas atingirá forçosamente a outra.

Antes da lei alemã de 19-8-1969, relativa à situação jurídica dos filhos ilegítimos, KEGEL dava o seguinte exemplo[27]: um grego, residente em Atenas, pretende que lhe seja permitido visitar de vez em quando o seu filho natural, que reside com a mãe em Hamburgo; a mão opõe-se. Se de acordo com o direito de conflitos do foro a relação entre a mãe e o filho estiver sujeita à lei nacional da mãe e a relação entre o filho e o pai à lei pessoal deste[28], eis que se nos depara um conflito do tipo a que aludimos. Efectivamente, enquanto segundo o direito alemão a mãe pode certamente opor-se com êxito à pretensão do pai, não é menos certo que esta pretensão surge como plenamente fundada em face do direito grego. É evidente que uma decisão que localize o problema no quadro das relações entre pai e filho natural — e que a esta luz não poderá deixar de ser favorável ao pai — se repercutirá inevitavelmente no *status* da mãe. Eis aí, pois, um caso em que entre dois preceitos materiais oriundos de ordenamentos distintos se estabelece claramente uma relação de mútua exclusão. E como ambos esses preceitos se tornam aplicáveis no âmbito da *lex fori* e em virtude de normas de conflitos desta lei, tudo se passa como se a antinomia surgisse entre normas materiais do próprio sistema jurídico local[29].

Situações deste género podem também ser devidas a uma divergência de qualificações entre duas leis chamadas a pronunciar-se sobre aspectos distintos do mesmo acto jurídico, ou sobre questões jurídicas diferentes e todavia interligadas.

---

[27] Rec. des Cours 112, p. 187.

[28] Não é assim entre nós: veja-se o art. 57.º do Cód. civ.

[29] V. porém o que se observa na nota anterior.

Levanta-se aqui naturalmente a questão de saber que orientação geral adoptar no momento da formulação da norma de conflitos, em ordem a impedir a multiplicação de situações do tipo daquelas a que acabámos justamente de fazer alusão.

O referido princípio levaria a que se procedesse, no momento da formulação da norma de conflitos, de modo a evitar o mais possível o risco de duas leis virem interferir na resolução da mesma controvérsia. Nesta ordem de ideias, deveria recomendar-se a adopção de um *único* factor de conexão para cada acto ou relação jurídica, sem distinguir, quanto àquele, a forma da substância nem, quanto a esta, o momento constitutivo da questão do conteúdo ou das consequências jurídicas imediatas. Por outra parte, todas as relações emergentes do casamento e da filiação deveriam ser reguladas por uma única lei, de modo a realizar a *unidade da família*[30].

Só que a tendência que referimos é fortemente contrariada pelas razões, sem dúvida alguma ponderosas, que estão na base do método da especialização ou fraccionamento (*dépeçage*) de que o DIP se serve para resolver os seus problemas[31]; procedimento que consiste em destacar da relação ou figura jurídica que se considera certos elementos, em distinguir nela vários planos ou perfis, e em eleger para cada um deles uma conexão independente. Determinar até onde poderá avançar-se por esta via analítica e desarticuladora sem grave lesão do princípio da harmonia material e da lei única, é problema insusceptível de se resolver em termos gerais.

18. Apontaremos agora outra ideia: a que nos diz que o Estado *com melhor competência* será o que em melhores condi-

---

[30] WENGLER, Rev. Crit. 1952, p. 603.

[31] Sobre os aspectos negativos deste sistema cfr. WENGLER, *loc. cit.*, p. 604, e SCHWIND, *Von der Zersplitterung des Privatrechts durch das IPR und ihre Bekämpfung*, RabelsZ 1958, p. 449 e segs.

ções se achar para impor o acatamento dos seus preceitos. Esta consideração é uma das vias possíveis para fundamentar a competência da *lex rei sitae* em matéria de direitos reais. Ela pode levar-nos também a afastar a aplicação de uma lei, tida em princípio por competente, quando for de recear que essa aplicação conduza a decisões desprovidas de valor prático, dado que não serão reconhecidas — e, portanto, não serão exequíveis — naquele Estado em que, todavia, se destinam normalmente a produzir os efeitos que lhes são próprios. Tal ordem de reflexões poderá eventualmente levar a preferir a lei da situação dos imóveis à lei pessoal do ou dos sujeitos da relação jurídica (assim, por exemplo, em matéria de sucessões *mortis causa*, ou de relações patrimoniais entre cônjuges ou entre pais e filhos), sem embargo de ser esta a lei tida por normalmente aplicável neste âmbito[32].

Inútil dizer que este afastamento da lei pessoal pressupõe que a *lex situs* se julgue exclusivamente competente ou, quando ela reenvia para outro sistema jurídico, que seja este o único direito que a *lex rei sitae* reconhece como aplicável[33]. De mencionar ainda que, inspirando-se a doutrina que preconiza este rumo numa ideia de eficácia das decisões judiciais, deveria especificar-se que é condição da aplicação da *lex situs* o ser ela a um tempo o meio necessário e o meio suficiente para assegurar o reconhecimento daquelas decisões no Estado da situação dos imóveis. Era justamente esta a orientação consagrada no último anteprojecto[34] do actual Código civil português.

---

[32] Trata-se da doutrina a que chamamos da *maior proximidade* (*Näherberechtigungsprinzip*). *Vide infra, parte I, cap. V, sec. IV.*

[33] Nesta hipótese, é a terceira legislação que deverá ser aplicada.

[34] Art. 5.º, 2. Contudo, esta disposição não foi incorporada no Código. V. sobre este ponto FERRER CORREIA e BAPTISTA MACHADO, *Conflitos de leis*, BMJ 136, p. 59 a 63. V. também cap. V, secção IV.

19. Uma consideração que pode também influir na traça de um sistema de normas de conflitos de leis é a do *interesse da boa administração da justiça*. É desejável, sob este ponto de vista, que os tribunais decidam a maior parte dos feitos submetidos a julgamento segundo os princípios do seu próprio direito nacional, único naturalmente em que são versados. Assim se lhes facilitará consideravelmente a tarefa e se garantirá o acerto das suas decisões. De onde inevitavelmente resultará o alargamento do âmbito de aplicação do direito local, pois o que por este modo se preconiza é o medir com medidas diferentes a esfera de competência do direito nacional e a do direito estrangeiro.

Muito embora deva reconhecer-se que as razões que estão na base da referida tendência têm certo valor[35], poder-se-á perguntar em todo o caso se, tendo em conta a ideia já exposta de que as normas de conflitos estabelecidas por todo o legislador devem ser de molde a poderem universalizar-se, não valerá a pena correr aqui um certo risco e tomar antes como norte uma ideia de *paridade de tratamento*, a exprimir deste jeito: o direito internacional privado deve colocar os diferentes sistemas jurídicos em pé de igualdade, de modo tal que uma legislação estrangeira seja considerada competente sempre que, se ela fosse a *lex fori* e as mesmas as circunstâncias ocorrentes, a *lex fori* se apresentasse como aplicável. É esta precisamente a feição que assume o direito internacional privado português em vigor.

Voltaremos a este ponto quando chegar o momento de abordar o assunto da unilateralidade ou bilateralidade das regras de conflitos[36].

---

[35] De todo o modo, como WENGLER (Rev. crit. 1952, p. 622) observa com pleno fundamento, a tendência para a aplicação da *lex fori* não corresponde a um verdadeiro princípio geral de DIP, visto não ser susceptível de universalização.

[36] Cfr. *infra, parte I,* cap. III, § 1.º.

20. Examinámos nos números anteriores os princípios gerais, ou pelo menos alguns de entre eles, que todo o legislador deveria ter presentes no momento de gisar um sistema de regras de conflitos de leis. São eles os princípios da harmonia internacional e da harmonia material, o da eficácia das decisões judiciais, o da paridade de tratamento.

Contudo, se é certo que todo o sistema positivo de DIP deve ser influenciado em maior ou menor medida por tais princípios, não é menos verdade que, com a única excepção do da eficácia das decisões judiciais, eles nos não conduzem às soluções concretas dos conflitos de leis. Digamos que esses princípios visam mais o sistema de normas de DIP considerado como um todo, do que as regras particulares que o deverão constituir. É, pois, do método a utilizar na pesquisa destas normas que deveremos tratar agora.

Dissemos acima que cada norma de conflitos elege o elemento de conexão que deverá prevalecer em certo domínio ou sector jurídico. Notámos também que esta escolha deve conformar-se com uma directiva geral, que é a seguinte: é preciso que a lei considerada competente seja apta a reger — através daqueles dos seus preceitos materiais que se ajustarem à "matéria" ou à categoria normativa visada na regra de conflitos — as situações multinacionais que se têm em vista, ou determinados aspectos de tais situações. Simplesmente, esta adequação nada tem que ver, em princípio, com o conteúdo da lei[37], mas decorre tão só da sua posição espacial relativamente aos factos, ou da relação em que se encontra com as pessoas a quem estes respeitam. Dizendo de outro modo, a lei aplicável será a que tiver a *conexão* mais forte ou estreita com a relação ou situação jurídica em causa, tendo em conta uma ponderada avaliação dos interesses que se apresentem como prevalecentes no sector considerado[38].

---

[37] Atenda-se, contudo, ao que já foi dito acerca das regras de conexão de carácter substancial.

[38] De notar que esses interesses não se identificam com aqueles que

21. Na determinação do elemento de conexão, o principal papel compete ora a interesses *individuais*, ora a interesses *colectivos*.

Os indivíduos, os sujeitos das relações de direito privado[39] tiram vantagem de serem submetidos, em tudo o que respeita ao seu estatuto pessoal, a uma lei a que possam chamar *a sua lei* — uma lei a que se sintam ligados de maneira estreita e permanente. É óbvio que essa lei só poderá ser a do Estado nacional ou a do Estado do domicílio[40]. Por outra via, o interesse dos sujeitos das relações jurídico-privadas reclama também um sistema que facilite quanto possível o desenvolvimento da sua vida jurídica e lhes conceda inclusive o direito de escolher, em certos domínios, a lei aplicável às relações que constituem.

---

prevalecem em sede de direito material, ou que em todo o caso não revestem os mesmos aspectos. V. KEGEL, *IPR.*, 7ª. ed., p. 116 e segs. Se, por exemplo, é para o reconhecimento efectivo dos mesmos direitos aos dois cônjuges que o princípio da igualdade nos conduz no plano do direito material, as coisas passam-se muito diferentemente no plano do direito de conflitos. A este nível, tudo quanto a mulher poderá reivindicar sob invocação do referido princípio — além do respeito da sua nacionalidade originária — é que lhe seja atribuído um estatuto pessoal próprio, isto é, um estatuto pessoal determinado em função de circunstâncias relativas à sua pessoa e não à pessoa do marido. Pode até acontecer que a lei por tal caminho estabelecida seja em concreto, sob o ponto de vista das soluções dadas aos problemas emergentes das relações entre cônjuges, menos favorável aos interesses da mulher do que a lei pessoal do marido; mas com essa hipótese, com essa conclusão de certo modo paradoxal, todavia possível, não tem que se preocupar o direito de conflitos.

[39] Estão, pois, incluídas as pessoas jurídicas.

[40] País da sede, no caso das pessoas jurídicas. A tendência legislativa e doutrinária actual é para substituir ao domicílio a residência habitual do indivíduo.

No que toca ao problema da opção entre domicílio e nacionalidade, vide entre outros DEELEN, *Nationalité et milieu*, *De Conflictu Legum*, p. 103 e segs.; H. FICKER, *Verknüpfung von Anknüpfungen*, Festschrift Nipperdey I, p. 297 e segs., e B. SCHNIDER, *Le domicile international* (1973), n.os 26 e seg.

O primeiro destes interesses faz-se sentir com particular intensidade em certas zonas ou matérias de carácter pessoal mais vincado: direitos de personalidade, estado e capacidade, relações de família, sucessões *mortis causa*. O principal campo de incidência do outro é o chamado comércio jurídico, o mundo dos actos relativos à produção e circulação dos bens assim como à troca de serviços, o mundo das transacções. É valorizando este elemento que se aceita a possibilidade de submeter a forma do contrato a uma lei que não aquela que é chamada a reger-lhe a substância, e que o princípio da autonomia da vontade tem hoje em dia foros de cidade em direito internacional privado, pelo que tange à matéria contratual.

Vêm depois aqueles interesses que, sendo ainda interesses individuais, se reportam contudo a pessoas indeterminadas ou ao público em geral, e a que podemos chamar interesses do *comércio*. Aconselham eles o recurso a elementos de conexão de natureza puramente objectiva, tais como o lugar da *situação* para os direitos sobre as coisas, o país da sua *criação* para a propriedade industrial, o *locus delicti* para a responsabilidade extracontratual. Eles recomendam também a adopção de soluções do género das consagradas no artigo 36.º da Lei Federal Suíça sobre o DIP, de 18 de Dezembro de 1987, e no art. 28.º do Código Civil português, cujo objectivo é claramente a protecção do comércio jurídico local.

22. Dissemos acima que o direito internacional privado tem os seus visos próprios, a sua própria "justiça" inconfundível com a do direito material, já que a escolha da lei competente para reger uma relação determinada não é, por via de regra, função do conteúdo da lei, mas de ser ela a que se encontra em melhor posição ou a que exibe os melhores títulos para intervir; posição e títulos esses que só a análise dos interesses apontados revelará. Contudo, por vezes, é a própria justiça material que invade o domínio do DIP, fazendo prevalecer aí os

seus juízos de valor, impregnando dos seus critérios as normas de conflitos e vindo ela mesma, por fim, influir na escolha da lei aplicável (já conhecemos as regras de conflitos de conexão substancial). Voltaremos a este assunto em ulterior capítulo.

Mas a intervenção da justiça material no campo do direito de conflitos não reveste sempre a forma a que se aludiu. Em certos casos, o juiz recusa o seu "visto" a um preceito jurídico estrangeiro, todavia em princípio plenamente aplicável à situação controvertida, unicamente por entender que a aplicação desse preceito ao caso concreto produziria um resultado absolutamente intolerável para o sentimento ético-jurídico dominante, ou lesaria gravemente interesses de primeira grandeza da comunidade local. De novo se constata aqui uma certa intromissão da justiça material; no entanto — e trata-se, por conseguinte, de uma ideia diferente daquela que exprimíamos há pouco — ela não aparece desta vez a inspirar as normas de conflitos, antes permanece exterior à justiça conflitual, de que se limita a travar a marcha. Estamos aqui em pleno domínio da chamada excepção de *ordem pública internacional*[41].

A ordem pública é um limite à aplicação do direito estrangeiro competente. É em nome da ordem pública que a um casamento poligâmico mulçumano será negado o reconhecimento no Estado do foro; que um Estado anti-divorcista se sentirá pouco inclinado a conceder o divórcio a um casal estrangeiro, apesar de a lei competente em matéria de relações conjugais, que é por hipótese a lei da nacionalidade comum dos cônjuges, admitir o divórcio e o admitir precisamente nas circunstâncias ocorrentes; etc.

Resta chamar a atenção para o facto de que a determinação rigorosa do valor relativo dos diferentes interesses e princípios que ficaram apontados constitui um trabalho de extrema dificuldade, que talvez não seja possível realizar, em termos gerais,

---

[41] Sobre este tema, ver *infra*, parte I, cap. VII.

de maneira satisfatória[42]. Mas o que importa sublinhar é que esses interesses figuram, sem qualquer dúvida, entre os mais relevantes factores de modelação do sistema de DIP considerado globalmente e das diferentes regras de conflitos: nem o legislador poderá deixar de lhes pedir inspiração, nem o órgão de aplicação do direito poderá abster-se de recorrer a essa fonte quer para fixar o sentido da lei, quer para colmatar as suas lacunas[43].

---

[42] Sobre os conflitos entre os princípios gerais de DIP veja-se sobretudo a obra citada de WENGLER, na Rev. crit. 1953, p. 37 a 60.

[43] Cfr. M. AGUILAR NAVARRO, *DIP*, I, 1, p. 454.

CAPÍTULO IV

O Direito Internacional Privado e domínios afins; âmbito do DIP

23. *DIP e direito intertemporal (transitório)*[44]. — Sabemos que o DIP é sobretudo um direito de conflitos — o direito de conflitos, por sinédoque. A par do DIP, outros sistemas conflituais existem. Desde logo, o direito transitório.

São manifestas as analogias entre DIP e direito transitório (intertemporal). Ambos pertencem à categoria (que aliás não esgotam) "direito sobre direito", "normas de aplicação de normas", "direito de segundo grau ou secundário". Todavia, o primeiro, o DIP, tem por objecto os conflitos de leis no espaço, enquanto o segundo, o direito intertemporal, dirime os conflitos de normas jurídicas no tempo. O problema do DIP decorre da *existência (vigência) simultânea*, em territórios diversos, de leis distintas; o problema do direito transitório, do fenómeno da *sucessão* no tempo, no seio da mesma ordem jurídica, de duas normas ou complexos normativos diferentes. Além, são relações que ao se constituírem, desenvolverem ou extinguirem, entram na órbita de pelo menos duas legislações nacionais — ou invadem sucessivamente o espaço em que vigoram diferentes legislações. Poder-se-ia dizer que o problema do DIP é

---

[44] VALLADÃO, *DIP*, Noções preliminares, cap. I; RAAPPE, *IPR*, págs. 12-13; NEUHAUS, *Die Grundbegriffe des IPR*, págs. 200 e seg.; B. MACHADO, *op. cit.*, 1ª parte, secção IV, § 2.°; BATIFFOL, *Conflits de lois dans l'espace et conflits de lois dans le temps*, "Mélanges Ripert", 1950, I, págs. 292 e segs.; BROGGINI, *Intertemporales Privatrecht*, *loc. cit.*, págs. 418 e segs.

um problema de *dinâmica das relações jurídicas*. No outro caso, são normas que ao tomar o lugar doutras normas vêm interferir com situações jurídicas preexistentes. Portanto, o direito transitório ou intertemporal versaria sobre um problema de *dinâmica de leis*. Ora os dois fenómenos — o da dinâmica das relações jurídicas e o da dinâmica das leis — levam-nos a tomar consciência de um problema que lhes é comum: o dos limites de aplicabilidade das normas jurídicas. Limites de aplicabilidade no espaço — e teremos o problema do DIP; limites de aplicabilidade no tempo — e surge o problema do direito transitório. No fundo, a tarefa a realizar é a mesma: trata-se sempre de apurar a qual de duas normas ou dois sistemas normativos pertence a espécie jurídica considerada.

Por outra parte, se no direito transitório avulta o factor tempo, o elemento espaço não deixa de ser relevante: a aplicabilidade da lei antiga (abrogada) a certos factos, determinada pelo momento da respectiva verificação, não deixará de pressupor que entre tais factos e o ordenamento do foro existisse, nesse preciso momento, a *conexão espacial* considerada decisiva pelo DIP. Inversamente, a sujeição de certo caso jurídico a determinada lei, resultante das regras do DIP, implica que a situação a regular estivesse espacialmente ligada a essa lei, através do elemento de conexão reputado relevante, não decerto em qualquer tempo, mas exactamente *no tempo da verificação do evento* cuja repercussão na vida da mesma situação jurídica se trata de apreciar. O momento da conexão relevante é o da produção do facto que deu origem à consequência jurídica em causa.

Digamos, a terminar este ligeiro confronto, que um veio comum percorre e liga intimamente o direito intertemporal e o DIP: ambos têm como objectivo garantir a estabilidade e continuidade das situações jurídicas interindividuais e, assim, tutelar a confiança e as expectativas dos interessados[45].

[45] Na sua dissertação de doutoramento, já citada (*Âmbito de eficácia e*

24. *Conflitos internacionais e conflitos internos*[46]. — Nem sempre os protagonistas do conflito de leis no espaço são ordens jurídicas estaduais. O problema nasce algumas vezes da coexistência de vários sistemas de direito no interior do mesmo Estado. De resto, não foi sob outra forma que originariamente se apresentou o problema dos conflitos. Na primeira fase da sua evolução, o que a doutrina teve de considerar foram os conflitos entre os "estatutos" das diferentes cidades da Itália do Norte, na Idade Média, e mais tarde entre os diferentes "costumes" das províncias francesas e holandesas.

Fenómeno idêntico se verifica ainda hoje nalguns Estados federais, como os E.U.A.: cada um dos Estados federados possui a sua legislação civil própria.

Fenómeno idêntico ocorre no Canadá e também no seio de Estados unitários, como o Reino Unido ou a Espanha, onde ao lado do direito civil comum subsiste o direito foral naquelas províncias ou regiões do país que o conservavam ao tempo da promulgação do Código[47].

Outro exemplo: a Polónia, recuperada em 1918 a independência nacional, aceitou que nas diferentes regiões do seu território continuassem a vigorar as leis civis dos Estados que até então as tinham ocupado. Na Roménia e na Jugoslávia também vigoraram entre as duas guerras mundiais vários sistemas de direito privado. O mesmo aconteceu em França, ao findar a primeira guerra mundial, com relação à província da Alsácia-

---

de competência das leis), J. BAPTISTA MACHADO sustentou com valiosos argumentos a tese da unidade fundamental dos postulados básicos do direito intertemporal e internacional privado; v. toda a primeira parte da obra e em especial a secção IV, § 2.°.

Em sentido semelhante, VALLADÃO, *DIP*, vol. e cap. cit.

[46] Sobre este assunto cfr. especialmente ARMINJON, *Systèmes juridiques complexes*, in "Recueil des Cours", 1949, I, 74.°, págs. 79 e segs.

[47] V. MIAJA DE LA MUELA, *op. cit.*, *vol. cit.*, pág. 13.

-Lorena, que desde 1870 estivera sob o domínio da Alemanha e onde, por isso, a legislação alemã continuou em vigor.

Todos os casos referidos, e muito especialmente o primeiro, apresentam uma analogia flagrante com os conflitos internacionais. Com efeito, em todos se dá a circunstância de cada um desses sistemas jurídicos que entram em conflito ter o seu *território* próprio, que não coincide com o território do Estado[48], mas que é uma divisão desse território, uma região ou província do país[49]. Nestes termos, é natural que à resolução desta primeira variedade de conflitos internos — os conflitos *interprovinciais* ou *interlocais* e os de tipo federal — presidam critérios em grande parte idênticos aos do DIP propriamente dito. Mas entre as duas matérias existem diferenças[50]. Assim, não poderá confiar-se ali à lei nacional das partes a regulamentação do estatuto pessoal[51], visto a nacionalidade ser uma só para o conjunto das províncias: o elemento de conexão decisivo será o domicílio; não poderá invocar-se a *ordem pública* como razão para não aplicar a lei doutra província [52]; as normas de conflitos (normas de direito interlocal ou interprovincial) serão, em regra, *únicas* para todo o território do Estado [53]; as sentenças proferidas numa província serão exequíveis de pleno direito nas restantes[54]; etc.

---

[48] Do Estado unitário ou do Estado federal.

[49] Ou o território correspondente a cada um dos Estados federados.

[50] Cfr. BATIFFOL-LAGARDE, *DIP*, I, 8.ª ed., n.os 259-260.

[51] Ou seja, o conjunto das seguintes matérias: direitos de personalidade, estado, capacidade, relações de família e sucessões por morte (sendo este último ponto assaz controvertido).

[52] Mas não assim inteiramente nos Estados federais: nos E.U.A., p.ex., a ordem pública funciona nas relações entre as leis dos Estados federados, todavia com um vigor menos acentuado que em face de leis estrangeiras. BATIFFOL-LAGARDE I, 8ª ed., n.º 259.

[53] Diversamente das normas de DIP, que diferem notavelmente de país para país.

[54] Queremos dizer: sem exigência de condições. Ao passo que quase

Uma outra variedade existe de conflitos internos: os *conflitos interpessoais*. Agora, as várias leis em presença não regem territórios distintos, mas distintas categorias de pessoas. Esta situação verificava-se principalmente nos países coloniais, em que os indígenas eram em regra deixados sob o domínio do direito consuetudinário local, vigorando a lei metropolitana para os europeus.

A coexistência no interior do mesmo Estado de várias leis para diferentes camadas ou estratos da população, tem uma origem confessional ou étnica. É assim que nos países muçulmanos, ao lado do direito islâmico, existem os sistemas jurídicos próprios das outras comunidades religiosas (cristã, judaica), aplicáveis aos membros destas comunidades na esfera do seu estatuto pessoal.

Portugal é um Estado de legislação unitária, um Estado em que, por conseguinte, os problemas citados se não põem. E quando suceda a lei estrangeira aplicável, em virtude dos princípios do nosso DIP, ser um sistema jurídico complexo, as questões daí resultantes deverão resolver-se de acordo com os critérios que oportunamente serão dados a conhecer, e desde logo em harmonia com as normas de direito interlocal ou interpessoal nessa legislação estrangeira sancionadas.

27. *DIP e direito privado uniforme* — Pelo que dissemos acima, principalmente nos números 2 e 8, facilmente se pode medir toda a diferença que separa o DIP do direito privado uniforme. Este é direito material, e o DIP tira justamente a sua razão de ser da existência de leis materiais divergentes. Como acentua VALADÃO[55], as finalidades de um e de outro são clara-

---

todos os Estados põem obstáculos, mais ou menos graves mas sempre importantes, ao reconhecimento das sentenças estrangeiras.

[55] *Op. cit.*, pág. 25. V. também do mesmo A. *Direito uniforme e DIP*, in "Estudos de DIP", Rio de Janeiro, 1947, págs. 737 a 764.

mente distintas: "um, o DIP, procura *resolver* os conflitos de leis, enquanto outro, o direito uniforme, trata de os *suprimir* por intermédio de leis idênticas". Se algum dia a hipótese de um direito privado mundial se convertesse em realidade, certo que o DIP se extinguiria, com o extinguir-se do seu pressuposto. Tal hipótese é, porém, utópica.

Em contrapartida, nada tem seguramente de utópico a unificação do direito privado quando limitada a empresa a determinadas matérias, sobretudo se pertencentes ao foro do direito mercantil — é pensar no capítulo das letras, livranças e cheques, no das sociedades, da propriedade industrial, da concorrência desleal, dos transportes, dos seguros —, e a grupos de países estreitamente ligados entre si por interesses económicos comuns (como, por exemplo, os da U.E.). Raramente, porém, a unificação será completa, circunstância esta que bastaria para que o DIP não perdesse, mesmo aí, a sua importância; e a ela acresce o facto de fora do âmbito de vigência da lei uniforme ficarem sempre numerosos Estados.

A circunstância primeiramente referida é suficiente para se compreender que a unificação do direito material e a do DIP possam decorrer paralelamente. E foi assim que da Conferência de Genebra de 1930 resultaram duas Convenções, estabelecendo a primeira uma lei uniforme em matéria de letras e de livranças e formulando a segunda certas normas para a resolução dalguns conflitos de leis nesse mesmo domínio[56]. É que a L.U. não acabou inteiramente com as divergências legislativas em matéria cambiária[57]: são muitos os problemas ante os quais ela não toma posição[58]. E, assim, os conflitos tinham de subsis-

[56] E coisa idêntica se passou, no ano imediato, com o instituto do cheque.

[57] Além de que muitos e importantes Estados (a Grã-Bretanha, os E.U.A.) a não adoptaram.

[58] Cfr. sobre isto ARMINJON et CARRY, *La lettre de change et le billet à ordre*, págs. 447 e segs.

tir. Por exemplo: a L.U. não regula a capacidade cambiária, o que basta para dar inteiro a propósito à norma da segunda Convenção citada (art. 2.º), que estabelece o seguinte: "A capacidade de uma pessoa para se obrigar por letra ou livrança é regulada pela respectiva lei nacional. Se a lei nacional declarar competente a lei de um outro país, será aplicada esta última".

28. *DIP e direito comparado.* — Como oportunamente se frisou, o DIP, sendo direito interno pela fonte, tem a desempenhar uma função internacional: promover o reconhecimento e a aplicação no âmbito do Estado em que vigora de conteúdos e preceitos jurídicos estrangeiros. Por virtude das regras do DIP, em princípio[59], as múltiplas instituições jurídicas existentes algures no mundo recebem o visto de entrada no ordenamento do foro e tornam-se nele aplicáveis.

Ora isto logo faz ressaltar a importância do papel que compete à investigação comparatista nos domínios do DIP.

Várias são as funções que têm sido assinaladas ao direito comparado[60]. Assim, no período entre-as-duas-guerras, um vasto movimento se desenha que atribui a esta ciência, como tarefa primordial, a realização — ou, quando menos, a preparação — de um "direito mundial do século XX". LEVY-ULMANN foi o grande campeão desta doutrina. Breve, porém, o ideal da unificação jurídica à escala mundial — que a vaga de internaciona-

---

[59] Fazemos a reserva tendo em atenção o que se dirá adiante no capítulo da *Ordem pública internacional.*

[60] Vidé RENÉ DAVID, *Traité de Droit Comparé,* págs. 35 e segs.; MARC ANCEL, *Utilité et méthodes du Droit Comparé. passim*; YNTEMA, "Rev. Int. Dr. Comp.", 1958, págs. 693 e segs.; GUTTERIDGE, *Comparative Law,* 1946, págs. 23 e segs.; RODIERE, *Introduction au Droit Comp.*, pág. 29 e segs.

Cfr. também a *nota prévia* que redigimos para a obra *Estudos de Direito Comercial,* vol. I, 1969, ed. do "Centro de Direito Comparado" da Faculdade de Direito de Coimbra.

lismo consequente ao termo da 1ª Grande Guerra tanto favoreceu — entra em declínio. Certo, continua hoje a lutar-se pela uniformização do direito privado, e aliás com relativo sucesso, mas só naqueles termos, muito mais comedidos, que de passagem assinalámos no número precedente. A importância dos estudos comparatistas para o avanço desta empresa salta aos olhos.

Para outros juristas, que seguem na esteira dos homens[61] do 1.º Congresso de Direito Comparado, realizado em Paris no ano de 1900, a função capital do direito comparado consistiria em procurar no conjunto dos sistemas legislativos os princípios básicos de todo o ordenamento jurídico e de todo o direito — uma espécie de direito modelo, em que todo o legislador deveria inspirar-se.

Nesta ordem de ideias, o direito comparado teria a desempenhar na nossa era um papel semelhante à missão realizada outrora pelo direito romano, logo após a Idade Média, e mais tarde, por fins do séc. XVIII, pelo direito natural. Na verdade — alega-se — os homens da nossa época encontram-se em situação muito semelhante àquela em que se encontraram os homens do Renascimento e, depois, os do Iluminismo. No Renascimento, como nos tempos do Iluminismo, impôs-se aos homens de Estado e aos juristas um grande esforço de definição de novas estruturas; tarefa de que os primeiros se desempenharam fazendo largamente apelo ao direito romano e os segundos recorrendo ao direito natural.

Ora a adaptação constante das estruturas sociais às novas condições de vida em comunidade, a que obrigam as conquistas e os progressos prodigiosos da ciência e da tecnologia, põe aos homens da época actual problemas comparáveis àqueles a que aludimos atrás. Para muitos, a questão crucial da era em que vivemos estaria em preservar ou construir uma ordem jurídica capaz de assegurar aos indivíduos os seus direitos funda-

---

[61] Sobretudo RAYMOND SALEILLES.

mentais numa sociedade demasiado dominada pela técnica — numa sociedade que decididamente tende a desumanizar-se com força crescente e a ritmo alucinante. E o direito comparado interviria justamente aí: graças a um trabalho de pesquisa, de compreensão e de síntese dos elementos comuns da experiência humana universal relativa ao direito e à justiça, a ciência comparatista incumbir-se-ia de captar os princípios jurídicos fundamentais, de demarcar a área inviolável dos direitos essenciais da pessoa humana, de apontar os instrumentos mais eficazes para a defesa desse reduto.

Como facilmente se entende, não é este o lugar azado para tomar posição perante as concepções que aí ficam apontadas. De resto, ainda que porventura se tomem por bem fundadas, isso não impede que se reconheça ter o direito comparado (também) por escopo "o estudo sistemático das diferentes instituições jurídicas, tal como se perfilam e desenham nas leis dos vários Estados, em ordem a determinar o que haja de comum e de diferente entre elas"[62]. Ora uma vez o problema assim equacionado, logo resulta evidente o interesse que assumem para o DIP os estudos comparativos. Pode mesmo dizer-se que o DIP é o primeiro beneficiário desses estudos[63]. Vejamos como e porquê.

É evidente que toda a comparação supõe a existência de algo de comum nos objectos a comparar. Ora o que há de comum entre os sectores homólogos dos vários sistemas jurídicos reside muito mais nos problemas prático-sociais a que urge

---

[62] Palavras da nossa já cit. *nota prévia.*

[63] A importância da investigação comparatística no quadros do DIP é geralmente reconhecida e acentuada. V. por todos VALLADÃO, *DIP*, pág. 41; BALOGH, *Le rôle du droit comparé dans le DIP*, "Rec. des Cours", 1937, III (passim); RABEL, *The Conflict of Laws, a Comparative Study*, 4 vols., 1945, 1958, e anteriormente na "Rev. crit.", 1933, págs. 30 e seg., 61 e segs.; RAAPE, *IPR*, pág. 9 e seg.; ZWEIGERT, *Die dritte Schule, cit., loc. cit.*

dar solução no plano e com os meios específicos do direito, de que nas próprias soluções conseguidas. Estas divergem notavelmente de país para país — como diferem, em cada nação, de uma época histórica para outra. Pelo contrário, os fins sociais a realizar com os meios próprios do direito privado são aproximadamente os mesmos nos povos que ascenderam a certo nível de civilização. Os problemas normativos são em grande medida susceptíveis de formulação comum: o que difere são as reacções ou respostas a tais problemas. E precisamente a tarefa — ou uma das tarefas — do direito comparado consiste em apurar quais os diferentes meios técnicos a que os vários legisladores recorrem para levar a cabo funções sociais equivalentes. Através do direito comparado, ver-se-á como instituições diferentes tendem nos diversos lugares para fins análogos — e, ao invés, como a instituições na aparência homólogas correspondem objectivos distintos. Deste modo, e ao mesmo tempo, as razões das analogias e das divergências inter-sistemáticas poderão ser devidamente valoradas e entendidas.

Ora tudo isto se reveste de primordial importância para o DIP, dada a missão que lhe compete de coordenar na sua aplicação todas as leis existentes. Para tanto possui ele as suas categorias normativas próprias, a cada uma das quais corresponde, como já sabemos, um elemento de conexão determinado. A matéria que preenche essas várias categorias, são justamente os preceitos e as instituições jurídicas dos diferentes Estados. Como mais tarde veremos, ao abordar o problema da qualificação, em cada uma de tais categorias deverão ser incluídas todas as normas e instituições, quer de direito nacional ou estrangeiro, que se proponham como finalidade precípua a que tiver sido visada pelo legislador do foro ao elaborar a respectiva regra de conflitos.

Inútil sublinhar, depois do que foi dito acima, que só o recurso ao método da comparação jurídica permitirá em muitos casos resolver adequadamente tal sorte de problemas.

A terminar, advertiremos ainda que o método da comparação jurídica rende largos frutos quando justamente aplicado ao próprio DIP. O conhecimento crítico das divergências existentes entre os sistemas conflituais dos Estados é essencial à tarefa da unificação das regras de conflitos — unificação certamente difícil, todavia mais viável[64] do que a do direito material — e bem assim à da elaboração dessas normas pelo legislador interno. Por último, tal conhecimento assume igualmente importância fundamental para resolução do problema dos conflitos de sistemas de DIP.

29. *Direito Internacional Privado e Direito Constitucional.* — A relação entre o DIP e o Direito Constitucional pode suscitar diversasn questões[65]. Entre elas, destacam-se as seguintes: 1ª) são as regras de conflitos susceptíveis de entrar em colisão com os preceitos constitucionais, e especialmente os relativos à matéria dos direitos fundamentais? 2ª) até que ponto devem os nossos tribunais recusar aplicação a um preceito ou complexo normativo estrangeiro, indiscutivelmente aplicável segundo as normas de DIP da *lex fori*, mas que pelo seu conteúdo colida com algum dos direitos fundamentais consagrados na Constituição portuguesa? 3ª) podem os tribunais portugueses recusar-se a aplicar o direito estrangeiro competente, com fundamento na sua inconstitucionalidade perante a Constituição do país de origem?

O primeiro problema levantou-se na Alemanha com o artigo 3.°, II, da Constituição de Bona (*Grundgezetz*), que consagra o princípio da igualdade (*Gleichberechtigung*). Deviam ou não considerar-se contrárias ao preceito constitucional as regras de conflitos da Lei de introdução ao Código Civil (EGBGB), na sua formulação originária, que fixavam o direito aplicável com base na nacionalidade do marido?

---

[64] Há, contudo, sectores que se têm revelado altamente resistentes a toda a unificação: é sobretudo o caso do denominado estatuto pessoal.

[65] Ver, sobre esta matéria, o importante estudo de RUI DE MOURA RAMOS, *Direito Internacional Privado e Constituição*, Coimbra, 1979.

Qualquer das soluções teoricamente possíveis encontrou os seus adeptos; e formaram-se assim duas correntes de opinião.

a) Para uma, o DIP move-se num espaço exterior à Constituição, num espaço livre relativamente aos princípios e normas constitucionais.

Não pertence ao direito de conflitos (adverte H. DÖLLE logo em 1950)[66] estender a validade de um princípio reconhecido no direito interno — como o princípio da igualdade entre os cônjuges — além do seu próprio domínio de aplicação, atribuindo-lhe um papel decisivo na determinação da lei competente. Para chegar ao maior número possível de soluções idênticas, as regras de conflitos dos vários países hão-de dar a preferência à lei que melhor se recomende segundo a natureza das coisas. O legislador deve contentar-se com dar realização ao princípio da igualdade na esfera do direito interno.

É certo que em obra posterior[67] o autor citado afirmou expressamente que as normas de conflitos, como direito nacional que são, devem naturalmente ser compatíveis com a Constituição política do respectivo Estado; mas acrescentava, a propósito do artigo 17.° da EGBGB (na redacção anterior à Reforma de 1986), que declarava aplicável ao divórcio a lei nacional do marido, que segundo a opinião dominante essa norma não era contrária ao princípio da igualdade, porque a conexão é apenas um expediente técnico (*ein technischer Vorgang*), do qual não resulta privilégio algum do ponto de vista material nem para o homem nem para a mulher.

Em suma (a síntese é de BEITZKE), as regras de conflitos são regras técnicas neutrais, que não têm o sentido de servir a justiça.

b) Mas este modo de entender as coisas e de perspectivar o DIP é profundamente erróneo.

---

[66] *Revue Internationale de Droit Comparé*, 1950, págs. 268 e seguintes.

[67] *Internationales Privatrecht* (1968), pág. 19.

Certamente, não são os valores da justiça material que no DIP predominam. O DIP tem os seus próprios visos: propõe-se finalidades e norteia-se por princípios que não coincidem em regra com os que se afirmam no plano do direito material. Contudo, os seus preceitos não são meros preceitos de ordem, porque a ordem para que tendem não é arbitrária, cega a valores, antes uma regulamentação orientada para certos fins: os objectivos que o DIP considerado globalmente pretende atingir e os objectivos específicos colimados pelas suas diferentes normas. À justiça conflitual — e por conseguinte ao sistema axiológico do ordenamento jurídico — não pode ser indiferente que a lei aplicável, v. g., em matéria de relações entre os cônjuges, seja a lei pessoal destes ou a da situação dos bens do casal.

As normas de conflitos *não são, portanto, regras técnicas axiologicamente neutrais* (à semelhança, por ex., das que disciplinam o trânsito rodoviário, ou algumas delas) — regras que não tenham o sentido de servir a justiça.

Só que a justiça que servem é de cunho *predominantemente formal*, nela avultando o ingrediente da *certeza* e da *estabilidade jurídica*. O DIP propõe-se como escopo precípuo promover e garantir a estabilidade e continuidade das situações interindividuais plurilocalizadas, assegurar a livre circulação por sobre as fronteiras dos Estados dos direitos delas decorrentes. A maior parte das suas normas — como o proclamava CAVERS em 1933[68] — opera a escolha do direito aplicável por assim dizer de olhos vendados, fazendo abstracção completa do conteúdo da lei a que submete as situações multinacionais. Não é seu intento confiar o caso à melhor lei, a mais adequada à sua especificidade, senão à que mais próxima estiver da situação concreta.

---

[68] *A Critique of the Choice-of-Law Problem*, 47 Harvard Law Rev., 173.

E como podem normas deste tipo ser valoradas segundo a perspectiva da Constituição? Como aplicar a um direito em regra insensível aos princípio e critérios da justiça material precisamente a tábua de valores jurídico-materiais da lei basilar do Estado? Como admitir, designadamente, a possibilidade de as normas do DIP infringirem os preceitos constitucionais sobre os direitos fundamentais dos cidadãos, se justamente ele não pretende as mais das vezes interferir nesse domínio, nem em qualquer outro sector do direito material, esgotando-se a sua função com a designação da lei competente nessas matérias?

Mas tal conclusão não pode aceitar-se.

Antes de tudo, há que acentuar que o DIP do momento actual está muito distante da concepção clássica (que prevaleceu até cerca dos anos 50), para a qual ele era na verdade um direito exclusivamente formal, indiferente ao conteúdo das normas substanciais concorrentes e aos critérios e valores da justiça material[69].

Ora, se no momento presente o DIP se mostra aberto — ainda que em termos comedidos — a certos juízos de valor jurídico-materiais, como admitir que lhe seja lícito ignorar princípios que, exactamente porque ancorados na Constituição, figuram por certo no quadro dos valores axiais do ordenamento jurídico do Estado? E é este seguramente o caso do princípio da igualdade: entre marido e mulher, entre os pais relativamente ao poder paternal, entre filhos nascidos do casamento e fora do casamento.

Atente-se na redacção originária dos artigos 52.°, 53.° e 55.° do Cód. Civ. de 1966, relativos ao DIP matrimonial. Faltando a nacionalidade comum e a residência habitual comum dos cônjuges, a lei aplicável vinha a ser a lei pessoal do marido. Nessa hipótese, deixava de se atender ao *interesse da mulher* na aplicação *do seu próprio estatuto pessoal* — para se resolver o

[69] V. *infra* o que se dirá no capítulo do Método do DIP.

diferendo pela aplicação do estatuto pessoal do marido. Independentemente da motivação da opção legislativa de 1966, e de no caso concreto a mulher poder por vezes colher benefícios, no plano material, da aplicação da lei pessoal do marido, era irrecusável a existência de uma discriminação, de uma violação da regra da igualdade, no plano da justiça conflitual. Por outras palavras, a regra de conflitos vinha tutelar as expectativas do marido, o interesse deste na aplicação de uma lei que era a sua, à qual estava decerto mais estreitamente ligado.

Conclui-se, pois, no sentido de que as regras de conflitos, mesmo aquelas que procedem à escolha da lei independentemente do resultado (e são a grande maioria), são susceptíveis de colidir com os princípios constitucionais, e de serem assim objecto de um juízo de inconstitucionalidade.

Em Portugal, com a Reforma de 1977 do Código Civil, foram objecto de alteração aqueles de entre os preceitos do capítulo relativo ao Direito de Conflitos tidos por contrários à Constituição de 1976[70].

Pelo que toca ao segundo dos problemas anteriormente indicados — o de saber se devem os nossos tribunais recusar-se a aplicar um preceito ou complexo normativo estrangeiro integrado no direito considerado competente pelo DIP da *lex fori*, mas que pelo seu conteúdo colida com normas constitucionais, e especialmente com algum dos direitos fundamentais consagrados na Constituição portuguesa — cabe agora dizer o seguinte.

Consagra a nossa lei fundamental princípios com grande relevância em matéria de direito privado, como é o caso da

[70] Para uma perspectiva crítica sobre algumas das opções legislativas então acolhidas, cfr. A. FERRER CORREIA, *A Revisão do Código Civil e o DIP*, in *Estudos Vários de Direito*, Coimbra, 1982, pp. 289 e segs.; ALMENO DE SÁ, *A Revisão do Código Civil e a Constituição*, Revista de Direito e Economia, Ano III, pp. 443 e segs..

proibição de discriminação dos filhos nascidos fora do casamento, estabelecida no artigo 36.°, n.° 4. O legislador de 1977, obedecendo a este imperativo terminante, alterou profundamente o regime do Código na parte em que assentava na distinção entre filhos legítimos e ilegítimos. Nessa ordem de ideias, foram ab-rogadas as regras de conflitos relativas à filiação ilegítima (artigo 59.°) e à legitimação (artigo 58.°).

Mas não se pense que daqui resulta a radical impossibilidade de se dar efeito entre nós a um direito estrangeiro que consagre ainda aquela distinção: tal não é seguramente o caso.

Os preceitos da lei estrangeira designada pela norma de conflitos que se não coadunem com os direitos fundamentais consagrados na legislação portuguesa são seguramente inaplicáveis, porque contrários à ordem pública internacional do Estado português. Só que para tanto será indispensável que no caso de espécie se encontrem realizados os pressupostos de relevância da ordem pública. O primeiro desses pressupostos é naturalmente o facto de se tratar de valores de máxima importância do ordenamento do foro. Outro consiste na existência de uma conexão significativa da espécie a julgar com aquele ordenamento (teoria alemã da *Inlandsbeziehung*). A verificação destas condições é essencial para que possa dar-se resposta afirmativa à questão posta[71].

Assim, à norma da lei estrangeira designada como aplicável ao caso pela regra de conflitos da *lex fori* seria dada, em princípio, aplicação, independentemente de ela porventura colidir com um preceito constitucional sobre direitos fundamentais (como o que proíbe que os filhos nascidos fora do casamento sejam objecto de discriminação; como o que formula a regra da igualdade entre homem e mulher).

---

[71] A matéria da ordem pública internacional será exposta no capítulo VII, da Parte I.

Esta é a solução para que nos inclinamos, mas contemperada, como já dissemos, pela forçosa intervenção da ressalva ou cláusula geral da *ordem pública internacional.*

Resta aludir ao último dos problemas suscitados pela relação entre o DIP e o Direito Constitucional que mencionámos: o de saber se os tribunais portugueses podem recusar-se a aplicar um preceito ou conjunto de preceitos pertencentes ao direito estrangeiro competente, com fundamento na violação da Constituição do Estado a que pertencem tais preceitos.

Verdadeiramente, a questão é a de saber se, no momento de aplicar a lei estrangeira competente, não deverá o juiz do foro tomar em consideração o facto de dado preceito ou grupo de preceitos não ser válido — e por tal razão não ser aplicado — no âmbito da *lex causae*, em função da relação de incompatibilidade existente entre ele e a respectiva Constituição.

Postas as coisas nestes termos, a resposta deve situar-se no plano próprio: o dos critérios gerais que hão-de orientar o juiz na aplicação do direito estrangeiro. Ora, estabelece o artigo 23.º do Código Civil que, na aplicação da lei estrangeira, o julgador deve mover-se no quadro dessa lei e orientar-se pelos princípios nela fixados.

Assim, se em dado sistema estrangeiro determinado preceito não é aplicado pelos tribunais ordinários por colidir com normas da respectiva Constituição, cabe ao juiz português dar a essa circunstância o devido valor, e abster-se identicamente de o observar.

A resposta à questão que enunciámos será então a seguinte: não cabendo seguramente ao julgador do foro sindicar a compatibilidade constitucional de preceitos da lei estrangeira, incumbe-lhe aplicar a mesma lei tal como ela seria aplicada pelo juiz do respectivo sistema jurídico. Nestes termos, assume relevância, posto que indirecta, o facto de certa norma da *lex causae* considerada inconstitucional não ter aplicação nesse sistema. Do ponto de vista do foro, a referida relevância tem lugar, não por a norma em causa ser inconstitucional, mas por ela não ser aplicável no sistema a que pertence[72].

30. *Âmbito do DIP.* — Até este momento, referimos o DIP unicamente ao problema do conflito de leis. E residirá, com efeito, em tal questão todo o objecto desta disciplina?

Deparam-se-nos aqui diversas orientações. Antes de tudo, a da doutrina alemã[73], adoptada também na Itália[74], que restringe ao problema do conflito de leis o âmbito do DIP. Para os autores germânicos, o DIP é tão somente um *Kollisionsrecht*[75], sendo todavia prática corrente os tratados e manuais alemães dedicados a este ramo da ciência jurídica ocuparem-se também das matérias do direito processual civil internacional, com especial destaque para a do reconhecimento e execução de sentenças estrangeiras[76].

Quanto à escola anglo-saxónica, ela inclui decididamente no DIP — *Private International Law, Conflict of Laws* — o estudo de três questões: a da jurisdição competente (*choice of jurisdiction*), a da lei competente (*choice of law*) e a do reconhecimento das sentenças estrangeiras[77].

---

[72] Escusado será sublinhar que a não aplicabilidade de uma norma material da *lex causae* dependerá, em larga medida, do sistema de fiscalização da constitucionalidade adoptado. Sobre o assunto, v. MOURA RAMOS, *op. cit.*, pág. 242 e segs.

[73] Cfr. p. ex. WOLFF, *Das IPR Deutschlands*, 2ª ed., 1949, págs. 4 e 5.

[74] Cfr. BALLADORE-PALLIERI, *Diritto Internazionale Privato*, 2ª ed., 1950, *passim*. Mas ver noutro sentido a orientação dada por TITO BALLARINO ao seu *DIP* (2ª ed., 1996).

[75] Ou *Grenzrecht* — direito delimitador, direito de fronteiras —, na terminologia de FRANKENSTEIN, que, aliás, não logrou generalizar-se.

[76] Assim, RAAPE, *IPR*, KEGEL, *IPR* (autor que versa ainda certos outros temas de direito público internacional), DÖLLE, *IPR*.

[77] Cfr. CHESHIRE, *Private International Law*, 5ª ed., 1957, págs 7-8; GRAVESON, *The Conflict of Laws*, págs. 10 e segs.

Para a escola francesa, finalmente, o objecto do DIP compreende quatro matérias: a nacionalidade, a condição dos estrangeiros, os conflitos de leis e os conflitos de jurisdições[78]. Deve ainda notar-se que certos representantes desta escola, à frente dos quais PILLET[79], apontavam a existência, a par da questão do conflito de leis, de um problema autónomo: o do reconhecimento dos direitos adquiridos em país estrangeiro. Foi também esta a orientação que MACHADO VILLELA imprimiu ao seu ensino[80].

É inegável a importância do papel que o princípio do reconhecimento dos direitos adquiridos tem a desempenhar em DIP; teremos mais tarde ocasião de voltar ao assunto. Todavia, esse papel não é de molde a justificar a referida autonomização daquele problema relativamente ao do direito de conflitos[81].

Como noutro capítulo do presente curso veremos melhor, o reconhecimento de um suposto direito adquirido não prescinde do averiguar se o direito alegado efectivamente existe segundo os preceitos de uma lei que, no âmbito do DIP do foro, possamos considerar competente. A determinação da lei competente constitui um *prius* relativamente ao reconhecimento do suposto direito adquirido. Por outro lado, e de conformidade com a generalidade dos sistemas jurídicos, aquele problema — o da averiguação da lei competente — resolve-se pelo DIP da *lex fori*: as regras do direito de conflitos português tanto se

---

[78] Sic: BATIFFOL-LAGARDE, *DIP*, 8ª ed., I, p. 17; LEREBOURS-PIGEONNIÈRE et LOUSSOUARN, *Précis de DIP*, 9ª ed., 1970, capítulo 1.º; MAURY, *Derecho Internacional Privado*, trad. esp., págs. 14 a 16; PIERRE MAYER, *DIP*, 5ª ed., págs. 9-10; B. AUDIT, *DIP*, págs. 4-19.

[79] *Principes de DIP*, págs. 495-571.

[80] Veja-se *Tratado de DIP*, vol.I, n.º 189, págs. 618 e segs.

[81] E menos ainda aquele papel seria de molde a justificar a redução de todo o fundamento do DIP, de todo o fundamento da aplicabilidade das leis estrangeiras, ao princípio do respeito dos direitos adquiridos (*vested rights, jura quaesita*), como o pretendia a doutrina anglo-americana mais antiga (STORY, DICEY).

aplicam às relações constituídas ou a constituir em Portugal, como às situações já criadas em país estrangeiro. Uma vez determinada a lei aplicável à situação litigiosa, não há senão proceder à aplicação das normas dessa lei que precisamente se referirem a tal situação: elas dirão se no caso concreto há ou não direito adquirido a respeitar.

Ora, se o reconhecimento de um direito como legitimamente adquirido decorre sem mais do reconhecimento da competência da lei que presidiu à sua constituição e se não é pelo facto de se tratar do reconhecimento de um direito adquirido no estrangeiro que a questão da determinação da lei aplicável deixa de se pôr em face das regras de conflitos da *lex fori* — temos de concluir que aquele problema não é um problema autónomo relativamente ao do conflito de leis.

Contudo, o exposto não significa que a ideia do respeito das situações jurídicas constituídas em país estrangeiro, ao abrigo de uma legislação que se considerava competente, não possa ou não deva conduzir a soluções *especiais*, no quadro do sistema de regras de conflitos da *lex fori*. Estudaremos este tema mais adiante.

31. Vimos atrás que segundo a orientação da doutrina francesa, adoptada entre nós por MACHADO VILLELA e outros autores, há que incluir no DIP, ao lado da matéria dos conflitos de leis, a da nacionalidade, a da condição jurídica dos estrangeiros e a dos conflitos de jurisdições ou competência internacional dos tribunais. Vejamos agora se tal directiva se justifica cientificamente.

Diante do problema da delimitação do DIP, dois caminhos se nos oferecem. O primeiro é fazer consistir o seu objecto numa matéria fortemente homogénea, núcleo de questões da mesma natureza, a resolver por métodos idênticos. Tal a aspiração e até o pressuposto, segundo as ideias tradicionais, de toda a disciplina científica verdadeiramente autónoma.

Pois seguindo por este caminho, a atitude correcta será então reduzir o objecto do DIP ao conflito de leis (escolha da lei aplicável) e de jurisdições (escolha da jurisdição competente). Ao DIP competirá indicar por que legislação se resolvem as questões emergentes das relações privadas internacionais e outrossim as regras sobre a competência internacional dos tribunais e o reconhecimento das sentenças estrangeiras. Neste campo, com efeito (referimo-nos ao do conflito de leis em sentido estricto), trata-se de princípios jurídicos de uma natureza muito especial, pois são princípios que, em regra, nada dizem sobre o sentido da composição dos conflitos de interesses, nem sobre os direitos e deveres dos indivíduos[82] uns em face dos outros, quer em geral, quer sob o ponto de vista de uma relação em concreto. Aos problemas do comércio privado internacional obvia-se aqui, pura e simplesmente, remetendo a decisão deles para o âmbito de uma legislação determinada. Na sua grande maioria, as chamadas normas de conflitos limitam-se ao desempenho desta função: não provêem elas próprias sobre o regime das relações sociais, não são normas de direito "substancial" (*Sachnormen*), mas normas puramente instrumentais. Dizem a lei que se aplica, não o regime aplicável.

Muito diferente é o caso das regras sobre a nacionalidade e a condição jurídica dos estrangeiros. As primeiras são aquelas que, em cada Estado, enumeram os factores de aquisição e perda da cidadania, definindo, portanto, as condições de atribuição, no âmbito do direito local, de um dentre dois estatutos: o de nacional e o de estrangeiro. Não se vislumbra, pois, aqui nem mesmo a sombra daquele processo que vimos ser característico das normas de conflitos: a designação do sistema jurídico que há-de definir a disciplina aplicável a dada relação factual. O Estado diz quais são os seus nacionais, não o manda dizer por outros, nem tão pouco se imiscui na definição dos pressupostos

[82] Mais concretamente: dos sujeitos da relação de direito privado.

de uma nacionalidade alheia[83]. As regras concernentes à nacionalidade pertencem ao direito material.

Considerações análogas são cabidas a propósito do tema da condição dos estrangeiros. Agora trata-se de apurar quais os direitos atribuídos no Estado local aos cidadãos estrangeiros, em confronto com os nacionais. Ou melhor: trata-se de saber quais os direitos de que os estrangeiros não gozam, exactamente pelo facto de serem estrangeiros. As normas referentes a esta matéria contendem directamente com o regime das relações e dos actos jurídicos em que intervenham súbditos doutros Estados, são normas de *capacidade*: nada têm em comum, quanto à sua natureza, com as regras de conflitos.

Resta o caso dos conflitos de jurisdições. São patentes as suas analogias e pontos de contacto com os conflitos de leis. Se numa hipótese está em causa um problema de lei competente, o que aparece na outra é um problema de jurisdição competente.

Dir-se-ia, porém, não oferecerem as normas de conflitos de jurisdições ou competência internacional a mesma estrutura que as de conflitos de leis. As segundas propõem-se responder a este quesito: que lei devem os tribunais locais aplicar em determinado caso? Essa lei tanto poderá ser a *lex fori* como a dalgum país estrangeiro. E, assim, da actuação destas regras vem a resultar a delimitação da esfera de competência dos diversos sistemas de direito privado.

Ora não é isto o que se passa com as chamadas regras de conflitos de jurisdições. Tais normas limitam-se a indicar as hipó-

[83] As únicas normas de feição algo semelhante às do DIP (*stricto sensu*) seriam aquelas destinadas a resolver o conflito positivo de nacionalidades. Mas ainda aí há diferença, pois a função de tais regras não é individualizar o sistema de direito aplicável às relações do comércio jurídico internacional (embora possam concorrer para isso), mas sim dizer que nacionalidade, das várias existentes na mesma pessoa, deve considerar-se decisiva.

teses em que os tribunais do Estado a que pertencem têm competência internacional.

O certo é que a diferença assinalada entre umas e outras normas — as de conflitos de leis e as de competência internacional — não é relevante, pois que, como veremos, as denominadas regras de conflitos podem ser, também elas, *unilaterais*. Mas outra diferença existe entre as duas referidas categorias de normas. É que as normas de conflitos de leis decidem da aplicação aos diferentes casos dos sistemas de direito privado em vigor nos diversos Estados, sendo, por isso, o direito privado (como vimos acima) a sua sede natural. Não assim as normas de conflitos de jurisdições, as quais — juntamente com as regras sobre o reconhecimento das sentenças estrangeiras — pertencem ao direito processual (*direito processual civil internacional*). Simplesmente, trata-se apenas de uma diferença de carácter formal e, portanto, não significativa.

Nestes termos, e dentro da orientação metodológica apontada no início deste parágrafo, haveria que considerar o DIP simplesmente como um direito de conflitos: um conjunto de normas relativas à aplicação dos diferentes sistemas jurídico-privados estaduais e aos conflitos de jurisdições (domínio este em que se inclui o do reconhecimento das sentenças estrangeiras).

32. Mas é possível considerar as coisas doutra maneira. Todas as questões focadas têm uma origem comum: nascem das relações do comércio jurídico internacional. Estas relações obrigam muitas vezes a encarar e a resolver, antes de qualquer outro, um problema de *nacionalidade*, já porque o estatuto de nacional e o de estrangeiro não têm o mesmo conteúdo, já porque frequentemente a nacionalidade dos interessados comanda a determinação da lei aplicável[84].

---

[84] Veremos mais tarde como entre nós a lei nacional dos indivíduos é a reguladora do seu estatuto pessoal.

Claro que a segunda razão apontada acima justifica que em DIP se

Depois, é forçoso conhecer também a condição jurídica concedida em determinado Estado aos *cidadãos estrangeiros*. Também esta é uma questão prévia relativamente à do conflito de leis, porque o problema da lei aplicável a certo negócio jurídico só se põe depois de averiguado que as partes tinham o gozo do direito que através desse negócio trataram de exercer.

Dada esta interdependência de problemas, é bem natural a propensão de muitos para os estudar em comum, atraindo-os para a órbita de uma disciplina unitária, que seria justamente o DIP. Demais sendo certo que na raiz da solução de tais questões se encontram muitas vezes considerações de política legislativa fundamentalmente idênticas[85]. E, desta maneira, teríamos o DIP convertido no complexo de princípios e de normas por que se resolvem os problemas específicos das relações privadas internacionais[86].

---

faça o estudo, não só da nacionalidade, mas de todos os demais elementos de conexão a que correspondam conceitos de direito, como é sobretudo o caso do domicílio. Simplesmente, o domicílio não desempenha entre nós, como factor de competência legislativa, um papel relevante, tendo as suas funções passado quase inteiramente para a resistência habitual dos indivíduos.

[85] Assim é que a situação demográfica de um determinado país poderá repercutir-se ao mesmo tempo na esfera da nacionalidade, na condição dos estrangeiros e no próprio sistema das normas de conflitos. Por exemplo: um Estado de imigração, interessado em provocar o afluxo de estrangeiros ao seu território, será naturalmente propenso a conceder a estes indivíduos o máximo de direitos, assim como a facilitar-lhes grandemente a obtenção da nacionalidade local. Além disso, esse mesmo Estado será provavelmente conduzido a adoptar em matéria de nacionalidade o *jus soli* — e em matéria de estatuto pessoal a *lex domicilii*. Tudo isto serão expressões diferentes do mesmo pensamento e da mesma política: uma política de atracção e assimilação dos estrangeiros. Cfr. MAURY, *op. cit.*, pág. 15.

[86] A ideia da nota precedente é também glosada por LEREBOURS-PIGEONNIERE et LOUSSOUARN, *DIP*, pág. 22.

No sentido apontado no texto se pronuncia uma parte da doutrina espanhola, com M. AGUILAR, *DIP*, t.I, 1955, pág. 322, e MIAJA DE LA

Por nós, sem embargo de reconhecermos a valia das considerações expostas, e a despeito de ser a sistematização apontada a tradicional no nosso país[87], iremos seguir um caminho algum tanto diverso.

O nosso curso será fundamentalmente destinado a aclarar os problemas conflituais: o DIP é, predominantemente, um direito de conflitos. Mas isto não quer dizer que sejam dele excluídas as matérias da condição jurídica dos estrangeiros e da nacionalidade, ambas tão chegadas ao direito conflitual. A primeira — já o vimos — por constituir um pressuposto da aplicação da regra de conflitos o saber se a *lex fori* concede ao interessado, quando estrangeiro, o gozo do direito que ele pretende efectivar. Versaremos aqui, por tal motivo, a referida matéria, assim como tratámos em números anteriores (ainda que só de relance) doutros domínios *afins* do DIP[88]. Quanto à nacionalidade, como ela constitui, no sistema do DIP português, uma conexão relevante — e até a mais relevante de todas — a *sedes materiae* será o capítulo dedicado à explanação da matéria dos elementos de conexão[89].

Resta aludir aos temas da competência jurisdicional e do reconhecimento e execução das sentenças estrangeiras. Estes, em nosso modo de ver, pertencem indiscutivelmente ao âmbito

MUELA, *DIP*, I, pág. 21 e seg. De opinião contrária é YANGUAS MESSÍA, para quem o sistema preferível é o germano-italiano (DIP. 3ª ed., pág. 34). Seguidor da concepção lata, no Chile, F. ALBÓNICO, *DIP*, I e II (1950), e ORTIZ MARTIN (*DIP*, 1969) na Costa Rica.

[87] Neste sentido, por último, TABORDA FERREIRA, *Sistema do Direito Internacional Privado*, págs. 12 a 17.

[88] Simplesmente, porque a da condição jurídica dos estrangeiros se reveste para o DIP de uma importância incomparavelmente maior do que a daqueloutras matérias, decidimos tratá-la num capítulo independente, que será o próximo.

[89] Análoga a orientação de VALLADÃO, caps. XXIV e segs., XXXII e segs.

Matéria essa que, no entanto, não será versada nesta lições.

do DIP. O segundo não se limita a constituir matéria afim do DIP, pois arranca da mesma razão substancial, está ao serviço dos mesmos valores — tal como o DIP, entendido como direito de conflitos, ele visa fundamentalmente garantir a estabilidade e a continuidade das situações da vida jurídica dos indivíduos. O direito conflitual e o instituto do reconhecimento das sentenças estrangeiras têm, pois, de comum o fundamento e o escopo: digamos que são meios diferentes para alcançar um objectivo idêntico.

Por isso dizemos que a inclusão desta matéria no âmbito do DIP constitui a solução cientificamente correcta do problema do seu enquadramento sistemático.

Quanto ao conflito de jurisdições, às considerações aduzidas acresce o facto de ele se resolver também através de regras de conflitos, regras que utilizam no desempenho da sua missão o método da conexão.

CAPÍTULO V

Direito dos estrangeiros (Princípios Gerais)

33. É princípio de direito comum aos Estados modernos o reconhecimento de capacidade jurídica aos estrangeiros.

Portugal adoptou-o há longo tempo. Como refere MACHADO VILELA[90], a "feição liberal do direito português no tratamento dos estrangeiros era já característica das nossas leis em épocas em que, em outros Estados, a sua situação jurídica era muito precária". Assim, não aparece na história do direito pátrio traço algum do *direito de albinágio (jus albinagii, droit d'aubaine)* — que era o direito de os senhores feudais e os reis sucederem ao estrangeiro, por sua morte — nem do *direito de detracção* (direito a uma percentagem da herança) em que aquele, com o rodar dos anos, veio a converter-se. O mesmo se diga quanto ao direito de *naufrágio* e ao *direito de represálias*[91].

Mas se os Estados reconhecem a personalidade jurídica dos estrangeiros, aliás por força de um imperativo do direito internacional positivo, eles gozam em contrapartida de liberdade muito apreciável na execução desse princípio. Nenhum preceito internacional obriga os Estados a conceder aos estran-

---

[90] MACHADO VILELA, *Tratado,* I, pág. 172.

[91] Consistia o primeiro no poder de os senhores feudais e os reis se apoderarem das pessoas e dos bens em caso de naufrágio, e o segundo no poder, concedido a um nacional, de se apoderar da pessoa e dos bens dos súbditos do Estado onde aquele indivíduo tivesse sido vítima dalgum dano ou ofensa de direitos, sem ter podido alcançar a devida reparação ou compensação: M. VILELA, págs. 173, notas 1 e 2, e 174, nota 1.

geiros os mesmos direitos que concede aos respectivos nacionais. Se todo o Estado deve considerar o estrangeiro sujeito de direitos, ele é em princípio livre de fixar como bem entenda a medida concreta da sua capacidade jurídica. E se do conspecto geral dos sistemas jurídicos emerge, como dado fundamental, uma certa tendência para a igualdade de direitos entre estrangeiros e nacionais, são ainda em grande número e de grande monta as restrições que por toda a parte sofre essa ideia de equiparação.

34. Como vimos acima, tais restrições constituem justamente o conteúdo das normas do *direito dos estrangeiros.* São normas, estas, como então dissemos, que marcam a diferença entre a condição de nacional e a de estrangeiro. Como supõem atrás de si uma ideia de equiparação, aliás concebida em termos vagos, não têm elas que se incumbir da tarefa de enumerar, de modo taxativo e concreto, os múltiplos direitos e faculdades que aos estrangeiros são reconhecidos: o que fazem é tão-somente especificar aqueles que lhes são denegados. Trata-se, pois, de regras que criam para os estrangeiros incapacidades de gozo relativamente a certos e determinados direitos, ou para valer em certas áreas. Não estamos, por conseguinte, em face de normas de conflitos, mas de preceitos jurídico-materiais. Em certo sentido, as normas do direito dos estrangeiros opõem-se até às normas de conflitos. Efectivamente, enquantos a estas anima um espírito universalista — o DIP coloca as diferentes leis em pé de igualdade e busca decidir-se pela aplicação daquela que pareça ter com o caso a conexão mais estreita[92] —, as primeiras são normas de sentido eminentemente nacionalista ou territorialista: uma intenção principal as impregna — proteger determinados interesses da comunidade local, quer de política geral, quer de política demográfica ou económica.

---

[92] Cfr. *supra*, 3.°, n.° 16.

Por último, a aplicação das normas do direito dos estrangeiros nem sempre supõe um caso abrangido na esfera de competência da *lex fori*, tal como as normas de conflitos desta lei a delimitam. Vejam-se, por exemplo, as restrições à capacidade a que estão sujeitas em todos os países certas categorias de empresas estrangeiras, quando pretendam exercer as suas actividades e prosseguir os seus fins no território do Estado local.

Mesmo que o DIP do Estado interessado (como justamente acontece com o nosso: Cód. Civ., art. 33.°, n.ºs 1 e 2; Cód. das Soc. Com., art. 3.°, n.°1) considere a lei da sede da pessoa colectiva competente para lhe delimitar e reger a capacidade, é evidente que aquelas restrições não deixarão de aplicar-se. De resto, as mais das regras do direito dos estrangeiros são de direito público.

Vamos descrever agora, a traços rápidos, o instituto a que dedicámos o presente capítulo. Ocupar-nos-emos em primeiro lugar da condição jurídica em Portugal dos indivíduos, para seguidamente tratarmos das pessoas colectivas.

I

35. O *princípio geral* que enforma o instituto é o da *equiparação*. Estabelece-o a Constituição da República, no seu art. 15.°, n.° 1: "os estrangeiros e os apátridas que se encontrem ou residam em Portugal gozam dos direitos e estão sujeitos aos deveres do cidadão português".

Todavia, também entre nós a equiparação do estrangeiro ao nacional ainda está longe de ser completa. Ha desde logo toda uma categoria de direitos que escapa em larga medida à influência desse princípio: referimo-nos à dos direitos políticos (art. 15.°, n.° 2 da Constituição)[93] De resto, trata-se da orientação seguida pela generalidade dos Estados.

[93] A categoria dos direitos políticos foge, embora não totalmente, à

São óbvias as razões dessa recusa.

Admitir um estrangeiro a exercer funções políticas no Estado local envolveria o risco de esse estrangeiro trair os interesses desse Estado em benefício do seu Estado nacional. Por outra via, o exercício de funções políticas é em certo modo a contrapartida de pesados encargos, nomeadamente o serviço militar, que só os nacionais são chamados a suportar. Acresce que admitir um estrangeiro a exercer cargos públicos poderia equivaler a impossibilitá-lo de cumprir os seus deveres para com o Estado a que pertence.

Nem sequer o estrangeiro naturalizado está, neste ponto, inteiramente equiparado ao nacional: são privativas dos portugueses originários as funções de Presidente da República (art.º 125.º da Constituição).

35. *Direitos públicos não políticos.* Neste domínio vale o princípio da equiparação, mas com numerosas restrições.

Antes de mais, há que sublinhar que a Constituição, no seu art. 15.º, n.º 2, afasta do âmbito daquela regra "o exercício das funções públicas que não tenham carácter predominantemente técnico".

Para além desta, outras muitas restrições existem por força de legislação especial, escudada na última parte do art. 15.º, n.º 2 da nossa Lei Fundamental, que admite a reserva pela Constituição e pela lei de certos direitos e deveres exclusivamente aos cidadãos portugueses.

Quanto à entrada, permanência e saída de estrangeiros do território nacional, vejam-se os seguintes diplomas: Decreto-Lei n.º 59/93, de 3 de Março, relativo aos estrangeiros em geral, e Decreto-Lei n.º 60/93, de 3 de Março, aplicável aos

---

influência do princípio da equiparação: como se dirá posteriormente, certos estrangeiros podem, em determinadas condições, ser titulares de alguns direitos políticos (cfr. artigo 15.º, n.os 3, 4 e 5).

nacionais dos países membros da União Europeia[94]. Em matéria de extradição, rege o Decreto-Lei n.º 43/91, de 22 de Janeiro (cooperação judiciária internacional em matéria penal), bem como numerosos acordos de extradição de que Portugal é parte[95]. Sobre o trabalho de estrangeiros em Portugal, o diploma geral é o Decreto-Lei n.º 97/77, de 17 de Março, embora seja necessário ter em conta importantes regras provenientes de fontes comunitárias (Tratado de Roma, Tratado de Adesão de Portugal e Espanha, e actos de direito comunitário derivado), e ainda certas convenções da O.I.T. Por último, em matéria de acidentes de trabalho e de doenças profissionais, os trabalhadores estrangeiros que exerçam actividade em Portugal são equiparados aos trabalhadores portugueses, por força da Lei n.º 22/92, de 14 de Agosto, que alterou a Lei n.º 2127, de 3 de Agosto de 1965[96].

36. *Direitos privados.* — São os seguintes os sistemas geralmente usados para determinar a condição jurídico-privada dos estrangeiros: 1.º — sistema da *equiparação* dos estrangeiros aos nacionais; 2.º — sistema de reciprocidade (diplomática ou convencional e legislativa ou de facto).

O primeiro é o do direito português em vigor (Constituição, art. 15.º, n.º1; Cód. Civ., art. 14.º, n.º1; Cód. Comercial, art. 7.º).

[94] Há ainda que ter em consideração o Decreto-Regulamentar n.º 43/ /93, de 15 de Dezembro, que regulamenta o regime de entrada, permanência, saída e expulsão de estrangeiros do território nacional, bem como a Convenção de aplicação do Acordo de Schengen, assinada em Shengen a 19 de Junho de 1990.

[95] Para lá de diversos acordos bilaterais, há que contar com a Convenção Europeia de Extradição, assinada em Estrasburgo em 27 de Abril de 1957, já ratificada por Portugal, e respectivos protocolos adicionais, também já ratificados.

[96] Cf., no entanto, a nova redacção do n.º 3 da Base III da Lei n.º 2127, que admite uma restrição ao princípio da equiparação.

A fórmula do artigo 14.°, n.° 1 do Código Civil (correspondente à do art.° 3.° do Código italiano de 1865 e à do art.° 26.° do Código de Seabra) presta-se a dúvidas. A sua interpretação mais razoável é a seguinte.

O artigo 14.° limita-se a estabelecer o princípio de que aos estrangeiros é reconhecida a capacidade de gozo de direitos privados, tal como aos nacionais e independentemente de reciprocidade. Sob este aspecto, não há diferença entre nacionais e estrangeiros.

Mas é só este o alcance da regra da equiparação. Ela não pode deixar de ser entendida de acordo com as normas de conflitos do nosso sistema. A lei competente para decidir se ao interessado, cidadão estrangeiro, é reconhecido o direito que ele pretende exercer (o direito de divórcio, o de ser proprietário de bens imóveis, o direito de adoptar e de ser adoptado, o de receber alimentos do sogro ou de um colateral, etc.) não pode ser senão a lei definida como reguladora da respectiva relação jurídica (a lei reguladora do divórcio e da separação judicial de pessoas, a *lex rei sitae*, a lei nacional das partes no caso da adopção, etc.).

Se interpretássemos o art. 14.°, n.° 1, no sentido de que aos estrangeiros são reconhecidos *todos* os direitos civis dos cidadãos portugueses e *mais nenhuns*, não poderíamos, por exemplo, deixar de reconhecer a um cônjuge espanhol o direito de se divorciar, a despeito de a lei da nacionalidade comum das partes não o admitir no caso concreto, se esse direito fosse atribuído aos portugueses pelo direito material português. Simplesmente, uma tal solução poria a norma do artigo 14.° em conflito aberto com a do art. 55.°, segundo a qual a lei aplicável ao divórcio (a que decide da respectiva admissibilidade, condições de procedência da acção, etc.) é exactamente a da nacionalidade comum dos cônjuges, na sua falta a da residência habitual comum e, na falta desta, a lei com a qual a vida familiar se ache mais estreitamente conexa.

É para evitar tão aguda e incompreensível discrepância que importa interpretar a regra do artigo 14.°, n.° 1, nos termos fixados acima; e, assim, o cônjuge estrangeiro não será admitido a exercer em Portugal em relação ao outro cônjuge, igualmente estrangeiro, todos os direitos decorrentes do sistema jurídico português, mas apenas aqueles — e todos eles — que lhe forem concedidos pela respectiva lei nacional (cfr. o art. 52.° do Cód. Civ.); do mesmo modo, os pais estrangeiros poderão exercer em Portugal em relação aos filhos, estrangeiros como eles, não decerto todos os direitos dos pais portugueses, mas todos aqueles que lhes forem reconhecidos pela lei designada pelo artigo 57.°, n.° 1, do nosso Cód. Civil.

Mas nem por assim entendido o artigo 14.°, n.° 1, deixa de consagrar a regra da equiparação. Efectivamente, se a lei designada pelo nosso direito para regular o caso for estrangeira, o estrangeiro poderá prevalecer-se entre nós de todos os direitos por essa lei reconhecidos, precisamente como se fosse um cidadão português, salvo tão-só os limites de que adiante falaremos. Se, pelo contrário, for a lei portuguesa a competente, então o estrangeiro poderá exercer todos os direitos dela decorrentes, como se fosse português. Ao fim e ao cabo, quer a lei competente seja a portuguesa ou uma lei estrangeira, o estrangeiro é sempre equiparado ao nacional.

No entanto, a regra da equiparação, como já se advertiu, tem limites. Desde logo, há que aludir à hipótese de porventura haver disposição especial de lei que a derrogue. Depois, o n.° 2 do artigo 14.° formula uma importante restrição: não serão atribuídos aos estrangeiros os direitos que, sendo concedidos pelo respectivo Estado aos seus nacionais, o não sejam aos portugueses em igualdade de circunstâncias. Razão desta ressalva: considerou o legislador que há que prestar atenção à situação dos tantos cidadãos portugueses que fazem a sua vida em país estrangeiro, quase sempre em condições de manifesta desigualdade perante a lei civil com os nacionais. O Estado português, negando aos estrangeiros em Portugal aqueles direitos que o respectivo Estado reconhecer aos seus nacionais, mas não aos estrangeiros (e, portanto, não aos portugueses que aí se encontrem), poderá por esta via influir (?) no melhoramento de condições de vida daqueles seus cidadãos. É, pois, a uma intenção política que obedece a citada restrição do n.º 2 do art. 14.º.

Note-se ainda que, segundo a letra expressa do referido texto, a concessão de um determinado direito a um indivíduo de nacionalidade estrangeira não pressupõe que esse mesmo direito esteja reconhecido em termos gerais na legislação do Estado a que tal indivíduo pertença. A única coisa que se exige é que, relativamente ao gozo desse direito, não se encontrem os estrangeiros naquele Estado, e em particular os portugueses, em condições de inferioridade perante os nacionais. Mas se o direito em causa, consagrado nas leis portuguesas, não estiver pura e simplesmente reconhecido na legislação desse Estado, não será isso motivo para a sua não atribuição à parte interessada. Pois o que se quer evitar, o que é razoável queira evitar-se, é tão-somente a desigualdade de tratamento concedido aos portugueses no estrangeiro, em confronto com os súbditos do Estado local. É claro que, conforme a regra geral do ónus da prova, é ao interessado no não reconhecimento do direito que compete provar a verificação em concreto da condição impeditiva estabelecida no n.º 2 do art. 14.º.

Não parece que a norma que vimos de analisar contrarie o disposto no artigo 15.º da Constituição, na medida em que é o próprio texto constitucional a admitir o estabelecimento, por lei ordinária, de excepções ao princípio geral que o enforma.

37. Resta aludir a outras duas restrições ao princípio da equiparação. A primeira é que essa regra não pode funcionar em prejuízo da *ordem pública internacional* do Estado português. Esta ressalva só interessa evidentemente quando se tratar de um direito decorrente de lei estrangeira. Diremos adiante, em capí-

tulo especial, além do que foi dito no n.º 22 acerca do significado da reserva ou cláusula geral de ordem pública em DIP.

O outro caso — cuja exacta configuração é, aliás, duvidosa — será quando o reconhecimento da instituição jurídica estrangeira exigir a uma autoridade pública local (judiciária ou outra) uma forma de actividade que exorbite do quadro das suas atribuições.

38. Assim como em matéria de direitos públicos, também no sector dos direitos privados, como já vimos, a regra da equiparação sofre algumas derrogações.

Elas podem traduzir-se ou na recusa aos estrangeiros do gozo de certos direitos, ou na introdução da cláusula de reciprocidade, ou ainda na exigência aos estrangeiros, como condição para o exercício de determinados direitos, do cumprimento de certas condições que não são exigidas aos nacionais.

A legislação portuguesa recente orienta-se no sentido do desaparecimento gradual de grande número de derrogações à regra da equiparação em matéria de direitos privados previstas em legislação especial. Esta tendência é particulamente visível no domínio do acesso das pessoas singulares ou colectivas aos diversos sectores de actividade económica, e do investimento estrangeiro. Veja-se, quanto a este último, o Decreto-Lei n.º 321/ /95, que estabelece o regime a que fica sujeita a realização de operações de investimento estrangeiro em Portugal.

39. *Instrumentos jurídicos internacionais que estabelecem igualdade de direitos entre certos estrangeiros e os cidadãos portugueses.*

A doutrina exposta não é forçosamente aplicável a todos os estrangeiros. Na verdade, há certas categorias de estrangeiros que gozam de um estatuto especial de equiparação aos portugueses.

O artigo 15.º, n.º 3, da Constituição prevê que aos cidadãos dos países de língua portuguesa possam ser atribuídos, mediante convenção internacional e em condições de reciprocidade, direitos não reconhecidos a estrangeiros, salvo o acesso à titularidade dos órgãos de soberania e dos órgãos de governo próprio das regiões autónomas, o serviço nas forças armadas e a carreira diplomática.

Já em 1971 (a 7 de Setembro), ao abrigo da Constituição portuguesa de 1933, na versão então em vigor (e da Constituição brasileira), foi celebrada em Brasília a *Convenção sobre Igualdade de Direitos e Deveres entre Brasileiros e Portugueses*[97]. O Decreto-Lei n.º 126/72, de 22 de Abril, veio regular a execução da Convenção.

O privilégio concedido aos brasileiros em Portugal, bem como aos portugueses no Brasil, consiste em uns e outros poderem gozar de igualdade de direitos com os nacionais do outro país da comunidade lusíada, se e enquanto nele residirem.

São duas as modalidades que pode revestir o estatuto de igualdade: *estatuto geral* de igualdade e *estatuto especial* de igualdade de direitos políticos. São requisitos necessários e suficientes para a atribuição do estatuto geral a cidadania brasileira, a capacidade civil de acordo com a lei nacional, e a residência permanente em território português, devidamente autorizada, do interessado. Para obtenção do estatuto especial, há que satisfazer a mais dois requisitos: que o interessado possua residência principal e permanente em território português há, pelo menos, cinco anos, e que não se encontre privado dos direitos políticos no Brasil. A decisão sobre os pedidos de estatuto geral e especial é vinculada.

Por outro lado, são de referir algumas convenções celebradas com países africanos de expressão oficial portuguesa, que estabelecem um tratamento privilegiado para os cidadãos desses

---

[97] O texto da Convenção foi aprovado para ratificação pela Assembleia Nacional e publicado no Diário do Governo, 1ª Série, de 29 de Dezembro do mesmo ano. Os instrumentos de ratificação foram trocados em Lisboa no dia 27 de Março de 1972.

países que se encontrem em Portugal. É ver, por exemplo, os Acordos Gerais sobre Migração celebrados com Cabo Verde (aprovado para ratificação pelo Decreto-Lei n.º 524-G/76, de 5 de Julho), a Guiné-Bissau (aprovado pelo Decreto-Lei n.º 114/81, de 5 de Setembro) e S. Tomé e Príncipe (aprovado pelo Decreto--Lei n.º 155/78, de 16 de Dezembro).

Por último, a integração de Portugal na União Europeia implica a concessão aos nacionais dos países comunitários de um estatuto de igualdade, nos domínios de aplicação do Tratado de Roma (cfr. artigo 6.º, na redacção actualmente em vigor), sem prejuízo das disposições especiais do Tratado. Tem particular relevo o que se dispõe no direito comunitário originário e derivado em matéria de direito de estabelecimento e de liberdade de circulação de pessoas, de serviços e de capitais (cfr. artigos 48.º e segs. do Tratado). Por outro lado, o artigo 15.º, n.º 5, da Constituição determina, que "a lei pode atribuir, em condições de reciprocidade, aos cidadãos dos Estados Membros da União Europeia residentes em Portugal o direito de elegerem e serem eleitos Deputados ao Parlamento Europeu"[98].

II

Pessoas colectivas estrangeiras

40. Torna-se necessário tratar agora do problema das condições a que deve sujeitar-se o reconhecimento das pessoas colectivas estrangeiras — ou, mais correctamente, o reconhecimento das organizações como tal existentes em face de uma ordem jurídica estrangeira.

---

[98] Cfr. o artigo 8.º-B, n.º 2, do Tratado de Roma, na redacção que lhe foi dada pelo Tratado da União Europeia, assinado em Maastricht, em 7 de Fevereiro de 1992.

Antes, porém, haverá que definir e pôr a claro o critério que torne possível a distinção entre pessoas colectivas nacionais e estrangeiras.

41. *Sentido em que pode falar-se da nacionalidade das pessoas colectivas.* — Não é isento de dúvida o ponto de saber se as pessoas colectivas são, como as pessoas singulares, susceptíveis de nacionalidade[98 bis].

Por nós, cremos que só em sentido translato cabe referir este conceito de nacionalidade às pessoas jurídicas. A maior parte dos efeitos coenvolvidos pelo estatuto de nacional ou a condição de estrangeiro é inaplicável no campo das pessoas colectivas. Nada obsta, porém, a que se admita a existência entre pessoa colectiva e Estado de uma relação análoga à de nacionalidade. Deve mesmo reconhecer-se que a distinção entre pessoas colectivas nacionais e estrangeiras pode corresponder a uma verdadeira necessidade.

Várias considerações depõem a favor da utilidade do conceito de nacionalidade no campo das pessoas colectivas.

Antes de mais, a distinção permite sujeitar as actividades *colectivas* dos estrangeiros às limitações e proibições que atingem as actividades meramente individuais, evitando por outro lado a absoluta insusceptibilidade de reconhecimento das organizações colectivas criadas por tais indivíduos.

Aliás, não se contestará certamente que da protecção diplomática que o Estado concede, no estrangeiro, aos seus nacionais devem beneficiar os organismos colectivos por estes criados. Lembremo-nos, por último, de que se torna por vezes necessário determinar qual o Estado (estrangeiro) a que dada pessoa jurídica pertence pelo laço da nacionalidade: isso acon-

---

[98 bis] Sobre a nacionalidade das sociedades veja-se, entre nós, MARQUES DOS SANTOS, *Algumas reflexões sobre a nacionalidade das sociedades* (Coimbra, 1985).

tece sempre que a concessão de certos direito às pessoas colectivas da categoria em causa dependa de reciprocidade.

42. *Critério base da averiguação da nacionalidade das pessoas colectivas.* — Uma primeira nota queremos frisar e é a seguinte: o problema que vai ocupar-nos neste lugar é o da determinação da nacionalidade da pessoa colectiva, não o da averiguação da lei pessoal. Como já vimos, o problema da nacionalidade releva fundamentalmente em matéria de direito dos estrangeiros; o outro é um problema de conflito de leis: trata-se de apurar a lei que fixa as condições de aquisição da personalidade jurídica e demarca a capacidade da pessoa colectiva, delimita a competência dos seus órgãos, regula a sua dissolução e extinção. Nacionalidade é um vínulo de *dependência* política. Estatuto pessoal exprime tão-só um nexo de *vinculação jurídica.* Nada obsta, certamente, a que os critérios de base da atribuição de nacionalidade e da definição da lei pessoal coincidam; mas tal coincidência não é forçosa: uma pessoa colectiva nacional do Estado *X* pode ter como estatuto pessoal o direito vigente no Estado *Y* [99]. Também a lei pessoal dos indivíduos pode não coincidir com a do respectivo Estado nacional: tudo depende do modo como o direito de conflitos solucione o problema da conexão relevante no âmbito do chamado estatuto pessoal.

Vejamos agora quais os sistemas mais importantes em matéria de determinação da nacionalidade das pessoas colectivas.

O ponto não suscita qualquer dúvida no que toca às pessoas colectivas de *direito público* (Estado, regiões autónomas, autarquias locais, institutos públicos personalizados).

Para o Estado, o problema da nacionalidade nem chega a pôr-se, visto ser ele a origem mesma da nacionalidade.

Também não se põe para as regiões autónomas e as autarquias locais, formas de descentralização política e administrativa do Estado, com base territorial.

---

[99] *Sic,* LOUSSOUARN-BREDIN, *op. cit.*, pág. 256.

Mas já se põe para os institutos públicos personalizados — estabelecimentos criados pelo Estado para a prossecução de um fim público, isto é, para satisfação de necessidades próprias do Estado que os criou. A solução do problema não pode deixar de ser a de que tais entidades dependem inteiramente deste Estado. As pessoas colectivas públicas têm a nacionalidade do Estado em cuja vida administrativa se integram e cujos fins ajudam a promover.

É no campo das pessoas colectivas de *direito privado* que as dúvidas se levantam. Os principais sistemas a considerar são os seguintes.

a) Sistema segundo o qual a nacionalidade da entidade colectiva seria determinada pela *dos seus membros*, ou da *maioria* deles. Esta solução apresenta graves inconvenientes. Desde logo, ela não poderia funcionar no caso das fundações, que não têm propriamente "membros" — os beneficiários da fundação, que de resto são geralmente pessoas indeterminadas, existem fora da sua estrutura —, mas apenas administradores ou directores. E tão-pouco poderia funcionar no caso daquelas sociedades anónimas, e são a grande maioria, cujo capital está representado total ou parcialmente por títulos ao portador: efectivamente, os possuidores destes títulos são pessoas desconhecidas. Aliás, e pelo que às sociedades diz respeito, o sistema em causa só nas denominadas sociedades de pessoas estaria em correspondência com a natureza da pessoa colectiva: não também nas sociedades de capitais, em que a pessoa dos sócios conta pouco ou nada e em que a nacionalidade da pessoa colectiva estaria sujeita a mudar a todo o momento, por simples efeito de uma transferência de acções ou cessão de quotas.

Mas isto não quer dizer — note-se — que certas disposições da lei não possam interpretar-se como visando, para lá da pessoa colectiva, as pessoas naturais que lhe formam o substrato e que presumivelmente a têm sob o seu *controle*; nem quer dizer tão-pouco que em casos especiais não possa o Estado precaver-se contra eventuais abusos, através de normas que atribuam certa relevância à nacionalidade dos membros, ao lado da nacionalidade da própria pessoa colectiva.

b) *Critério do lugar da constituição.* É a doutrina do direito anglo-americano; também a perfilham algumas nações da América latina. Mais propriamente, a doutrina em causa atribui à pessoa colectiva a nacionalidade do Estado sob cuja lei ela se constituiu como tal: *doctrine of place of incorporation.* Esse Estado não é outro senão aquele mesmo onde as diversas formalidades de constituição da pessoa jurídica tiveram lugar.

Este critério, enquanto liga a nacionalidade a um facto de localização segura, tem a seu favor a vantagem de eliminar praticamente as dúvidas e incertezas em matéria de nacionalidade das pessoas colectivas; dúvidas a que todos os outros sistemas dão origem em escala maior ou menor. No entanto, ele tem contra si o grave inconveniente de utilizar como factor de conexão um elemento que pode não significar coisa alguma sob o ponto de vista da ligação efectiva da pessoa jurídica ao Estado.

Certo, uma associação, fundação ou sociedade constitui-se em regra no país onde vai ter a sede e exercer a principal actividade. Mas não é forçoso que assim aconteça: não raramente os fundadores de uma sociedade preferem constituí-la, não no país onde efectivamente a pretendem radicar, mas nalgum outro[100] cujas leis lhes sejam mais favoráveis, quer do ponto de vista das suas responsabilidades perante accionistas e credores ou das vantagens que a seu favor podem ser estipuladas nos estatutos, quer pelo que respeita à menor publicidade a que submete as actividades sociais, ao regime de fiscalização e responsabilidade dos administradores, ao próprio custo do acto constitutivo, etc. A existência jurídica de uma pessoa colectiva

[100] Estes casos são muito frequentes nos E. U. A.

constituída e revestida de personalidade ("incorporada") em *A* pode decorrer inteiramente em *B*. Evidentemente, não há em tal hipótese fundamento válido para atribuir a essa pessoa a nacionalidade do país da constituição.

c) O critério prevalecente nos países da Europa continental — o da *sede* — é certamente o preferível. Sendo a nacionalidade o vínculo jurídico mais forte que pode ligar o sujeito de direitos — indivíduo ou pessoa colectiva — ao Estado, a sua atribuição pressupõe a existência entre ambos de uma conexão viva e real. Ora a conexão representada pelo elemento "sede" satisfaz plenamente a este requisito. Sede é o lugar onde os órgãos de direcção superior e de controle da pessoa colectiva existem e funcionam. Aí está o governo da associação, fundação ou sociedade, aí são tomadas as decisões mais importantes para a vida do ente colectivo, daí partem os impulsos indispensáveis à prossecução das actividades estatutárias. Evidente se torna que a sede de que falamos é a sede *real*: se não houver coincidência entre a sede real e a *estatutária*, há-de prevalecer a primeira.

Este critério leva manifesta vantagem ao do lugar ou *centro de exploração*, um critério que em matéria de sociedades conheceu em tempos certa voga, principalmente em França[101]. Em verdade, ao facto incontestável de que a preferência pelo elemento sede empresta à pessoa colectiva uma estabilidade maior, acresce a circunstância de haver numerosas empresas com diversos centros de exploração, situados em diversos Estados, quando não continentes.

43. *Direito português*. — O critério que acabamos de preconizar apreciando a questão em tese geral é também aquele

[101] Cfr. BATIFFOL et LAGARDE, *DIP*, pág. 238, e LEREBOURS-PIGEONNIÈRE et LOUSSOUARN, págs. 303-304.

que a doutrina pátria tem entendido estar consagrado no nosso direito. A opinião de JOSÉ TAVARES, que sustentou, *iure condito*, o critério do lugar da constituição como critério de validade geral[102], ficou isolada.

MACHADO VILELA[103] baseava-se nos artigos 109.°, 110.° e 111.° do Código Comercial para concluir que o sistema adoptado na nossa lei é o da sede.

A entrada em vigor do Código das Sociedades Comerciais, porém, determinou a revogação dos referidos artigos do Código Comercial[104].

Pela nossa parte, sempre entendemos que os arts. 109.°, 110.° e 111.° do Código Comercial estavam longe de formar um sistema completo. E o preenchimento das lacunas do sistema supunha o conhecimento prévio da solução mais razoável do problema. Sabendo-se que tal solução é o critério da sede, haveria que completar com ela a regulamentação (deficiente) instituída por aquelas disposições legais. De resto, no mesmo sentido depunham ainda outras disposições, hoje igualmente revogadas[105].

Decorre do exposto que não existe hoje, consagrado na lei, *expressis verbis*, um critério geral de determinação da nacionalidade das pessoas colectivas. Há, é certo, referências esparsas em legislação avulsa. Mas não é seguro partir delas, já que prevalece aí a utilização de critérios *ad hoc*, nem sempre compatíveis entre si.

---

[102] Cfr *Sociedades e empresas comerciais*, 2ª ed., págs 461 e segs.

[103] *Tratado*, I, págs. 232 e seg.

[104] Cfr. art. 3.°, n.° 1, al. *a*), do Dec.-Lei n.° 262/86, de 2 de Setembro, que aprovou o Código das Sociedades Comerciais. No entanto, não falta quem entenda que a norma revogatória do referido texto não vale em matéria de nacionalidade das sociedades comerciais.

[105] Era o caso do artigo 65.°, n.° 3, do Código de Processo Civil, revogado pela recente Reforma da legislação processual.

44. Perante a lacuna com que depara hoje o intérprete, não há outro caminho que não seja o de a preencher com o critério que pareça mais razoável — e este é o critério da sede real[106].

Esta parece ser, pois, a doutrina à face da qual deverão resolver-se entre nós as dificuldades suscitadas pela determinação da nacionalidade de todas as pessoas colectivas de carácter privado[107].

Se estiver em causa o problema de saber qual a nacionalidade estrangeira de uma pessoa colectiva, haverá que perguntar aos diferentes Estados estrangeiros com ela conectados se lhe atribuem a sua nacionalidade. Mas esta solução já não se nos imporá se da atribuição à pessoa jurídica da nacionalidade de certo país estrangeiro estiver dependente a produção dalgum efeito de direito interno português: em tal hipótese, o problema resolve-se por interpretação da norma que estabelece a consequência jurídica que se pretende apurar. Exemplo: para saber se pode ou não ter-se por verificada, no caso concreto, a condição de reciprocidade exigida por uma norma do direito português, é à concepção da nossa ordem jurídica sobre os factores atributivos de nacionalidade que tem de recorrer-se. O mesmo se diga se, em tempo de guerra, for preciso averiguar se certa pessoa colectiva pertence a um país inimigo ou neutral.

---

[106] Aliás, à mesma solução seríamos conduzidos se tentássemos encontrar normas aplicáveis a casos análogos. Com efeito, para o problema — distinto — da determinação da lei pessoal das pessoas colectivas, a lei utiliza igualmente o critério da sede real (art. 33.° do Cód. Civ. e art. 3.°, n.° 1 do Cód. das Soc. Com.).

[107] É a orientação que desde sempre temos seguido no nosso ensino. No mesmo sentido, MAGALHÃES COLLAÇO, *DIP*, lições policop., Lisboa, 1963, vol. 3.°, págs. 43 e segs., MARQUES DOS SANTOS, *DIP*, sumários policop., Lisboa, 1987, págs 269-270 (e "*Algumas reflexões, cit.*, págs. 279 e segs), e RUI DE MOURA RAMOS, *Aspectos recentes, cit.*, pág. 109, nota 61 e *O artigo 4.° do Código das Sociedades Comerciais revisitado, cit.*, págs. 126--128.

Decorre do exposto que, como princípio geral, são portuguesas todas as pessoas colectivas de direito privado (sociedades, associações e fundações) com sede em território português. Como sabemos, é o mesmo — o critério da sede — o utilizado pelo nosso DIP para definir o estatuto pessoal da pessoa colectiva. Verifica-se, pois, que as pessoas colectivas de nacionalidade portuguesa são a um tempo pessoas colectivas de estatuto português. Anote-se agora que o escopo da nossa precedente indagação não foi senão identificar o critério geral de atribuição da nacionalidade portuguesa às pessoas colectivas. Mas não pode excluir-se que o legislador se tenha apartado daquela directiva genérica em certos casos, exigindo, para a atribuição de nacionalidade portuguesa, que com a sede social concorram outras conexões.

45. *Reconhecimento das pessoas colectivas estrangeiras.* — À questão de saber de que condições depende o reconhecimento das pessoas colectivas estrangeiras não pode responder-se antes de se conhecerem os efeitos para que se pretende esse reconhecimento. Há, na verdade, duas espécies de reconhecimento, consoante a natureza ou a extensão do efeito jurídico visado. Se quando se alude ao reconhecimento das pessoas colectivas estrangeiras se tem simplesmente em vista o reconhecimento da sua personalidade jurídica — da sua capacidade para celebrar negócios jurídicos, para se obrigar, para adquirir ou alienar bens — e da sua personalidade judiciária ou susceptibilidade de estar em juízo como autor ou como réu, a resposta à pergunta não pode ser senão a de que o reconhecimento se opera *de plano*, em virtude do simples facto de a pessoa colectiva existir como tal perante a ordem jurídica designada como competente pelo direito de conflitos do foro.

É que o problema, se reduzido às proporções descritas, pertence inteiramente ao domínio do direito conflitual, não chegando a "sensibilizar" o direito dos estrangeiros. Não se vê, efectivamente, que a mera atribuição de personalidade a uma qualquer organização estrangeira possa envolver qualquer ameaça ou risco de lesão para aqueles interesses — interesses nacionais, como já sabemos — que ao direito dos estrangeiros pertence tutelar; não se vê que do mero reconhecimento de personalidade jurídica resulte ficarem tais interesses expostos a perigos especiais, pelo simples facto de estar em causa um ente colectivo estrangeiro[108]. Com razão de igual força poderia então o Estado negar-se a reconhecer a personalidade jurídica dos estrangeiros-indivíduos.

Constituiria, pois, solução claramente injustificável a de subordinar o recohecimento das pessoas colectivas estrangeiras, dentro dos limites indicados, a uma autorização individual expressa da parte da Administração. Na verdade, esse reconhecimento não é mais do que a consequência directa e imediata da competência e da aplicação da lei ante a qual a associação, fundação ou sociedade existe com subjectividade própria. Não se pode fugir à consequência sem ao mesmo tempo se negar a causa ou o fundamento, isto é, a competência da lei donde promana, competência essa aliás decorrente de uma norma de conflitos da *lex fori*.

De resto, o que à pessoa colectiva, agindo como tal, fosse negado — a capacidade para celebrar um contrato ou para demandar ou ser demandada perante os tribunais locais — teria de ser permitido aos respectivos associados ou representantes, agindo individualmente. A proibição seria, portanto, praticamente ineficaz.

Mas como se compreende, então, que a doutrina restritiva atrás apontada como inaceitável[109] tenha chegado a conquistar

---

[108] Aliás, se acaso tais perigos se revelarem *in concreto*, a excepção de ordem pública internacional será remédio bastante para os conjurar.

[109] E que foi sustentada sobretudo por LAURENT, *Droit civ. int., IV, n.º 100, pág. 119.*

adeptos e a fazer caminho? Esse relativo êxito deve-se concerteza ao facto de por largo tempo se ter focado o problema, consoante a metodologia em voga, a partir de uma perspectiva rigidamente conceitualista. Concebia-se (aliás erroneamente) a personalidade colectiva como pura *ficção* ou *artifício*, criação arbitrária ou concessão da autoridade pública — e tirava-se daí a ilação de que a eficácia desse acto, dessa concessão, era necessariamente limitada ao território do Estado concedente. Todo o reconhecimento extraterritorial de uma pessoa colectiva seria, por conseguinte, não verdadeiro reconhecimento, senão autêntica re-criação; o que implicava por força a intervenção de uma autoridade do Estado recognoscente.

O descrédito da teoria da ficção[110] haveria de trazer consigo, mais tarde ou mais cedo, o abandono deste ponto de vista. Assim aconteceu, de facto, na Alemanha, na Inglaterra, em França e em muitos outros países.

46. Mas se o mero reconhecimento da pessoa colectiva estrangeira como tal deve operar-se *ipso iure*, daí não resulta que à entidade assim reconhecida — e por esse simples facto — seja concedido o livre exercício no Estado local das actividades que lhe constituem o objecto[111].

A doutrina do reconhecimento *de plano* só pode sustentar-se enquanto estiver apenas em causa o reconhecimento da

---

[110] Cfr. a este respeito ANDRADE, *Teoria geral, cit.*, I, págs. 50 e seg.

[111] O problema não se põe para as pessoas colectivas de direito público, já que a função destas — uma função política e administrativa — é exclusivamente territorial; o que aliás não prejudica, como é óbvio, o reconhecimento dessas pessoas colectivas, nos termos definidos no número precedente, como sujeitos de direitos privados. Aquela doutrina não se aplica aos Estados estrangeiros, os quais recebem directamente do direito internacional (costume internacional e tratados), não de uma autorização administrativa regulada pelo direito interno local, o poder de estabelecer embaixadas e legações ou consulados. Cfr. M. Vilela, I, págs. 258 e seg.

organização estrangeira como ente dotado de personalidade jurídica. Outra pode ser a solução a preconizar quando a questão verse sobre o *funcionamento* regular, no país, da corporação ou fundação estrangeira. Se esta se propuser desenvolver nele, de maneira sistemática, as suas actividades próprias, exercer aí a sua função estatutária — o mecenato das artes, a investigação científica ou o seu patrocínio, a beneficência, a instrução, a difusão de uma fé religiosa ou de uma doutrina política —, muito bem se entende que tal não seja possível sem uma autorização administrativa, ou sem o cumprimento de certos deveres, sobretudo se a este regime estiverem sujeitas as pessoas colectivas nacionais da categoria correspondente.

Em suma: não se vê que o mero reconhecimento de uma organização estrangeira como sujeito de direitos, como capaz de adquirir e contratar, de demandar e ser demandada, possa colocar em maior risco os interesses do Estado do que o reconhecimento de personalidade jurídica aos indivíduos estrangeiros; mas já se compreende que possa envolver perigo para esses interesses, que seja até inconciliável com princípios fundamentais do ordenamento local, o desenvolvimento regular e sistemático das actividades estatutárias da pessoa colectiva — o livre exercício daquilo a que MACHADO VILELA chamava a sua *capacidade funcional*[112]. Para conjurar esse perigo, pode estabelecer-se que o *funcionamento* no Estado local das pessoas colectivas estrangeiras esteja dependente de *autorização administrativa*, ou do cumprimento de outros pressupostos: sem tal autorização ou sem a observância desses pressupostos, não poderão elas promover aí, por formas de actuação sistemática e organizada, a realização do seu escopo.

---

[112] *Tratado*, 1.º vol., pág. 255. "A *capacidade funcional* é o poder de realizar o fim para que são instituídas as pessoas colectivas...". "A *capacidade jurídica* é o poder de gozo de direitos privados necessários à realização do mesmo fim. A capacidade jurídica é, assim, um *meio* para a efectivação da capacidade funcional".

47. *Direito português vigente.* — Ponhamos agora o problema do reconhecimento das pessoas colectivas estrangeiras perante o nosso direito.

Percorrendo o capítulo do Código Civil relativo à condição dos estrangeiros e aos conflitos de leis, encontramos uma única norma com interesse para o nosso tema: a do art. 33.º. Nela se estabelece o critério para a determinação da lei pessoal das pessoas colectivas e se indicam (aliás, a título meramente exemplificativo) as matérias compreendidas no âmbito dessa lei. À primeira vista, poderá parecer que o art. 33.º deixa imprejudicada a questão de saber se o nosso direito não exigirá, para o reconhecimento de uma pessoa colectiva estrangeira, outras condições além da sua existência como tal perante a ordem jurídica do país da sede. Aparentemente, só a inversa é que não seria possível: não seria possível, sem quebra do disposto neste artigo, o direito português atribuir personalidade jurídica a uma organização estrangeira que dela careça segundo a lei da respectiva sede. Na verdade, tal atribuição implicaria violação frontal da competência concedida pela regra de conflitos do art. 33.º a esta lei, porquanto a primeira questão a propor à lei pessoal é decerto a de saber se a organização em causa deve ou não ser concebida e regulada como pessoa jurídica: não se compreenderia de todo que a personificação da entidade colectiva estrangeira fosse obra da *lex fori*.

Mas a competência da lei pessoal não deixaria de ser violada também na hipótese inversa: não reconhecimento da personalidade à associação, fundação ou sociedade que dela seja revestida à face do direito em vigor no país da sede social. Vejamos porquê.

48. Começaremos por observar que a regra de conflitos do artigo 33.º, n.º 1, que pela sua letra se refere só às pessoas colectivas, é também aplicável, por evidente analogia, às entidades estrangeiras despidas do atributo da personalidade jurídica.

As associações, fundações e sociedades vivem todas sujeitas à mesma lei, quer sejam ou não havidas como pessoas colectivas. O ponto era expressamente sublinhado pelo art. 18.º, n.º 2, do Anteprojecto do capítulo sobre o DIP do actual Código Civil: "Pelo mesmo critério se determina a lei aplicável às organizações de pessoas ou de bens não dotadas de personalidade jurídica"[113]. E se o legislador optou por não incluir esta referência no texto do art. 33.º, nenhuma indicação temos de que isso se deva a um repúdio do critério sugerido. É que efectivamente não se divisa melhor solução para a questão posta — a da lei reguladora das organizações de pessoas ou de bens não dotadas de personalidade jurídica — do que a consagrada no art. 33.º para as pessoas colectivas. As razões que estão na base da doutrina perfilhada valem tanto para estas como para as organizações não personificadas.

Recordemos agora que a personalidade colectiva não é algo de real que se verifique numa factualidade concreta — como não é, por outro lado, algo de meramemte formal, uma simples construção jurídica vazia de conteudo. Personalidade é o conceito que exprime que a determinada organização de interesses humanos são aplicáveis determinadas regras de direito — ou que certos problemas decorrentes da vida jurídica dessa organização hão-de ter determinadas soluções antes que outras. Essas regras e esses problemas versam exactamente sobre algumas, senão todas, as matérias referidas no n.º 2 do art. 33.º.

Por outro lado, é princípio de validade indiscutível que de uma lei designada por competente há que aplicar, e que aplicar só, ao caso concreto *sub judice* as normas que precisamente

---

[113] V. o texto do Anteprojecto em *Conflitos de leis* (separata do BMJ, 136), por A. FERRER CORREIA com a colaboração de J. BAPTISTA MACHADO (agora também em *Direito internacional privado — Leis e projectos de leis, convenções internacionais*, por A. FERRER CORREIA e F. A. FERREIRA PINTO, Coimbra, 1988, págs. 79 e seg.).

incluam esse caso na sua previsão. Uma norma jurídica é a união incindível de dois elementos: a estatuição e a previsão. A consequência jurídica estatuída, assim como é provocada irresistivelmente pela concretização da hipótese normativa, assim é também impensável em coligação com hipóteses diferentes (salvo, evidentemente, o caso da aplicação por analogia).

Dada, pois, uma associação com personalidade jurídica perante a lei da respectiva sede social, são as normas dessa lei relativas às associações personificadas aquelas que cabe aplicar-lhe — essas e não outras, essas e não as que no mesmo sistema regulem as associações legalmente existentes, todavia desprovidas de personalidade. Outro procedimento, que não este, não levaria à aplicação da lei competente, mas à sua adulteração. Não jogaria certo com os princípios do DIP, antes provocaria a sua violação insofismável. Naturalmente que o legislador poderia ter enveredado por esse caminho, poderia ter optado por essa distorção dos princípios científicos do DIP. Não há, porém, no Código Civil português a menor indicação de que uma tal directiva tenha sido pensada.

Temos, assim, em conclusão, que a orientação propugnada *de iure condendo* em número anterior, relativamente ao reconhecimento de personalidade jurídica aos entes colectivos estrangeiros, é também a única que corresponde ao sentido das normas do capítulo do Código Civil de 1966 dedicado ao DIP. A referida orientação está também consagrada no Código das Sociedades Comerciais: efectivamente, o art. 3.°, n.° 1, contém doutrina idêntica à do Código Civil[114]. A lei portuguesa estabelece, por conseguinte, o reconhecimento *de plano* das pessoas colectivas.

---

[114] Nos termos da citada disposição, "as sociedades comerciais têm como lei pessoal a lei do Estado onde se encontre situada a sede principal e efectiva da sua administração". A ressalva estabelecida na 2.° parte do artigo 3.°, n.° 1, não altera a conclusão defendida no texto.

49. A doutrina exposta respeita unicamente à capacidade de direitos da pessoa colectiva. Quanto à sua capacidade funcional ou poder de realizar o fim para que foi instituída através da prática de actos visando especificamente esse objectivo, o problema é outro e não pode ser resolvido nos mesmos termos. Quando limitações *mais rigorosas* não estejam para elas previstas na lei, as pessoas colectivas estrangeiras têm de considerar-se sujeitas na sua actuação *às mesmas condições que se exigem para as portuguesas*.

Quanto às sociedades comerciais, a sua capacidade funcional depende da instituição em Portugal de uma representação permanente e do cumprimento do disposto na lei portuguesa sobre registo comercial. É o que dispõe o artigo 4.º, n.º 1, do Código das Sociedades Comerciais, que se reporta à "sociedade que não tenha sede efectiva em Portugal" (e que por isso não tem nacionalidade portuguesa[115]), "mas deseje exercer aqui a sua actividade por mais de um ano"[116], isto é, desenvolver no nosso país os seus fins próprios.

Como se vê, no caso das sociedades comerciais a distinção entre a simples capacidade jurídica e a capacidade funcional não assume grande relevo, ao menos em termos gerais[117].

---

[115] Cfr. *supra*, n.os 42 a 44.

[116] Cfr. MOURA RAMOS, *Aspectos recentes do DIP português*, separata do número especial do *Boletim da Faculdade de Direito da Universidade de Coimbra* dedicado à *Homenagem ao Prof. Afonso Rodrigues Queiró*, agora também em *Das relações privada internacionais — Estudos de direito internacional privado*, Coimbra, 1995, pág. 87, e do mesmo autor, *O artigo 4.º do Código das Sociedades Comerciais revisitado*, *in Revista de Direito e Economia*, vol. 13., agora também em *Das relações privadas internacionais, cit.*, págs. 126-130.

[117] Como refere MOURA RAMOS, (*op. cit.*, pág. 131), "verdadeiramente há apenas aqui uma obrigação específica das sociedades de nacionalidade estrangeira — a instituição de uma representação permanente. Com efeito, a sujeição às regras do registo comercial (...) é algo com que se

Para as fundações, exige o art. 158.°, n.° 2, o *reconhecimento individual*, que é da competência da autoridade administrativa[118]. Mas o art. 158.° trata do *reconhecimento da personalidade jurídica* e o sistema que estabelece, pensado e querido para as fundações nacionais, não é aplicável às estrangeiras.

A ideia em que se fundamenta o art. 158.°, n.° 2, é a seguinte. A personalidade jurídica não tem valor substancial, não sendo a sua atribuição determinada senão pelo intuito de facilitar às diversas organizações de interesses humanos a realização dos seus fins. Por outro lado, as fundações locais só podem ser personificadas se revelarem "interesse social" (v. art. 157.°). Assim, só olhando à relevância do respectivo escopo, e à possibilidade de o atingir com os meios para tanto existentes, de acordo com a apreciação da autoridade administrativa, é que a personalidade de tais organizações será reconhecida.

Tal o pensamento a que obedece e de que é tradução a norma do art. 158.°. Ora é bem claro que essa ideia não vale para as fundações que justamente exercem as suas actividades estatutárias em país estrangeiro. Do ponto de vista do sistema jurídico local, é indiferente que a importância e dignidade do fim justifiquem aí a atribuição de personalidade; o conhecimento do fim só interessará para o efeito de a atribuição de capacidade jurídica à entidade em questão não exceder a justa medida[119].

---

encontram por igual oneradas as sociedades portuguesas (conquanto em termos distintos justificados pela diversidade das situações)".

[118] Quanto às pessoas colectivas de direito público (no texto só se está tratando das de direito privado), como a sua função é política e administrativa, elas limitam necessariamente a sua actividade ao âmbito do Estado a que pertencem. Mas nada impede (como dissemos atrás, ao versar o assunto em tese) o reconhecimento a essas entidades de personalidade jurídica.

[119] E ainda isto apenas na hipótese de a lei pessoal respectiva consagrar o chamado princípio da especialidade (neste sentido, entre nós, o art. 160.°, n.° 1, do Cód. Civ.).

Eis por que dizemos que o preceito do art. 158.°, na medida em que torna dependente a atribuição de personalidade jurídica de um acto individual da autoridade pública, não é aplicável às fundações estrangeiras.

Por outro lado, não pode seguramente deixar de entender-se (como já dissemos) que o funcionamento em Portugal das pessoas colectivas estrangeiras — aliás, a questão também se põe para as organizações estrangeiras não personificadas, segundo a lei da respectiva sede — está, pelo menos, sujeito às mesmas condições que se exigem para as pessoas colectivas nacionais do tipo correspondente. Assim, às fundações que pretendam desenvolver no país, por forma regular e sistemática, acção conducente à realização do seu escopo — que pretendam ver reconhecida no país a sua "capacidade funcional" — parece que deverá ser exigida a sujeição delas ao regime do art. 158.°, n.° 2, do Código Civil.

Quanto às associações, o artigo 158.° do Código Civil, na sua redacção inicial, exigia também um acto individual de reconhecimento, a cargo da autoridade administrativa. Com o Decreto-Lei n.° 594/74, de 7 de Novembro, deixou de ser necessário o reconhecimento individual para a atribuição de personalidade a esta modalidade de pessoas jurídicas. Entretanto, a Constituição da República consagrou entre os "direitos, liberdades e garantias" a liberdade de associação, "sem dependência de qualquer autorização" (art. 46.°, n.° 1). A Reforma de 1977 do Código Civil veio confirmar esta doutrina, ao dispor (art. 158.°, n.° 1) que "as associações constituídas por escritura pública, com as especificações referidas no n.° 1 do artigo 167.°, gozam de personalidade jurídica"[120].

---

[120] Nos termos do artigo 167.°, n.° 1, "o acto de constituição da associação especificará os bens ou serviços com que os associados concorrem para o património social, a denominação, fim e sede da pessoa colectiva, a forma do seu funcionamento, assim como a sua duração, quando a associação se não constitua por tempo indeterminado".

De harmonia com o que dissemos anteriormente, o reconhecimento da personalidade jurídica às associações estrangeiras não depende senão do cumprimento dos requisitos previstos na lei da respectiva sede. Já pelo que toca à sua capacidade funcional, à possibilidade de desenvolvimento em Portugal da sua actividade específica de modo permanente, há que submeter as associações estrangeiras (já o dissemos) às mesmas condições que valem para as pessoas nacionais de tipo correspondente (v. art. 158.°, n.° 1).

Em suma: a directiva geral a adoptar nesta matéria é que as organizações estrangeiras, sejam ou não pessoas colectivas em face da ordem jurídica do Estado da respectiva sede, não poderão exercer no país as suas actividades estatutárias enquanto não satisfizerem, pelo menos, os requisitos estabelecidos para as entidades nacionais de igual ou semelhante categoria. Inútil acrescentar que valem para as pessoas colectivas as restrições impostas às actividades dos estrangeiros. Convém ainda acentuar, embora a ideia já resulte das considerações expostas, que a aplicação daquela directiva só se justificará quando a instituição estrangeira se proponha exercer no país a sua capacidade funcional de forma regular e permanente. Não também quando se trate da simples prática de actos isolados, ou que traduzam o exercício de um daqueles direitos públicos não políticos que a Constituição reconhece tanto aos nacionais como aos estrangeiros. Em tal hipótese, os únicos termos a respeitar são os das leis gerais do país relativamente à prática de tais actos, além dos que forem especialmente prescritos para os estrangeiros.

PARTE I

CONFLITOS DE LEIS

CAPÍTULO I

Resumo histórico[121]

§ 1.º

Origens do Direito Internacional Privado

50. O Direito Internacional Privado dos nossos dias não nos foi legado pelos romanos, mas por juristas que viveram a partir do século XI[122]. Originariamente, o *jus civile* é exclusivo dos cidadãos romanos. O peregrino — isto é, o não latino cuja cidade concluiu com Roma um tratado que lhe confere certos direitos nas relações com os cidadãos romanos — não tem acesso ao *jus civile*[123]. E mesmo quando Roma submeteu ao seu domínio os povos vizinhos, o acesso ao *jus civile* só foi reconhecido aos latinos. Deste modo, tornou-se necessária a criação de um direito que regulasse os casos mistos, isto é, as relações entre cidadãos e peregrinos. Este direito foi o *jus gentium*: uma lei material particular para os referidos casos. Mas como o

---

[121] *Vide:* LAINÉ, *Introduction au dip*, I (1888) e II (1892); GUTZWILLER, *Le développement historique du DIP*, «Rec.des Cours», 1929, IV, págs. 287 e segs.; MEIJERS, *L'histoire des principes fondamentaux du DIP*, «Rec. des Cours», 1934, III, págs. 543 e segs.; IDEM, *Etudes d'histoire du droit*, I, 1956, págs. 228 e segs.; BARILE, *Funciones e interpretación del DIP en una perspectiva historica,* Valladolid, 1965; MACHADO VILELA, *Tratado*, I, págs. 294 e segs.; WOLFF, *PIL*, págs. 19 e segs.; P. MAYER, *Droit International Privé*, n.os 48 e segs.; B. AUDIT, *Droit International Privé*, n.os 66 e segs.

[122] GUIZWILLER, *op. loc. cit.*, p. 297.

[123] BATIFFOL-LAGARDE, *ob.* e *vol. cit.*, p. 20

jus gentium não era um sistema jurídico completo — faltava-lhe, por exemplo, uma regulamentação do instituto sucessório — as leis peregrinas tiveram de ser reconhecidas pelos juristas romanos, função que foi sobretudo deferida ao pretor peregrino[124], essencialmente em matéria de relações de família.

Daqui nasceu uma prática nova: a aplicação por um mesmo juiz de leis diferentes, segundo a origem das partes. Deste ssistema não podiam deixar de resultar conflitos de leis, mas estes problemas foram ignorados pelo direito romano.

Não é tão-pouco nas monarquias bárbaras da Europa, durante a Alta Idade Média, que tem o seu início o movimento de gestação do moderno DIP. Aí, torna-se de aplicação universal o princípio da personalidade do direito. Os diferentes povos incorporados na mesma unidade política gozam do privilégio de viver segundo as suas leis próprias: cada pessoa, ao deslocar-se, leva consigo as leis da sua raça ou da sua origem. Cada indivíduo tem um verdadeiro direito à aplicação da sua própria lei: cada um pode *sua lege vivere*. Neste sistema não há propriamente conflitos de leis, porque «é impensável *a priori* aplicar a um indivíduo a lei de um grupo étnico diferente do seu»[125]. No entanto, há que resolver o problema da combinação de duas leis quando a relação jurídica tem por sujeitos pessoas que dependem de leis diferentes. Para tal fim, verifica-se se cada um pôde adquirir ou alienar validamente, segundo a sua lei pessoal, o direito em questão[126].

Pouco a pouco, o princípio da personalidade é substituído pelo da territorialidade, no sentido de que o âmbito das leis e dos costumes é territorial. Com efeito, como o faz notar P. MAYER (p. 43), a população tem tendência a fixar-se num

---

[124] IDEM, *ob.* e *vol. cit.*, p. 21. A magistratura do pretor peregrino foi criada em 242 a.J.C.

[125] PIERRE MAYER, *DIP*, p. 42.

[126] A. *cit.*, *ibidem*.

território dado e a fundir-se, já que os casamentos mistos não são proibidos e que ao cabo de um certo número de gerações a recordação da pertença à comunidade de origem desvaneceu-se. Mas durante um período intermédio, isto é, enquanto a diversidade das leis subsiste, pratica-se o sistema da *professio juris*: cada um declara a lei segundo a qual vive (*lex qua vivit*).

No entanto, essa multiplicidade das leis num mesmo território vai desaparecer em breve: as próprias leis antigas se fundem e novas instituições são criadas. E uma vez que as novas regras de direito, adaptadas a condições económicas e sociais diferentes, têm um domínio de aplicação territorial, a mesma questão de direito pode estar conexa com territórios diferentes pelos seus diversos elementos. Surge assim um conflito de leis, que urge resolver. No sistema da territorialidade tal como existiu na Idade Média, só a lei editada ou admitida pela autoridade local se aplica. Para designar esta aplicação generalizada da *lex fori* fala-se de territorialismo. Em cada território é aplicada uma única lei.

51. As origens do moderno DIP podem fazer-se remontar ao fim do séc. XIII.

A partir do séc. XI, as cidades da Itália do Norte — Módena, Bolonha, Florença, Pádua, Génova, Veneza — que se tinham tornado centros comerciais de grande importância, no exercício da sua autonomia legislativa, começam a reduzir a escrito o seu direito consuetudinário local e a compilar os seus estatutos. Os estatutos das cidades, que se ocupam principalmente das relações jurídicas de carácter privado, diferem entre si: a regulamentação que estabelecem para estas relações está longe de ser uniforme.

Ora essas cidades italianas do Norte (como já foi dito) entregam-se em larga escala ao exercício do comércio — e isto origina naturalmente contactos cada vez mais frequentes entre habitantes de diferentes cidades. Mercadores de Bolonha ou Florença passam amiúde as portas de Módena ou Veneza, para aí estabelecer relações de comércio com mercadores locais. Bem cedo acontece tornar-se frequente o caso de ser demandado perante as justiças de uma cidade um habitante de outra cidade. E surge então a pergunta: qual o estatuto aplicável nestes casos?

A primeira solução, que o problema recebeu da parte da jurisprudência, foi esta: se um bolonhês é demandado em Módena, será aplicável o estatuto local, pois é ao tribunal de Módena que pertence dirimir o litígio (*lex fori*).

Mas em breve surgem ideias novas. O século X é o da fundação da Escola de Bolonha. Os velhos textos do direito romano são tirados do esquecimento e trazidos para a discussão e para o estudo. Os problemas originados pelos conflitos de estatutos começam a ser estudados pelos professores de Bolonha, que formulam as suas conclusões à margem dos textos romanos. Dentro em pouco, assiste-se à sustentação de teses audaciosas. A aplicação do direito local comporta limites; o direito local, que não se dirige senão aos súbditos do soberano local, só a estes pode obrigar.

Mas, se o direito local não é aplicável aos estrangeiros, que direito lhes há-de então ser aplicado?

Pode dizer-se que, nesta primeira fase (séculos XII e XIII), a pergunta não obteve uma resposta satisfatória. Ainda no começo do século XIII, a *lex fori* era considerada a única aplicável. Contudo, já cerca de 50 anos antes Magister ALDRICUS ensinava que quando os litigantes pertenciam a diversos territórios com direito consuetudinário diferente, o juiz deve aplicar a «*consuetudo quae potior et utilior videtur; debet enim iudicare secundum quod melius ei visum fuerit*» (pois ele deve julgar segundo o que lhe parecer melhor)[127].

---

[127] Citação de KEGEL, *IPR*, p. 130.

§ 2.º

Fase de desenvolvimento
A teoria dos estatutos

52. A esta segue-se uma fase de intensa elaboração doutrinal, cujo início deve ser fixado em fins do séc. XIII. Ao conjunto de regras doutrinais, a partir de então elaboradas sobre os limites de aplicação dos diferentes estatutos e costumes locais, dá-se o nome genérico de *teoria dos estatutos*. É esta — pode dizer-se — a primeira tentativa de resolução dos conflitos de sistemas jurídicos baseada no princípio do reconhecimento e da aplicabilidade do direito estrangeiro pelo juiz local.

Inicia-se esta fase com os *post-glosadores*, na última metade do séc. XIII, e é no final do século XVIII que geralmente se lhe marca o termo. É que, na verdade, há uma característica comum a todos os juristas deste período de cinco séculos, que se ocuparam do problema dos conflitos: todos partiram, para resolver as dificuldades levantadas por este problema, do próprio texto dos estatutos e costumes, ou, mais tarde, do próprio texto das leis nacionais, sem sentir a necessidade de prescrições especiais relativas à questão dos conflitos entre elas suscitados[128].

Podem considerar-se neste período três épocas distintas e, paralelamente, três escolas estatutárias, no sentido de que a teoria dos estatutos encontrou outras tantas realizações particulares.

A primeira é a *escola estatutária italiana* (*séculos XIV a XVI*), a segunda a *escola francesa dos sécs. XVI a XVIII*, a terceira a *escola holandesa* (*séc. XVII*).

53. *Escola italiana* (séculos XIV-XVI). — As doutrinas da escola italiana, à maneira da época, revestiram sempre a forma de comentários aos textos do direito romano. Foi da primeira

---

[128] A fase do DIP legal-positivo é muito mais tardia.

lei do Código de Justiniano — que começa pelas palavras «Cunctos populos quos clementiae nostrae regit imperium» — e da célebre glosa de Acúrsio a esta lei, que os jurisconsultos italianos partiram para elaborar as suas regras de conflitos dos estatutos. As palavras da lei — Cunctos populos... (a todos os povos que rege o império da nossa clemência) —, por conterem uma alusão aos limites no espaço do poder imperial, sugeriram a seguinte glosa, geralmente atribuída a Acúrsio: «Se um cidadão bolonhês é demandado em Módena, não deve ser julgado segundo o estatuto de Módena, visto que lhe não está sujeito...» (*Statutum non ligat nisi subditos*).

Daqui partiram os jurisconsultos italianos para desenvolver a sua teoria dos conflitos de estatutos. A primeira distinção a que se chegou, no decurso da evolução da teoria dos conflitos de estatutos, foi a distinção entre o processo e o fundo das causas. O juiz não aplica senão a sua própria lei em matéria de processo (*ad litem ordinandam*); não é senão quanto ao fundo do litígio (*ad litem decidendam*) que se pode conceber a aplicação de uma lei estrangeira. Esta distinção não foi mais discutida depois da sua consagração por BÁRTOLO.

BÁRTOLO (BARTOLUS DE SAXOFERRATO) e BALDO — ambos juristas da Escola de Bolonha mas professores em Perusa — são os mais ilustres representantes da escola a que nos estamos a referir — a escola italiana.

Segundo BÁRTOLO, há que distinguir os estatutos que dispõem relativamente às pessoas dos que dispõem relativamente às coisas. Os primeiros dirigem-se tão-só aos súbditos, onde quer que se encontrem: são estraterritoriais. Os segundos não se aplicam senão às coisas situadas no território: são territoriais.

As solenidades dos contratos regulam-se pelo estatuto do lugar da celebração: *locus regit actum*.

Quanto à substância e efeitos das obrigações, há que distinguir:

a) Ou se trata dos efeitos imediatos do contrato, dos direitos que nascem no momento da formação do acordo, segundo a sua natureza — e é aplicável ainda o direito do lugar da celebração;

b) Ou se trata das consequências que se produzem posteriormente, por virtude de negligência ou mora — e é aplicável o direito do lugar da execução, se as partes escolheram um, ou o direito do lugar onde o processo corre, na falta de estipulação.

A forma do processo (*ordinatio litis*) depende da lei do lugar onde o processo é julgado («lex fori»).

Quanto aos testamentos, há que pôr o problema relativamente às formalidades e ao conteúdo do acto testamentário. A forma do testamento é determinada pelo estatuto do lugar onde o testamento é feito, na dependência do mesmo estatuto se encontrando a interpretação da vontade do *de cujus*.

Como acabámos de ver, «BÁRTOLO desenvolveu a distinção entre costumes reais e pessoais, não se aplicando os segundos senão aos súbditos ou cidadãos, de harmonia com o critério do domicílio. No que concerne ao seu efeito extraterritorial, ele introduziu uma distinção entre estatutos permissivos e proibitivos, sendo os primeiros extraterritoriais»[129]. Quanto aos segundos, há ainda que distinguir entre estatutos favoráveis, igualmente extraterritoriais, e odiosos, que não têm esse carácter.

Estas referências bastam para se compreender a importância da contribuição de BÁRTOLO para a formação da ciência do DIP.

54. *Escola francesa dos séculos XVI a XVIII* — No séc. XVI, a contribuição principal para o desenvolvimento da teoria dos estatutos coube a dois juristas franceses: DUMOULIN e D'ARGENTRÉ[130].

A contribuição mais original de DUMOULIN foi, sem dúvida, a elaboração do *princípio da autonomia da vontade*, princípio que,

---

[129] AUDIT, n.º 73.

[130] Sobre este ponto cfr. especialmente PIERRE MAYER, *op. cit.*, n.º 61.

embora com grandes modificações, se manteve ao longo de toda a evolução jurídica até aos dias de hoje.

Há um domínio em que as partes podem escolher livremente o regime jurídico da relação, *o das matérias reguladas por normas supletivas*. Pode fazê-lo, desde logo, no interior de uma ordem jurídica dada, mas podem também escolher a própria ordem jurídica, da qual adoptarão o regime que lhes convier. Esta ideia aplica-se aos contratos e aos regimes matrimoniais (que são pactos tácitos).

O princípio foi elaborado a propósito de problemas relacionados com as disposições legais aplicáveis ao regime dos bens imóveis dos cônjuges. Se essas disposições pertencessem ao âmbito do estatuto real, seria aplicável o direito em vigor no lugar da situação dos bens. Se pertencessem ao estatuto pessoal, seria competente o costume do domicílio dos cônjuges, mesmo quanto aos bens sujeitos, pela respectiva situação, a um costume diferente.

A questão foi posta por DUMOULIN a propósito de um caso prático. Por esse tempo, não existia ainda em França a unidade legislativa. Nas províncias do Norte vigoravam diferentes costumes, que estabeleciam todos a comunhão de bens entre os cônjuges. No Sul, estava em vigor o direito romano, e o único regime aí praticado era o dotal. Pois bem: tendo o casal o seu domicílio no âmbito do costume de Paris, qual a natureza de um imóvel situado numa província do Sul e comprado pela mulher na constância do matrimónio? Pertence exclusivamente à mulher, por força das disposições do regime dotal, ou à comunhão? Tudo estava em saber qual o direito aplicável: se o costume de Paris, domicílio dos cônjuges, se a *lex rei sitae*.

DUMOULIN sustentava que as regras do regime da comunhão eram aplicáveis a todos os bens conjugais, qualquer que fosse a sua situação. É que, se os cônjuges regulam por convenção expressa os efeitos patrimoniais do seu casamento, essa convenção deverá reger todos os bens, tanto os situados no país como os existentes no estrangeiro. Na ausência de convenção, o mesmo efeito deverá ter o regime legal — ou seja, o estabelecido pelo costume do domicílio do marido — porque ele é um simples regime convencional tácito: entende-se que as partes, nada dizendo, lhe quiseram ficar sujeitas; daí o seu vigor.

Assim, em matéria de efeitos patrimoniais do casamento - matéria regida por lei meramente supletiva — o direito aplicável estaria, pois (e por isso mesmo), na dependência da vontade das partes.

Eram as primeiras manifestações do princípio da *autonomia da vontade* em DIP.

55. Ao lado do ramo representado por DUMOULIN, outro se formava na doutrina francesa, inspirado numa ideologia bem diferente.

D'ARGENTRÉ — magistrado bretão — é o seu guia. Lema e directiva capital da nova corrente — o princípio da territorialidade. País de arreigadas tradições de feudalismo, a França estava naturalmente preparada para este surto das doutrinas territorialistas. O feudalismo, com a sua ideia de soberania territorial, conduzia naturalmente ao princípio da territorialidade das leis: a lei só obriga dentro do território onde se exerce a soberania de quem a formula, mas aí obriga a todos, quer nacionais, quer estrangeiros. Na dúvida sobre a natureza de um estatuto ou costume, deve considerar-se real: *omnia statuta in dubio realia.*

Porém D'ARGENTRÉ retoma e desenvolve a classificação dos estatutos em reais e pessoais. Os costumes reais são territoriais, os outros são extraterritoriais. Mas as duas categorias não são postas em pé de igualdade: *en principe toutes les costumes sont réelles.* Pessoais são apenas os estatutos que dizem respeito directamente à pessoa, isto é, os que regem o seu estado e a sua capacidade geral, e aplicam-se a todos aqueles que têm o seu domicílio no território onde o estatuto se encontra em vigor e seguem-nos nas suas deslocações[131].

Merecem ainda particular atenção os pontos de vista de D'ARGENTRÉ acerca da lei reguladora da sucessão *mortis-causa*. Havia uma velha controvérsia sobre se a doutrina da sucessão universal, desenvolvida no Direito Romano, implicava que a sucessão fosse regulada por uma única lei. Alguns entendiam harmonizar-se com tal doutrina que, deixando uma pessoa bens imóveis em diversos países, as leis de cada país se aplicassem aos bens situados dentro das respectivas fronteiras.

Fiel às suas ideias feudalísticas, D'ARGENTRÉ resolveu a questão no último sentido, e esse ponto de vista veio a ser adoptado, não só em países que não aceitaram o conceito romanístico de sucessão universal (como a Inglaterra e depois os E.U.A.), mas até mesmo em Estados que expressamente consagraram tal conceito no seu direito interno, como a França, a Bélgica e a Áustria.

No século XVIII, os autores franceses que se dedicam à teoria do conflito de estatutos — FROLAND, BOULLENOIS, BOUHIER — apresentam-se eles próprios como os sucessores de D'ARGENTRÉ.

56. *Escola holandesa* (séc. XVII). — Foi na Holanda que a doutrina territorialista de D'ARGENTRÉ alcançou a maior projecção. Mas os autores holandeses — dentre os quais cumpre destacar ULRICH HUBER e PAULO e JOÃO VOET — modificaram-na profundamente, pela adjunção do conceito de *soberania*.

Eis um breve esquema das doutrinas professadas por HUBER (*De conflictu legum diversarum in diversis imperiis*)[132]:

a) As leis de cada Estado operam dentro das respectivas

---

[131] Para uma exposição crítica das teorias de D'ARGENTRÉ *v.* sobretudo P. MAYER, *DIP*, n.os 62 e 63.

[132] Existe tradução portuguesa desta obra, sob o título *Conflito de leis*, realizada no Seminário de DIP da Faculdade de Direito da Pontifícia

fronteiras, e obrigam todos os súbditos desse Estado, mas não para além desses limites;

b) Súbditos de um Estado são todos aqueles que se encontram no seu território (residentes ou não);

c) Por «cortesia» (*comitas*), os soberanos dos Estados conduzem-se de modo a tornar possível que as leis de cada país, depois de terem sido aplicadas dentro das fronteiras desse país, conservem a sua força e eficácia em toda a parte, contanto que daí não advenha prejuízo para os direitos de um outro soberano ou dos seus cidadãos.

A ideia fundamental de HUBER é, pois, a da territorialidade, mas assegura-se à lei um efeito extraterritorial, apelando-se para a *comitas gentium*. E deve ainda notar-se que os autores holandeses aceitam a distinção (que deriva de D'ARGENTRÉ) entre estatutos pessoais, territoriais e mistos.

Em síntese, a concepção da escola holandesa acerca do DIP foi a seguinte:

Os Estados gozam da máxima liberdade na fixação das regras de conflitos de leis: não há normas do direito das gentes que a restrinjam.

O Estado pode ordenar aos seus juízes que apliquem ocasionalmente leis estrangeiras, mas não porque a isso esteja obrigado para com o Estado estrangeiro, senão *ex comitate*, ou seja, por uma espécie de conveniência recíproca, na esperança de que o Estado estrangeiro proceda de igual sorte[132a].

Na escola holandesa, o mais importante é justamente esta sua concepção do DIP, concepção que chegou até à actualidade e que teve grande aceitação por parte da doutrina inglesa e americana.

Universidade Católica do Rio de Janeiro, dirigido pelo Professor HAROLDO VALLADÃO.

[132a] BATTIFFOL-LAGARDE, *DIP* I, 8ª ed., n.os 225-226.

57. Resulta do exposto que a chamada «teoria dos estatutos» não foi propriamente uma teoria do DIP, porque lhe faltou a unidade do conteúdo e a dos pressupostos ou fundamentos. No entanto, alguma coisa existe que confere uma certa unidade ao pensamento científico por todo esse período de cinco séculos, que vai da época de BÁRTOLO ao começo do séc. XIX. Esse traço comum é, antes de mais nada, a posição metodológica: todos os estatutários partem da regra legal considerada em si mesma, procurando dela deduzir se é de aplicação restrita ao território do Estado que a formulou (estatuto real) ou de aplicação extraterritorial (estatuto pessoal). Por outro lado, o que todos esses autores têm em vista é estabelecer princípios universalmente válidos.

Resta apreciar a «teoria dos estatutos» à luz do valor prático dos resultados obtidos. A esse respeito, escreveu MACHADO VILELA as seguintes palavras[133]:

«Se bem que, pelo envelhecimento dos seus princípios ou pela insuficiência dos seus critérios práticos, a teoria dos estatutos tivesse o natural destino evolutivo de ser substituída por teorias progressivas que fossem mais firmes nos seus fundamentos e mais seguras nas suas aplicações, a sua elaboração doutrinal de cinco séculos sobre o facto real dos conflitos de leis foi de inestimável valor para a formação da ciência do DIP, deixando *resultados*, que a verdade histórica manda registar.»

§ 3.º

O século XIX e a ciência do DIP

58. Até ao século XIX, o DIP fora de formação jurisprudencial e científica. As regras de resolução dos conflitos de

[133] *Tratado*, I, n.º 86, págs. 316-317.

estatutos e de leis, que os juízes aplicavam em cada caso, não eram regras postas por um legislador interno ou internacional, mas princípios de autoridade exclusivamente científica, que, portanto, não podiam aspirar a uma obrigatoriedade coercivamente imposta.

O panorama muda por completo no decurso do século XIX. Inaugura-se aqui a fase a que podemos chamar do DIP *legal ou positivo.*

Como se sabe, é este o período das grandes codificações do direito privado. E todos os códigos civis que então aparecem — desde o Código prussiano de 1794 e o Código francês de 1804 até ao Código alemão de 1896 e ao Código japonês de 1898 — contêm, em abundância maior ou menor, normas de conflitos. Este facto tem importância bastante para podermos dizer que, com o começo do século XIX, se abre uma nova fase na evolução do DIP.

E não são estas as únicas transformações que o DIP sofre no decurso deste século. Também assistimos nele a sensíveis progressos da teoria dos conflitos de leis. Apoiados numa tradição multi-secular, os juristas de oitocentos propõem-se rasgar novos caminhos.

Como se disse, a ideia fundamental da escola estatutária francesa (*rectius*: de um dos seus ramos) era a da territorialidade: em princípio, as leis são territoriais, o que leva ao predomínio da *lex fori* como lei aplicável às relações jurídicas. Esta ideia aparece-nos na escola holandesa levada ao exagero. E os autores holandeses, se admitiam a aplicação pelo juiz local de direito estrangeiro, fundavam, no entanto, essa aplicação, não numa obrigação, mas na *comitas gentium* (*supra*, n.º 56).

Era mais "nuancée" a posição da escola italiana, como se pode ver das doutrinas de BÁRTOLO.

A orientação fundamental das doutrinas oitocentistas é esta: todo o problema de conflitos de leis deve resolver-se sem olhar à nacionalidade das leis que se encontrem em contacto.

Esta concepção assenta na ideia da existência de uma comunidade de direito entre os diversos Estados.

É esta a característica fundamental das doutrinas que no decurso do século XIX são elaboradas. Merecem especial menção os sistemas de SAVIGNY, MANCINI e PILLET, aqueles, sem dúvida — e isto é válido sobretudo para os dois primeiros —, que maior influência exerceram.

59. *Sistema de SAVIGNY.* — Foi no vol. 8.º do seu *Sistema do Direito Romano Actual*[134] que o genial pandectista desenvolveu a sua teoria dos limites da aplicação no espaço e no tempo da regra de direito. A primeira novidade que esta obra apresenta consiste logo no método a que SAVIGNY recorreu para resolver o problema dos conflitos de leis. Em lugar de partir da regra de direito e perguntar quais os seus limites de aplicação no espaço, quais as relações a que se aplica — é assim que a questão nos aparece posta por todos os estatutários — SAVIGNY parte da própria relação jurídica. A que direito local deve a relação jurídica considerar-se sujeita?

Mas não é só neste aspecto que a doutrina de SAVIGNY se distingue de todas as demais até então elaboradas. O lado substancial do sistema é ainda o mais importante.

A orientação de SAVIGNY pode condensar-se nestas duas proposições:

a) Cada relação jurídica deve ser regulada pela lei mais conforme à sua natureza;

b) A lei mais adequada à natureza da relação jurídica é a lei da sua *sede*.

O problema dos conflitos de leis consiste, pois, em determinar, para cada relação jurídica, a lei da sua sede. Assim como as pessoas têm um domicílio, assim as relações jurídicas têm

[134] *System des heutigen Römischen Rechts*, vol, VIII, 1849.

uma sede. A sede é para as relações jurídicas o que o domicílio é para as pessoas. É o domicílio que liga as pessoas a uma ordem jurídica determinada. Para as relações jurídicas, há que levar a cabo uma investigação tendente a estabelecer qual o espaço territorial a que pertencem pela sua natureza, ou em que se localizam. O sistema de direito em vigor nesse território será aquele a que a relação jurídica deverá considerar-se sujeita.

É preciso, portanto, atribuir a cada classe de relações jurídicas uma sede. Os elementos que podem determinar a sede da relação jurídica são: o domicílio dos sujeitos, o lugar da situação da coisa, o lugar da celebração do acto ou facto jurídico, o lugar do cumprimento da obrigação, o lugar do tribunal chamado a conhecer do litígio. Trata-se de optar, em cada caso, por um destes elementos.

Como todos eles (ou quase todos) se acham na dependência da vontade dos interessados, o direito local aplicável às relações jurídicas encontra-se sob a influência da mesma vontade. Há, portanto, uma *submissão voluntária* dos sujeitos da relação jurídica ao direito local. Isto é: nós podemos dizer que o contacto duma relação jurídica com certo domínio de direito — contacto que lhe determina a sede — tem na sua base a submissão voluntária dos sujeitos da relação a esse domínio de direito. Todavia, não significa isto que para SAVIGNY a determinação da lei competente esteja sempre na *dependência directa* da vontade dos interessados. Só no domínio das leis supletivas pode o interessado escolher directamente a lei reguladora da relação, justamente porque aí a lei se não impõe à vontade. O que aquele princípio da submissão voluntária exprime, relativamente ao caso normal, é que o indivíduo é livre de praticar os factos que, uma vez praticados, determinam a competência da lei. Assim, eu tenho a liberdade de me domiciliar em certo Estado; mas se lá me domicilio, a minha capacidade civil passará a ser regulada, imperativamente, pela lei desse Estado.

Consideremos agora algumas aplicações da doutrina de SAVIGNY, tal como o próprio autor no-las apresenta.

a) *Lei reguladora do estado das pessoas em si mesmas.*

O domicílio é como que a sede legal da pessoa. É pela lei do domicílio que se regula, pois, o seu estado.

b) *Lei reguladora dos direitos reais* (sua determinação, transferência e extinção).

O direito real tem por objecto uma coisa, que é perceptível aos sentidos e localizável no espaço. O lugar da situação da coisa é o lugar da relação jurídica, a sua sede.

c) *Lei reguladora das obrigações.*

A obrigação, sendo uma coisa incorpórea e não ocupando um lugar no espaço, não tem em si mesma uma sede, que possamos considerar decisiva da competência da lei. Mas toda a obrigação resulta de factos concretos, que se passaram em certo lugar, e realiza-se por factos concretos, que hão-de também passar-se em lugar determinado. Há que escolher entre o lugar da *constituição* e o da *execução* das obrigações. Ora o primeiro é um facto acidental e estranho à essência da obrigação. O segundo, pelo contrário, é da essência da relação jurídica, visto a obrigação ter valor pela sua execução. Logo, é conforme à natureza das coisas que o lugar do cumprimento seja considerado como a sede da relação obrigacional.

d) *Direito das sucessões.*

A que direito local pertence, pela sua natureza, o direito da sucessão? Pertence ao direito do lugar do domicílio do autor da herança. Na verdade, pelo fenómeno sucessório opera-se a transmissão do património duma pessoa falecida para outras; e isto representa uma extensão do poder e da vontade do homem para além do termo da sua vida, manifestando-se essa vontade, já expressamente (sucessão testamentária), já tacitamente (sucessão legítima). Logo, esta relação liga-se imediatamente à pessoa do *de cujus*; a lei aplicável deve ser a do último domicílio deste. A sede da sucessão é o domicílio do autor da herança.

e) *Direito da família.*

1) *Casamento.* A lei reguladora do casamento é a lei do domicílio do marido (o chefe da família), visto ser aí a sede do vínculo conjugal.

2) *Poder paternal.* O poder paternal regula-se pela lei do lugar onde o pai tinha o seu domicílio no momento do nascimento do filho. Quanto às relações patrimoniais entre pai e filho, rege a lei do actual domicílio do pai. E isto porque o domicílio do pai, como chefe da família, é a sede natural das relações jurídicas com os filhos. A legitimação por matrimónio subsequente é regulada pela lei do domicílio do pai no momento da celebração do casamento.

3) *Tutela.* Quanto à sua constituição, a tutela está subordinada à lei do domicílio do pupilo. A tutela tem por fim a protecção do pupilo: deve ser a lei pessoal deste a decidir se se torna necessário instituí-la. Quanto à administração tutelar, ela deve considerar-se sujeita à lei do tribunal em cuja circunscrição é exercida. Finalmente, a obrigação para o tutor de aceitar o encargo da tutela, bem como o direito de escusa, determinam-se pela lei do seu domicílio. Na dependência da lei do lugar onde a gestão tutelar é exercida encontram-se as obrigações do tutor resultantes da gestão.

f) *Forma dos actos jurídicos.*

A forma dos actos devia ser regulada pela mesma lei que regula a relação jurídica em geral. Assim, por exemplo, se o acto diz respeito a uma relação jurídica cuja sede é o domicílio da pessoa, a lei reguladora da forma desse acto deveria ser a deste domicílio. Mas sucede que, no lugar onde se pratica o acto jurídico, são muitas vezes de difícil conhecimento e outras de impossível observância as formalidades prescritas na lei reguladora da relação jurídica. Por isso, admite SAVIGNY a suficiência da lei do lugar da celebração.

Limites da comunidade de direito.

As diferenças entre as legislações dos Estados, no tocante à regulamentação de certas relações jurídicas, podem traduzir diferenças essenciais nas suas condições de existência, que interessem à sua conservação e desenvolvimento. Daqui o tornar-se por vezes perigosa a aplicação num Estado de leis doutro Estado. E se a aplicação do direito estrangeiro se fundamenta na existência de uma comunidade de direito entre os povos, a não verificação do pressuposto deve trazer consigo o não funcionamento daquele princípio.

Se o juiz deve em princípio aplicar à relação jurídica o direito da sua sede, quer esse direito seja ou não o do seu próprio país, há diversas leis cuja especial natureza o força à aplicação do direito local, ainda nos casos em que se mostrasse competente um direito estrangeiro.

Há, assim, um certo número de excepções ao princípio da aplicação das leis estrangeiras, excepções que SAVIGNY reduz a duas classes:

a) Leis positivas rigorosamente obrigatórias, que por isso mesmo não podem ceder na concorrência com leis estrangeiras;

b) Instituições de um Estado estrangeiro cuja existência não é reconhecida no Estado local e que, portanto, não podem obter aí a protecção dos tribunais. São estas regras que constituem o limite à aplicação do direito estrangeiro.

À primeira categoria pertencem, não todas as leis imperativas, mas todas as que não existem apenas no interesse dos indivíduos e são antes inspiradas, ou numa razão de ordem moral, como a lei que proíbe a poligamia, ou num motivo de interesse geral, bem como as que revestem um carácter político ou de polícia. Como exemplos de instituições de um Estado estrangeiro que não podem ser reconhecidas pelos tribunais do Estado local, indica SAVIGNY a escravatura e a morte civil[135].

---

[135] Sobre a poderosa influência exercida por SAVIGNY no progresso do DIP *vide*, entre outros, GUTZWILLER, *Der Einfluss Savignys auf die Entwicklung des IPR* (Freiburg, 1923), e KEGEL, «Fest. Raape», págs. 13-16.

60. *Sistema de MANCINI.* — Seguindo na esteira de SAVIGNY, o jurisconsulto italiano PASQUALE MANCINI nega aos Estados o poder absoluto de recusar inteiramente no seu território a aplicação de leis estrangeiras. É o abandono decisivo do princípio da territorialidade. E a aplicação das leis estrangeiras, quando por elas devam regular-se as relações jurídicas, não representa um simples acto de cortesia, mas o cumprimento de um dever do Estado.

Vejamos agora quais os princípios ou critérios de harmonia com os quais cada Estado deve ser obrigado a reconhecer e a aplicar leis estrangeiras.

As relações jurídicas do direito privado, segundo MANCINI, são reguladas pela *lei nacional* dos seus sujeitos, ou pela *lei por eles escolhida*, dentro dos limites que forem consentidos pela *ordem pública* do Estado local.

O princípio fundamental do sistema é o da *nacionalidade*. É nas relações de direito privado que sobretudo se revela o espírito e o carácter de cada povo. O clima, a temperatura, a situação geográfica, a natureza do solo, a diversidade das necessidades e dos costumes, são condições que determinam em cada povo o sistema das relações jurídicas. O estado e a capacidade das pessoas, as relações de família, etc., têm nas diferentes legislações uma regulamentação distinta, justamente em virtude da maneira de ser particular do povo de cada nação. Seria, por isso, injusto que ao estrangeiro não fosse respeitado o seu estado pessoal e a sua capacidade jurídica, tal como lhos definam as leis do seu país. Assim como cada indivíduo pode reclamar do seu próprio Estado e dos seus concidadãos, em nome do princípio da *liberdade*, o respeito do seu património de direito privado, assim também ele pode reclamar das outras nações e dos outros Estados, em nome do princípio da *nacionalidade estrangeira*, idêntico respeito por esse património. E o dever de cada Estado de respeitar a esfera de liberdade dos cidadãos estrangeiros não resulta da *comitas*: é um dever de justiça.

Mas há que distinguir, no direito privado, uma parte *necessária* e uma parte *voluntária*. Constituem a primeira as leis que regem o *estado das pessoas*, as *relações de família* e *a ordem da sucessão*. O direito privado necessário é aquele que não pode ser alterado pela vontade dos indivíduos. Ninguém pode renunciar ao estado de família que lhe for atribuído pelas leis do seu país. Atribuir a um indivíduo determinada nacionalidade, é o mesmo que reconhecer-lhe um certo estatuto pessoal. Pode um indivíduo mudar de nacionalidade, aceitando a de outro país; mas o que não pode então é conservar a condição jurídica que pela primeira lhe era assinalada.

Ora, assim como o estrangeiro não pode renunciar ao seu estado e capacidade, tal como lhos definem as leis do seu país, assim também os governos de países estrangeiros, que o recebem, o devem receber com esse mesmo estado e capacidade. Todo o indivíduo deve ter o direito de se fixar onde os seus interesses e aspirações o exijam. Mas ao exercício desta faculdade seria levantado grave obstáculo se todo o estrangeiro, que pretendesse estabelecer-se no Estado local, tivesse de renunciar para isso à sua condição civil, tal como é estabelecida pelas leis da sua nação. Para muitos, o sacrifício dos direitos pessoais e de família, que derivam da sua qualidade de cidadão de certo país estrangeiro, representaria preço excessivamente caro.

O *direito privado voluntário* é o que diz respeito aos bens e ao seu gozo, à formação dos contratos, às obrigações. Neste domínio, o indivíduo não é obrigado a conformar-se com a sua lei nacional. Visto que as regras ditadas por esta lei são, em parte, meramente supletivas, destinadas a suprir as lacunas da vontade dos interessados, pode este submeter-se a regras diferentes.

O estrangeiro deve ter, pois, a faculdade de se submeter ou não a esta parte do seu direito privado nacional. É que a liberdade individual deve ser respeitada enquanto é inofensiva e o Estado não tem interesse em impedir o seu exercício.

Em matéria de relações jurídicas sujeitas ao direito privado voluntário, MANCINI continua a considerar competente, em princípio, a lei nacional; mas os interessados devem poder submeter-se ao direito em vigor num país estrangeiro. É o princípio da *autonomia da vontade.*

É esta a doutrina que MANCINI formula a respeito das relações de ordem privada. Mas há que ter em conta o limite do direito público. O direito público põe o indivíduo em contacto com a comunidade nacional em cujo seio quer viver. Esta comunidade estabelece as condições em que todos os que habitam no seu território devem obediência à soberania política. Tais condições devem ser respeitadas por todos os habitantes do território, seja qual for a sua nacionalidade.

Em resumo:

Cada indivíduo pode reclamar, fora do seu país, em nome do *princípio da nacionalidade*, o reconhecimento e o respeito do seu direito privado nacional. Mas cada Estado, em nome do princípio da *independência política*, pode proibir, dentro do seu território, toda a infracção ao seu direito público, à sua ordem pública. Nesta medida, o Estado pode recusar-se a reconhecer e aplicar leis estrangeiras. Do mesmo modo, aos actos realizados em país estrangeiro pode o Estado negar todo o efeito, ainda que no país onde foram realizados sejam considerados legítimos, desde que lesem princípios essenciais da sua ordem pública.

O direito privado é *pessoal e nacional*: deve acompanhar a pessoa mesmo fora da sua pátria. O direito público é *territorial.* O direito privado é *necessário e voluntário*, sendo este último dominado pelo *princípio da autonomia da vontade.*

Poderia caracterizar-se assim o sistema de resolução de conflitos devido a MANCINI e seus seguidores: os conflitos das leis de direito privado resolvem-se pela aplicação da lei nacional das pessoas, salvas a excepção derivada da autonomia da vontade e as limitações impostas pela ordem pública internacional. Há leis pessoais, de aplicação extraterritorial, leis de ordem pública, de aplicação territorial, e leis cuja competência depende da vontade dos interessados, da escolha, expressa ou tácita, das partes. Estão sujeitos à lei nacional o estado e a capacidade das pessoas, as relações de família e sucessões; os bens e as obrigações são regulados pela lei expressa ou tacitamente escolhida.

Confrontando esta doutrina com a de SAVIGNY, facilmente se verifica que o seu traço mais característico reside na importância atribuída ao princípio da nacionalidade. Já no sistema de SAVIGNY as leis pessoais, de aplicação extraterritorial, ocupavam um lugar preponderante; e os próprios estatutários, ainda os mais firmemente territorialistas, admitiam a existência de estatutos pessoais. Mas é na doutrina da escola italiana que pela primeira vez a lei pessoal nos aparece identificada com a lei nacional. Ao velho princípio do domicílio, que uma tradição muitas vezes secular impusera triunfantemente até então, substituiu MANCINI o princípio da nacionalidade. Foi esta a grande inovação da escola italiana[136].

61. *Sistema de PILLET.* — Algumas palavras agora sobre a doutrina de PILLET[137].

Para PILLET, uma solução justa dos conflitos de leis deve derivar da natureza da lei, como expressão da vontade soberana

---

[136] Verdadeiramente, o que acabamos de apresentar é a doutrina da escola italiana, para a qual contribuiu decisivamente, mas não exclusivamente, MANCINI, com as ideias que expôs na célebre lição da Universidade de Turim intitulada «Della nazionalità come fondamento del diritto delle genti» (in *Diritto internazionale, prelezioni*, Nápoles, 1873). Sobre MANCINI e a sua influência veja-se NADELMANN, *Mancini, la lex patriae e gli ordinamenti plurilegislativi*, in «Diritto Internazionale», XXIII, n.º 2 (1969). As ideias de PASQUALE MANCINI foram recolhidas, precisadas e desenvolvidas principalmente por ESPERSON e FIORE, na Itália, ANDRÉ WEISS, em França, e LAURENT, na Bélgica.

[137] *Principes de DIP*, 1903, *Traité pratique de DIP*, I, 1923, págs. 101-119. Cfr. também M. VILELA, I, págs. 353 e segs.. e KEGEL, 7ª ed., p. 149 e segs.

do legislador. Tanto quanto possível, deve procurar manter-se na lei, considerada nas relações internacionais, as qualidades que ela tem nas relações internas. Deste modo, conseguir-se-á sacrificar de cada lei nacional, na resolução dos conflitos de leis, apenas o que for estritamente indispensável para a justa conciliação das soberanias.

Encaradas da perspectiva do direito interno, todas as leis são *de aplicação geral* e ao mesmo tempo *de aplicação permanente*. Se, porém, as considerarmos na sua aplicação às relações internacionais, teremos de admitir que uma destas qualidades tem de ser sacrificada. A lei ou há-de ser geral, aplicando-se a todos os habitantes do território (nacionais ou estrangeiros), ou permanente e extraterritorial, acompanhando no estrangeiro os súbditos do Estado legislador e, reciprocamente, deixando de aplicar-se no território deste Estado aos estrangeiros. Ou *generalidade*, ou *permanência*. Sacrificando a generalidade, a lei será extraterritorial; sacrificando a permanência, será territorial. O problema dos conflitos consiste, pois, em determinar que leis devem considerar-se gerais e territoriais e que leis devem considerar-se permanentes e extraterritoriais.

Nessa investigação há-de atender-se, segundo PILLET, *à função social* ou *fim* da lei, isto é, à necessidade social a que ela pretende dar satisfação. Tudo se resume, pois, a saber qual é, na hipótese, aquela das duas qualidades indicadas que melhor se ajusta ao fim da lei.

Desta maneira, em cada caso virá a dar-se preferência à lei que melhor corresponder ao fim da instituição jurídica de que se trata: escolher-se-á a lei pessoal das partes se o fim social da lei requerer sobretudo que esta seja permanente, escolher-se-á a lei do território onde o acto tiver sido celebrado (ou a da situação da coisa, ou a da sede do tribunal) se o fim da lei exigir a generalidade da sua aplicação.

Quanto ao seu destino ou ao seu fim, as leis internas dividem-se em leis de *protecção individual* e leis de *garantia social* ou de *ordem pública*. Com efeito, a lei ou se dirige fundamentalmente a proteger os indivíduos, ou se dirige fundamentalmente a garantir e defender a ordem social. Quanto às leis de protecção individual, elas só atingirão o seu fim se acompanharem sempre os indivíduos a quem se destinam — se forem de aplicação permanente e extraterritorial. Quanto às leis de garantia social, o seu fim só poderá ser atingido, e a ordem pública assegurada, se elas forem de *aplicação geral* a todos os habitantes do território (leis *territoriais*).

Resta agora saber quais são as leis de protecção individual e quais as de garantia social. São de protecção individual, para PILLET, as leis respeitantes ao estado e capacidade das pessoas, às relações de família, sucessões e doações. São de garantia social as leis políticas, morais, de segurança, as relativas à propriedade, ao crédito público, à execução forçada e à falência, as leis fiscais e as leis de ordem. A lei de protecção individual competente será a lei nacional, visto ser o Estado a que o indivíduo pertence «o mais interessado» e aquele que tem o direito e o dever de o proteger nas relações internacionais. A lei de garantia social competente será também a do Estado que tiver na matéria o interesse mais forte, isto é, a que melhor realizar o fim visado pelo instituto ou preceito jurídico em causa.

Ao lado das leis de protecção individual e garantia social, considera PILLET as leis *supletivas ou interpretativas* e as *leis de forma*. A respeito das primeiras, em virtude do seu carácter de leis de conselho, adopta o princípio da *autonomia da vontade*. Para as segundas, que julga ocuparem uma posição intermediária entre as leis supletivas e as obrigatórias, segue o princípio *locus regit actum* com carácter facultativo.

As principais inovações do sistema de PILLET são, portanto, as seguintes:

1ª — O fundamento dado à doutrina de que a lei pessoal é a lei nacional (essa doutrina é fundamentada na consideração de que o Estado mormente interessado na protecção dos indivíduos é aquele a que pertence o direito e incumbe o dever de os defender por via diplomática nas relações internacionais: o Estado da nacionalidade);

2ª — O carácter atribuído às leis de ordem pública. Enquanto SAVIGNY e MANCINI consideravam estas leis como um *limite* ou uma *excepção* à comunidade de direito e ao princípio do reconhecimento e aplicação de normas jurídicas estrangeiras, PILLET considera-as como um elemento integrante dessa comunidade de direito e como leis de competência absolutamente normal. O acto praticado num certo país de harmonia com uma lei de ordem pública deve ser válido em toda a parte, assim como deve ser nulo em toda a parte o acto praticado num país contra as leis de ordem pública aí em vigor. Logo, os Estados devem aplicar as leis de ordem pública dos Estados estrangeiros. Não há que distinguir entre leis de competência normal e leis de ordem pública[138].

3ª — A ideia do fim social das leis, enquanto critério determinante do seu campo de aplicação às relações internacionais.

62. *Outras doutrinas universalistas.* — Todas as doutrinas de que falámos são de clara inspiração e sentido universalista. SAVIGNY, por exemplo, ao expor as suas ideias acerca dos limites espaciais do domínio das regras de direito sobre as relações jurídicas, não o fazia decerto com o intento de construir um sistema de conflitos para uso exclusivo dos tribunais alemães, senão com o de assinalar as coordenadas básicas e os princípios científicos enformadores de todo o DIP.

Mas nos começos do século XX o universalismo está em vias de extinção. O desencanto das fórmulas gerais — a sede

---

[138] O discípulo mais ilustre de PILLET foi J. P. NIBOYET, que mais tarde, em virtude da extensão que atribuiu ao domínio de aplicação da *lex fori*, se afastaria sensivelmente do Mestre.

das relações jurídicas, o fim social das leis —, tão ricas em poder sugestivo mas de conteúdo tão fluido e vago, a pulverização do antigo DIP europeu, de base e tendência fortemente unitária, em tantos sistemas positivos quantos os Estados, vão desviar o pensamento científico para novos rumos.

No entanto, o universalismo estilo século XIX não se rende sem luta. Já na introdução fizemos referência a outra doutrina — a de ZITELMANN — digna de ombrear com as descritas nas páginas anteriores, tanto pela categoria científica do autor como pela novidade das ideias. De realçar sobretudo a particularidade, que é traço original seu, de nos oferecer um sistema de DIP supra-estadual fundamentado no direito internacional público. Mas a teoria de ZITELMANN, cujo engenho pede meças ao artificialismo e ao abstraccionismo, não logra um mínimo de aceitação: a sua influência na evolução ulterior do DIP é praticamente nula.

Cabe agora fazer referência a uma derradeira tentativa de ressurreição do universalismo oitocentista, verificada já em pleno século XX: a teoria de FRANKENSTEIN[139]. Esta teoria será exposta no capítulo relativo ao conflito de sistemas de DIP.

§ 4.º

Evolução posterior do DIP

63. Já vimos como no século XIX, com o advento e a intensificação do movimento codificador, o DIP muda radicalmente de aspecto: perde a natureza de conjunto de princípios de formação e autoridade exclusivamente doutrinal, para assumir uma feição legal-positiva.

---

[139] FRANKENSTEIN, *Internationales Privatrecht*, I, 1926, págs. 1-131.

Durante o século XIX, o problema do DIP é encarado como um problema de delimitação de competências legislativas, de coordenação de soberanias — e, logo, como um problema cuja resolução pertence ao direito internacional. Não se trata de um objecto próprio da ordem interna de cada Estado, mas, verdadeiramente, de um problema *supra-estadual*. Contudo, enquanto não chega a era de uma codificação geral do DIP, através de convenções entre os Estados, cada legislador nacional pode suprir por sua iniciativa própria, dentro da esfera em que é soberano, essa falta de regras de conflitos universalmente válidas.

A emanação de normas de conflitos pelos vários Estados constitui, portanto, uma solução imperfeita e meramente provisória, se bem que legítima, do problema. O verdadeiro DIP é superior aos Estados e necessariamente uniforme.

Tal a maneira como se procurava justificar o procedimento adoptado por muitos legisladores nacionais, ao inserir nos seus códigos normas de conflitos.

64. Essa atitude em breve se tornou geral. Cada Estado entrou de legislar à sua guisa sobre os conflitos de leis, e rapidamente aconteceu que cada qual passou a ter um DIP para uso próprio, de cunho nacional e de feição não menos exclusivista do que o fora, no passado, o direito material.

Era fatal que entre esses vários sistemas nacionais de normas de conflitos se verificassem divergências numerosas e profundas.

Assim é que, enquanto em muitas legislações o chamado "estatuto pessoal" é regulado pela *lex patriae*, noutras é regido pela *lex domicilii* e nalgumas pela lei da residência habitual[140]. São também de grande relevo as divergências existentes quanto à esfera de competência da *lex rei sitae*. Basta dizer que há países em que se defere a essa lei a regulamentação das suces-

[140] Para informação mais ampla, cfr. *infra*.

sões por morte (quanto à parte da herança constituída por bens imóveis), ao passo que em muitos outros esta matéria é incluída no âmbito do estatuto pessoal.

Quanto à forma externa dos actos e negócios jurídicos, se em toda a parte se admite a competência nesta matéria da *lex loci*, prevalece hoje em dia a doutrina conforme a qual a regra *locus regit actum* significa apenas ser bastante a observância das formalidades prescritas na lei do lugar, tendo portanto a citada regra perdido o seu carácter imperativo[141-142].

Relativamente às condições de validade intrínseca dos negócios jurídicos e aos respectivos efeitos, reina entre as jurisprudências dos vários países certa desarmonia, mas só pelo que respeita ao critério de designação do direito aplicável nos casos de falta de escolha pelos sujeitos da relação. Quanto, porém, ao princípio da autonomia da vontade (escolha pelas partes do direito aplicável), ele é hoje de aceitação praticamente universal.

65. *Consequências do movimento codificador no domínio do DIP. Reacção contra o universalismo.* — Tal a herança que nos legou o movimento codificador do século XIX.

Facilmente se adivinham os graves inconvenientes desta situação. Há uma contradição clara e patente entre a vocação ou o sentido do DIP e o estado de coisas descrito. O DIP constituiu-se e existe a fim de dar a cada relação do comércio jurídico internacional a lei competente — mas por forma tal que essa lei seja *a mesma em toda a parte*[143]. «A justiça de uma causa não deve depender da latitude do lugar»; e sendo certo que não poucas vezes a relação jurídica poderá ser submetida à apreciação de uma ou outra dentre várias jurisdições nacionais, à escolha do autor, urge evitar que este, escolhendo o tribunal

[141] Esta doutrina deve-se a SAVIGNY.

[142] Assim, o art. 36.°, 1, do Cód. civ. português.

[143] *Supra*, n.° 15.

da acção (*forum shopping*), possa também escolher por tal caminho, dentre as possíveis, a lei que for mais do seu agrado — a lei que lhe dispensar o tratamento mais favorável.

E não só isto. Na situação actual do DIP, não têm as partes a possibilidade de determinar, em tantos e tantos casos, no momento da constituição da relação jurídica, a lei a que devem obediência, a lei a que ficarão sujeitas. Essa lei — a lei competente — será uma ou outra, consoante o país cujos tribunais vierem porventura a conhecer dalgum litígio entre os interessados. Para as autoridades e tribunais do Estado *X*, será *B* a legislação aplicável; no Estado *Y*, porém, essa legislação será *C*. E nenhum jurisconsulto, por maior saber que possua, poderá ministrar às partes mais amplas e úteis informações.

Está, pois, o DIP, no seu estado actual, longe ainda de dar satisfação às necessidades da vida social que determinaram o seu aparecimento. O DIP é, por natural destino, um direito *comum* a todos os Povos e Nações; não existe apenas para designar a lei competente, mas para o fazer por modo universalmente válido. A "harmonia jurídica" — isto é, a garantia de que a mesma situação da vida será objecto de valoração uniforme em todos os países interessados — é postulada aqui (como acima sublinhámos) pela própria natureza das coisas. A harmonia jurídica internacional é o ideal supremo do DIP.

Pois esse ideal foi quase por completo perdido de vista durante largas décadas do século XX. E cabem nisto à doutrina pesadas responsabilidades.

Iluminada por falsas luzes, desiludida com a extrema vaguidade e abstraccionismo dos critérios em voga no século anterior, desencorajada por um prematuro cepticismo ante as perspectivas de unificação das regras de conflitos, a doutrina deixara-se resvalar para um "nacionalismo" e um "positivismo" exasperado e desolador, assumindo como função exclusiva a interpretação de cada sistema particular (nacional) de DIP.

Já o DIP pudera ser definido (e por um autor da maior proeminência no 1.º quartel do século XX: BARTIN) como expressão genuinamente nacional. Ele seria apenas a projecção do direito privado interno no plano internacional[144]. As normas de conflitos correspondem rigorosamente, em cada Estado, à natureza e cor das instituições jurídicas aí reconhecidas e vigentes; e, assim, brotando de fontes exclusivamente nacionais, nacionais serão também pelo conteúdo. É o dogma da subordinação do DIP ao direito material. Seja este exemplo: Tem o pátrio poder a natureza de um direito dos pais na legislação doméstica de certo Estado? Pois, logicamente, à lei pessoal do pai caberá a decisão, em caso de conflito. Tem, ao invés, a marca de um *munus*, de um cargo? Pois daí resultará a competência necessária da lei do filho.

Ora, se o conteúdo das normas de conflitos depende assim tão estreitamente da modelação das instituições a que elas se referem pelo respectivo direito material — a falta de uniformidade do DIP será, desde logo, a expressão necessária da falta de uniformidade do próprio direito privado interno. "Para a suprimir, seria preciso começar por anular a divergência das leis internas, isto é, precisamente os conflitos de leis"[145]. Mas então... já não haveria DIP, já não haveria problema.

Nesta lógica, havia, pois, que resolver o chamado problema da qualificação[146] em favor da *lex fori*, e que repudiar formalmente — acentuado o carácter soberano da fonte de todas as normas de conflitos, a vontade do Estado — qualquer sorte

---

[144] "... Les règles de conflit sont des règles nationales, dans chaque pays, au même titre que les institutions de droit interne... Elles leur restent liées comme l'ombre au corps, parce qu'elles ne sont autre chose que la projection de ces institutions elles-mêmes sur le plan du droit international" (BARTIN, *Études de droit international privé*, 1899, prefácio, pág. II).

[145] BATIFFOL, *Les tendances doctrinales actuelles en DIP*, "Rec. des Cours", 1948, I (72), pág. 12. Cfr. BARTIN, *op. cit.*, pág. 78.

[146] Este problema será exposto em momento mais oportuno.

de reconhecimento do DIP vigente noutros países[147]. É o dogma do carácter absoluto e exclusivo do DIP da *lex fori*. De resto, a escola nacionalista iria robustecer-se ainda graças ao "apport" daqueles escritores (NIBOYET sobretudo) que viriam acentuar o carácter *político* das razões que, em cada Estado, estão na base do sistema das regras de conflitos, o comandam e afeiçoam.

E assim se instaurou, por tendência natural da legislação e influxo de uma corrente doutrinal poderosa e mal iluminada, um estado de coisas absolutamente contrário à essência e fins do DIP. E alguém lhe chegou a predizer a próxima bancarrota.

66. *Reacção contra o nacionalismo ou particularismo positivista; orientação dominante na actualidade.* — Mas contra tal estado de coisas de há muito principiou a desenhar-se e a tomar vulto a reacção. Foi pelos anos 30 que começaram a divisar-se os primeiros sinais claros de viragem, e a verdade é que a situação actual é já diferente da descrita.

A ideia de que uma sã solução dos conflitos de leis deve inspirar-se fundamentalmente no interesse dos indivíduos, a quem afinal se destina todo o Direito; a progressiva utilização neste domínio do método da "jurisprudência dos interesses"[148]; o reconhecimento da necessidade urgente de emancipar o DIP do direito interno, em ordem a tornar possível o ideal da unifi-

---

[147] É bem elucidativa desta tendência certa argumentação contra a teoria do reenvio que durante largo tempo recolheu os sufrágios de numerosos autores e a que PILLET justamente se reportava ao dizer (*Journal Clunet*, 1894, pág. 721): "C'est décider implicitement que, sur la question de détermination du statut personnel, la France est liée à la manière de voir d'un pays étranger".

Sobre a questão do reenvio, cfr. *infra*.

[148] KEGEL, *Begriffs und Interessenjurisprudenz*, no Fest. für Lewald (1953), pp. 259-288; v. também do mesmo A. o *IPR* (7ª. ed.), p. 107; FERRER CORREIA, in *O problema das qualificações em DIP* (trabalho publicado em 1949), agora em *Estudos jurídicos, III, DIP*, pp. 33-38.

cação; o aproveitamento nesse sentido da investigação comparatista, graças sobretudo à influência da famosa e tão meritória escola de RABEL[149]; a tendência para uma interpretação das regras de conflitos estaduais adequada à sua missão eminentemente internacional, isto é, de compreensão e coordenação de todas as legislações do mundo civilizado — e, por outro lado, para o reconhecimento em determinados casos do DIP estrangeiro, de modo a viabilizar, desde já, uma certa harmonia entre sistemas nacionais todavia ainda divergentes; certa propensão, por último, para dar ao princípio do respeito internacional dos direitos adquiridos um alcance útil e prático: — eis aí, sumariamente relanceadas, algumas das ideias e directivas de maior interesse da mais recente doutrina. Nenhuma dúvida de que um abismo as separa das velhas teses da escola "nacionalista", ontem ainda geralmente acatadas como a própria quinta essência da teoria dos conflitos de leis. Não será optimismo pensar que está para breve o termo, não certamente do DIP, mas deste seu verdadeiro colapso de mais de meio século. Às ideias expostas cumpre acrescentar uma certa abertura do DIP aos critérios e valores da justiça material.

§ 5.º

Doutrina portuguesa
(Breves notas)

67. Foi MACHADO VILELA o verdadeiro fundador do DIP português[150].

---

[149] *Vide* ZWEIGERT, *Die dritte Schule im IPR,* Fest. für Leo Raape, 1948.

[150] Sobre a figura e a obra científica de M. VILELA veja-se o nosso discurso da sessão de homenagem à memória do Mestre, realizada na Associação Jurídica de Braga, aos 27 de Março de 1960, discurso publicado na

Anteriormente à Reforma dos Estudos Jurídicos de 1911, que criou a cadeira de DIP[151], pode dizer-se que a teoria dos conflitos de leis constituía um domínio mal explorado e deficientemente conhecido entre nós. Até LUCAS FALCÃO, bem dentro já da segunda metade do século XIX, nada mais tinham feito os nossos jurisconsultos — os desse século e os do anterior, os velhos praxistas (VALASCO, CABEDO, GUERREIRO, FRAGOSO) — além de discutir por incidente algumas questões pertinentes a esse foro e tocar ao de leve os seus princípios em obras gerais de direito civil[152].

Em 1868, LUCAS FALCÃO publica o seu volume *Direito Internacional Privado* — estudo que representa a primeira tentativa registada neste país de uma exposição global das diferentes matérias reunidas sob aquele título. Mas, simples dissertação académica para o acto de conclusões magnas, não pudera o seu autor fundá-lo na investigação dilatada que se requeria. Da mesma índole (dissertação inaugural) o trabalho de GUIMARÃES PEDROSA, de 1878, estudo este, aliás, bastante mais modesto de tomo e de substância, pois não transcende os limites de uma introdução ao DIP.

Depois, até começos do século seguinte, mais alguns estudos se nos deparam, testemunhando um surto de interesse dos autores nacionais pelos temas desta disciplina; mas são já trabalhos monográficos, esses: o de TEIXEIRA DE ABREU, *Relações civis internacionais*, votado à exegese dos arts. 24.° e 27.° do Cód. de Seabra; o de MARNOCO E SOUSA, acerca da execução extraterritorial das sentenças; o de JOSÉ ALBERTO DOS REIS, sobre o regime internacional das sucessões. O exemplo de LUCAS FALCÃO não frutificara: não fizera escola.

"Scientia Iuridica", X, n.os 53-55, Maio-Outubro de 1961, e em separata.

[151] Cadeira da qual M. VILELA foi o primeiro professor na Faculdade de Direito de Coimbra.

[152] *Vide* GUIMARÃES PEDROSA, *Introdução ao Estudo do Direito Internacional Privado*, 1878, pág. 174.

A importante lacuna vai ser preenchida por MACHADO VILELA. Começa ele o seu labor por alguns estudos não inteiramente votados a temas de direito pátrio[153]: conflitos entre as leis portuguesas e brasileiras em matéria de nacionalidade (1914-16); o DIP no Código civil brasileiro (1916-21). Por esses importantíssimos trabalhos, especialmente o segundo — antecipação do grande tratado que em breve sairá à luz — MACHADO VILELA merece bem um lugar destacado entre os artífices verdadeiros de uma autêntica comunidade de cultura luso-brasileira.

É, porém, nos dois volumes publicados do *Tratado elementar teórico e prático de Direito internacional privado*[154] que se condensa, aos olhos de todos, o mais valioso da sua produção científica. A obra abarca domínios extensíssimos, porque o DIP, para o A., não se reduz ao mero problema de conflito de leis, senão que compreende também a doutrina da nacionalidade e a da condição dos estrangeiros, anexando ainda a da competência jurisdicional e a do reconhecimento dos direitos adquiridos no estrangeiro e das sentenças sobre eles proferidas. Toda essa vasta problemática é estudada aí como nunca o havia sido antes em países de língua portuguesa: em sistema, como um todo coeso e harmónico; estudado à plena luz das correntes mais representativas do pensamento jurídico contemporâneo: com espírito de modernidade autêntico e fecundo.

A doutrina de MACHADO VILELA reflecte, como é natural, as ideias preponderantes na Europa do seu tempo — o primeiro quartel do século XX. E, assim, fiel ao clima ideológico dominante (a querela dos métodos não atingira ainda, pelo menos aquém Reno, a plenitude das suas ressonâncias), ela tem

[153] Sem curar aqui das suas lições universitárias, das quais logo em 1912 aparece um documento: *Apontamentos de Direito internacional privado*, coligidos das prelecções do mestre pelos alunos JAYME THOMÉ e COELHO DE CARVALHO.

[154] 1.° volume, Coimbra, 1921; 2.° volume, 1922.

muito do formalismo e do jurisconceitualismo clássico, o de SAVIGNY, de PUCHTA, do JHERING anterior ao *Scherz und Ernst in der Jurisprudenz*. MACHADO VILELA — com fundada razão o faz ressaltar YANGUAS MESSIA[155] — tem incontestavelmente lugar entre os autores da escola internacionalista: basta pensar na posição que assume ante o problema da fundamentação do DIP[156] e da natureza das normas de conflitos[157]. Mas nem por isso deixa de se mostrar receptivo a certas doutrinas em voga, preconizadas pelos corifeus da escola positivista-nacionalista: aceita com estes a subordinação do direito de conflitos ao direito material; com eles afirma a liberdade do Estado no acto de criar as regras de conflitos; com eles, ainda, professa abertamente o dogma do carácter absoluto e exclusivo do DIP da *lex fori*.

68. A obra de MACHADO VILELA continua sendo a máxima realização da nossa ciência jurídica no campo do DIP, tendo influenciado profundamente a doutrina e jurisprudência pátrias. Entre os autores que seguiram a orientação de M. VILELA, destacaremos CAEIRO DA MATA, MÁRIO DE FIGUEIREDO e ROCHA SARAIVA (se bem que este último tivesse acolhido já no seu ensino outras influências).

Mas nos últimos tempos a ciência jurídica portuguesa, acompanhando o movimento evolutivo que por toda a parte se tem operado, sofreu forte renovação, encaminhando-se para outros rumos e perfilhando outras ideias — que são, sensivel-

---

[155] *Derecho internacional privado, parte general*, pág. 111.

[156] *Tratado*, *cit.*, I, págs. 34 a 38, 398 e segs.

[157] Págs. 44 a 47. Aí se definem as regras de conflitos emanadas do legislador interno como normas de competência legislativa, sustentando-se, em conformidade com essa ideia, nada impedir que o Estado inclua entre as fontes normativas do seu sistema jurídico as fontes do direito estrangeiro e que, portanto, assimile este direito como tal — e não (segundo os termos da teoria da recepção material) como simples matéria de direito.

mente, aquelas mesmas que se destacam ao longo destas lições, tanto na presente versão como já nas anteriores, e constituem a sua linha fundamental de orientação[158]. Neste sentido, cumpre referir principalmente os importantes trabalhos de TABORDA FERREIRA[159], ISABEL MAGALHÃES COLLAÇO[160], CORTES-ROSA[161], FERNANDO MOREIRA[162] e J. BAPTISTA MACHADO[163]. Vejam-se também o nosso livro *Direito Internacional Privado — Alguns Problemas*[164] e os vários trabalhos que dedicámos a diversas questões de DIP, que irão citados no lugar próprio. V. outrossim os numerosos trabalhos de Rui MOURA RAMOS (com especial destaque para a monografia *Da lei aplicável ao contrato de trabalho internacional*) e de António MARQUES DOS SANTOS (principalmente *As normas de aplicação imediata no DIP*).

---

[158] Bem como, em grande parte, dos dois anteprojectos do capítulo do actual Código civil dedicado ao DIP, ambos da autoria do professor desta cadeira, sendo o último realizado com a valiosa colaboração de J. BAPTISTA MACHADO: *vide* "Boletim do Ministério da Justiça", n.º 24 (1951) e n.º 136 (1964). Porque assim é, torna-se ocioso acrescentar que o citado capítulo do Código Civil de 1966 se inspira fundamentalmente nas concepções a que acaba de se aludir no texto.

[159] Entre outros, apontaremos aqui os seguintes: *A Nacionalidade*, 1950; *Sistema do Direito internacional privado*, 1957. São dignos também de menção especial os trabalhos do A. sobre os problemas do reenvio, da qualificação e da ordem pública, que citaremos na altura própria.

[160] *Da compra e venda em DIP*, 1954, *Da qualificação em DIP* (1964) e *Lições de Direito internacional privado* (3 volumes policopiados). Cfr. ainda o estudo sobre o reenvio citado adiante.

[161] *Da questão incidental em DIP* (1960).

[162] *Da Questão Prévia em DIP* (1964).

[163] *Problemas na aplicação do direito estrangeiro — adaptação e substituição*, no BFDC, XXXVI, págs. 327 a 351; *Âmbito de eficácia e âmbito de competências das leis, cit.*; *Lições de DIP*, 2ª ed. (Coimbra, Almedina).

[164] Cfr. *Problèmes de codification en DIP*, Rec. des Cours, 1975 II. A obra acima citada é a versão portuguesa do livro aí também indicado.

CAPÍTULO II

O método do Direito Internacional Privado[165]

§ 1.º

Orientação Tradicional

69. Sabemos que o DIP se ocupa de relações plurilocalizadas, que têm de peculiar o acharem-se sujeitas a uma condição de particular incerteza e instabilidade. A função precípua do DIP é justamente criar para tais relações uma disciplina que reduza essa instabilidade a um mínimo tolerável: uma disciplina que promova e assegure, amplamente, o reconhecimento dessas situações jurídicas fora das fronteiras do país em que se constituíram. Em suma, uma disciplina capaz de garantir a livre circulação dos direitos através de territórios sujeitos a leis diversas — que assegure a estabilidade e continuidade nas relações jurídicas internacionais.

---

[165] Veja-se o nosso estudo *Considerações sobre o Método do DIP,* em *Estudos Vários de Direito*, Acta Universitatis Conimbrigensis, 1982, págs. 309 e segs.

Cfr. também, entre outros: NEUHAUS, *Neue Wege im europäischen IPR*, Rabebs Z. 1971, p. 401-426; BATIFFOL, *Le Pluralisme des méthodes en DIP*, Rec. Cours 1973, II, p. 79 e segs.; LOUSSOUARN, *Cours général de DIP*, Rec. Cours, 1973, II, p. 275 e segs.; JERGES, *Zum Fumktionswandel des Kollisionsrechts*; van HECKE, *Principes et méthodes de solution des conflits de lois*, Rec. Cours, 1969, I, p. 451 e segs.; MOURA RAMOS, *DIP e Constituição*, 1980, p. 11-172; W. WENGLER, *IPR*, I (1981), p. 1-11.

V. também do A. *Problèmes de codification en DIP*, Rec. Cours 145 (1975, II), cap. I, e *DIP — Alguns problemas*, cap. I.

E como agir com vista a alcançar esse objectivo?

Esta é precisamente a questão a versar aqui — o problema do método do DIP.

Segundo a orientação tradicional, considera-se que o problema que se levanta é o de designar a lei em cuja moldura deverão procurar-se os preceitos materiais aplicáveis ao caso vertente. Esses preceitos são aqueles que os tribunais do respectivo Estado aplicariam se o caso fosse puramente nacional, isto é, se a situação da vida em causa não encerrasse na sua estrutura quaisquer elementos estrangeiros[166]. Uma vez que se trata de relações conexas com diferentes sistemas de direito, e, logo, com diferentes tipos de regulamentação jurídico-material, o que naturalmente se pergunta é qual desses sistemas deverá ser chamado a reger a situação concreta, tendo em conta as conexões existentes entre as leis interessadas e os factos a regular — e ainda, eventualmente, outros factores.

Esta concepção remonta a SAVIGNY. Para o mestre da Escola Histórica, como vimos, o autêntico problema do DIP é o de procurar para cada relação jurídica, à luz da sua natureza particular, a sua verdadeira sede. A sede da relação jurídica determina o direito local a que está sujeita.

Este modo de abordar a questão representava uma inovação metodológica importante, embora o próprio SAVIGNY a minimizasse.

Durante a vigência da impropriamente chamada "teoria dos estatutos", não era da relação da vida ou da relação jurídica que se partia para achar o sistema de que ela verdadeiramente dependesse, pela sua localização, mas antes do próprio texto dos estatutos ou costumes em conflito. Os estatutários interro-

---

[166] Isto em princípio, pois nem sempre os tribunais de um país, averiguada a competência do direito local, aplicam à situação da vida internacional precisamente as mesmas normas que aplicariam se ela pertencesse apenas à vida jurídica interna.

gavam os preceitos jurídicos em causa sobre os limites da sua aplicação espacial, sobre os factos ou as pessoas a que se destinavam e que pretendiam reger: "nobilissima statutorum divisio est qua alia personalia sunt, alia realia, alia mixta"....

Voltando a SAVIGNY, pode e deve dizer-se que tem nele origem o método, ainda largamente predominante na actualidade, a que chamamos da conexão, ou método conflitual, ou técnica da regra de conflitos, e que consiste em procurar, para cada situação jurídica típica, o laço que mais estreitamente a prenda a um sistema de direito determinado. Todavia, deve observar-se que o que se defende, em dias de hoje, é um procedimento pelo qual a conexão decisiva haja de ressaltar dos fins a que o DIP, tomado como um todo, vai preordenado, assim como dos principais interesses ou valores que se joguem ou irrompam nos seus diferentes capítulos. Não se trata de inferir essa conexão, por via lógico-dedutiva, da natureza da relação jurídica. À luz das novas correntes da metodologia jurídica, essa impostação do problema, com efeito, teria de considerar-se ultrapassada.

A conexão relevante consiste (como já foi dito) num elemento da factualidade concreta — o acto jurídico fonte da obrigação, os factos por que deve traduzir-se o seu cumprimento, a coisa, móvel ou imóvel, objecto da relação jurídica, finalmente, os sujeitos da relação, com a sua ligação a determinado país, definida ela, quer pela nacionalidade, quer pelo domicílio (ou sede, no caso das pessoas jurídicas) — tal como as coisas se acham ligadas, por natureza, ao país da situação, e os actos ou factos jurídicos àquele em cujo território são praticados.

Actualmente, deve ainda dizer-se, é por classes ou grupos de questões de direito ou zonas de regulamentação normativa que se opera a escolha do elemento de conexão, e não por categorias de relações jurídicas. Aliás, é frequente o DIP distinguir e recortar, na mesma situação jurídica, diferentes aspectos ou perfis — a constituição e os efeitos, a forma e a substância dos actos e negócios jurídicos, etc. — aspectos esses que valora autonomamente, isto é, que conecta com diferentes sistemas de direito.

70. O método tradicionalmente adoptado em DIP, a que (já o dissemos) se convencionou chamar método da conexão ou método conflitual, caracteriza-se (como também se referiu) pela utilização de normas, as chamadas regras de conflitos do DIP. A função dessas regras é indicar o elemento da factualidade concreta, por intermédio do qual se há-de determinar a lei aplicável às várias situações da vida. Na sua feição clássica, as regras de conflitos são normas de conteúdo rígido, *hard-and-fast Rules*, isto é, normas que vinculam o juiz a utilizar um elemento de conexão pré-determinado, ou determinável a partir de critérios enunciados pela própria norma, sempre que se lhe apresente uma questão jurídica do tipo correspondente à respectiva previsão: — obrigações contratuais, obrigações "ex delicto", relações entre cônjuges, forma e validade intrínseca dos negócios jurídicos, e assim por diante. Contudo, vem-se desenhando nos últimos tempos uma tendência para, *ao lado dessas normas de tipo clássico*, abrir largo espaço a outros preceitos, as denominadas *open-ended Rules* (regras abertas ou flexíveis).

São regras, estas últimas, que concedem ao julgador ampla liberdade na fixação, em cada caso, da conexão mais apropriada. Tal orientação está bem visível no "Restatement of the Law, 2nd", "Conflict of Laws (1971)"[167].

As mais das regras de conflitos deste segundo "Restatement" do DIP americano são justamente "open-ended Rules". Algu-

---

[167] Vasto repositório de critérios conflituais, de que Willis REESE foi o principal artífice, mandado elaborar pelo American Institute of International Law. O 1.º Restatement é de 1934, tendo sido BEALE o seu autor.

mas de tais normas indicam-nos uma pluralidade de elementos de conexão (é ver, por exemplo, o §145), cabendo ao juiz fixar o elemento decisivo *in casu*, para o que deverá ter em conta os critérios gerais enunciados na secção VI, que se identificam, segundo o pensamento jurídico estadunidense, com os objectivos gerais do DIP.

Outras normas determinam a conexão em princípio relevante — por ex., em matéria de danos causados à pessoa, ou à propriedade de coisas móveis, essa conexão é o lugar onde se tenha verificado o dano (v.§§ 146 e 147) — mas permitem a aplicação de outra lei, quando se mostre que a situação concreta *sub judice* se encontra mais fortemente ligada com ela.

A Lei austríaca sobre o DIP, de 1978, proclama, logo no pórtico, o princípio de que as situações internacionais devem ser julgadas segundo o sistema de direito com o qual tenham a ligação mais forte ou mais estreita, acrescentando que todas as suas normas devem ser vistas como expressões desse pensamento. Parece-nos que tal declaração tem um alcance prático limitado, que consiste apenas em por tal modo se vincular o juiz a certo tipo de actuação na interpretação das regras de conflitos e no preenchimento das lacunas do sistema. É sob a égide do referido princípio que o juiz deverá proceder a tais operações, e não de conformidade com qualquer das doutrinas (v. *infra*) que repudiam ou desvalorizam o método tradicional da conexão. No entanto, o princípio da conexão mais estreita aparece também, por vezes, na citada Lei austríaca como fundamento *per se* de soluções conflituais. É ver o § 5.º(3), que regula o caso da referência da norma de conflitos a ordenamentos plurilegislativos[168], o § 18.º, que regula as relações pessoais dos cônjuges, e o § 48.º, que trata da responsabilidade extracontratual[169].

---

[168] Na falta de normas apropriadas na legislação do Estado em causa, aplica-se o sistema parcelar com o qual a relação *sub judice* tenha a conexão mais forte.

Ver no mesmo sentido a Lei alemã sobre o DIP de 25 de Julho de

Também no Cód. civ. português, na Lei alemã de 1986 e na Lei italiana de 1995 se encontram disposições que em matéria de relações entre os cônjuges e de efeitos gerais do casamento e de divórcio remetem a título subsidiário para a lei da conexão mais estreita[170].

No capítulo dos contratos, a Convenção de Roma de 1980 sobre a lei aplicável às obrigações contratuais, seguida pela Lei alemã de 1986 e a italiana de 1995, adopta idêntica orientação. O contrato é regido pela lei escolhida pelas partes. Na falta de escolha, pela lei com a qual a relação tenha a conexão mais estreita, presumindo-se que essa lei é a da residência habitual da parte a quem incumbe a prestação característica do contrato (art.º 4.º, n.º 2, da Convenção). Quando, porém, o contrato tiver por objecto um direito real sobre um imóvel ou um direito de uso sobre um imóvel, presume-se que o contrato apresenta uma conexão mais estreita com o país onde o imóvel se situa (art. 4.º, n.º 3). Se a prestação característica do contrato não for determinável, regressa-se ao princípio da conexão mais estreita. Dispõe ainda este número do artigo 4.º que as presunções dos n.ºs 2, 3 e 4 não serão admitidas sempre que resulte do conjunto das circunstâncias que o contrato apresenta uma conexão mais estreita com outro país[171].

1986, art.º 4.º (3), e a Lei italiana de 31 de Maio de 1995 (Reforma do sistema italiano do DIP), art. 18.º, n.º 2.

[169] O § 48.º manda atender em primeira linha à lei do lugar onde se tenha realizado a conduta causadora do prejuízo, mas exceptua a hipótese de se mostrar que para os interessados existe uma relação mais forte com o direito de um outro Estado. V. em sentido semelhante o art.º 45.º, n.º 3, do Cód. civ. português.

[170] Cfr. respectivamente art.s 52.º, n.º 2.º, e 55.º, art.s 14 (1), e 29.º e 30.º.

[171] As normas da Conv. de Roma — incorporadas no nosso ordenamento jurídico pela Resolução da A.R. n.º 3/94 e pelo Dec. do Presidente da República n.º 1/94 — constituem hoje, a partir de 1 de Setembro de 1994 (data da entrada em vigor da Convenção), o direito português geral em matéria de lei aplicável no domínio das obrigações contratuais.

Mas é na Lei federal suíça de 18 de Dezembro de 1987 sobre o DIP que vamos encontrar a expressão mais acabada da tendência para não sujeitar o julgador a regras de conflitos rígidas, permitindo-se-lhe o recurso a uma lei que ele entenda ter com o caso a ligação mais estreita. Dispõe, com efeito, o art.º 15.º da referida Lei o seguinte:

"O direito designado pela presente lei não é excepcionalmente aplicável se, olhando ao conjunto das circunstâncias, for manifesto que a causa não tem senão um contacto muito frouxo com esse direito, encontrando-se numa relação muito mais estreita com outro."

Trata-se da consagração clara do que se chama a *cláusula geral de excepção* em DIP. Os inconvenientes desta cláusula sob o ponto de vista da certeza do direito e da previsibilidade das decisões judiciais saltam aos olhos.

71. Passemos, agora, às críticas ao método tradicional.

As ideias que começámos por expor, aliás de uma forma extremamente abreviada, ideias que prevaleceram por largos decénios na dogmática do DIP, têm sido vivamente contestadas nos últimos tempos. A onda de contestação procede sobretudo, mas não só, dos Estados Unidos da América. As críticas visam a própria legitimidade ou adequação do método utilizado pelo DIP para cumprir a missão que lhe é assinada. Sublinham-se, principalmente, os seguintes aspectos:

Primeiro, a dificuldade, quando não impossibilidade, de em muitos casos se apurar a conexão mais estreita ou mais significativa da relação jurídica. Basta pensar no problema da conexão decisiva em matéria de estatuto pessoal — nacionalidade? domicílio? residência habitual? —, de sucessões por morte — lei pessoal? "lex rei sitae" quanto aos imobiliários? —, de obrigações contratuais quando os contraentes se não hajam manifestado, de responsabilidade civil extracontratual. Não é à dificuldade que se patenteia ao nível do caso que se refere a objecção.

O seu sentido é sublinhar a dificuldade de identificar a conexão decisiva em cada uma dessas matérias (e outras), atentos os fins gerais do DIP e os interesses que mais relevam em cada um dos seus sectores.

Outra objecção consiste na alegada impropriedade das normas de direito interno para regular as situações internacionais, situações cujos problemas específicos aquelas normas por completo ignoram, pois não foram elaboradas tendo em conta tais problemas.

Apontam-se ainda as dificuldades que surgem no processo de aplicação da regra de conflitos. Basta pensar em questões como a qualificação. o reenvio, a adaptação, a ordem pública. Todas elas serão estudadas mais longe, no lugar próprio.

Daqui resulta, alega-se, um estado de coisas que compromete gravemente a previsibilidade das decisões judiciais e a estabilidade da vida jurídica. Numerosos são os casos em que aos interessados será extremamente difícil, senão impossível, determinar a lei à qual a sua relação ficará sujeita, já que, além do mais, como já frisámos, o factor de conexão relevante varia, amiúde, com o simples atravessar de uma fronteira. Ora, entre os fins que o DIP colima, ocupa justamente, como vimos, lugar de primordial relevo o de assegurar continuidade e estabilidade às situações plurilocalizadas. Por outro lado, e em último termo, diz-se ainda (como também referimos) que o método descrito compromete a possibilidade de encontrar, para as situações multinacionais, a solução materialmente mais consentânea com os seus caracteres específicos.

Estas as principais objecções.

Vejamos agora quais as soluções que nos são oferecidas em alternativa, e com isto entramos no âmago do problema.

§ 2.º

Tendência substancialista

72. Começaremos por fazer referência à tendência a que se chama "substancialista".

Esta corrente preconiza a intervenção no campo do DIP dos princípios e critérios da justiça material. É uma orientação que reveste diferentes cambiantes. A primeira caracteriza-se pela importância que atribui à pesquisa de soluções materiais "ad hoc", ou seja, de soluções ajustadas às circunstâncias particulares das situações concretas. Deve, porém, dizer-se que a ideia de confiar ao livre arbítrio do julgador a decisão dos litígios internacionais, ninguém jamais a advogou, como directiva geral para a resolução de tais questões. Todavia, é uma ideia que surge com alguma frequência na doutrina, e nem sempre com um alcance rigorosamente limitado.

É, porventura, na obra de JITTA, no final do século XIX, que pela primeira vez a vamos encontrar, mas formulada de modo extremamente vago. Volvido cerca de meio século, outro jurista neerlandês, HIJMANS, viria a defender uma orientação semelhante. Quando as várias conexões de uma relação jurídica sejam de valor ou de peso sensivelmente igual, deverá procurar-se a solução do problema na própria relação da vida que se considera, independentemente do conteúdo dos sistemas jurídicos em causa. É que, explicava HIJMANS, a realidade internacional, como, de resto, também a nacional, contém em si mesma a sua própria regulamentação jurídica.

Só que, como adverte LARENZ, nos factos, na ordem das coisas, não se encontram senão os elementos e as características fundamentais de uma disciplina jurídica possível. As soluções jurídicas concretas não são algo que se encontre dado nas próprias coisas ou realidades sociais e que aí possa colher-se sem esforço, mas a elas só poderá chegar-se através do recurso a múltiplos factores.

A ideia de HIJMANS parece ser que é possível colher na própria realidade factual *sub judice* a sua regulamentação material. Sendo isto assim, não vemos que o método proposto pelo autor neerlandês divirja significativamente do método da livre criação do direito pelo julgador ou teoria do direito livre, com o subjectivismo dissolvente que lhe vai ligado, sobretudo no pensamento dos seus representantes mais extremistas (GNAEUS FLAVIUS, ERNST FUCHS). E essa teoria, tomada em tal expressão, tem de considerar-se hoje em dia ultrapassada.

73. A proposta de formulação de *soluções materiais* para as situações da vida internacional, soluções que o direito de conflitos deveria elaborar e ter de reserva para casos de emergência, foi retomada e desenvolvida, no final dos anos 50, por um autor alemão, STEINDORFF[172]. Por outro lado, o professor norte-americano ARTHUR VON MEHREN veio sugerir, como via para a resolução dos verdadeiros conflitos de leis, o reconhecimento dos pontos de vista de todas as ordens jurídicas que tenham um interesse legítimo em controlar o caso "sub judice".

Vejamos como este autor reagiu perante um caso prático — o caso *Neumeier v. Kuehner*, julgado em 1972 por um tribunal nova-iorquino[173]. Aí se debatia uma vez mais, na esteira aberta pelo célebre caso Babcock v. Jackson, um "leading case", o problema da responsabilidade do transportador, na espécie um nova-iorquino, em caso de acidente de viação, pelos prejuízos causados ao passageiro transportado obsequiosamente ou decorrentes da sua morte. No caso, esse passageiro era um canadiano do Ontário. Perante a divergência das duas leis em concurso — a do Estado de Nova Iorque e a do Ontário, país do acidente — quanto ao modo de resolver o litígio, VON MEHREN,

[172] *Sachnormen im IPR*, 1958.

[173] *Special substantive rules for multistates problems*, Harv. L. Rev. 1974, págs. 347 e seg.

criticando a decisão proferida pelo tribunal, que absolveu o réu do pedido, entende ou sugere que ele deveria ter optado por uma solução de compromisso, ou seja, deveria ter condenado o transportador a prestar uma indemnização equivalente a metade do valor do dano real. Esta solução, pensa VON MEHREN, teria a vantagem de constituir um compromisso, que provavelmente seria aceitável para ambos os sistemas jurídicos em presença.

Esta opinião merece-nos todas as reservas. O que a uma das leis em conflito, a do Ontário — onde existe norma especial para este tipo de casos, uma "guest-passenger Law" — repugna é a própria ideia de atribuir ao passageiro transportado por cortesia ou favor o direito à reparação dos danos sofridos, salvo na hipótese de se provar que o acidente foi devido a culpa grave do condutor do veículo. Isto a fim de evitar conluios entre transportador e transportado em detrimento da entidade seguradora e, em última análise, do público — e também para frenar a ganância das pessoas, os apetites imoderados de passageiros mal agradecidos. Este o ponto de vista adoptado pelo direito do Ontário.

Nestes termos, não se vê como a solução salomónica de VON MEHREN possa considerar-se aceitável do ponto de vista do direito do Ontário. Conceder ao transportado, ou, em caso de morte, ao seu sucessor, uma compensação parcial não seria, decerto, menos chocante do que compensá-lo por inteiro.

74. Não se conclua, porém, do exposto que a tendência para a adopção de soluções materiais *ad hoc* seja de condenar absoluta e inapelavelmente.

Tal não é o caso, antes é esse, por vezes, o único recurso que se oferece ao órgão aplicador do direito.

Simplesmente, há que entender, com KEGEL, que essa via deve ser reservada *para casos excepcionais*. Do que necessitamos é de dispor de critérios que nos permitam distinguir, com clareza, tais hipóteses. Por outra via, ao tentar definir esses critérios, não devemos olvidar que o método das soluções casuísticas é sempre um método deficiente, que poderá conduzir, eventualmente, a resultados justos, mas à custa de um valor jurídico de hierarquia não inferior e que é a certeza do direito ou segurança da vida jurídica.

Situações de *cúmulo* e de *vácuo jurídico*.
— Proposta de solução do problema —
A adaptação.

75. Vejamos, então, que hipóteses são essas, em que se impõe o recurso ao método das soluções materiais "ad hoc".

Na tentativa de resolver os problemas suscitados pelas relações plurilocalizadas, deparam-se-nos por vezes situações de "cúmulo jurídico" ou de "vácuo jurídico". Na primeira hipótese, trata-se de uma concorrência de normas: para resolução do caso *sub judice* aparecem duas ou mais normas materiais, porventura contraditórias. Na segunda, o que se verifica é a ausência de toda e qualquer norma aplicável.

É no campo do DIP que estas situações aparecem mais amiúde. E bem se entende porquê. O fenómeno deve-se, sobretudo, ao facto de resultar com frequência do jogo das regras de conflitos serem convocadas diversas leis para a resolução do mesmo ponto de direito. Ora, enquanto *os preceitos de um sistema jurídico normalmente se ajustam ou correspondem mutuamente*, já que entre eles existe *uma conexão de sentido*, fruto que são *de um plano ou desígnio unitário* que, justamente, os integra num todo coerente, nada garante, à partida, que esse nexo exista entre preceitos oriundos de sistemas jurídicos diferentes. Bastará notar que, por vezes, dois sistemas jurídicos acautelam o mesmo interesse, ou visam o mesmo objectivo, por intermédio de regras de diferente tipo e diferente inserção sistemática. É possível também que, dada uma situação jurídica que se desenvolve em dois aspectos, *A* e *B*, sendo o primeiro submetido à lei *X* e o segundo à lei *Y*, da aplicação das normas da lei *X* ao ponto *A* e dos preceitos da lei *Y* ao ponto *B* derive um resultado incongruente. O mesmo pode ocorrer quando a questão ou o litígio radique em duas relações conexas, às quais sejam chamadas pelas regras de conflitos da "lex fori" leis distintas, cujos preceitos se excluam ou ilidam mutuamente.

76. Esta problemática, a que acabamos apenas de aludir, é uma das mais complexas que o DIP nos oferece. Na impossibilidade de a versar aqui com a profundidade desejável, limitar-nos-emos a dizer que a estas situações deve, sempre que possível, obviar-se através da criação de regras de conflitos *especiais*, regras de *segundo grau* ou de *segundo escalão*. E só quando essa via esteja precludida, só quando não for possível, seguindo esse caminho, alcançar qualquer resultado positivo, é que deverá recorrer-se ao bem conhecido, mas tão delicado, expediente ou técnica da *adaptação*: comparando as normas das leis em presença, combinando-as, tentaremos encontrar uma solução que, respeitando-lhes o sentido ou a "ratio", se adapte à singularidade do caso vertente. Como esta técnica da adaptação é extremamente complicada e falível, só em casos contados se deverá lançar mão dela. Como dissemos, o ponto de vista que se defende (com outros autores: o pensamento de KEGEL não divergirá grandemente do nosso) é que, perante situações de "cúmulo" ou "vácuo jurídico", a primeira coisa a fazer é tentar descobrir uma regra de conflitos *especial*, uma regra de conflitos de *segundo grau* ou de *segundo escalão*. Não sendo isso viável, deverá então recorrer-se ao *expediente da adaptação*. Aliás, a adaptação tanto pode recair sobre normas de direito material como sobre normas de direito internacional privado.

77. Seja, para exemplo da segunda hipótese, o caso Chemouni, julgado pela Cassação francesa em 1963. Chemouni era

um tunisino de origem, polígamo, que a dada altura se estabeleceu e mais tarde se naturalizou em França. Tendo a sua segunda mulher legítima (legítima, porque o respectivo casamento se realizara ao tempo em que ambos os interessados eram cidadãos tunisinos[174]) recorrido aos tribunais franceses para obter a condenação do marido a prestar-lhe alimentos, a "Cour de Cassation", considerando que a autora havia adquirido, por modo juridicamente válido, a condição de mulher legítima do réu, deferiu a pretensão. E deferiu-a, note-se, no quadro da própria lei francesa, lei que julgou aplicável aos efeitos do casamento de cônjuges de nacionalidades diferentes, domiciliados ambos em França. Todavia, não é certo que as regras do direito francês atinentes aos efeitos do casamento pressupõem uma união monogâmica? Se o reconhecimento da pretensão alimentar da segunda mulher do polígamo não suscitava, realmente, dificuldades de maior, que dizer da generalidade dos outros direitos e deveres decorrentes do matrimónio? Como conciliar os direitos das várias esposas em face do marido comum — fidelidade, assistência, comunhão de vida... —, num país de direito matrimonial monogâmico?

Por isso é que FRANÇOIS RIGAUX advoga outra solução. Nos casos deste tipo — incompatibilidade radical entre o antigo e o actual estatuto dos efeitos pessoais do casamento —, as relações pessoais dos cônjuges deverão continuar na dependência daquele primeiro estatuto, isto é, da lei nacional dos interessados ao tempo de celebração do matrimónio.

Não haverá, pois, aí recurso aos princípios que regem o conflito móvel, pois o conflito móvel pressupõe justamente uma conexão *não fixa* no espaço ou no tempo. Se optarmos por esta última doutrina, contra o parecer de um BATIFFOL, mas em harmonia com o de KEGEL, aí teremos uma hipótese de

[174] E na Tunísia era a esse tempo admitido o casamento poligâmico.

adaptação de uma norma de conflitos à singularidade da situação ocorrente. Ao fim e ao cabo, é uma regra de conflitos nova que vem a ser criada, porque o que FRANÇOIS RIGAUX propõe é que aos efeitos pessoais do casamento, em caso de mudança de nacionalidade, se aplique, não a lei nacional actual, como deveria ser, mas sim a lei da nacionalidade ao tempo em que o matrimónio se celebrou. Por conseguinte, uma adaptação — que ao cabo e ao resto se traduz, como vimos, na criação de uma regra de conflitos nova.

Cumpre, no entanto, fazer notar que a forma mais conhecida e importante de adaptação é a que incide sobre preceitos jurídico-materiais[175]. Sejam alguns exemplos:

a) Segundo o direito inglês, que é o estatuto da sucessão, os bens hereditários passam em propriedade para o executor testamentário como *trustee*; como a nossa lei ignora o instituto do *trust*, os poderes do *trustee* sobre os bens existentes em Portugal devem (por adaptação da norma inglesa) reduzir-se aos do normal executor testamentário português.

b) O direito inglês ignora o regime de comunhão patrimonial entre os cônjuges e considera que os bens pertencem em propriedade exclusiva a quem os adquiriu; nestes termos (sendo a lei inglesa a *lex rei sitae* e competindo-lhe, por isso, regular, na sua existência, constituição, conteúdo e transferência, os direitos reais), tudo o que poderá fazer-se, em ordem a harmonizar os preceitos dessa lei com os da lei portuguesa (estatuto dos efeitos do casamento), segundo os quais um imóvel adquirido pela mulher na constância do matrimónio entra *ipso iure* na comunhão que vigora entre os cônjuges — é decidir que a mulher deverá colocar o marido (obrigação pessoal),

---

[175] Um bom exemplo era o dado por KEGEL, a pág. 126 da 3ª ed. do seu *IPR* e por nós reproduzido em *DIP — Alguns Problemas*, págs. 58-59. Mas a solução proposta pelo A (págs. 131-132) não é compatível, como já fizemos notar, com a actual legislação alemã.

mediante a celebração do apropriado negócio jurídico, numa situação que lhe permita exercer sobre o imóvel todos os poderes conferidos pelo estatuto matrimonial[176].

c) Em face da lei da nacionalidade originária da bínuba (lei suíça), esta não perdeu pelo facto do segundo casamento o poder de administrar os bens dos filhos menores; todavia, a lei da sua nacionalidade *iure matrimonii* (italiana) estabelece que a viúva que convola a segundas núpcias perde *ipso iure* os referidos poderes, a menos que neles tenha sido expressamente mantida pelo conselho de família antes e na previsão do novo casamento.

Sendo manifestamente injusto privar sem mais a bínuba dos seus poderes de administração dos bens dos filhos[177], a solução do caso poderá consistir, por adaptação da lei da nacionalidade actual da interessada, em substituir a referida caducidade de pleno direito pela atribuição ao conselho de família dos poderes bastantes para decidir agora, já na constância do novo matrimónio, sobre a conveniência ou não de manter a bínuba na situação de administradora dos bens dos filhos do anterior casamento[178].

---

[176] Assim o decidiu o tribunal de Dresde em 1-12-1896; cfr. LEWALD, *Règles générales des conflits de lois*, Rec. des Cours 69 (1939 III), n.º 60; WENGLER, *Law and Contemporary Problems*, 28 (1963), págs. 822 e seg.; BALLARINO, *DIP*, 2ª ed., pág. 283.

[177] Com efeito, nenhuma das leis em causa retira à viúva o direito de continuar na administração dos bens dos filhos após a celebração do novo casamento. Sucede apenas que são diferentes os modos por que se compatibiliza esse desiderato com a protecção do interesse dos menores.

[178] Ou dos poderes bastantes para pronunciar o restabelecimento daquela situação, se se entender que o efeito jurídico da perda da administração já se produziu.

V. CANSACCHI, *Choix et adaptation de la règle étrangère*, Rec. des Cours 83 (1953 II), pág. 148.

§ 3.º

Pesquisa da melhor lei (Better Law Approach)

78. Tratemos agora de outra corrente metodológica, outro ramo da tendência substancialista — a *better law approach.*

A "better law approach" é uma doutrina que não repudia o sistema da conexão. Aplicável será a lei, de entre as conectadas com a situação concreta, que a regular do modo mais adequado ou mais justo. O principal defensor desta doutrina foi CAVERS, o célebre jurista estadunidense, em cujo percurso nós podemos distinguir duas fases. A primeira, dominada pelo célebre escrito dos anos 30, "Critique of the choice-of-law problem"[179]; a segunda, iniciada precisamente em 1965 e culminada já nos anos 70, em que o A. nos traz um contributo muito importante para melhor precisar o seu primitivo pensamento.

Esse contributo consiste na formulação dos célebres princípios de preferência ("principles of preference"), que são, na ideia do Autor, simples critérios de orientação para o juiz[180]. No fundo, trata-se do seguinte: CAVERS toma alguns casos de

[179] A escolha da lei não deverá ser a resultante de uma simples operação mecânica, antes a ela presidirá uma ideia de justiça material. O juiz deverá guiar-se por dois critérios: o da justiça devida às partes e o do conteúdo e dos objectivos de política legislativa prosseguidos pelas normas em competição. *Vide DIP — Alguns problemas*, pág. 30. V. também P. MAYER, *DIP*, n.º 138, onde se acrescenta a nota de que, segundo o A em causa, o juiz deve igualmente ter em conta os laços mais ou menos estreitos das legislações em presença com a situação litigiosa.

[180] No entanto, parece tratar-se de verdadeiras normas de conexão substancial. Seja este caso: se a lei do Estado onde se verificou o dano protege mais a vítima do que a do Estado onde o autor agiu ou tinha o seu domicílio, deve prevalecer aquela primeira lei (salvo nalguma hipótese excepcional). De várias lei conectadas com o caso, opta-se por aquela que conduz ao resultado material que se prefere. Cfr. *DIP — Alguns problemas*, págs. 31-32.

conflitos entre instituições ou preceitos jurídico-materiais de diferentes sistemas de direito e diz-nos qual o critério que em tais hipóteses deve presidir à solução do conflito de leis (à opção por um desses preceitos ou complexos normativos).

Contudo, ainda que fosse possível prever todos os tipos de conflitos entre preceitos materiais susceptíveis de se verificar, certo que seria empresa vã tentar definir para cada um desses tipos, à luz do conteúdo e fins das normas em concurso, um válido critério de opção ou uma decisiva razão de preferência por uma delas. Tanto mais porquanto, é o próprio Autor que o adverte, esses critérios ou princípios de preferência deveriam ser susceptíveis de aceitação universal — deveriam ser de molde a poderem constituir-se num corpo comum a todas as nações. Como definir, por ex., um critério de solução dos conflitos de normas em matéria de admissibilidade e das causas do divórcio *a vinculo*, face às divergências existentes nos diversos países em tão delicada matéria?

De resto, a melhor lei, encaradas as coisas do ponto de vista da disciplina que institui (a observação é de KEGEL), nem sempre será a que melhor convém à situação concreta, atenta a sua natureza de relação plurilocalizada: olhadas as expectativas dos interessados e os vários fins que o DIP colima.

§ 4.º

Direito Internacional Privado Material

79. Outro ramo da doutrina ou tendência substancialista é o que advoga a criação de normas de direito material especial para as relações internacionais. Não se preconiza, todavia, a proscrição das regras de conflitos, pelo que se não pode falar aqui de uma verdadeira solução alternativa do método conflitual.

Vejamos como tais normas se podem originar.

Desde logo, esse direito material pode ter origem consuetudinária.

O caso mais importante a considerar neste contexto é o daquele "direito", por alguns chamado espontâneo, pelo qual tendem a reger-se, em crescendo impressionante, as transacções internacionais. Direito (se de verdadeiro direito se trata[181], o que é bem duvidoso) em que entram à mistura os usos do comércio internacional, os contratos-tipo (com especial relevo para os de organizações como a "London Corn Trade Association"), as regras internacionais para a interpretação dos termos comerciais, as regras e usos uniformes relativos ao crédito documentário[182], a própria jurisprudência dos tribunais arbitrais. Em suma: trata-se daquele conjunto extremamente rico, todavia muito incompleto, de usos, de práticas, de regras de natureza corporativa, etc., para o qual certos autores cunharam a expressão de *lex mercatoria.* Mas se a influência na ordem dos factos desse complexo normativo é inegável, os limites e termos da sua aceitação pelos tribunais dos Estados permanecem incertos.

Frequentemente acontece as normas do DIP material deverem a origem à jurisprudência. Vejamos um exemplo.

Segundo o direito interno francês, ao Estado falece capacidade para celebrar acordos compromissórios (para se comprometer em árbitros). No entanto, a *Cour de Cassation* tem esta proibição por inaplicável aos contratos internacionais em que o Estado francês seja parte. Tal orientação — que equivale à criação de uma regra de DIP material — obedece claramente ao desígnio de não dificultar a celebração de contratos entre o Estado (francês) e empresários estrangeiros, livrando estes últimos do pesado "handicap" de terem de suportar a submissão

---

[181] B. GOLDMAN, *Frontières du Droit et Lex Mercatoria*, Arch. de philosophie du droit, 1964, 177.

[182] Umas e outros estabelecidos pela Câmara de Comércio Internacional. Cfr. sobre este assunto P. MAYER, n.os 22-23.

dos litígios emergentes de tais negócios ao julgamento dos próprio tribunais franceses: é que em tal hipótese poderia achar-se que a imparcialidade do julgamento estava de antemão comprometida.

Outras normas da mesma natureza são de fonte legislativa. Existem, esparsas nas diferentes legislações nacionais, normas expressamente criadas para regular aspectos ou pontos concretos de determinadas situações de carácter internacional. É ver, por ex., certas disposições do Cód. civ. português (art.s 51.º, n.º 2, e 2223.º) relativas aos casamentos e testamentos de cidadãos portugueses celebrados no estrangeiro. O art.º 2223.º estipula, em derrogação à regra *locus regit actum*, que o testamento de cidadão português feito em país estrangeiro só produz efeitos em Portugal se tiver sido observada uma forma solene na sua feitura ou aprovação.

São também conhecidos dois casos em que o legislador criou um autêntico corpo de preceitos, uma disciplina global para todas as relações compreendidas em determinado sector de actividade jurídica. Eram eles o Código de comércio internacional da República Socialista da Checoslováquia, de 4 de Dezembro de 1963, e a Lei da República Democrática Alemã, de 5 de Fevereiro de 1976, sobre os contratos económicos internacionais.

Simplesmente, tanto um como outro desses dois mencionados diplomas subordinavam expressamente a aplicação dos preceitos neles contidos à condição de, conformemente aos princípios do DIP consagrados nos respectivos sistemas jurídicos, ser o direito do país, o direito local, o aplicável ao caso de espécie.

Passemos agora ao plano do direito *convencional*.

Há duas espécies de convenções: umas estabelecem *direito material uniforme, destinado a substituir nos Estados contratantes o direito neles vigente, tanto pelo que respeita às relações internacionais, como pelo que toca às relações internas*. É claro que a aplicação dessas normas de direito uniforme *dependerá*, ou das *regras de conflitos já existentes* no sistema interno, ou *de regras especiais criadas também por via convencional* (seja o caso das Convenções de Genebra dos anos 30, sobre letras e livranças e sobre cheques, e das Convenções da mesma época, sobre alguns conflitos de leis nessas mesmas matérias). Quanto às convenções do segundo grupo, elas *estabelecem direito material uniforme para determinada área de relações jurídicas, quando e só quando estas assumam natureza internacional* — e entre elas e o direito a aplicar exista uma conexão relevante. A tais convenções dá-se geralmente o nome de convenções de *unificação*.

Daqui se segue que aquele direito material especial das relações internacionais, de que falámos, não pode substituir-se ao direito de conflitos — não pode prescindir da ideia de uma conexão espacial entre a situação concreta e a lei.

Portanto, a teoria substancialista não tem defesa, seja qual for a modalidade que se considere.

§ 5.º

A perspectiva do interesse do Estado
Teoria de B. Currie

80. O método tradicional é também contestado por aqueles que para chegar à solução do conflito de leis se colocam na perspectiva do interesse do Estado — e não na do interesse dos sujeitos das relações jurídicas e do comércio internacional. BRAINERD CURRIE é o expoente máximo dessa corrente.

A posição de CURRIE caracteriza-se por uma radical ruptura com o método da conexão — pela negação do sistema da regra de conflitos.

A solução do conflito de leis obtém-se a partir da análise das "políticas" em que se inspiram e a que respondem as leis em concurso: é a *governmental interest analysis*. A cada lei corresponde um espaço ou domínio de aplicação, que se delimita em função do interesse (estadual) que a tenha determinado.

81. A teoria é insustentável (sem embargo do favor de que tem gozado nos tribunais dos E.U.). O Autor parte de uma ideia falsa: a de que é sempre possível deduzir do fundamento ou da "policy" do preceito jurídico os limites do seu âmbito de aplicação espacial. Não é assim: na maioria dos casos, nenhuma conclusão positiva poderá extrair-se, a tal respeito, da análise do escopo da regra de direito ou da sua *ratio*. As normas do direito matrimonial de um Estado tanto podem destinar-se apenas aos nacionais desse Estado, mesmo que domiciliados no estrangeiro, como apenas se dirigir aos indivíduos residentes nesse país, mas abrangendo também os estrangeiros. A decisão deste problema depende doutros factores, que não seguramente do fundamento e conteúdo dos preceitos em questão.

Por outra via, cabe dizer que a teoria de CURRIE, fazendo do interesse do Estado o elemento predominante e da análise desse interesse o único critério a seguir na busca da solução do conflito de leis, olvida por completo a intenção primordial do DIP, que é assegurar protecção às situações jurídicas interindividuais plurilocalizadas, promovendo o seu reconhecimento nos diversos países — e favorecendo destarte, em última análise, o desenvolvimento do comércio jurídico internacional.

É ao interesse dos indivíduos e das comunidades vitais que eles constituem, não ao do Estado enquanto tal, que cabe aqui a primazia. Não é que o interesse do Estado seja elemento irrelevante em tal matéria — basta lembrar a categoria de normas a que já vamos fazer alusão. No entanto (como o disse WENGLER há passante quarenta anos) esse elemento assume um carácter nitidamente excepcional.

Por último, o método de CURRIE não leva evidentemente à elaboração de regras que, por seu conteúdo e fundamento, sejam verdadeiramente susceptíveis de se tornar universais. Ele está, portanto, em oposição com a intenção axial do DIP, cujos objectivos precípuos por completo ignora[183].

82. Há, porém, regras que, por corresponderem a um interesse fundamental da organização política, social ou económica do Estado, não podem achar-se sujeitas às normas gerais do sistema do DIP. Tais regras são as denominadas regras de aplicação imediata ou necessária. Elas são de aplicação obrigatória para os tribunais do respectivo Estado, para além dos limites estabelecidos pelas regras de conflitos gerais do sistema nacional do DIP. Simplesmente, a aplicabilidade dos referidos preceitos pressupõe que entre o "caso" e a *lex fori* se verifique a conexão que eles próprios estabeleçam ou que se deduza do seu fim.

Esta categoria normativa é constituída por preceitos de direito material, público ou privado, cujo objectivo reside na tutela de interesses de grande relevância da comunidade local, tutela que não se compadece com a aplicação de uma lei que não seja a *lex fori*. Trata-se, pois, de normas cuja aplicação escapa ao controlo do direito de conflitos geral do sistema jurídico; normas que querem ser aplicadas sempre que entre o «caso» e o respectivo ordenamento jurídico exista uma conexão estreita — e justamente a conexão «ad hoc» que elas próprias definam ou que derive do seu escopo. Não lhes é, portanto, alheia a necessidade de uma conexão; simplesmente, a conexão requerida (e suficiente) não coincide com a fixada pela norma de conflitos relativa à matéria em causa: é uma conexão específica. São, pois, normas que demarcam elas próprias o seu campo de aplicação; constituem uma espécie do género «normas espacialmente autolimitadas» (sobre esta noção v. *infra*).

---

[183] Parece que actualmente a contestação americana do *DIP* «europeu» está ela própria sob o fogo da contestação. *V.* BRILMAYER, *Conflict of Laws*, 1991.

O conteúdo desta categoria de leis (também chamadas *lois de police*) não pode ser definido com precisão. Segundo FRANCESCAKIS, ela seria formada por aquelas leis cuja observação é necessária à salvaguarda da organização política, social ou económica do país. Deparam-se-nos tais normas sobretudo no campo da legislação de carácter económico-financeiro. Mas não só aí. Também se encontram no domínio do direito da família, tendo o Tribunal Internacional de Justiça feito aplicação desta ideia, em 1958, no caso *Boll*. Por outro lado, BATIFFOL[184] informa que os tribunais franceses aplicam as leis (francesas) sobre a assistência à infância a todos os menores residentes em França (mas não a um menor que se encontre no país apenas de passagem), sem tomar em consideração a regra de conflitos que em matéria de estatuto pessoal dá competência à *lex patriae*. Aliás, a imprecisão não versa apenas sobre o âmbito da categoria; vamos encontrá-la de novo quando abordamos o problema da conexão relevante para cada uma dessas normas de aplicação imediata. Normas que, como flui do exposto, são providas de uma regra de extensão[185] (regra de conflitos *unilateral*) do seu âmbito de actuação para além do espaço demarcado ao respectivo sistema jurídico pelas regras de conflitos gerais deste sistema[186].

O reconhecimento da classe das normas de aplicação imediata ou necessária da *lex fori*, como categoria autónoma relativamente às regras de conflitos, já teve lugar nos seguintes tex-

---

[184] *DIP*, 5.° ed., I, p. 306.

[185] *Ausdehnungsnorm* (expressão de Franz KAHN).

[186] V. em geral sobre este assunto FRANCESCAKIS, *La Théorie du Renvoi*, 1958, págs. 11 e segs., e *Conflits de lois*, no Répertoire de Droit International, I, 1968, n.os 122 e segs., 174 e segs.; BATIFFOL-LAGARDE, *DIP*, I, 8ª ed., págs. 306 e segs.; MARIN LOPEZ, *Normas de aplicación necessaria en DIP*, REDI, v. XXIII (1970), n.° 1; e sobretudo MARQUES DOS SANTOS, *As Normas de Aplicação Imediata no DIP* (1990), 2.° vol., II parte, *passim*.

tos de direito positivo, entre outros: nova Lei de Introdução ao Cód. civ. alemão (Lei de 25-7-1986), art. 34.º[187], Lei federal suíça de 18-12-1987, art. 18.º[188], Convenção de Roma sobre a lei aplicável às obrigações contratuais, art. 7.º, 2[189].

Questão duvidosa é a de saber se tais preceitos continuam a ser aplicáveis quando pertençam a uma legislação que não é a do Estado do foro. Duas hipóteses são de considerar:

a) essa legislação é a declarada competente pela norma de conflitos da *lex fori* (*lex causae*);

b) ela é a de um terceiro Estado.

Na 1ª hipótese, parece que o único limite à atendibilidade dos preceitos em causa consiste em serem eles repelidos pelos princípios de ordem pública internacional do Estado do foro. Na outra, a posição tradicional é a da não atendibilidade. Todavia, verifica-se hoje uma importante tendência em sentido contrário. Exemplos legislativos desta orientação encontram-se no art. 7.º, n.º 2, da Convenção de Roma[190] e na Lei suíça, Lei cujo art. 19.º dispõe do modo seguinte: "Quando interesses legítimos e manifestamente preponderantes à luz da concepção suíça do direito o exijam, uma disposição imperativa de um

---

[187] Cfr. o texto em FERRER CORREIA/FERREIRA PINTO, *DIP* (Textos), pág. 165.

[188] *Application de dispositions impératives du droit suisse* — «Sont réservées les dispositions impératives du droit suisse qui, en raison de leur but particulier, sont applicables quel que soit le droit désigné par la présente loi».

[189] As disposições da presente convenção não poderão prejudicar a aplicação das regras do país do tribunal que regem imperativamente a situação, qualquer que seja a lei aplicável ao contrato.

[190] V. também o artigo 16.º da Convenção da Haia sobre a Lei Aplicável aos Contratos de Mediação e à Representação, de 14/3/1978, em vigor em Portugal, e que dispõe: "na aplicação da presente Convenção poderá atribuir-se efeito às disposições imperativas de qualquer Estado com o qual a situação apresente uma conexão efectiva, se e na medida em que, segundo o direito desse Estado, tais disposições forem aplicáveis, qualquer que seja a lei designada pelas suas regras de conflitos."

direito que não é o designado pela presente lei pode ser tomada em consideração, se a situação visada apresenta uma conexão estreita com este direito". O artigo em referência manda atender ainda ao fim que a norma imperativa visa e às consequências que teria a sua aplicação; tudo para se chegar a uma decisão adequada, em face da concepção suíça do direito. Esta tendência tem encontrado eco na doutrina, inclusive portuguesa[191].

Observemos agora que o problema da relevância a conceder, para efeito da solução dos conflitos de leis, ao conteúdo e escopo dos preceitos jurídico-materiais não se põe apenas em relação às norma de aplicação necessária ou imediata, mas em relação a todas as normas *espacialmente condicionadas ou autolimitadas*. Verifica-se por vezes que certo preceito da legislação competente, que inclui na sua previsão os casos da mesma espécie da situação *sub judice* quando pertencentes à vida jurídica interna, tem uma função ou fim social que conduz a restringir-lhe o campo de aplicação, sempre que se trate de situações internacionais.

Sirva de exemplo o caso (já citado neste curso) *Kaufmann v. American Youth Hostels, Inc.* Na acção de perdas e danos baseada num acidente mortal ocorrido no Oregon, numa excursão promovida e realizada por aquela instituição beneficente, a ré alegou que essa sua qualidade, em face da lei do Oregon, a isentava de responsabilidade pelos danos causados a terceiros por facto imputável aos seus empregados ou agentes. Em Nova Iorque, Estado onde o processo corria os seus termos, tal imunidade já tinha sido abolida nessa época. No entanto, o tribunal considerou aplicável a lei do lugar do acidente e julgou improcedente a acção.

Ora o preceito desta lei, que de facto isentava de responsabilidade civil as instituições beneficentes, tinha unicamente

---

[191] MARQUES DOS SANTOS, *op. cit.*, II parte, cap. 2. Cfr. WENGLER, *IPR*, I, págs. 86 e segs.

por fim a salvaguarda do património de tais instituições, decerto por atenção à natureza e valor social dos seus objectivos. Por consequência, a referida imunidade só se referia às instituições sediadas no Oregon ou que, pelo menos, aí desenvolvessem de modo relevante as suas actividades específicas.

Sendo assim, a norma especial em questão era inaplicável no caso concreto — e o tribunal, partindo desta constatação, deveria ter recorrido, não decerto a uma legislação diferente da *lex loci delicti commissi*, mas ao direito comum dessa lei; de onde provavelmente resultaria a condenação da ré, por se acharem presentes todos os pressupostos gerais da obrigação de reparação civil.

§ 6.º

Conclusão

83. Flui do exposto a conclusão de que as soluções metodológicas enumeradas e descritas, enquanto tomadas como alternativas radicais ao sistema tradicional, não podem aceitar-se. De resto, as mais delas, como vimos, não pretendem afinal substituir-se ao método da conexão, mas apenas complementá-lo. É o caso daquele ramo da tendência substancialista que preconiza a criação, *ope judicis*, de regras materiais avulsas ajustadas às características das situações concretas. Os partidários dessa orientação não libertam o juiz do dever de partir das leis conexionadas com o caso de espécie, mas recomendam apenas a busca de uma solução que concilie de algum modo os conteúdos divergentes dessas leis, ou que resulte da adaptação dos preceitos de uma delas à situação visada.

Verdadeiramente, uma única das propostas que passámos em revista contesta frontalmente o sistema conflitual, chegando ao limite de prescindir, em certos termos, do requisito da conexão espacial. Essa proposta é a de CURRIE (da qual se aproxima a de um outro autor: EHRENZWEIG), que temos, no entanto, por francamente inaceitável.

Outra importante conclusão queremos frisar aqui. É que cada uma das posições descritas contém uma parcela de verdade. É este desde logo o caso da tendência substancialista na sua primeira modalidade. Efectivamente, em diversas hipóteses de cúmulo ou de vácuo jurídico, a única solução que se oferece é a escolha, em função do conteúdo, de uma das normas em concurso, ou a elaboração de uma nova regra resultante da combinação daquelas, ou ainda a adaptação de uma das leis à especificidade do caso vertente.

Por outra via, cumpre reconhecer que o conteúdo e fins dos preceitos jurídico-materiais devem ser chamados a desempenhar um relevante papel — e já hoje efectivamente o desempenham — na resolução dos problemas do DIP.

Lembremos que em vários direitos positivos se nos deparam *normas de conflitos de carácter substancial*[192], que operam a escolha da lei *em função do resultado* (e que se opõem às *normas localizadoras*, sendo estas as de tipo clássico). Aí temos, por exemplo, aquelas que se propõem preservar a validade e eficácia dos negócios jurídicos, inspirando-se, pois, numa ideia de "favor validitatis", e que utilizam para tanto o recurso ao sistema das conexões alternativas. Aplicável será a lei, das várias que se indicam, nos termos da qual o acto seja válido e eficaz. No Código Civil português existem no artigo 36.° e no artigo 65.° manifestações claras deste pensamento[193]. Outro exemplo é-nos dado pelas regras que visam a protecção da parte mais fraca em dadas

---

[192] PATOCCHI, *Règles de rattachement localisatrices et règles à rattachement substantiel.*

[193] Para mais desenvolvida informação, v. "*DIP — Alguns problemas*", p. 51 e segs. Cfr. também o artigo 9.° da Convenção de Roma sobre a Lei Aplicável às Obrigações Contratuais, bem como os artigos 48 e 56, n.° 3, da citada Lei Italiana de 1995.

relações jurídicas. Encontramos concretizações desta ideia nos artigos 5.º e 6.º da citada Convenção de Roma de 1980 destinados respectivamente à tutela dos consumidores e dos trabalhadores, através da fixação de um *standard* mínimo de protecção, obtido em função das disposições imperativas da lei da residência habitual do consumidor e da lei que seria aplicável ao contrato de trabalho na falta de escolha[194].

Para além disto, o aproveitamento e a valorização do elemento constituído pelo conteúdo e escopo dos preceitos materiais são demonstrados também pela atitude a tomar face àquela categoria de normas, a que nos referimos há pouco, e que são as normas autolimitadas.

O DIP actual assume pois, como característica predominante, a de procurar atingir os seus objectivos utilizando diferentes meios ou vias metodológicas. O seu método é pluralista, multidimensional. Certo que, no fundamental, a posição definida pela doutrina clássica se mantém inalterada. O DIP é essencialmente direito de conflitos. As soluções dos problemas decorrentes das situações plurilocalizadas colhem-se, na generalidade dos casos, nos preceitos jurídico-materiais da lei com a qual a situação concreta se achar mais estreitamente conexa.

Por outro lado, essa mais estreita conexão espacial deverá ser indicada por uma norma, ou seja uma norma de conteúdo rígido, ou uma daquelas regras que consagram todo um leque de opções possíveis — "open ended Rules", conforme o modelo adoptado no 2.º Restatement americano. Tal norma deverá ser estabelecida em função dos fins gerais do DIP, dos quais sobressai a harmonia jurídica internacional ou uniformidade de decisões.

---

[194] A mesma ideia de tutela da parte mais fraca inspira as soluções previstas nos artigos 120 e 121 da Lei Suíça, de 18 de Dezembro de 1987, sobre contratos com consumidores e contratos de trabalho. Note-se que estas disposições vão ainda mais longe na referida tutela do que as normas correspondentes da Convenção de Roma.

CAPÍTULO III

Teoria da norma de conflitos

§ 1.º

Função da regra de conflitos
Regras de conflitos bilaterais e unilaterais

84. A norma paradigmática do modelo tradicional da regra de conflitos é a norma bilateral, ou seja, a que nos indica a lei competente para dirimir qualquer questão jurídica concreta que seja subsumível à respectiva categoria conflitual, pouco importando que essa lei seja a do país onde o problema se levanta ou uma lei estrangeira.

É esta a orientação geralmente seguida na prática[195], mas não a única possível. Ao sistema *bilateralista* opõe-se o da *unilateralidade*. A norma de conflitos unilateral propõe-se apenas delimitar o domínio de aplicação das leis materiais do ordenamento onde vigora. Ela obedecerá, portanto, ao seguinte esquema: «as questões jurídicas da categoria *x* serão resolvidas pelo direito

---

[195] Não temos notícia de qualquer codificação recente de DIP, ou projecto de codificação (à excepção do Projecto Niboyet, aliás reprovado, no seu tempo, pela comissão de reforma do Código francês), que se tenha inspirado no modelo unilateralista. Quanto ao Projecto Niboyet, era indubitavelmente o sistema unilateralista que ele consagrava: «Les règles édictées dans le présent chapitre ne déterminent que les cas de compétence française. La compétence d'un pays étranger ne peut résulter que des dispositions qui sont en vigueur dans ce pays».

local, desde que entre a situação a regular e este ordenamento exista uma conexão do tipo *y*». Concretizando e exemplificando: «As questões do âmbito do estado e da capacidade das pessoas serão resolvidas pelo direito francês, desde que se refiram a cidadãos franceses mesmo que domiciliados em país estrangeiro» (*Code civil*, art. 3.°, al. 3ª)[196].

Para complemento do estudo feito anteriormente, impõe-se-nos agora a tarefa de optar por um destes sistemas. Das duas soluções apontadas, qual preferir?

Por vezes, as normas unilaterais, onde existam, são tidas na prática por meras disposições incompletas, pelo que se torna possível, se não necessário, integrar as lacunas do sistema através da sua extensão analógica, isto é, convertendo-as em normas bilaterais[197]. Dentro desta orientação, a criação de regras simples-

[196] Caso intermédio é o das normas *imperfeitamente bilaterais*: normas que determinam tanto a aplicação do direito local como a de leis estrangeiras, mas que no entanto não se ocupam senão de certos casos caracterizados pela existência de determinados elementos que os relacionam com a vida jurídica do Estado do foro. É assim que o art. 13.°, I, da EGBGB na versão primitiva estabelecia que: «Se um dos nubentes for alemão, o casamento será regulado quanto a cada um dos nubentes segundo as leis do Estado a que pertença. O mesmo se observará quanto aos estrangeiros que celebrem o seu casamento na Alemanha.» Não se considerava no texto a hipótese do casamento celebrado em país estrangeiro entre estrangeiros. Perto deste preceito se situa o do art. 51.°, n.os 1 e 2, do Cód. civ. português, mas só relativamente à forma do acto.

Vide sobre este assunto NUSSBAUM, *Deutsches IPR*, p. 44; NOLDE, Rec. des Cours 55, p. 404 a 407, e LEWALD, Rec. des Cours 69, p. 17 a 20.

[197] É a prática há muito seguida pelos tribunais alemães, face às numerosas regras unilaterais da primitiva EGBGB. No entanto, o expediente referido no texto, como observa TRAMMER (*Über die sogenanten «einseitigen Normen» des IPR*, RabelsZ 1957, p. 407), nem sempre é possível. Figure-se, por exemplo, o caso de uma norma unilateral que estabeleça duas conexões em alternativa: se pelas duas conexões forem chamados dois ordenamentos diferentes, não há por vezes possibilidade de resolver o problema convertendo a regra unilateral em bilateral.

mente unilaterais não resulta de considerações de fundo, mas tão-somente de razões de oportunidade ou da preferência concedida a determinada técnica legislativa. A tais motivos se deve que a comissão revisora do projecto do código alemão tenha decidido substituir grande número das regras bilaterais desse projecto[198] por normas unilaterais.

Mas o verdadeiro sistema da unilateralidade é outro[199] e para o defender pode enveredar-se por um de dois caminhos.

a) O primeiro consiste em fazer apelo a um pretenso princípio conforme o qual o legislador interno não teria poderes senão para delimitar a esfera de competência das suas próprias leis. Esta ideia, de clara inspiração internacionalística, vai entroncar na teoria que vê no chamado conflito de leis um conflito de soberanias — e no direito internacional privado um sistema de normas tendentes a coordenar as diferentes soberanias estatais, antes que um conjunto de regras visando a resolução em termos razoáveis das questões decorrentes das relações privadas internacionais. Por nossa parte, e como já temos dito, é a esta última posição que aderimos.

De resto, a outra teoria enferma de um erro fundamental. Imagina-se que, quando o Estado aplica uma lei estrangeira, é a própria soberania estrangeira que se faz valer — e, reciprocamente, que a soberania nacional não pode exercer-se senão

---

[198] O Projecto Gebhardt.

[199] A primeira defesa do sistema deve-se a autores oitocentistas: SCHNELL, EDELMANN, NIEDNER e outros. No século posterior foi NIBOYET o seu mais vigoroso campião (*Traité de DIP français*, t. III); no mesmo sentido PILENKO, *Le droit spatial et le DIP*, Rev. hellén. 1953, p. 319 e segs. Cfr. também VIVIER, *Le caractère bilatéral des règles de conflit de lois*, Rev. crit. 1953, p. 655 a 676, e 1954, p. 73 a 90.

Para uma análise crítica do conjunto dos sistemas unilateralistas, ver sobretudo WIETHÖLTER, *Einseitigen Kollisionsnormen als Grundlage des IPR*, 1956; TRAMMER, RabelsZ 1957, p. 451 e segs., e DE NOVA, Rec. des Cours 118, *op. cit.*, cap. III. Cfr. GOTHOT, *Le renouveau de la tendance unilatéraliste en DIP*, Rev. crit. 1971, p. 1 a 36.

através da aplicação do direito nacional. Ora a verdade é que a soberania não pode exercer-se senão mediante o emprego de certos mecanismos de coerção sobre as pessoas ou as coisas, e, logo, é evidente que no território de certo Estado só a soberania desse Estado pode tornar-se efectiva. A soberania não se manifesta tanto no acto de criar a lei como no poder de a fazer observar. A aplicação de uma norma jurídica — quer se trate de direito nacional ou estrangeiro — nunca põe em jogo senão a soberania territorial[200]. De onde resulta «que é evidentemente impossível deduzir dos limites territoriais da soberania nacional os limites de aplicabilidade do direito nacional e dos diversos direitos estrangeiros»[201]. Se a aplicação do direito estrangeiro tivesse realmente algo a ver com a soberania estrangeira, a conclusão seria que jamais os órgãos de um Estado poderiam aplicar outro direito que não fosse o vigente nesse mesmo Estado.

Logo, o direito internacional privado não pode conceber-se como um sistema de princípios ou de normas visando a resolução de conflitos de soberanias, pelo que resulta improcedente o argumento acima invocado contra a doutrina da bilateralidade.

b) Mas o unilateralismo pode defender-se com outros argumentos. Não será ele o sistema mais consentâneo com o principal escopo e desígnio do direito internacional privado: salvaguardar a estabilidade e continuidade das situações multinacionais, através do seu reconhecimento em todos os países? Para aquilatar o argumento, examinemos a formulação que da doutrina unilateralista nos apresenta um dos seus mais qualificados representantes: ROLANDO QUADRI[202].

---

[200] Neste sentido, QUADRI, *Lezioni di DIP*, p. 69.

[201] QUADRI, *ibidem*.

[202] *Op. cit.*, p. 178 e seg. Cfr. o nosso trabalho *La doctrine des droits acquis dans un système de règles de conflit bilatérales*, Multitudo Legum-Ius Unum II (Festschrift Wengler), p. 289 e seg.

Para este autor, a aplicabilidade de uma norma estrangeira não pode resultar senão de uma regra do sistema a que ela pertence, ou, dito de outro modo, da «vontade de aplicação» desse sistema à situação controvertida. Para que uma lei estrangeira se torne aplicável *in foro*, hão-de mostrar-se verificadas as duas condições seguintes: em primeiro lugar, que a situação *sub iudice* não esteja ligada à *lex fori* através do elemento de conexão que esta lei considera decisivo no sector em causa; depois, que entre a mesma situação e a lei estrangeira exista precisamente a relação que essa lei requer a fim de se reputar competente. É só através do cumprimento desta dupla condição que o sistema estrangeiro se torna aplicável *in foro*, e não, aliás, por direito próprio (*proprio vigore*), senão em virtude de «um princípio geral, fundamental (fundado na boa-fé), a que se poderá dar o nome de princípio de adaptação da ordem do Estado às ordens estrangeiras, ou de princípio de coordenação com as ordens estrangeiras»[203]. Princípio este que o Estado aceita exactamente porque considera importante assegurar a continuidade da vida jurídica internacional dos indivíduos, ou, se se quiser, a harmonia jurídica internacional[204].

85. As breves considerações do número precedente mostram-nos que o unilateralismo, uma vez liberto dos preconceitos «internacionalistas» e «publicistas» que tão fortemente influenciaram um dos seus ramos, é uma doutrina merecedora da maior atenção. Analisada à luz da vocação e finalidade essencial do

---

[203] *Lezioni cit.*, p. 178.

[204] *Ibidem*, p. 182.

Da ideia de que o fundamento da aplicabilidade da norma estrangeira não pode residir senão na vontade de aplicação dessa norma, vem o corolário de que o facto «estrangeiro», que se considera ter provocado a mutação jurídica em causa, terá *in foro* exactamente o valor e os efeitos que lhe tiverem sido atribuídos pela ordem jurídica sob o império da qual ele se verificou e tornou relevante.

direito internacional privado, talvez deva admitir-se, efectivamente, que ela leva vantagem à da bilateralidade. Pois atente-se no seguinte: O sistema unilateralista desdobra-se em duas proposições. A primeira diz-nos que, não estando em causa a competência do direito local, há que aplicar à situação controvertida o direito que se julgar competente para a reger. A segunda, que jamais deve decidir-se um caso pelas disposições de uma lei que o não inclua no seu âmbito de aplicação. Ora, sendo as coisas assim, não deverá reconhecer-se que esta orientação é realmente a via de acesso mais directa e segura à harmonia jurídica internacional? Se uma situação *a* estiver em contacto com as leis *B*, *C* e *D*, e só a última se lhe considerar aplicável, a aceitação universal do sistema da unilateralidade garantirá que será esta a lei reputada competente por qualquer tribunal de qualquer Estado, e desde logo dos Estados *B* e *C*. A uniformidade de valoração da referida relação jurídica estará, pois, assegurada. Não será então o sistema da unilateralidade o que melhor responde à vocação do direito internacional privado?

Contudo, não está demonstrado ainda que o sistema da bilateralidade não possa ganhar, graças à introdução de certas correcções ou ajustamentos, a destreza necessária para rivalizar neste campo com o sistema oposto. Por outra parte, por grandes que sejam os méritos do unilateralismo, é extremamente duvidoso que eles possam compensar os seus aspectos negativos.

Na verdade, como resolver o problema que se apresenta quando duas leis estrangeiras se declaram simultaneamente aplicáveis à mesma factualidade concreta? E que solução adoptar no caso inverso, ou seja, aquele em que nenhum dos sistemas, com os quais uma situação dada se encontra em contacto, considera este contacto suficientemente forte para justificar a aplicação do seu direito material?

Na primeira hipótese — *cúmulo jurídico* — a solução tradicional consiste em optar por um dos sistemas ou uma das normas em conflito. Simplesmente, é indispensável determinar o critério a que essa opção haja de obedecer; e começam aí as dificuldades. Poderia pensar-se em recorrer a um critério «substancialista», e seria então necessário comparar os resultados a que nos levassem, no caso de espécie, as diversas regulamentações materiais em causa: aplicável seria aquela que, atendendo à natureza da questão posta, permitisse a solução mais razoável[205]. Esta orientação estaria, porém, contra-indicada pelo seu casuísmo. De resto, se as intenções normativas das duas leis divergirem, a determinação do preceito «mais justo» pode revelar-se extremamente difícil, pois cada um deles, examinado à luz dos critérios valorativos do respectivo sistema jurídico, pode ser em si mesmo equilibrado e justo. De toda a maneira, a tábua de valores do juiz é que comandaria a opção.

Tudo ponderado, pareceria melhor solução a de elaborar expressamente para este tipo de situações normas de conflitos especiais. Tais normas poderiam ser de uma ou outra de duas espécies: ou normas que operassem a escolha da lei *em função do resultado*, ou regras que utilizassem o método tradicional da *conexão espacial*. Contra a primeira solução seriam de invocar de novo as considerações que acima expusemos a propósito de CAVERS e dos seus princípios de preferência. Pelo que toca à segunda, cabe perguntar se não seria então mais aconselhável recorrer às próprias regras unilaterais da *lex fori*, que para tal efeito seriam «bilateralizadas». Fosse como fosse, é inegável que a lógica do sistema ficaria seriamente abalada.

Por isso mesmo, QUADRI recusa esse caminho[206]. Para o autor, haveria que tentar resolver o problema sem atraiçoar o

---

[205] A fim de evitar dificuldades ao juiz, o legislador poderia prescrever que nas hipóteses de cúmulo fosse sempre aplicável a *lex fori*, por ser de presumir que as soluções da *lex fori* são as mais razoáveis. Mas tal presunção é manifestamente arbitrária, e condenável, portanto, a directiva que nela se baseasse.

[206] *Vide op. cit.*, p. 220 e seg. No entanto, parece que o A. se mostra hoje inclinado a admitir a criação de regras de conflitos especiais, reconhecendo que em determinado momento o unilateralismo vem a encon-

espírito da doutrina da unilateralidade, isto é, sem quebra do princípio da efectividade das normas jurídicas e do respeito das justas expectativas dos interessados quanto à lei aplicável à sua relação. Não poderia tratar-se senão de buscar a lei à qual a situação concreta esteja ligada pelo vínculo mais forte e mais significativo; ela seria também, por legítima presunção, a lei que as partes terão tido em vista[207].

Consideremos agora a hipótese da lacuna (*vácuo jurídico*). A teoria unilateralista defronta-se aqui com graves dificuldades. É certo que a ausência de uma norma aplicável não tem forçosamente o significado de uma lacuna — não conduz fatalmente a resultados insuportáveis. WENGLER[208] cita o exemplo da cláusula-ouro. Suponhamos um contrato em que se estipulou a cláusula-ouro e que está em contacto com três Estados. Todos eles proíbem a clásula-ouro na sua legislação interna e todos têm disposições legais sobre a conexão que deve estar presente a fim de que a referida proibição se torne aplicável. Suponhamos agora que a conexão existente entre o contrato em questão e cada um daqueles Estados não é desse tipo: não é de molde a determinar em qualquer deles a aplicação da citada proibição legal. Obviamente, nenhum prejuízo advirá do facto de a cláusula ser julgada válida nesses Estados, bem como em quaisquer outros onde a questão se levante. Por outra via, a força vinculativa da estipulação resultará da lei ao abrigo da qual o contrato se tornou perfeito e que normalmente permitirá às partes que ajuntem aos seus contratos as condições e

---

trar-se com o bilateralisno (v. *Quelques considérations sur la contribution du Professeur Wengler au progrès du droit international privé*, Multitudo Legum--Ius Unum II, p. 13).

[207] Ver também DE NOVA, *Dottrine correnti e nuove tendenze nel DIP italiano*, Annuario di Diritto Internazionale 1966, p. 678, e Rec. des Cours 118, p. 585, e GOTHOT, Rev. crit. 1971, p. 32 e seg.

[208] WENGLER, Rec. des Cours 104, p. 377 e seg.

cláusulas que bem lhes parecerem, desde que não proibidas legalmente.

Contudo, se isto é exacto, não é menos certo que em muitos casos terá de reconhecer-se que existe uma verdadeira lacuna, a cujo preenchimento o juiz não poderá furtar-se. Não poderá deixar de encontrar-se uma norma que, nas hipóteses encaradas, defina os direitos e deveres pessoais dos cônjuges, decida acerca da admissibilidade do divórcio, regule a constituição do estado de filho, etc.

Como resolver a dificuldade? Certamente, o recurso sistemático à *lex fori* não constituiria solução recomendável[209]. Anotando o facto de QUADRI nos não propor aqui qualquer critério claro e firme, DE NOVA[210] sugere, no espírito da teoria deste autor, que, uma vez verificada a ausência de toda a disposição relativa ao nosso problema, se poderia tentar sair do *impasse* através da criação de uma regra especial, regra tanto quanto possível conforme ao sentido daquele sistema jurídico que tenha com o caso vertente a conexão mais estreita.

É, todavia, evidente que a solução aventada afectaria gravemente a certeza do direito. Aliás, melhor seria então reconhecer claramente que o que se pretende, nos casos de autêntico vácuo jurídico, é a aplicação da norma da lei que estiver ligada ao caso através da conexão mais estreita, apesar de essa lei se não considerar aplicável e, portanto, com violação de um dos princípios básicos da teoria da unilateralidade. A solução sugerida por DE NOVA é afinal um expediente destinado a encobrir a realidade inegável da violação deste princípio. Por outro lado — e considerando o problema pelo prisma da cer-

---

[209] Já NIBOYET se recusava a recorrer à *lex fori*, desde que a situação em causa não apresentasse qualquer ligação com essa lei (*Traité*, III, p. 480), o que provocou da parte de FRANCESCAKIS esta pertinente observação: «Le rapport de droit 'apatride' n'obéirait-il à aucune règle?» (*Théorie du renvoi*, n.º 113, p. 113).

[210] V. citações da nota 202.

teza do direito — parece-nos superior critério o de recorrer nos casos referidos, através de um processo de bilateralização, à regra de conflitos unilateral da *lex fori*.

Encarando agora a questão no seu conjunto — conflito positivo ou cúmulo jurídico e vácuo jurídico ou lacuna —, pensamos que sob o ponto de vista da certeza do direito a doutrina da bilateralidade suplanta o sistema unilateralista. Razão tem BATIFFOL para observar[211] que os partidários da doutrina da unilateralidade, quando surge um conflito, renunciam a encontrar uma solução de direito e remetem o juiz para uma decisão em sede de matéria de facto, como se v. gr. se tratasse de uma escolha entre duas nacionalidades estrangeiras (em condições, aliás, mais complexas e menos definidas), numa esperança de simplificar as questões que se revela falaciosa.

Só que, reconhecido isto, logo importa acrescentar que o sistema bilateralista na sua forma pura não é com certeza aceitável: há necessidade de lhe introduzir algumas correcções. A nosso ver, não é propriamente o bilateralismo, senão a sua concepção tradicional — a que foi outrora sustentada por ANZILOTTI e os corifeus da escola positivista-particularista (KAHN, BARTIN) — que de todo não corresponde aos visos do direito internacional privado.

§ 2.º

Estrutura da regra de conflitos

Os elementos estruturais da norma

86. Definida a nossa opção pela doutrina bilateralista, cumpre-nos analisar agora a estrutura da norma bilateral.

---

[211] *Vide* BATIFFOL-LAGARDE, *DIP*, I, 8ª ed., p. 424.

Como acima dissemos, a cada regra de conflitos cabe delimitar um sector ou matéria jurídica, uma questão ou núcleo de questões de direito, e indicar, de entre os elementos da factualidade concreta, aquele por intermédio do qual se há-de apurar a lei aplicável em tal domínio. A norma bilateral obedece, portanto, a um esquema lógico do tipo seguinte: as questões jurídicas pertencentes à categoria *x* serão resolvidas de conformidade com os preceitos da lei a que a situação concreta estiver ligada através de uma conexão da espécie *y*[212].

A norma de conflitos é, pois, constituída de três partes: o *objecto da conexão*, o *elemento de conexão* e a *consequência jurídica*[213].

O objecto (ou categoria) da conexão (aquilo que se conexiona ou conecta com determinada lei: a lei que no caso concreto for designada pelo elemento de conexão da norma) é definido por meio de um conceito técnico-jurídico, o chamado conceito-quadro da regra de conflitos. É no âmbito traçado por tal conceito que opera a conexão escolhida pela norma, sendo esta conexão representada, como dissemos, por um dos elementos ou circunstâncias da factualidade concreta. Ao elemento de conexão cabe a tarefa de «localizar» a situação jurídica num espaço legislativo determinado: de a «situar», pelo que toca à valoração de tal ou tal dos seus aspectos ou perfis, no quadro de um certo sistema de direito[214]. Quanto à consequência jurídica, por último, ela consiste justamente na declaração de aplicabilidade de preceitos jurídico-materiais da lei que for designada pelo elemento de conexão.

---

[212] Introdução, n.º 2.

[213] Cfr. NIEDERER, *Einführung cit.*, p. 131 e seg.; MAKAROV, *Grundriss cit.*, p. 60 e seg., e *Theorie u. Praxis der Qualifikation*, Fest. f. H. Dölle, II (1963), p. 150 e seg.

[214] Estamos a falar justamente das regras de conflitos «localizadoras» ou de conexão espacial. Como sabemos, há também as regras que procedem à escolha da lei «em função do resultado»: são as normas de «conexão material» (substancial).

Notemos aqui que a norma de conflitos bilateral enuncia a sua consequência jurídica em termos absolutamente genéricos. Verdadeiramente, a uma norma de conflitos não corresponde uma única consequência jurídica, mas tantas quantos os ordenamentos existentes. «Numa regra de conflitos contém-se, pois, uma pluralidade de consequências de direito de conflitos»[215]. Para dirimir as questões de direito pertencentes ao âmbito do instituto *x*, *qualquer lei* pode ser competente. No entanto, para dirimir as questões desse mesmo tipo que se levantarem nas diversas situações concretas da vida, só será chamada a lei à qual a situação a regular estiver ligada através de uma conexão de tipo *y*[216].

87. São duas as principais questões que o elemento de conexão da regra de conflitos de DIP suscita[217]. Uma é a do

---

[215] BAPTISTA MACHADO, *Âmbito de eficácia*, p. 192.

[216] «Só pela concretização da hipótese de facto contida na norma de conflitos se descobre, através do conteúdo que ganha o elemento de conexão em dada situação real de vida, o ordenamento jurídico local efectivamente designado em cada caso» (MAGALHÃES COLLAÇO, *Da qualificação em DIP*, p. 93). Em rigor, não cabe propriamente falar de «concretização» do elemento de conexão (a nacionalidade, o domicílio, a residência habitual), mas antes — como adverte BAPTISTA MACHADO (*op. cit.*, p. 197; cfr. também as pág. segs.) — da «posição» desse dado de facto (ou de direito) relativamente a certo ordenamento estadual. Na verdade, o que conta para efeitos de individualização da lei aplicável não é a pura verificação ou concretização da hipótese correspondente ao conceito designativo do elemento de conexão — isto é, o apurar-se que em determinada situação de facto ou de direito concorrem os elementos definidores da noção legal de nacionalidade, de domicílio, de residência habitual: o que releva é o concluir-se que o *quid*, que se averigua corresponder à definição legal do conceito de nacionalidade, se verifica em relação ao Estado *A*, ou que o que se apura constituir domicílio ou residência se localiza em *B*.

[217] Sem falar do problema da fixação *no tempo* da conexão «móvel», ou problema do *conflito móvel*. Sobre tal assunto *vide infra*, § 3.°, n.° 93, e autores aí citados.

conflito de conexões ou de sistemas de normas de conflitos; dela nos ocuparemos no capítulo seguinte. A outra é a do critério a que deverá obedecer a escolha do factor de conexão; ponto este que, tendo sido versado em capítulo anterior, não necessitamos de focar agora de novo. Aqui só diremos que é também em função dos interesses que se fazem valer nos vários sectores do direito internacional privado que se optará, nos diferentes casos, ou por um sistema de conexão única, ou por um sistema de conexão plúrima.

Assim, por exemplo, não se contestará que, numa análise conforme à teologia específica do direito internacional privado, a competência legislativa em matéria de direitos sobre as coisas corpóreas se há-de determinar exclusivamente em função da situação da coisa; nesse domínio prevalecerá, por conseguinte, o sistema da conexão única.

Note-se que o sistema da conexão única nem sempre conduzirá à determinação de uma só lei: como adverte WENGLER[218], há factores de conexão que podem eventualmente levar-nos por duas ou mais vias (*two or more ways allocating factors*). Em tal caso, isto é, quando o elemento de conexão adoptado nos põe no caminho de duas leis, há que arredar normalmente a hipótese de a aplicação simultânea (cumulativa ou alternativa) dessas leis corresponder ao sentido da regra de conflitos; sendo assim, deverá proceder-se a uma nova escolha entre as conexões que se nos apresentarem no caso concreto[219]. Consideremos, por exemplo, o caso de, sendo o factor de conexão a nacionalidade, a pessoa em questão ser nacional de dois ou mais Estados: aí, tomar-se-á unicamente em consideração a nacionalidade efectiva (ou a mais efectiva, se todas o forem).

Acrescentaremos, por nossa parte, que toda a vez que a apontada anomalia se verificar, o critério que deverá presidir a

---

[218] Rec. des Cours 104, p. 339 e s.

[219] WENGLER, *ibidem*.

esta forçosa especificação ulterior do elemento de conexão não poderá ser outro senão aquele mesmo que levou à escolha do factor utilizado pela norma de conflitos. E é precisamente este o caminho próprio para justificar a solução que acabou de se referir (aliás, admitida por consenso geral): sendo a nacionalidade adoptada como elemento de conexão por se entender que ela é o laço mais forte e mais duradouro que pode existir entre indivíduo e Estado, quando duas relações desta natureza se apresentem, haverá que optar por aquela que traduza, *in concreto*, a vinculação mais viva e mais real[220].

88. Os interesses a cuja satisfação o DIP vai dirigido aconselham por vezes o recurso a duas ou mais conexões para uma só matéria. É o que se passa quando o que sobretudo releva é garantir a validade de um acto, proteger certas liberdades ou facilitar a constituição ou a extinção de certa situação jurídica. Opta-se em tais casos, se se considera que a importância do fim o justifica, por um sistema de conexão *múltipla alternativa*: das leis indicadas, virá a ser escolhida aquela que conduza na espécie ao resultado tido *a priori* por mais justo. Por vezes, a alternativa desaparece para dar lugar à competência exclusiva de uma das leis designadas, quando se dê o caso de esta lei formular certas exigências. Assim, é possível que, ao admitir-se o princípio de que a forma externa dos negócios jurídicos (ou

---

[220] Atente-se, porém, no seguinte: se a regra de conflitos dispõe, por exemplo, que a lei aplicável em matéria de responsabilidade extracontratual é a do lugar do delito, a situação de ambiguidade a que esta regra pode dar origem não se resolve através de uma segunda escolha entre as duas conexões que se apresentarem no caso concreto e que integram ambas a hipótese da norma. Não reside aí o problema. O problema está na definição dos termos «lugar do delito»: lugar do delito é o lugar da conduta? não será antes aquele onde o dano se produziu?

«Lugar do delito» é um conceito essencialmente ambíguo e a regra de conflitos que o emprega tem forçosamente de ser completada por uma norma auxiliar.

de certos negócios jurídicos, como por exemplo os testamentos) se rege por uma ou outra de diversas leis (aquela que assegurar a validade do acto), se exceptue a hipótese de uma dessas leis (a lei pessoal do testador ao tempo da declaração) exigir, sob pena de nulidade, a observância de determinada forma, ainda que o acto seja praticado no estrangeiro[221].

Não pertencem à categoria citada normas — como, por exemplo, as dos §§ 145 (2) e 188 (2) do 2.º *Restatement* — que, oferecendo embora um leque de soluções, todavia querem que o juiz determine em cada caso a *conexão mais estreita ou mais significativa* e proceda seguidamente nessa conformidade. Assim, o § 145 começa por estabelecer o princípio de que a responsabilidade extracontratual é regulada pela lei do Estado que tenha com os factos ou as pessoas a relação mais significativa, de acordo com os critérios definidos na secção 6ª — para logo após enumerar (de modo, aliás, não taxativo) as conexões que poderão ser julgadas relevantes neste âmbito[222]. O que sucede aqui é que o processo de escolha da conexão relevante não ficou perfeito na fase de criação «legislativa» da norma, e esta terá, por isso, de ser completada na fase subsequente da sua aplicação. O legislador[223] não fixou ele mesmo a conexão decisiva — remeteu ao juiz o encargo de a determinar; com a reserva, porém, de que nesse procedimento há-de ele nortear-se pelos princípios estabelecidos na secção 6ª, princípios dos quais as conexões indicadas no § 145 (2) são meras aproximações. Tudo se passa, afinal, como se a regra de conflitos se limitasse a estipular que as questões de responsabilidade extracontratual

[221] Neste sentido, o art. 65.º, n.º 2, do Cód. civ. português.

[222] Lugar da ofensa jurídica (*injury*); lugar da conduta; domicílio, residência, nacionalidade, lugar da constituição ou do exercício do comércio das partes; lugar onde se encontra centrada a relação existente entre as partes, se a houver.

[223] *Rectius*: a entidade codificadora das regras de DIP (o *American Law Institute*).

serão resolvidas de acordo com a lei que tiver com a situação *sub iudice* o contacto mais significativo, cumprindo ao juiz investigar, tendo em conta a natureza da questão controvertida e os critérios gerais do § 6, qual é no caso vertente esse contacto. Não se trata, portanto, de uma hipótese de conexão múltipla[224], mas de conexão única, se bem que não especificada na própria norma de conflitos. Na hipótese de conexão múltipla, com efeito — é isso que justamente caracteriza a situação —, as virtualidades do método propriamente conflitual ou de «localização» espacial das relações jurídicas são esgotadas na fase de elaboração da norma em sede legislativa, e o que resta por fazer implica o recurso a outro tipo de juízos de valor, como por exemplo: de duas ou mais leis, optar-se-á pela que favorecer a validade do negócio, o reconhecimento da filiação, etc. — não pela que mais perto estiver dos factos. Não assim no outro caso, em que a escolha da conexão decisiva se verifica em contacto já com a individualidade da situação concreta.

89. No pólo oposto ao do sistema da competência *alternativa* de duas (ou mais) leis, vamos encontrar o da competên-

---

[224] O mesmo se diga — só que aí a conclusão ressalta logo a um primeiro exame — dos casos em que a norma estabelece várias conexões, mas assinalando o campo em que cada uma delas será operante.

Veja-se, por exemplo, a Convenção de Roma de 1980, já cit.. O art. 3.°, § 1.° determina (princípio da autonomia da vontade) que o contrato é regido pela lei escolhida pelas partes e, na falta de escolha, pela lei que tenha com o contrato a conexão mais esteita, presumindo-se ser ela a do país onde a parte que deve fornecer a prestação característica do contrato (a que permite distinguir um contrato de um outro) tem, no momento da conclusão do negócio, a sua residência habitual ou, se se trata de uma sociedade, associação ou (outra) pessoa jurídica, a sua administração central (art. 4.°, § 2.°). À regra da prestação característica admite a Convenção quatro excepções (art.s 4.° a 6.°). Se for impossível determinar uma prestação característica única, regressa-se ao princípio da conexão mais estreita. V. P. MAYER, n.os 726 e segs.

cia *cumulativa*. Do que agora se trata é de subordinar a produção de certo evento jurídico ao acordo de duas leis, ou seja, à satisfação dos requisitos estabelecidos em cada uma delas; isto com vista a evitar a criação de situações que não possam aspirar ao reconhecimento num dos Estados com elas mais esteitamente conexos (situações coxas ou claudicantes). O escopo aqui visado[225] é, portanto, a harmonia jurídica internacional. Assim, por exemplo, poderá eventualmente fazer-se depender a constituição do vínculo de adopção do voto de conformidade de duas leis, a do adoptante e a lei reguladora das relações entre o adoptando e a sua família de origem[226].

Este sistema não é certamente recomendável como critério geral e dele só encontramos raras aplicações nas legislações mais recentes. Na verdade, como bem observa BATIFFOL[227], «ele promete mais do que dá». Promete aplicar cumulativamente as duas leis em presença, para ao fim e ao cabo aplicar apenas uma delas — a mais rigorosa e restritiva: a que recusa o divórcio ou a separação de pessoas e bens, a que nega a existência da filiação. Ora é evidente que nenhuma razão *a priori* milita em favor da aplicação exclusiva dessa lei mais rigorosa. Com igual legitimidade se poderia defender a tese oposta. A doutrina

---

[225] Assim como, de resto, na hipótese atrás focada, em que a norma de conflitos desiste do sistema da conexão alternativa quando uma das leis designadas (certamente aquela cuja competência se reputa mais forte) formula determinadas exigências em matéria de forma.

Do caso de competência cumulativa de duas leis há que distinguir o da competência de uma única legislação determinada por uma *cumulação de conexões*: assim, por exemplo, certa lei será competente para regular as relações entre os cônjuges, *A* e *B*, se for simultaneamente a do Estado nacional de cada um deles.

[226] É a solução consagrada no Cód. civ. português: art. 60.º, n.º 4; solução que tem na base a consideração de que a adopção não põe somente em causa os interesses do adoptante e do adoptado, mas afecta também a família natural do último.

[227] *DIP*, II, n.º 388.

da aplicação cumulativa[228] levantaria graves obstáculos à actividade jurídica das pessoas e travaria o desenvolvimento das relações internacionais, o que é razão de sobra para que haja de limitar-se a sua intervenção a algum caso deveras excepcional.

Mas é mister não confundir competência cumulativa com aplicação *distributiva* de duas leis. Neste caso, também se trata, é certo, de fazer apreciar por dois sistemas jurídicos as condições de validade do mesmo acto, porém em termos de a matéria ser entre eles repartida conforme determinado critério. Assim, por exemplo, pode estabelecer-se que a capacidade para contrair casamento se avalia, quanto a cada um dos futuros cônjuges, pela respectiva lei nacional[229]. Mas a este respeito importa advertir que certos impedimentos matrimoniais assumem carácter bilateral. Trata-se de proibições que, parecendo dirigirem-se a um só dos interessados, na realidade atingem os dois. Assim é que, quando o direito alemão (antiga versão do § 6 da *Ehegesetz*) proibia um indivíduo divorciado pela prática de adultério de casar com a sua cúmplice, a doutrina dominante[230] atribuía a este impedimento carácter bilateral, isto é, entendia que o impedimento não atingia apenas o que violava os seus deveres conjugais, mas também o cúmplice. Nestes termos, bastava que este último tivesse a nacionalidade alemã para que o casamento não pudesse celebrar-se: a circunstância de o outro nubente ser nacional de um Estado onde, como em Portugal, o referido impedimento fosse ignorado era irrelevante.

Mas o caso mais importante a citar neste contexto é o do impedimento de vínculo (*impedimentum ligaminis*). O art. 1601.°,

---

[228] Que em Portugal, em virtude da influência de MACHADO VILELA (*Tratado,* I, p. 459 e s.), obteve o favor da jurisprudência em matéria de estatuto pessoal; mais concretamente, de conflitos de leis pessoais (casos em que os sujeitos da relação jurídica têm nacionalidades diversas).

[229] Neste sentido, o art. 49.° do nosso Código civil.

[230] Cfr. por todos BEITZKE, *Familienrecht*, p. 40; WOLFF, *Das IPR Deutschlands*, p. 161; KEGEL, *IPR*, 3ª ed., p. 301.

al. *c*), do Cód. civ. não se limita a proibir o casamento ao cidadão português ele próprio ligado por vínculo matrimonial anterior ainda não dissolvido, mas deve sem dúvida alguma interpretar-se no sentido de que declara inábil todo o nacional para contrair casamento com qualquer estrangeiro (ainda) legalmente casado segundo o ponto de vista do direito português, posto que a lei nacional desse estrangeiro — por hipótese, um muçulmano — admita a bigamia[231]. Aqui trata-se justamente de um impedimento bilateral.

90. Outra categoria de conexões múltiplas é a das conexões *subsidiárias*. Prevenindo a hipótese de faltar o elemento erigido em factor primário de conexão (por exemplo, a nacionalidade do interessado ou a nacionalidade comum dos cônjuges), a norma de conflitos designa o elemento sucedâneo a que em tal hipótese haverá que recorrer (a residência habitual do indivíduo, a residência habitual comum dos cônjuges). Pode utilizar-se o mesmo sistema quando se torne impossível averiguar o conteúdo do direito estrangeiro designado através do elemento de conexão estabelecido, ou quando se não consiga determinar o próprio elemento de conexão[232]. Ocioso acrescentar que a escolha do factor sucedâneo deverá obedecer a critérios semelhantes àqueles de que resultou a da conexão primária.

Como decorre do exposto, o referido sistema da conexão subsidiária destina-se fundamentalmente a obviar a uma situação de *impasse*: com efeito, a via proposta em primeira linha pela regra de conflitos não permite chegar à resolução do con-

---

[231] Ou tenha o casamento anterior por dissolvido.

[232] Neste sentido, o Código civ. português, art. 23.º, 2. Assim, por exemplo, recorrer-se-á à lei da residência habitual do indivíduo, não só quando este for apátrida, senão também quando for desconhecida a sua nacionalidade, ou se não conseguir apurar o conteúdo dos preceitos da respectiva lei nacional.

flito de leis. Na falta, por exemplo, de nacionalidade, ou não se tornando possível determinar a nacionalidade do indivíduo, importa escolher por outro processo a lei aplicável. Contudo, pode utilizar-se idêntico expediente noutras circunstâncias.

A relevância do elemento de conexão escolhido pela norma de conflitos é por vezes colocada sob determinada condição. É possível que uma lei seja declarada aplicável sob condição de ela própria se considerar competente. É o que se passa desde logo em virtude do reenvio: se a condição posta se não verifica, se a lei indicada pelo DIP da *lex fori* se não reputa aplicável, aplicar-se-á aquela que for designada pela norma de conflitos da referida lei[233]. É quase sempre uma ideia de harmonia jurídica internacional que está na base desta orientação.

Noutros casos, a não verificação da condição terá por consequência a aplicação de um sistema jurídico designado, também ele, pelo DIP da *lex fori* e designado mesmo em via principal: assim, a regra de conflitos poderá estipular que as sucessões por morte serão reguladas pela lei pessoal do autor da herança, a menos que a lei da situação dos bens (imóveis) se considere exclusivamente competente. Como sabemos, é o princípio da eficácia das decisões judiciais que conduz directamente a esta solução.

Apontemos ainda o caso em que a condição de que depende a aplicabilidade de uma lei está ligada ao seu conteúdo jurídico-material: a lei concretamente designada pelo elemento de conexão da norma de conflitos não será aplicada se conduzir a uma solução gravemente inadequada, do ponto de vista do legislador que criou a mesma norma. Prevenindo essa hipótese, a regra de conflitos determina o elemento de conexão a que

---

[233] Tal é, pelo menos, a orientação geralmente seguida. Mas o problema pode também resolver-se mediante recurso a uma norma subsidiária do direito do foro; cfr. os nossos *Estudos Jurídicos* III, p. 109 e s., e estas *Lições, infra*, cap. V, secção II.

deverá então recorrer-se. Pensemos numa norma como a prevista no Projecto Batiffol, segundo a qual, «se a lei pessoal do filho lhe não concede o direito a alimentos, ele os poderá todavia obter de conformidade com a lei da sua residência habitual». A solução decorrente da lei normalmente aplicável (não reconhecimento do direito a alimentos) só será, portanto, admitida (e ainda assim apenas na hipótese de a não excluir a ordem pública internacional do Estado do foro) se a lei indicada em segundo lugar não conduzir, por seu turno, a um resultado melhor[234].

§ 3.º

Relevância do factor tempo na actuação da regra de conflitos[235]

91. *Sucessão de regras de conflitos do foro.* Este problema veio sobretudo a lume com a entrada em vigor, em 1900, do Código Civil alemão, cuja Lei de Introdução contém tanto as regras do DIP, como as disposições transitórias do direito germânico. É principalmente o pensamento de ZITELMANN[236] que vamos encontrar na origem da doutrina ainda hoje dominante. Zitelmann resolve a questão de saber qual o problema que

---

[234] Muito perto deste caso se situa aqueloutro, já referido, em que a aplicabilidade da segunda lei não depende apenas do seu conteúdo material, mas também, e antes de tudo, da sua vontade de aplicação à factualidade *sub iudice* e doutras circunstâncias. Lembremo-nos de disposições como as do art. 28.º do Cód. civ. português e do art. 2291.º do Projecto francês.

[235] Entre nós foi BAPTISTA MACHADO quem estudou mais desenvolvidamente este assunto (*Âmbito de eficácia e de competência das Leis*, p. 94 e segs.)

[236] ZITELMANN, *Verhältniss der örtlichen und zeitlichen Anwendungsnormen zu einander*, Jehrings Jahrbücher, 42.º, 1900, págs. 189 e segs.

perante uma situação concreta deve ser solucionado em primeiro lugar — se o de DIP ou o de direito transitório — pela precedência do primeiro. Resolvida a questão da aplicabilidade no espaço das regras de conflitos (que só podem ser as da *lex fori*), «importará então resolver a da aplicabilidade no tempo das mesmas regras, quando estas tenham sofrido alteração». Haverá que recorrer ao procedimento da analogia. Alicar-se-ão pois, por analogia, as disposições transitórias da EGBGB[237]. Na verdade, a aplicação retroactiva da nova norma de DIP implicaria a violação dos direitos adquiridos, tal como a implicaria uma aplicação retroactiva do direito material.

Outra opinião sustentou KAN[238]. ZITELMANN ignorou que há uma diferença fundamental entre a questão transitória material e a questão do DIP transitório.

Essa diferença reside em que na primeira apenas se considera o factor *tempo*, ao passo que na segunda se tem de considerar também o factor *espaço*. Não faria qualquer sentido aplicar as antigas regras de conflitos se estas, hoje revogadas, nunca tiveram qualquer conexão com a relação jurídica a julgar. Sempre que os direitos estrangeiros são os únicos em conflito, e portanto toda a diferença entre a antiga e a nova norma de conflitos consiste no facto de para uma o direito estrangeiro aplicável ser *A* e para a outra esse direito ser *B*, é um contra-senso perguntar se a relação jurídica se constituiu antes de certa data. Se a relação jurídica em causa não tinha qualquer conexão com o ordenamento do foro, é aplicável a nova regra de conflitos, porque a lei material por ela designada não pode deixar de ser uma das leis conectadas com a relação. Só não seria assim se a aplicação desta regra a factos passados importasse a sujeição de tais factos a um sistema de direito que nenhum

[237] Como já foi dito, esta continua sendo a doutrina ainda hoje dominante.

[238] *Abhandlungen zum IPR.*, vol. I, p. 363 e segs.

contacto tivesse tido com eles no momento da sua verificação; hipótese inconcebível, por isso que a regra de conflitos designa sempre uma lei em contacto com a situação *sub judice*.

«...Com a alteração da regra de conflitos não temos uma alteração no círculo das leis «eficazes», mas apenas uma alteração do critério de escolha de uma dessas leis...»[239]. A regra de conflitos do DIP apenas se limita a intervir dentro do âmbito demarcado pelo princípio fundamental do DIP, segundo o qual a quaisquer factos apenas podem ser aplicadas as leis que com eles estejam em contacto[240]. Aquela regra opera como norma ou critério da resolução de conflitos de normas e a sua esfera de aplicabilidade no espaço e no tempo é ilimitada. «As regras de conflitos, na veste de normas de resolução de concursos, operam apenas como critério de escolha entre leis em contacto com a situação da vida», como normas «que distribuem a competência para regular a situação entre as leis em contacto com ela»[241].

Deste modo, os contactos entre as leis materiais e as situações a regular são sempre respeitados, tanto pela regra de conflitos antiga como pela nova.

Mas a regra de conflitos pode também operar como *regula agendi*, dentro da esfera de eficácia do ordenamento a que pertence, principalmente quando se trate de garantir a validade da constituição de uma situação jurídica[242].

Sendo este o caso, «é de aplicar a nova regra de conflitos, mesmo às relações anteriormente constituídas, quando se trata de relações constituídas num país estrangeiro e que nunca tiveram qualquer espécie de conexão apreciável com o direito do

---

[239] BAPTISTA MACHADO, *Âmbito*, p.106.

[240] *Ibidem*. Aquele princípio é o equivalente do princípio da retroactividade no direito transitório material.

[241] *Ibidem*, p.107

[242] A. cit., p.108.

Estado local (*lex fori*)»[243]. Se, pelo contrário, está em causa uma situação jurídica anteriormente constituída, tendo esta constituição tido lugar no Estado do foro ou tendo ocorrido num momento em que existia entre este Estado e aquela situação uma conexão relevante, não pode deixar de aplicar-se a regra de conflitos antiga sob pena de retroactividade.

92. *Sucessão de leis no ordenamento jurídico aplicável*. Ao proceder à aplicação do direito estrangeiro mandado aplicar pela regra de conflitos, pode o julgador deparar com o problema de saber se, havendo uma alteração no conteúdo desse direito, haverá que tomar em conta a antiga ou a nova regulamentação material. É este o tema do conflito transitório do direito estrangeiro aplicável.

Para a resolução de tal questão seria abstractamente possível admitir a opção pelo direito intertemporal do foro. Mas esta solução não estaria em consonância com o sentido da atribuição de competência a um direito estrangeiro para a regulamentação de uma situação plurilocalizada. Efectivamente, perante uma hipótese de sucessão de normas materiais aplicáveis, deve caber à *lex causae* a tarefa de indicar os princípios com base nos quais se optará por um ou por outro dos regimes sucessivamente vigentes. Só desse modo se conseguirá a aplicação do direito estrangeiro nos mesmos termos em que ele seria aplicado pelo julgador da *lex causae*, o que contribuirá certamente para a harmonia internacional de decisões[244].

À doutrina exposta devem, no entanto, admitir-se duas ressalvas. A primeira diz respeito aos casos em que o direito

---

[243] FERRER CORREIA, *Lições de Dip, 1950-1951*, p. 484.

[244] Para BAPTISTA MACHADO, "o momento da fixação ou concretização da conexão relevante no DIP há-de coincidir com o momento decisivo para a determinação da lei competente em direito transitório" (*Lições*, p. 234).

transitório da *lex causae* acolhe uma solução contraditória com o sentido da atribuição de competência ao direito estrangeiro, apurado através de judiciosa interpretação da regra de conflitos pertinente, e do contexto do sistema geral de conflitos do foro. Por força da segunda ressalva, não se aplicará o direito intertemporal estrangeiro quando conduza a resultados incompatíveis com a ordem pública internacional do Estado do foro. A contrariedade à ordem pública pode revelar-se mormente em certos casos de aplicação retroactiva das novas normas materiais. Mas a aplicação retroactiva da lei material, só por si, não pode reputar-se contrária à o. p. internacional. Um bom exemplo deste fenómeno passou-se em Espanha com a validação retroactiva dos casamentos religiosos celebrados durante a guerra civil, que eram nulos em face das leis da República. Tal validação não poderia julgar-se contrária à o. p. internacional do Estado português.

Considerações análogas devem tecer-se a propósito do conflito transitório de regras conflituais estrangeiras (regras de conflitos, regras sobre reenvio, entre outras), que devam ser tidas em consideração por força do DIP do foro. A sua aplicação no tempo deve depender do ordenamento em que se inserem, salvo se a solução deste decorrente contrariar o sentido da atribuição de relevância ao direito de conflitos estrangeiro pelo ordenamento jurídico do foro, ou produzir efeitos incompatíveis com a ordem pública internacional do Estado português.

93. *O conflito móvel.* O problema do conflito móvel é suscitado por uma mudança na concretização do factor de conexão e consiste em determinar qual a influência que poderão exercer em situações jurídicas já existentes as mutações verificadas nas circunstâncias de facto ou de direito em que se funda a determinação da lei aplicável. Doutra maneira: perante concretizações sucessivas do factor de conexão, a qual deveremos atender para julgar de uma situação jurídica constituída em momento anterior à última dessas concretizações?

Segundo a doutrina que se nos afigura correcta, quando o legislador não o soluciona directamente (v. o artigo 29.º do Cód. Civ.), o problema do conflito móvel deve resolver-se em face de cada norma de conflitos singular (integrada, já se vê, no sistema que a comporta), tendo em conta as razões que estão na base da escolha do elemento de conexão que ela indica. A experiência e a reflexão mostram que não é possível obter soluções satisfatórias através do recurso a uma fórmula geral, seja a do respeito dos direitos adquiridos (PILLET), seja a da aplicação imediata da lei nova, "princípio cuja transposição para o DIP leva a preferir, de entre as concretizações sucessivas do factor de conexão, a que mais próxima estiver do momento em que o juiz decide"[245]. De facto, o que justifica esta última solução é o princípio da necessária unidade de legislação, que impõe a substituição da lei actual à lei antiga[246]; ora, na hipótese do conflito móvel, este princípio só legitimaria a aplicação da norma indicada pela concretização mais recente do elemento de conexão — encaradas as coisas *do ponto de vista do julgador* — se essa norma pertencesse à *lex fori*, o que nem sempre é o caso. Fosse a *lex fori* a lei designada pela primeira concretização daquele elemento, e o referido princípio levaria naturalmente à prevalência dessa mais antiga concretização[247].

Deve entender-se que o conflito móvel é conceitualmente um conflito de leis no espaço e não um conflito de leis no tempo. Não se trata de um fenómeno de sucessão de leis no interior de certo ordenamento estadual (de um fenómeno de dinâmica legislativa), mas da "movimentação" de uma relação jurídica através de espaços em que imperam diferentes sobera-

---

[245] RIGAUX, *Le conflit mobile en DIP*, Rec. des Cours 117 (1966, I), p. 364 (obra fundamental na matéria).

[246] RIGAUX, *loc. cit.*

[247] *Ibidem*, p. 365.

nias e diferentes sistemas de direito privado[248]. A opção a tomar não é entre a aplicação de uma lei ab-rogada, mantida contudo artificialmente em vigor para certos efeitos, e a de uma lei vigente, mas sim entre duas leis ambas vigentes em Estados distintos . "A competência sucessiva das leis em conflito resulta, com efeito — na fórmula feliz de GRAULICH[249] — não de uma modificação legislativa, mas do movimento da própria relação jurídica".

Também já se escreveu neste curso que, enquanto o problema do direito internacional privado é um problema de *dinâmica das relações jurídicas*, o direito transitório ou intertemporal versa sobre um problema de *dinâmica de leis*.

Eis porque nos parece justificada a ideia, há pouco referida, segundo a qual à escolha de uma das concretizações do factor de conexão só pode chegar-se por via de interpretação da norma de DIP em causa. A lei aplicável tem de ser determinada tanto no espaço como no tempo[250]. Se o legislador não curou disso, terá o intérprete de executar a tarefa "norma por norma"[251].

Como decorre do exposto e é evidente, o conflito móvel supõe uma conexão variável. Segundo a classificação de H.

---

[248] A expressão conflito móvel deve-se a BARTIN, *Principes de DIP I*, § 78, p. 193.

[249] *Principes de DIP* (1961), n.º 175, p. 123.

[250] BARTIN aludia à necessidade de uma regra de conflitos complementar, cujo escopo seria o de precisar o momento em que o elemento de conexão deve ser tomado em consideração (*op., t e § cits.*).

[251] RIGAUX, *op. loc. cit.*, p. 370.

Esta foi a doutrina que o Instituto de Direito Internacional adoptou, na sessão de Dijon (1981): "En cas de changements dans les faits qui constituent le fondement du choix du droit applicable, le droit qui s'applique est, parmi ceux qui entrent en considération, celui dont l'application correspond le plus étroitement aux objectifs du système de conflits de lois du for" (*Annuaire de l'IDI*, vol. 49-II, p. 249). Aos objectivos do sistema de conflitos do foro não pode, naturalmente, deixar de corresponder cada uma das regras do sistema.

LEWALD, as conexões relevantes no domínio do DIP são *constantes* ou *variáveis*. O exemplo clássico das primeiras é a situação dos imóveis, caso a que importa assimilar o lugar de uma ocorrência, seja a celebração de um negócio jurídico ou a prática de um facto ilícito.

Na verdade, a qualquer acontecimento do mundo social correspondem um lugar e um tempo determinados, que pertencem à própria definição do evento e são obviamente inalteráveis. Tal facto ocorreu em tal lugar e em tal momento e não em outros. É dizer que a referência ao lugar da verificação de um evento não implica uma simples nota de localização espacial — coenvolve também uma nota de situação temporal.

Os mais importantes factores de conexão variáveis são a nacionalidade, o domicílio ou a residência de uma pessoa e a localização de uma coisa móvel.

Isto posto, passaremos a indicar qual a solução do conflito móvel no âmbito do estatuto pessoal (em matéria matrimonial), primeiro, e seguidamente no do estatuto real (direitos sobre as coisas corpóreas).

No primeiro caso, excepção feita das relações entre os cônjuges respeitantes a convenções antenupciais e regimes de bens — em que o próprio legislador decidiu resolver o conflito suscitado por uma mudança de nacionalidade (ou de domicílio) dos interessados, o que fez a favor da prevalência da nacionalidade comum (ou do domicílio comum) dos nubentes ao tempo da celebração do casamento (artigo 53.° do Cód. Civ.[252]: a chamada *petrificação* do regime das referidas relações), — no primeiro caso, pois, como vínhamos dizendo, dado o carácter voluntário da adesão a uma nova comunidade nacional (mudança de nacionalidade ou de domicílio), deve entender-se que a actual lei pessoal é aplicável à constituição de relações novas (relações

---

[252] Na falta de nacionalidade ou de residência habitual comum, é aplicável a lei da primeira residência conjugal (n.° 2).

entre os cônjuges — art. 52.°; separação judicial de pessoas e bens e divórcio — art. 55.°) e bem assim à determinação dos efeitos correspondentes a uma situação já existente na conformidade da lei antiga, mas ainda não produzidos ao tempo da mudança de estatuto[253]. No entanto, da validade de um acto (v. gr. o casamento — artigo 49.°) celebrado no domínio do antigo estatuto (da antiga *lex patriae* ou *lex domicilii*) julgar-se-á por aplicação dos respectivos preceitos jurídico-materiais e não de outros (*tempus regit actum*).

Solução diferente estaria em manifesta oposição com a intenção primordial do DIP, que não é outra (como sabemos) senão promover e assegurar o respeito e a continuidade das situações criadas ao abrigo de uma lei com a aplicação da qual os interessados podiam contar.

Quanto ao segundo caso, começaremos por sublinhar que são principalmente os interesses gerais do comércio jurídico que levam a preferir o *situs rei* como conexão preponderante em matéria de direitos sobre as coisas móveis corpóreas (art. 46.°)[254].

Nestes termos, se dado objecto é em certo momento transportado de A para B, importa submetê-lo ao mesmo regime a que se encontram sujeitas as coisas de igual categoria existentes neste segundo país. Assim o requer a necessária certeza das transacções que sobre ele venham a realizar-se — assim o reclamam os interesses gerais do comércio jurídico que em B se desenvolve. Há, portanto, que preferir a lei da situação *actual* da coisa. Mas sem por isso negligenciar os direitos que sobre ela

---

[253] A doutrina exposta vale também para os casos em que muda "o país com o qual a vida familiar se ache mais estreitamente conexa" (art. 52.°, n.° 2, *in fine*).

[254] Sobre esta matéria, cfr. o desenvolvido estudo de LUÍS DE LIMA PINHEIRO, *A venda com reserva de propriedade em direito internacional privado*, Lisboa, 1991, a págs. 108-118.

se constituíram durante a sua permanência em A, ao abrigo da legislação deste Estado[255].

Toda a solução diferente desta lesaria de modo intolerável o que sem dúvida constitui um princípio universal de direito e que é o do respeito das situações jurídicas validamente estabelecidas ao abrigo da lei que por então as regia — da lei por então competente. Daqui resulta que a um direito subjectivo constituído sobre a coisa durante a sua permanência em A nunca poderá ser aplicável a lei de B[256].

---

[255] Vale isto por dizer que a competência da actual *lex rei sitae* se pode considerar limitada a modificações que a condição jurídica do objecto venha a sofrer depois da deslocação? A ideia parece fundamentalmente correcta. V., além dos AA. cits. por François RIGAUX (BARTIN e NIBOYET), o próprio RIGAUX, *op. loc. cit.*, p. 387, e GRAULICH, *Principes*, cit., n.º 177.

[256] V., pelo que toca aos problemas de conflito móvel no âmbito do estatuto real, o citado estudo de LUÍS DE LIMA PINHEIRO, pág. 192 e segs.

CAPÍTULO IV

O conceito-quadro e o problema da qualificação[257]

94. Como já vimos, é por meio de conceitos técnico--jurídicos que as regras de conflitos definem e delimitam o res-

[257] A bibliografia sobre a tema da qualificação em DIP é vastíssima e nós limitar-nos-emos a mencionar aqui os estudos (alguns deles contidos em obras de carácter geral) mais relevantes; não será feita, porém, qualquer descriminação quanto aos trabalhos monográficos de autores portugueses.

Vide: BARTIN, *Etudes de DIP (La théorie des qualifications) e La doctrine de la qualification* (in"Rec. des Cours", 31.º); DESPAGNET, in "Journal de DIP". 1898; RABEL, *Das Problem der Qualifikation*, in ZAIP, 1931, pp. 241-288, e na "Rev. de DIP", 1933; *AGO, Teoria del DIP, 1934, Règles générales des conflits de lois*, in"Rec. des Cours", 58 (1936, IV), pp. 247 e segs. esp.313 e segs., e *Lezioni di DIP,* 1939 a 1955, pp. 68 e segs.; NEUNER, *Der Sinn der internationalprivatrechtlichen Norm,* 1932, e *Die Anknüpfung im IPR*, in ZAIP, 1934, pp.81 e segs.; ROBERTSON, *Characterization in the Conflict of Laws, 1940;* WENGLER, *Die Qualifikation der materiellen Rechtssätze im IPR*, in "Festschrift f. M. Wolff", 1954, pp. 337 e segs., *e Réflexions sur la technique des qualifications en DIP*, in 'Rev. crit.", 1954, pp. 661 e segs.; RIGAUX, La *théorie des qualifications en DIP*, 1956; MAKAROV, *Theorie u. Praxis, cit.,* "Festschrift f. H. Dolle", II; WOLFF, *Das IPR Deutschlands,* 1949, pp. 44 e segs., RAAPE, *IPR*, pp. 107 e segs., KEGEL, *IPR*, pp. 109 a 125; GAMA E SILVA. *As qualificações em DIP*, São Paulo, 1952; DIAS-ROSAS, *As qualificações em DIP* 1948; FERRER CORREIA, O *problema das qualificações em DIP,* in "Rev. de Direito e de Est. Sociais" V, 1949-1950, pp. 43-85, e *Lições de DIP,* 1969, pp. 343 e segs; BAPTISTA MACHADO, *Sobre o objecto da norma de conflitos e a sua qualificação em DIP* (diss. do curso complementar de ciências jurídicas, vol. dactil.), 1960; FERRER CORREIA e BAPTISTA MACHADO, *Conflitos de leis,* separata do "Bol. do Min. de Justiça", 1964, pp. 37-48; MAGALHÃES

pectivo campo de aplicação — o espaço ou a área jurídica em que o elemento de conexão da norma é chamado a operar. Tais conceitos têm a característica peculiar de serem aptos a incorporar uma multiplicidade de conteúdos jurídicos; são, pois, conceitos quadro[258]. De resto, a sua extensão é muito variável: se alguns designam uma das grandes divisões clássicas do sistema de direito privado (as obrigações ou os direitos reais, as sucessões por morte), referem-se outros aos negócios jurídicos em geral, ou a certa categoria de negócios jurídicos, ou mesmo a um aspecto isolado da sua regulamentação (como por exemplo a forma externa), ou ainda a determinado instituto (como a filiação, o divórcio, a responsabilidade extracontratual).

Da natureza destes conceitos — de serem eles conceitos técnico-jurídicos e não puros conceitos descritivos — nascem delicados problemas, pertencentes uns à teoria da interpretação da norma de conflitos, atinentes outros ao momento da sua aplicação. São eles que no seu conjunto constituem a *famosissima quaestio* da qualificação em direito internacional privado. Sobre este assunto vamos bordar agora algumas considerações.

95. Os problemas que se levantam são dois. O primeiro é o da interpretação dos conceitos a que vimos de fazer referência — o do critério geral a utilizar nessa tarefa interpretativa. Dele nos ocuparemos seguidamente.

COLLAÇO, *Da qualificação em DIP,* 1964 (obra fundamental na matéria); TABORDA FERREIRA, *Considerações sobre o problema das qualificações em DIP,* in "Scientia Iuridica", tomos VIII e IX, e in "Nederlands Tijdschrift voor Internationaal Recht", 1962, pp. 493-501; FERRER CORREIA, O *problema da qualificação segundo o novo DIP* português, sep. do "Bol. da Fac. de Direito", XLIII, Coimbra, 1968 e a respectiva versão em língua alemã na "Zeitschrift für Rechtsvergleichung", Wien, 1970, págs-114-135; GRUNDMANN, *Qualification gegen die Sachnorm*, München Universitätsschriften, 1985.

[258] Do alemão *Rahmenbegriffe.*

Como é óbvio, a questão não se poria se de meros conceitos descritivos ou de facto se tratasse. Em tal caso, as normas de conflitos não nos proporiam qualquer problema específico de qualificação, já que tudo se resumiria então em descrever as situações factuais contidas na previsão normativa e depois, face ao caso concreto, em subsumi-lo à categoria apropriada do direito de conflitos. Quer isto dizer que, sendo as coisas como agora as estamos a imaginar, a operação da qualificação em DIP não ofereceria qualquer nota distintiva essencial relativamente àquela que decorre no plano e no momento da aplicação dos preceitos de direito material. Só que a realidade é diferente: serão com certeza muito contados os casos em que o legislador de conflitos enveredará por tal caminho — o da utilização de puros conceitos de facto — ao elaborar as suas normas.

É, pois, de conceitos construídos pela técnica jurídica que a norma do DIP se utiliza para demarcar o objecto da conexão e, sendo assim, logo se põe a questão de saber como interpretar tais conceitos.

Determinada regra de conflitos refere-se ao instituto da separação de pessoas e bens e do divórcio, tal outra aos problemas que se inscrevem na área dos efeitos do casamento ou na dos negócios jurídicos. Mas o que é casamento, o que é divórcio para a norma de DIP que utiliza esse conceito? Vale como divórcio o divórcio "privado" do direito rabínico ou o *talak* do direito muçulmano? Até que ponto constitui a decisão de uma autoridade judiciária (ou outra, contanto que assistida de poderes de julgamento) característica essencial do conceito de divórcio para efeitos das normas de DIP da *lex fori*? Será que a união matrimonial de facto, admitida em certos sistemas de direito, poderá ser incluída na hipótese legal da regra de conflitos que se ocupa dos efeitos do casamento? A promessa esponsalícia será um negócio jurídico paramatrimonial?

O problema em análise tem sido resolvido de modos diferentes.

a) Segundo a perspectiva tradicional (teoria da qualificação da *lex fori*), a determinação do conteúdo dos aludidos conceitos obtém-se recorrendo ao direito material da ordem jurídica local. Os conteúdos subsumíveis ao conceito-quadro de dada norma de conflitos seriam precisamente os que correspondem a esse mesmo conceito enquanto conceito próprio do sistema de regras materiais da lei do foro. Por outras palavras: na execução da aludida tarefa interpretativa deveria proceder-se em termos de uma referência *automática* aos conceitos homólogos do sistema de *preceitos materiais* da *lex fori*.

Veremos adiante as razões por que este ponto de vista não pode admitir-se, nos termos em que acaba de ser formulado; veremos também, ao mesmo tempo, qual o valor a atribuir à tese da prevalência da lei do foro quanto ao aspecto referido.

b) Outra doutrina é a que sustenta, sobretudo pela voz de RABEL[259], a necessidade de construir e interpretar a norma de conflitos em função dos vários sistemas jurídicos cuja aplicação ela é susceptível de desencadear. Compreendida estritamente em função de um direito material determinado, a regra de conflito mostra-se incapaz de dar satisfação às necessidades para que foi imaginada. Com efeito, não é com instrumentos puramente nacionais que pode acometer-se e levar-se a cabo uma tarefa propriamente internacional como a que compete ao direito internacional privado. Para efeitos do art. 23.º da EGBGB, por exemplo, não deve entender-se por "tutela" só o que entende por tal o próprio BGB, mas o que se compreende em geral por essa palavra no mundo civilizado. Força é considerar abrangida na previsão da referida norma de conflitos toda a instituição jurídica que tenha por finalidade regular a representação ou assegurar a protecção das pessoas total ou parcialmente incapazes e não sujeitas ao poder paternal.

---

[259] Rev. de DIP, 1933, p. 30 e s., e *Conflict of Laws I*, p. 49-60.

Na interpretação das regras de conflitos o recurso ao *direito comparado* é, pois, de preceito. Só pelo método da comparação jurídica se torna possível apurar o conteúdo dos conceitos utilizados pelas normas do DIP.

c) A importância de que se reveste o direito comparado no âmbito do direito de conflitos é inegável. O DIP é por natureza um direito aberto a todas as instituições e conteúdos jurídicos conhecidos no mundo e a sua perspectiva forçosamente transcende os horizontes do sistema jurídico interno e a linha de contornos dos respectivos conceitos. Na categoria normativa própria de cada regra de conflitos hão-de poder incluir-se os múltiplos preceitos e os numerosos institutos estrangeiros que, no ordenamento a que pertencem, se proponham realizar a mesma função social que o legislador do foro teve em vista ao aludir a tal categoria, ou uma função substancialmente análoga. As categorias de conexão não são moldes vazios, mas são certamente formas elásticas. Ora, só o método comparativo permite captar nas instituições dos diversos países, para além das diferenças de carácter técnico-jurídico que por vezes levantam entre elas barreiras que se diriam intransponíveis, uma essência e um destino comuns.

O recurso ao direito comparado, no momento da aplicação das normas de conflitos e da subsunção aos respectivos conceitos-quadro dos conteúdos jurídicos que se ofereçam, constitui portanto tarefa indeclinável. Duvidamos, porém, de que seja necessário propugnar a via comparatista no que toca ao momento da definição *in abstracto* dos referidos conceitos. RABEL entendia que os conceitos-quadro das normas de conflitos deveriam definir-se por um processo de abstracção, a partir dos diferentes sistemas jurídico-materiais. No entanto, o caminho que assim nos é proposto apresenta, como é intuitivo, grandes dificuldades. Verdadeiramente, a empresa a que aludia RABEL não é uma empresa realizável, tanto mais porquanto, mesmo que fosse possível ao intérprete conhecer todas as leis existentes no momento em que é chamado a executar a sua tarefa, ser-lhe-ia de todo o modo impossível prever as mudanças futuras do respectivo conteúdo. Nem em rigor se faz mister proceder daquele modo, pois será bastante aceitar a ideia, já salientada, de que todo o conceito-quadro deverá ser tomado nos mais latos termos, em ordem a poder abranger uma série indeterminada de preceitos e de institutos jurídico-materiais. Como já dissemos, as categorias de conexão hão-de ter a elasticidade necessária para que em cada uma possamos incluir todas as normas e instituições que, seja qual for o seu nome, a sua forma concreta e até mesmo o seu conteúdo, desempenhem, no ordenamento estadual a que pertencem, uma função sócio-jurídica equivalente àquela que o legislador tinha em mente, quando resolveu optar por determinado factor de conexão.

E agora chegámos ao ponto verdadeiramente essencial da questão, que é a descoberta da razão ou fundamento da norma de conflitos — a reconstituição do *juízo de valor* em que ela se baseia. É esse o elemento capaz de iluminar o âmbito da respectiva categoria jurídica, expressa pelo conceito-quadro.

96. Como sabemos, todo o sistema de regras de conflitos deve ser preordenado à satisfação de determinados interesses. Ao formular essas normas, o legislador deve proceder em termos de a cada matéria ou zona de regulamentação jurídica ficar a corresponder a conexão mais adequada, em função dos interesses que em cada um desses vários sectores devam considerar-se prevalecentes. Determinar para cada preceito de direito conflitual o juízo valorativo que o enforma constitui por certo o momento mais relevante do respectivo processo interpretativo[260]. É essa a ideia que nos deverá guiar na definição dos

---

[260] Ideia corrente na doutrina (por todos, KEGEL, *IPR*, 7ª ed., p. 254); nesse sentido nos pronunciávamos já no nosso estudo de 1949 *O problema das qualificações em DIP*, agora em *Estudos Jurídicos III* (v. p. 35).

limites do conceito-quadro do preceito a interpretar; pois é evidente que a interpretação de toda a norma de conflitos, como a de qualquer preceito jurídico, só pode ser uma interpretação *teleológica*.

Ora se o DIP tem a sua intencionalidade e a sua "justiça" própria, logo por aqui se deixa ver que a interpretação dos seus preceitos e dos respectivos conceitos-quadro tem de ser conduzida com certa *autonomia*. Manifestamente, pertencendo a norma de conflitos à *lex fori*, a esta lei tem de pertencer também a sua interpretação. Só que por *lex fori* não podemos nós entender aqui a *lex materialis*, senão a *lex formalis*, o direito internacional privado dessa lei. Como já foi dito, seria erro grave supor que o conteúdo e limites dos conceitos próprios do direito de conflitos se obtêm necessariamente e apenas por via de uma simples referência aos conceitos homólogos do respectivo sistema de preceitos materiais. Um mesmo conceito pode assumir conteúdos diversos consoante o contexto normativo em que figura — consoante o fim da norma de que é elemento constitutivo. Uma teoria da qualificação *lege fori* que propugne aquela ideia da referência automática logo a um primeiro exame se revela gravemente desajustada ao espírito do DIP tal como o descrevemos em lugares anteriores deste curso; e isto nos força a rejeitá-la sem mais.

Não decorre, porém, daqui que o núcleo da previsão legal no caso da norma de conflitos não possa considerar-se constituído por aqueles preceitos e institutos civis que o conceito utilizado exprima no direito interno da *lex fori* (mas sem prejuízo do que adiante se dirá acerca da qualificação dos conteúdos jurídicos estrangeiros). Todavia, além desse núcleo existirá muitas vezes uma zona periférica formada por outros complexos normativos, a que do mesmo modo convirá o tipo de conexão preferido pela regra de conflitos considerada, isto é, para os quais será da mesma maneira válida a razão que ditou a escolha dessa conexão quanto às matérias focadas a título principal.

Diremos agora, a terminar, — é a conclusão primordial que ressalta do exposto — que um conceito-quadro abrange todos os institutos ou conteúdos jurídicos, quer de direito nacional ou estrangeiro, aos quais convenha, segundo a *ratio legis*, o *tipo de conexão* adoptado pela regra de conflitos que utiliza o mesmo conceito. Esta conclusão reveste-se de fundamental importância para resolução do problema da delimitação do âmbito das normas de conflitos umas em face das outras: o problema a que os juristas alemães chamam da *Abgrenzung*[261].

97. Mas onde o problema da qualificação assume a sua verdadeira importância é no momento da aplicação da norma: naquele em que se trata de averiguar se dado instituto ou preceito do ordenamento designado por uma regra de conflitos da *lex fori* pode subsumir-se à categoria normativa visada por essa regra.

Seja o seguinte exemplo: numa acção de letra, averiguou-se que o direito material aplicável à relação cambiaria é o de um país de *common law*. O demandado alega que a dívida se acha prescrita, reportando-se às disposições daquele sistema jurídico relativas ao instituto da *limitation of action*. Segundo a opinião dominante entre os juristas anglo-saxónicos, o referido instituto, ao invés do seu equivalente (?) nos sistemas romano-germânicos (a prescrição extintiva), não pertence ao direito substantivo, mas ao direito processual. Serão mesmo assim as citadas regras aplicáveis no país onde a questão se levanta (Portugal)? Caberão elas no âmbito do conceito-quadro da norma de conflitos do art. 4.° da Convenção de Genebra de 7-6-1930, conceito que se define pelas palavras "efeitos das obrigações"?

O DIP ordena os preceitos materiais dos diferentes sistemas jurídicos, distribuindo-os pelas diversas categorias que autonomamente estabelece. A classificação de um desses preceitos, a

---

[261] V. RAAPE, *IPR*, 5ª ed., p. 103 s.

sua inclusão na categoria *x* da norma de conflitos *m* da *lex fori*, depende de nele se verificarem as características fundamentais expressas através do conceito que define a categoria. Neste sentido e nesta medida, é curial dizer (em consonância, de resto, com o que já foi observado) que a qualificação cabe à *lex fori*.

Quanto, porém, ao material normativo a ordenar, esse pertence ao sistema jurídico em que se enquadra: as suas características reais só nesse sistema poderão colher-se, tendo em conta o seu conteúdo, as suas conexões sistemáticas e a função sócio-jurídica que nele lhe for assinada. Pois nenhuma norma, nenhuma instituição jurídica poderá ser correctamente entendida se a não situarmos no seu contexto próprio, se a isolarmos do todo orgânico a que pertence. Neste ideia se inspira o preceito do art. 15.º do nosso Código Civil.

Podemos, pois, dizer, numa síntese, que se à *lex fori* compete decidir se os preceitos considerados correspondem na verdade, atentas as suas características primordiais, ao tipo visado na regra de conflitos, é no quadro da *lex causae* que vão pesquisar-se essas características — as características das normas materiais potencialmente aplicáveis ao caso concreto.

Vejamos como a esta luz se resolve a questão concreta posta acima. A circunstância de o instituto da *limitation of action* ser considerado no direito anglo-americano de natureza processual não destrói o facto de entre ele e o instituto da prescrição dos direitos romano-germânicos existir um denominador comum, já que ambos se inspiram em razões práticas e se acham ao serviço de fins sociais ou de valores (essencialmente, a certeza ou segurança jurídica) fundamentalmente idênticos. Que o decurso do tempo extinga somente a acção ou afecte o próprio direito subjectivo, é elemento decerto importante sob o ponto de vista dogmático, mas que não altera a substância das coisas. Deste modo, não há fundamento para concluir que o falado instituto não obedeça aos requisitos necessários para ser integrado na categoria normativa a que pertencem as regras concernentes aos efeitos das obrigações cambiárias. Sendo assim, um tribunal português deveria sem dúvida, no caso acima referido, julgar procedente a defesa do réu.

98. Vendo o assunto doutra perspectiva, diremos que o problema central do tema da qualificação reside na definição do objecto desta, ou seja, o *quid* a subsumir ao conceito-quadro. Por seu turno, o problema do objecto da qualificação não é senão o do objecto da própria norma de conflitos.

Ora a regra de conflitos destina-se a coordenar os diversos sistemas jurídicos conexos com a situação da vida a regular, em ordem a evitar que leis diferentes, inspiradas em princípios distintos se não contraditórios, sejam eventualmente chamadas a decidir a mesma questão de direito. A norma de conflitos do direito internacional privado tem como objectivo prevenir ou eliminar conflitos entre preceitos materiais oriundos de ordenamentos distintos. Para tanto (já o dissemos), ela individualiza um instituto ou matéria jurídica, recorta uma questão ou núcleo de questões de direito, que religa à lei designada por certo elemento de conexão.

Sendo esta a função do conceito-quadro, logo se alcança que é a outros preceitos jurídicos que a norma se refere em última análise — a preceitos materiais do ordenamento potencialmente aplicável. Pois são eles que darão resposta ao tipo de questões jurídicas visadas pela regra de conflitos em causa: a questão da validade de um acto, a da forma do casamento, a da admissibilidade e consequências do divórcio, a da posição sucessória do cônjuge supérstite, a dos pressupostos da responsabilidade civil e da natureza e extensão do dano indemnizável[262].

---

[262] Grandes divergências reinam na doutrina pelo que tange à natureza do objecto do conceito-quadro da norma de conflitos. Diremos apenas que para nós não existe diferença essencial entre a concepção conforme a qual o objecto do conceito-quadro é constituído por uma matéria, questão ou conjunto de questões de direito — e a opinião daqueles que

Da lei designada pela norma de conflitos só podem, portanto, considerar-se aplicáveis os preceitos correspondentes à categoria definida e delimitada pelo respectivo conceito-quadro. Ou seja: uma lei nunca é convocada na totalidade das suas regras materiais, mas a norma de conflitos da *lex fori* recorta no sistema a que se refere um sector determinado e localiza nele a competência atribuída a esse mesmo sistema. Esta nos parece ser a única posição logicamente compatível com a averiguada função do conceito-quadro e o sentido da norma de conflitos. A regra de conflitos incumbe a determinada lei a execução de determinada tarefa normativa, isto é, confia-lhe a resolução de questões de direito de certo tipo: é preciso, portanto, que a intervenção desse ordenamento se efective através de preceitos que justamente se destinem ao cumprimento dessa função, que tenham precisamente o sentido de conter respostas a tais quesitos. Seria ilógico tomar do mesmo ordenamento preceitos com função e finalidade diferentes. Se, por exemplo, uma lei é declarada aplicável a título de[263] estatuto real, certo não faria sentido

sustentam consistir esse objecto em preceitos materiais: os preceitos que, num dado sistema jurídico, se destinam precisamente a dar solução a essas questões.

Na verdade, se se concebe o conceito-quadro da norma de conflitos como a enunciação de uma *quaestio iuris*, a resolver pelo sistema que apresente com a situação da vida a regular a conexão mais significativa, deve admitir-se igualmente ser à solução dada àquele problema por tal sistema jurídico que a regra de conflitos se refere. Ora, esta solução ou resposta (à *quaestio iuris* abstracta) não pode ser senão a que se obtém a partir de certos preceitos (materiais) do mesmo sistema jurídico. É, pois, a estes preceitos que a regra de conflitos se refere em última análise.

Expressamente no sentido de que as normas de certo domínio jurídico não são outra coisa senão as respostas dadas aos problemas que elas pressupõem e lhes são correlativos, ENGISH, *Die Einheit der Rechtsordnung*, p. 32.

[263] É justamente o que especifica o art. 15.° do Cód. civ. português "A competência atribuída a uma lei abrange somente as normas que... integram o regime do instituto visado na regra de conflitos".

admitir a inclusão no âmbito de competência dessa lei de preceitos situados fora daquela categoria jurídica.

O problema central da qualificação consiste, portanto, em averiguar quais sejam, de entre os preceitos materiais do ordenamento designado por certa norma de conflitos, os correspondentes à categoria definida pelo conceito-quadro dessa norma — ou, vendo a questão doutra perspectiva, em determinar se dado instituto ou preceito do referido ordenamento pode ser subsumido a tal categoria.

Nesta averiguação é que reside o aspecto ou momento mais relevante da qualificação em direito internacional privado. Verdadeiramente, é mesmo nela que consiste a qualificação *proprio sensu*: a qualificação como problema de subsunção de um *concretum* a um conceito ou a uma categoria abstracta da lei. Para tanto, há que apurar se o *concretum* reproduz as características que definem a categoria — que descrevem a hipótese da norma de conflitos encarada. E como resolver este problema? A que sistema jurídico recorrer para determinar as características predominantes do preceito ou complexo normativo dado, a fim de lhe definir a sede ou a inserção sistemático-conceitual?

Aqui, nenhuma dúvida é possível. Evidentemente, temos de atender ao *conteúdo* e à *função* dos preceitos em causa, situando-os para tanto na moldura do respectivo ordenamento jurídico. Pois será preciso demonstrar que o sentido e fins de um preceito qualquer só podem verdadeiramente atingir-se se o integrarmos no seu contexto próprio, isto é, no corpo de leis a que pertence?

Podemos, portanto, dizer, em resumo, que se à *lex fori* compete decidir se os preceitos considerados correspondem efectivamente, atentas as suas características principais, ao tipo visado na regra de conflitos (a regra de conflitos de que se parte, naturalmente), é no quadro da *lex causae* que vão colher-se essas características — as características dos preceitos potencialmente aplicáveis ao caso concreto. E assim se logra superar —

mas tão só nos precisos termos indicados — a tradicional antinomia entre qualificação *lege fori* e qualificação *lege causae.*

99. Vejamos agora qual a doutrina seguida em Portugal no que concerne, mais propriamente, ao método ou técnica a adoptar para resolver o problema da qualificação.

O ponto de partida reside na ideia, já conhecida, de que a qualificação em DIP tem por objecto preceitos jurídico-materiais. A ela acresce a seguinte ideia de WENGLER[264]: "Só a qualificação das regras jurídicas nos levará a ter em conta o facto de que existem em cada legislação civil nexos teleológicos entre as diversas normas estabelecidas por um legislador"[265]. "A necessidade de respeitar laços teleológicos que as várias normas podem ter entre si na ordem jurídica de que são tomadas, exige de nós que interpretemos as regras de conflitos como referindo-se elas a categorias de preceitos jurídicos(...). O objecto preferível da qualificação são, portanto, as regras do direito privado".

Está dito o essencial, em breves palavras. Esta e a citada anteriormente são as razões básicas da concepção em que o legislador português se inspirou. Razões a que vem somar-se aquela que se deduz do princípio da igualdade, como mais adiante veremos.

Tem, pois, a qualificação por objecto — repetimos — preceitos jurídico-materiais. O problema da qualificação *proprio sensu* consiste em averiguar se tal norma ou complexo de normas (m) de uma hipotética *lex causae*, atentas as características que reveste nessa lei, entra na categoria de conexão de uma regra de conflitos (n) da *lex fori:* precisamente da regra de conflitos de que derivará, em caso de resposta afirmativa à questão formulada, a aplicabilidade daquele sistema.

---

[264] *Réflexions sur la techinque des qualifications,* Rev. Crit., XLIII, 1954, pp. 661-691, e *Die Qualifikation der materiellen Rechtssätze im IPR* (Fest. f. M. WOLFF, 1954, p. 337 e ss.).

[265] Rev. crit. 1954, p. 672

Esta ideia é enunciada de forma expressa[266] pelo artigo 15.° do Código civil português: "A competência atribuída a uma lei abrange somente as normas que, pelo seu conteúdo e pela função que têm nessa lei, integram o regime do instituto[267] visado na regra de conflitos".

Poderá estranhar-se que se fale da "competência atribuída a uma lei" sem se ter definido previamente o método a seguir para determinar essa lei, de que se admite a competência. Mas a deficiência é tão só aparente: evidentemente, quando se alude aqui a uma lei de que se pressupõe a competência, está-se ainda na fase das *simples hipóteses*. O que o artigo 15.° quer dizer, em suma, é que, perante um sistema de direito, *S*, e uma norma *m* deste sistema, norma em que uma das partes se baseia para enunciar a sua pretensão (para afirmar que determinada consequência jurídica se verificou), vai começar-se por considerar aquele sistema como hipoteticamente aplicável ao caso vertente[267bis]. O passo seguinte consiste em averiguar se a norma *m*, considerados o seu conteúdo e escopo (e também as suas

[266] Aliás, tal ideia é mesmo a única que em termos expressos o artigo enuncia.

[267] "Regime do instituto" foi a expressão que o legislador preferiu à do artigo 2.° do anteprojecto de 1964: "categoria normativa", esta última muito mais próxima da expressão técnica, largamente consagrada pelo uso, "categoria de conexão da regra de conflitos". A expressão "abrange somente as normas que..." tem por escopo caracterizar a referência à lei material como referência "orientada ou "selectiva" — e deve entender-se como se lá estivesse escrito: "abrange *somente* e abrange *todas* as normas que...".

[267bis] Evidentemente, o artigo 15.° pressupõe que o conteúdo material desse sistema já se tornou conhecido, tendo em conta os critérios adoptados (e designadamente a disposição do artigo 23.°) em matéria de averiguação do conteúdo do direito estrangeiro aplicável, *real ou hipoteticamente* . É esta a resposta a dar às observações críticas de BERTRAND ANCEL, in Actes du Colloque "Droit International et Droit Communautaire", realizado em 1990 no Centro Cultural Calouste Gulbenkian (Paris).

conexões sistemáticas), corresponde realmente à categoria de conexão de uma determinada regra de conflitos da *lex fori*. Qual essa regra de conflitos? A este respeito nenhuma dúvida é possível: só pode tratar-se daquela de que se partiu para julgar hipoteticamente aplicável (para considerar como hipotética *lex causae*) o sistema de direito em questão. Finalmente, se se chegar à conclusão de que as características do tipo ou da categoria de conexão da referida norma de conflitos se encontram com efeito reproduzidas na disposição material *m*, nada mais restará fazer senão declarar tal disposição aplicável à situação jurídica concreta. Se, ao invés, a hipótese de que se partiu não se confirmar, terá de concluir-se pela inaplicabilidade do sistema de direito *S*.

Segue-se daqui que o Código civil português se afastou decididamente de toda a teoria que preconiza o recurso ao ponto de vista do direito material da *lex fori* para resolver o problema da qualificação. Nele se repudia o processo clássico segundo o qual, para chegar à determinação da regra de conflitos aplicável, há que começar por submeter a situação jurídica concreta às disposições do direito interno do foro a que caberia solucionar a questão *sub judice*, se a *lex fori* fosse, no caso vertente, a lei aplicável[268].

---

[268] De facto, o traço característico de qualquer teoria que se filie na concepção tradicional consiste justamente nisto: em dever começar-se por subsumir a situação concreta (o *Sachverhalt*) a uma disposição ou grupo de disposições do direito material da *lex fori*, tal como se se tratasse de um caso incluído no âmbito de competência desta lei. Procurar-se-á seguidamente a norma de conflitos que inclua na sua previsão disposições materiais da mesma natureza daquelas. A lei designada por esta norma será, em definitivo, a lei aplicável — e não é senão por tal via que se poderá determiná-la: toda a doutrina que preconize um procedimento diverso dará inevitavelmente o flanco à objecção do círculo vicioso (assim, R. AGO, *Teoria del DIP*, pp. 148 e ss, e BATIFFOL, in BATIFFOL-LAGARDE, I, n.º 293). O referido procedimento está muito bem descrito na obra de GRUNDMANN, *Qualifikation gegen die Sachnorm*; ver sobretudo p. 80, 1, *b*).

O legislador português tomou posição contrária a este procedimento, que não considerou necessário, nem conforme com o princípio da igualdade. Vejamos as coisas mais em pormenor.

a) Não o julgou necessário porque, com efeito, toda a situação da vida internacional contém em si mesma os seus pontos de contacto, as suas conexões, e traça por si mesma o círculo das leis "interessadas". É de presumir, à partida, que todas elas tenham dalgum modo impregnado os factos, influenciado as partes, gerado expectativas. Não existe *a priori* razão para excluir qualquer delas deste juízo liminar. É verdadeiramente conforme ao espírito de abertura que caracteriza o direito internacional privado que se considere implícito em todo o sistema de regras de conflitos um princípio por força do qual uma legislação *A* é potencialmente aplicável a uma situação multinacional *b* pelo simples facto de entre uma e outra existir um nexo significativo, de acordo com os critérios geralmente admitidos nesta matéria. Sendo assim, tudo o que importa saber é se a referida lei (*A*) decide a controvérsia entre as partes por meio de preceitos jurídico-materiais subsumíveis à categoria normativa da regra de conflitos do foro que tiver designado essa legislação como hipoteticamente aplicável ao caso vertente (como uma hipotética *lex causae*)[269].

Isto bastará para convencer — assim o cremos — da desnecessidade da famosa qualificação primária ou de primeiro grau[270].

---

[269] Cfr. o nosso curso *Problèmes de codification*, cit., Rec. des Cours, *t. cit.*, pp. 256 e ss. Vale o exposto por dizer (como já o havíamos referido) que o legislador português se inspirou na teoria conforme a qual a qualificação em DIP deve ser entendida como uma qualificação (ou classificação) de normas de direito material.

[270] E bem assim da falta de fundamento da objecção do círculo.

No mesmo sentido do texto, BAPTISTA MACHADO, *Lições*, p. 129.

Contudo, a qualificação primária continua a ser julgada indispensável pela maioria dos autores. Ver R. AGO (*Teoria del DIP*, pp. 138 e ss., e *Lezioni di DIP*, "*ristampa*" 1975, pp. 68 e ss.) e os partidários da sua

b) Por outra parte, é também nosso parecer que o método sumariamente descrito é o único conforme ao princípio da igualdade.

Na sua primeira acepção, o que este princípio postula é que as condições que decidem da aplicabilidade *in casu* da lei estrangeira sejam as mesma que determinariam (se fosse caso disso) a aplicação da *lex fori*. Por palavras diferentes: é mister que uma legislação estrangeira, *A*, seja declarada aplicável à situação concreta *b* desde que possa dizer-se que, em circunstâncias análogas de facto e de direito, a *lex fori* se julgaria competente. Ora, a aplicação desta lei não depende senão da existência de uma relação de correspondência entre as normas por mediação das quais ela se propõe resolver a questão litigiosa e o "tipo normativo"[271] da regra de conflitos que a designe[272].

Portanto, se a legislação *A* regulamenta a promessa de casamento como uma instituição quase-familiar, é forçoso incluí-la, para efeitos da aplicação dessa lei, na categoria de conexão do sistema de DIP do foro indicada pelo *nomen* "direito de família"

teoria. Ver ROBERTSON (*Characterisation in the Conflict of Laws*, pp. 59 e ss.) e BATIFFOL-LAGARDE (*DIP* I, 8ª ed, n.º 293). V. também os adeptos da *Stufenqualifikationstheorie* (teoria da qualificação por graus), muito seguida na Áustria: cfr. SCHWIND, *Handbuch des österreichischen IPR* (1975), p. 485, VON OVERBECK, *op. loc. cit.*, pp. 112-119, e GRUNDMANN, *op. cit.*, pp. 32 e ss.

A teoria da qualificação por graus não parece divergir significativamente da teoria da dupla qualificação de ROBERTO AGO, à qual havemos de nos referir mais adiante. Conformemente àquela teoria, deverá proceder-se primeiro a uma qualificação segundo a *lex fori*, com vista a determinar a lei aplicável (*qualificação de primeiro grau*). Uma vez esta encontrada, qualifica-se de novo aplicando essa lei (*qualificação de segundo grau*) e esquecendo a anterior qualificação. Assim explica F. SCHWIND — o autor do projecto que deu lugar à Lei federal austríaca de 1978 (projecto publicado, com amplos comentários de SCHWIND, in ZfRV 1971) — o texto do § 3 desta lei (*apud* VON OVERBECK, *op. loc. cit.*, pp 114-115).

[271] Descrito pelo respectivo conceito-quadro.

[272] A título, por exemplo, de lei nacional das partes.

ou "relações jurídico-familiares". Pouco importa que o direito interno do país do tribunal não conceda relevo jurídico aos esponsais e que a ruptura da promessa de casamento sem justa causa apenas possa ser considerada aí como fundamento de responsabilidade (extracontratual) pelo dano causado à outra parte[273]. Se o contrato esponsalício foi celebrado entre duas pessoas de nacionalidade portuguesa, o facto de a ruptura se ter verificado num país onde prevalece a qualificação delitual não deveria impedir um tribunal francês de julgar a causa conformemente aos princípios do direito português (Cód. civil, arts. 1591.º a 1594.º). Só procedendo deste modo se chegará a colocar em pé de igualdade a lei estrangeira e a *lex fori*. Efectivamente, salta aos olhos que a *lex fori* se acharia aplicável em condições semelhantes, ou seja: se ela regulasse a promessa matrimonial através de disposições análogas às do Código civil português — e se fosse, além disso, a lei nacional comum dos interessados.

Por outra via, este é o único caminho que permitirá alcançar a harmonia jurídica entre as duas legislações consideradas. Se, ao invés, se pretende resolver o problema utilizando o ponto de vista do direito material do foro sobre os esponsais (isto é, a qualificação delitual), é certo e seguro que jamais se chegará a uma solução uniforme.

Similarmente, se na lei aplicável ao regime de bens dos cônjuges o regime legal é o da administração dos bens da mulher pelo marido e se na mesma lei se encontra uma norma pela qual o marido administrador dos bens da mulher está obrigado a adiantar-lhe uma provisão *ad litem*[274], esta norma, posto que se não refira minimamente aos direitos dos cônjuges sobre os seus bens, deverá ser aplicada ao julgamento do pedido de provisão, pelo único facto da sua conexão teleológica com as regras

---

[273] Como acontece em França e no Brasil.

[274] Este exemplo é dado por WENGLER, *Réflexions, cit.*, Rev. e tomo citado, p. 669.

que formam o núcleo do regime da administração marital do património da mulher. Pouco importa que uma regra semelhante exista também na lei aplicável às relações pessoais dos cônjuges e que tal disposição nada tenha a ver, aí, com o regime dos bens, mas se relacione, antes, com o dever de assistência mútua dos esposos. Pouco importa igualmente que esta última posição seja também a do direito interno do foro. Seja como for, o tribunal deverá julgar procedente a acção proposta pela mulher, mesmo que a solução dada ao problema pela lei reguladora das relações pessoais, em virtude das circunstância do caso[275], fosse diferente. E um juiz do Estado desta última lei não deveria agir doutra maneira.

100. Em resumo: O método de qualificação sumariamente descrito foi aquele por que optou o legislador do Código civil português. A seu favor poderão aduzir-se, como principais argumentos, os seguintes (como, aliás, já foi em parte sublinhado):

a) A denominada qualificação primária ou de primeiro grau é uma *démarche* inútil, contrária a esse espírito de rasgada abertura que deve continuar a ser pedra de toque de todo o sistema de DIP. Isto conduz à rejeição da teoria clássica[276], seja qual for a modalidade que se considere.

Dessas diferentes modalidades vamos expor aqui apenas duas.

I. Comecemos por aquela que mais perto se encontra da nossa concepção, por também nela se operar com a ideia de uma qualificação de normas. Trata-se da teoria de ROBERTSON[277].

---

[275] Isto é, por se tratar, *v. gr.*, de uma acção visando a dissolução do vínculo matrimonial, a propósito da qual se pode entender que não faz sentido o apelo ao referido dever de assistência mútua dos cônjuges.

[276] *Vide* nota 268, onde se aponta a característica fundamental desta concepção.

[277] *Characterization, cit.*, págs. 59 e segs., 66 e segs., 118 e segs., etc.

Para este autor, há que distinguir no processo da qualificação duas operações. A primeira ("primary characterization") incide sobre a situação de facto que dá origem à questão ou controvérsia jurídica[278]. O problema que se levanta aí é o da subsunção da factualidade *sub judice* a uma categoria abstracta da lei — a uma das categorias do direito de conflitos do foro — em ordem à determinação do ordenamento competente. Em regra, é da própria *lex fori* que depende a solução deste problema.

Diversamente, a segunda qualificação ("secondary characterization") é uma qualificação de normas[279]. A qualificação primária tornou possível a individualização da lei ou leis aplicáveis aos diferentes aspectos da situação litigiosa. Trata-se agora de averiguar se uma norma particular ou bateria de normas do sistema ou de um dos sistemas designados como competentes pertence ou não à ordem de questões que a regra de conflitos do foro deferiu a esse mesmo sistema. Essa definição compete ao próprio sistema jurídico de que faz parte o preceito ou grupo de preceitos em causa.

Sendo as coisas assim, está bem de ver que a teoria exposta não difere grandemente da por nós sustentada no que tange à chamada qualificação secundária. O verdadeiro ponto de divergência entre ambas é o tema da qualificação primária. É, pois, o rigor desta ideia que nos cumpre apreciar.

ROBERTSON observa que o nosso problema surge, por vezes, como incidente no processo de actuação da norma de conflitos já determinada como aplicável em momento anterior; em tal hipótese, a única questão susceptível de pôr-se é uma questão de qualificação secundária. Simplesmente, o conhecimento de qual seja a regra de conflitos aplicável ao caso supõe que se tenha previamente "qualificado" a situação factual que se apresenta ao juiz, isto é, que se tenha previamente operado a

---

[278] Págs. 59 e segs.

[279] Págs. 118 e segs.

sua subsunção a uma das categorias do direito conflitual do foro[280]. É nesta operação que consiste a qualificação primária. Qualificados os factos, está definida a norma de conflitos aplicável e fixada em definitivo a competência da lei. A qualificação primária (*lege fori*) seria, assim, um passo obrigatório e decisivo para a determinação da regra de conflitos apropriada ao caso e da legislação competente.

O certo, porém, é que este entendimento das coisas e este procedimento estão bem longe de ser forçosos. Limitar-nos-emos aqui a remeter para o que foi dito páginas atrás sobre este tema da qualificação primária.

II. Para outro dos ramos da teoria tradicional — que conta entre os seus representantes alguns dos nomes mais ilustres da doutrina transalpina, como ANZILOTTI, FEDOZZI e ROBERTO AGO[281] — há igualmente que desdobrar a questão da qualificação em dois problemas. O primeiro, como problema de interpretação da norma de DIP, é um problema a resolver no âmbito da *lex fori*. Consiste em averiguar quais as relações da vida que a regra de conflitos pretende designar através de uma determinada qualificação jurídica. A resposta é que essas relações são precisamente aquelas que, se não fosse a circunstância de se apresentarem como estranhas à vida jurídica local, encontrariam a sua disciplina nas normas substanciais do ordenamento do foro que atribuem a referida qualificação às hipóteses que contemplam.

Resolvido este ponto, averiguada pelo processo descrito a natureza da situação *sub judice*, está determinada a regra de conflitos aplicável ao caso e encontrada a lei competente. Resta averiguar que regulamentação deriva dessa lei para a relação concreta. Para tanto, há que qualificar de novo esta relação; e

---

280 *Ibidem*, págs. 66 e segs.

281 *Vide* deste último A. a *Teoria del DIP*, págs. 138 e segs., e as *Lezioni di DIP*, págs. 68 e segs. da "ristampa" de 1955.

como o problema que se levanta agora é relativo à interpretação e aplicação de normas do sistema jurídico estrangeiro indicado como aplicável pelo DIP do foro, nenhuma dúvida de que é à luz desse sistema que cumpre resolvê-lo.

Tal é, a traços muito largos, a denominada teoria da "dupla qualificação". Que dizer sobre ela?[282]

1) A teoria exposta distingue-se da precedente na medida em que nela a segunda qualificação (a chamada por alguns qualificação "material"), ao invés da "secondary characterization" de ROBERTSON, não tem por função "localizar" a competência atribuída a uma lei em determinado capítulo ou "sector" do sistema (não tem, pois, uma função limitativa), mas vai tão-somente dirigida à pesquisa das normas que na lei designada regulam os tipos de situações em que se enquadre a situação concreta. Trata-se, por conseguinte, de uma doutrina que por inteiro se desinteressa da "natureza"[283] que os preceitos estrangeiros aplicáveis assumem no sistema legislativo a que pertencem — de uma doutrina que envolve a ideia de uma remissão indescriminada para o ordenamento estrangeiro, de uma remissão potencial para a totalidade dos preceitos que integram esse ordenamento.

Quanto a nós, esta visão das coisas não é correcta. Como já tivemos o ensejo de dizer, o DIP actua por adstrição de funções normativas aos diferentes sistemas de direito. Para tanto, as suas normas operam cortes, distinguem planos ou perfis, talham sectores nesses vários sistemas, e definem as condições de aplicabilidade dos preceitos correspondentes a cada uma dessas divisões. Como escreveu NEUNER[284], "o DIP secciona as ordens

---

[282] Para uma crítica dos pressupostos teoréticos da posição de AGO, v. MAGALHÃES COLLAÇO, *op. cit.*, págs. 113 e segs.

[283] Definida ela essencialmente pelo conteúdo, conexões sistemáticas e função sócio-jurídica das normas.

[284] A pág. 120 do estudo cit., da ZAIP, *Die Anknüpfung im IPR*. No mesmo sentido, WENGLER, *Réflexions,* cit., na "Rev. crit.", pág. 661.

jurídicas em grupos de normas e determina para cada um destes grupos o seu domínio de aplicação". Ora se o sentido da regra de conflitos é cometer certa função normativa a determinada lei, só podem logicamente reputar-se abrangidas no seu âmbito (e no objecto da referência a essa lei) normas que no respectivo sistema jurídico estiverem precisamente vinculadas a tal função. Definida uma lei como competente quanto a determinado sector ou matéria jurídica, seria, parece-nos — de novo o dizemos — de todo incongruente tomar dessa lei e aplicar ao caso normas que, em razão da natureza das necessidades sociais a que principalmente se dirigem, são incluídas aí em diferente sector do sistema.

Eis, em resumo, por que pensamos que o problema da chamada qualificação material não foi adequadamente resolvido por AGO e os da sua escola.

2) Voltemos agora a nossa atenção para a qualificação "de competência".

a) Já sabemos que, segundo AGO, este problema consiste em averiguar a que situações da vida quer a regra de conflitos referir-se mediante o emprego de determinada noção jurídica — e que a questão se resolve recorrendo às normas substanciais da *lex fori* que utilizam o mesmo conceito para delimitar a esfera de relações que pretendem disciplinar.

Esta posição do professor italiano articula-se com a sua concepção geral do DIP, concepção essa que, no entanto, não nos propomos discutir aqui. Diremos apenas que R. AGO entende as normas de conflitos como exclusivamente destinadas a definir e balizar o campo de aplicação dos sistemas jurídicos estrangeiros. O DIP seria uma disciplina jurídica especial instituída para aquelas relações que, por estranhas à vida interna do Estado, não seria adequado submeter ao ordenamento local[285]. Outra é

[285] Cfr., p. ex., *Règles générales*, págs. 296 e segs. do vol. *cit.* do *"Rec. des Cours"*. A referida concepção repousa, segundo o A., nos princí-

a nossa concepção do direito de conflitos[286]. Para nós, o DIP é o conjunto de critérios normativos através dos quais se há-de apurar, em qualquer hipótese de conflito ou concurso de leis (e, logo, para todas as situações conectadas com várias sistemas jurídicos), qual deverá ser aplicada. A aplicação dos preceitos materiais do ordenamento nacional também está dependente da intervenção de uma norma de DIP, salvo tratando-se de relação puramente interna. Esta concepção foi inteiramente perfilhada pelo nosso legislador; por isso as normas de conflitos do Código de 1966 são *rigorosamente bilaterais*, isto é, são normas que se propõem delimitar tanto o campo de aplicação das leis estrangeiras, como o âmbito ou esfera de competência do próprio direito nacional. E se isto é assim, tem logicamente de entender-se que os pressupostos de aplicabilidade dos diferentes sistemas jurídicos são os mesmo, pois a norma que os manda aplicar é efectivamente uma só. O legislador, ao decidir enveredar pelo caminho da formulação de regras de conflitos bilaterais[287], inspira-se num princípio de *paridade de tratamento*[288], ou

---

pios da universalidade e exclusividade da ordem jurídica nacional (princípios que se não aceitam, pelo menos nos termos em que ele os formula). Em sentido idêntico se pronunciam vários outros autores italianos, como MORELLI, *Lezioni di DIP*, 1946, págs. 35-40, e MONACO, *L'efficacia della legge nello spazio*, 1952, págs. 20 e segs.

[286] *Supra*, cap. III, n.º 84.

[287] Como é evidente, fala-se aqui de regras de conflitos bilaterais para acentuar que se trata de regras que se ocupam também da aplicabilidade do direito privado nacional.

[288] Princípio que, aliás, já era conhecido do sistema jurídico português antes da entrada em vigor do actual Código Civil. Efectivamente, sendo condição do reconhecimento de uma sentença estrangeira, segundo o art. 1096.º, *c*), do anterior CPC, a competência internacional do tribunal que a proferiu, e devendo essa competência aferir-se pelas regras do direito português sobre a competência internacional dos tribunais locais (texto citado), a esta referência era atribuída a significação seguinte: o tribunal estrangeiro será tido por internacionalmente competente, contanto

seja, na ideia de que os factores que decidem da aplicação das suas próprias leis hão-de ser também — tanto em abstracto como em concreto — os que desencadeiam a aplicação das leis dos outros Estados. De resto, só deste modo o direito de conflitos *nacional* estará à altura da missão internacional que lhe cumpre assumir.

Toda a norma de conflitos bilateral, já se disse, pode decompor-se em tantas regras unilaterais quantos os ordenamentos existentes. Uma destas regras unilaterais, obtidas por "desintegração" da síntese que a norma bilateral representa, é a que determina a aplicabilidade da própria *lex fori*. Sendo a norma de conflitos *real* uma única, parece evidente que os factores que nessa regra unilateral decidem da aplicação dos preceitos da *lex fori* terão de ser os mesmos que cobram relevo na moldura das outras regras unilaterais em que se desdobra a norma de conflitos considerada. Ora, é fora de dúvida que a aplicabilidade dos preceitos materiais da lei do foro a determinada situação da vida depende unicamente do facto de os preceitos em causa — aqueles que nessa lei contemplam tais categorias de situações —, tomados pelo que estatuem e pelo escopo que visam ao estatuir desse modo, caírem dentro do âmbito traçado pela regra de conflitos que justamente conexiona a relação *sub judice* com tal ordenamento. Seja, por ex., a norma de conflitos que submete as relações entre pais e filhos à lei pessoal dos primeiros. Se estes são portugueses e se averigua que determinado preceito da lei portuguesa[289], *dado o seu conteúdo e fim,* se

---

que em circunstâncias idênticas um tribunal português tivesse podido julgar-se competente e, assim, conhecer da causa, à luz dos critérios estabelecidos pelo art. 65.° do CPC. Cfr. sobre isto as nossas *Lições,* versão de 1963, págs. 823 e segs., e versão de 1969, pág. 829.

[289] Veja, *v. gr.*, a disposição do art. 877. n.° 1, do Cód. civ., segundo a qual os pais não podem vender a um filho sem consentimento dos outros.

integra exactamente no estatuto daquelas relações jurídicas, de nada mais precisamos para declarar esse preceito aplicável ao caso.

Pois é nestes precisos termos que há que tomar a mesma norma de conflitos, quando esteja em causa a aplicabilidade de um sistema jurídico estrangeiro. De resto, esta paridade não se impõe apenas por ser lógica: impõe-se principalmente por ser justa. É justo que o DIP coloque os diferentes sistemas jurídicos em pé de igualdade, ou seja, que uma legislação estrangeira seja considerada competente sempre que, se ela fosse a *lex fori* e as mesmas as circunstâncias ocorrentes, a *lex fori* se apresentasse como aplicável.

Mas é claro que tal solução só resultará possível, contanto se renuncie à ideia de que há que proceder inicialmente a uma qualificação da situação factual concreta, recorrendo para tanto ao sistema de regras materiais do ordenamento do foro.

b) A doutrina a que aderimos (e que só o Código português consagra) assegura de imediato a aplicação ao caso concreto de todos os preceitos da lei declarada competente que se relacionem de modo essencial, pelo conteúdo, fins e conexões sistemáticas, com a matéria ou a questão de direito em causa — ao mesmo tempo que rejeita qualquer norma situada além da fronteira traçada pela regra de conflitos.

Isto equivale a dizer que a referência da norma de DIP a uma lei (quer se trate da lei do foro, quer de qualquer outra) não abrange a totalidade das suas disposições (não é uma *offene Verweisung*), mas vai apenas dirigida às que possam subsumir-se (dado o seu conteúdo, escopo, etc.) na categoria normativa da regra de conflitos.

c) Finalmente, só a posição adoptada pela doutrina portuguesa e o Código civil português toma na devida conta o princípio da *paridade de tratamento*, porque só ela se mantém fiel à ideia de que os factores determinantes da aplicabilidade das leis estrangeiras deverão ser os mesmos que decidem da aplicação das nossas próprias leis. Toda a qualificação *lege fori*, pois que privilegia esta lei obrigando a subsumir ao seu sistema de regras materiais a questão de direito em causa (ou a situação jurídica concreta) a fim de se chegar à identificação da regra de conflitos aplicável, lesa manifestamente o princípio da igualdade de tratamento.

101. *Os conflitos (positivos e negativos) de qualificações* — O processo de qualificação descrito poderá conduzir, por vezes, a situações embaraçosas. Vamos que no sistema jurídico *S*, designado pela regra de conflitos *m*, a norma a que caberia resolver a questão controvertida pertence justamente à categoria normativa visada naquela regra, e que o mesmo se passa com o sistema S_1, a que se refere a regra de conflitos *n*: aí temos uma situação em que se verifica a concorrência de preceitos materiais de leis diferentes, convocadas a títulos também diferentes, para regular o mesmo caso, ou o mesmo aspecto de certo caso (*cúmulo jurídico*). Aliás, a hipótese inversa — ausência de normas aplicáveis, *vácuo jurídico* — é igualmente possível, como logo se intui.

Como resolver estes conflitos positivos e negativos de qualificações?

O Código Civil português não propõe aqui qualquer directiva, e bem se percebe porquê. Na verdade, o tema é assaz complexo e a doutrina mostra-se neste ponto ainda muito hesitante. Ao que se nos afigura, a questão não alcançou, por enquanto, o grau de amadurecimento suficiente para que a intervenção do legislador em tal matéria possa considerar-se desejável.

Por nós, de há muito pensamos[290] que a solução dos mencionados problemas deve normalmente buscar-se no plano do próprio DIP. Para tanto, tentar-se-á definir uma relação de hie-

---

[290] Desde o nosso trabalho, já citado, de 1949, hoje em *Estudos Jurídicos III*, p. 35 e segs.

rarquia entre as qualificações conflituantes, o que é o mesmo que dizer entre os institutos ou as categorias de normas por elas referenciadas. Por tal via se chegará ao sacrifício de uma das regras de conflitos em presença e à não aplicação do sistema jurídico por ela indicado. Mas como proceder para alcançar esse objectivo? De que critério ou critérios nos iremos servir para optar, no caso concreto, por uma das duas qualificações que se oferecem? Esse critério será fundamentalmente o dos fins a que as várias normas de conflitos vão apontadas — o dos interesses que elas intentam servir. É do peso relativo desses interesses que deverá ressaltar a solução do problema.

Mas se o critério geral que preconizamos é este, cremos que a questão só poderá ser, por vezes, correctamente resolvida se nos colocarmos numa perspectiva diferente, uma perspectiva jurídico-material. Haverá então que ter em conta as soluções oferecidas pelas próprias leis em presença, já para entre elas optar, já para as harmonizar entre si (adaptação), em termos de se tornar possível a sua aplicação combinada, já para aplicar uma única dentre elas, mas depois de convenientemente ajustada à nova situação que se apresenta (ainda adaptação).

Um exemplo: *A* e *B*, ambos alemães, prometem-se mutuamente em casamento. Algum tempo depois, *B* — que nessa ocasião se encontra em França — revoga a sua promessa sem justa causa. Pergunta-se que direitos poderá a outra parte fazer valer. Suponhamos que a questão se levanta em Portugal. *Quid juris*?

É certo e seguro que as disposições da lei alemã sobre os esponsais pertencem já ao domínio do direito da família, sendo, portanto, o direito alemão competente — e aplicáveis as aludidas disposições desse sistema jurídico. Mas não deverá dizer-se outro tanto da norma do *Code civil* (art. 1382.º) que consagra em termos gerais o clássico princípio do *neminem laedere*? Com efeito, o direito francês não contém qualquer regulamentação especial em matéria de contrato esponsalício e, por conseguinte, a ruptura da promessa de casamento só poderá ser relevante, em França, se encarada do ponto de vista da responsabilidade por facto ilícito extracontratual. Ora nesta matéria a conexão decisiva, segundo o DIP português, é o lugar onde decorreu a actividade causadora do prejuízo.

Eis-nos, pois, em presença de um caso de cúmulo jurídico.

A nosso ver, o conflito deve resolver-se a favor do direito alemão. Porquê? Porque, de duas regras materiais em competição, se uma reveste carácter de generalidade e a outra contempla em especial o tipo de situações em foco, é a última que deve prevalecer: a máxima *lex specialis derogat legi generale* pode ser transposta para o plano do DIP.

De resto, o tipo de raciocínio — e de solução — será o mesmo na hipótese inversa: esponsais celebrados entre franceses, ruptura da promessa verificada na Alemanha (vácuo jurídico). Também nesse caso é ao direito alemão que cabe a primazia, por ser ele (dado o carácter de *jus speciale* que revestem os seus preceitos relativos à matéria) que presumivelmente melhor se ajustará à situação.

Diremos, por último, que o facto de a doutrina propugnada sobre a qualificação poder engendrar dificuldades do tipo das que acabam de ser referidas não é razão que permita condená-la. Se não erramos, só uma posição de rígida sujeição à *lex fori*, como a que é defendida por AGO[291], poderia acaso eliminar aquelas dificuldades; no entanto, essa tese é absolutamente inaceitável, como se demonstrou, quer no seu mesmo princípio fundamental, quer em razão da impropriedade das soluções que em muitos casos nos forçaria a admitir. Por outra via, é também certo que a produção de situações semelhantes às acima descritas está longe de ser uma consequência exclusiva do método de qualificação adoptado. Na verdade, tais situações serão fenómenos inevitáveis, enquanto o direito de conflitos conti-

---

[291] V. *supra*, págs. 217 e segs.

nuar a servir-se, para resolver os seus problemas, do processo ou técnica da especialização[292]. Nenhuma teoria da qualificação estaria em condições de suprimir esses fenómenos, eliminando dos quadros do DIP o problema específico que eles suscitam: o problema da adaptação.

102. *Conflitos positivos de qualificações; algumas aplicações da doutrina exposta.* — Façamos algumas aplicações do critério atrás proposto a título principal para dirimir os conflitos de qualificações. Analisemos alguns tipos desses conflitos.

a) Conflito entre a qualificação «forma» e a qualificação «substância».

Os conflitos deste tipo resolvem-se sem dificuldade de maior, e justamente pela atribuição de primazia à qualificação «substância» e à norma de conflitos relativa aos requisitos de fundo do acto jurídico[293].

Para justificar esta preferência basta atentar nos fins a que se dirige a criação de uma conexão especial para a forma externa dos negócios jurídicos. Dada a natureza unitária do negócio, o que estaria em princípio indicado era submetê-lo no conjunto dos seus aspectos — validade intrínseca, requisitos de forma e efeitos — a uma única lei. Só que, ao mesmo tempo que se fazia esta observação, ponderava-se também que razões práticas de valia inegável militam a favor da manutenção da velha regra estatutária e bartoliana *locus regit actum*. Pois em muitos casos torna-se difícil aos interessados apurar com rigor, no país onde se encontram e onde pretendem celebrar o negócio jurídico, a lei aplicável à substância do acto ou as formalidades prescritas por essa lei; podendo ainda ocorrer que tais formalidades sejam

---

[292] Sobre os inconvenientes do processo, cfr. SCHWIND, no já cit. estudo *Von der Zersplitterung des Privatrechts durch das IPR und ihrer Bekämpfung*, in ZAIP, 1958, págs. 449 e segs..

[293] Neste sentido, em face do direito anterior ao Cód. de 1966, MAGALHÃES COLLAÇO, *op. cit.*, n.os 116-117.

impraticáveis no referido país. E foi assim que, por influência de SAVIGNY e v. BAR, o princípio *locus regit actum*, sem deixar de vigorar, todavia perdeu a sua natureza imperativa tradicional: passou a significar unicamente que o acto jurídico não deixará de produzir efeitos se obedecer, não à forma da lei chamada a regular-lhe a substância, mas à da lei do lugar da celebração.

Esta posição, na medida em que implicava o reconhecimento de que a competência do «estatuto do acto» (o «Wirkungsstatut» da doutrina alemã) abrange a própria forma externa (desvalorizando, pois, o princípio l. r. a.), justificaria só por si que, na hipótese de um conflito entre normas das referidas leis originado numa divergência de «qualificações», se optasse pela qualificação de substância e pela aplicação do sistema jurídico designado pela regra de conflitos relativa a esta matéria. A conclusão impõe-se de plano, sem mais averiguações, se da lei competente para regular a substância do acto resulta ser este válido, ao passo que a *lex loci* o julga nulo por defeito de forma: a solução da validade é aqui a solução incontestavelmente certa; a oposta estaria em contradição aberta com o escopo fundamental da regra l. r. a.

Exemplo: A *lex loci actus* proíbe o testamento conjunto ou de mão-comum, entendendo-se ser essa proibição principalmente devida a razões da ordem daquelas que estão na base do formalismo do acto testamentário (assim acontece em França). Ao invés, a lei nacional dos contestadores (lei alemã) permite-o em determinadas condições, sujeitando-o a um regime especial; e no Estado a que os contestadores pertencem prevalece o entendimento de que os problemas relativos ao testamento de mão-comum respeitam à substância do acto, não à mera forma. Em virtude das razões expostas, o testamento deve ser considerado válido à face dos princípios do DIP português.

Mas a evolução do princípio l. r. a. em matéria de forma não se deteve no ponto acima indicado. Avançando mais um passo, chegou-se ao entendimento de que a autonomia do estatuto da forma é incompleta, porque o estatuto do negócio jurídico pode exigir a observância de uma forma especial, mesmo que o negócio seja celebrado no estrangeiro.

Esta orientação foi expressamente consagrada no nosso Código civil: no art. 36.°, 1, para os negócios jurídicos em geral, no art. 65.°, 2, para as disposições por morte. Poderíamos dizer, se quiséssemos adoptar a terminologia de RAAPE[294], que o lugar da celebração do negócio só vale entre nós em matéria de forma como conexão *secundária*[295].

103. Assim se vê como o DIP vigente atribui ao estatuto da forma uma posição subordinada face ao da substância ou validade intrínseca do negócio jurídico. Se na celebração do negócio se deu cumprimento à *lex loci*, mas deixou de se observar a forma que a *lex causae* prescreve, sob pena de nulidade. ainda que o acto seja praticado no estrangeiro, o preceito da *lex causae* prevalece.

Como é evidente, esta hipótese nada tem que ver com a do conflito de qualificações. Contudo, o problema tem sido por vezes considerado como tal e resolvido a essa luz.

---

[294] *IPR*, pág. 214.

[295] Todavia, esta regra parece sofrer uma excepção: a do art. 50.°. De facto, se o casamento obedecer à forma da lei do Estado da celebração, o acto será válido, seja qual for a atitude que tome a esse respeito o Estado nacional dos nubentes. Mas também se poderá entender que esta imperatividade da forma da *lex loci* (imperatividade que em todo o caso comporta a atenuação do n.° 1 do artigo seguinte: casamentos consulares entre estrangeiros) só existe para os casamentos a celebrar em Portugal: aos casamentos celebrados no estrangeiro teria plena aplicação a ressalva do art. 36.°, 1 *in fine*.

Contudo, a questão parece ser ociosa, já que na hipótese em que ela poderia interessar verdadeiramente (casamento civil celebrado em determinado país entre nacionais de um Estado para o qual só o casamento religioso é casamento) há razões especiais (como veremos) que nos levam a conceder todo o valor ao matrimónio.

Assim, no famoso caso estudado por BARTIN (*caso Bártolo*) do testamento ológrafo feito por um holandês em França. O direito francês admite o testamento ológrafo; diversamente, o Cód. civ. holandês (art. 992.º) não só não considera válida esta forma de testar, mas nega expressamente todo o valor aos testamentos ológrafos de nacionais holandeses feitos no estrangeiro. Para BARTIN, o problema devia pôr-se nestes termos: tudo depende da qualificação que se atribua à questão da admissibilidade do testamento ológrafo e à norma do Código holandês que a resolve pela negativa. Trata-se de uma questão ou ponto de mera forma, como se entende em França? Será competente a lei francesa e o testamento válido. Na Holanda, todavia, considera-se que a referida proibição do art. 992.º estabelece uma incapacidade. Aceitando-se esta premissa, será aplicável o direito holandês e nulo o testamento. BARTIN pronunciava-se em geral pela prevalência da qualificação da *lex fori*, e por isso concluía aqui pela validade do acto testamentário.

O problema estava, no entanto, mal posto. Não se tratava no caso de um conflito *latente* entre *lex patriae* e *lex loci actus*, um conflito provocado por uma divergência quanto à natureza de uma controvérsia ou questão jurídica determinada (basta atentar em que os preceitos materiais conflituantes se referiam ambos, sem qualquer ambiguidade, a uma certa *forma* do acto testamentário: a forma ológrafa); tratava-se, sim, de um conflito ostensivo, *patente* entre duas normas de DIP: a do sistema jurídico francês que, consagrando o princípio *locus regit actum*, reivindica para este sistema plena competência no âmbito da forma dos negócios jurídicos, e a do art. 992.º do Cód. civ. holandês[296] que em matéria testamentária introduz certo desvio àquele

[296] O nosso Código de 1867 continha uma providência semelhante (art. 1961.º). Também o Código actual exige, quanto aos testamentos feitos por cidadãos portugueses em país estrangeiro, a observância de «uma forma solene na sua feitura ou aprovação» (art. 2223.º).

princípio, a favor da lei nacional do testador, sempre que esta lei seja a holandesa.

104. Vejamos agora um caso de conflito de qualificações da espécie que estamos a considerar.

Seja o casamento de um grego com uma alemã celebrado em Colónia na forma civil, única que o direito alemão conhece, numa época em que, segundo a perspectiva do direito grego, o acto não chegava a participar da vera natureza do matrimónio. Esta discrepância traduzia um antagonismo radical de concepções acerca da natureza do matrimónio: um puro acto do estado civil na Alemanha, um acto essencialmente religioso, um sacramento, na Grécia. Nesta concepção se filiava a norma do Cód. civ. grego (art. 1367.º) que impunha aos cidadãos gregos a celebração religiosa, mesmo que o casamento fosse realizado em país estrangeiro. Logo, esta norma dizia respeito à substância do acto — pertencia, a todas as luzes, ao estatuto da substância, que não ao da forma. A sua aplicabilidade ao caso concreto não suscitava, portanto, dúvidas. E o mesmo se diga, já se vê, quanto aos preceitos da lei alemã que regulam a solenidade do acto matrimonial: regras de mera forma, elas situam-se incontestavelmente dentro da esfera de competência da *lex loci*.

Eis, pois, desenhados os termos de um conflito (positivo) de qualificações: se as normas do direito alemão relativas à solenidade do acto matrimonial correspondem à categoria de conexão da regra de conflitos do art. 50.º do nosso Cód. civ., também por seu turno a citada antiga norma da legislação grega era subsumível ao conceito-quadro «substância ou validade intrínseca do casamento»[297]. Tanto em relação a umas como a outra se verificam os pressupostos que decidem da sua aplicabilidade ao caso concreto. Trata-se, porém, de disposições inconciliáveis, cuja aplicação simultânea era impossível.

---

[297] Regra que não está expressamente formulada no Cód. civ., mas que facilmente podemos construir partindo do art. 49.º.

Como já dissemos, o conflito deveria resolver-se pela prevalência da qualificação substância. Era esta, realmente, a solução que melhor se coadunava com a natureza da regra l. r. a. no sistema de DIP português. E não será à lei pessoal dos nubentes que cabe definir a natureza ou essência do matrimónio? Mesmo que se entenda que em matéria de casamento o princípio *locus regit actum* reveste entre nós natureza imperativa, é evidente que a aplicação de tal princípio deverá em todo o caso fazer-se sem menoscabo da competência da lei pessoal pelo que toca àquele primordial aspecto da questão.

No entanto, talvez deva entender-se que a solução a que se chegou — predomínio da qualificação «substância», daí aplicação exclusiva da lei pessoal e, logo, inexistência do casamento — é repelida pela ordem pública internacional do Estado português. Pois não afrontaria ela o princípio da liberdade religiosa, que é um princípio fundamental da nossa ordem jurídica (Constituição, art. 8.°, n.° 3.°)? Ninguém pode ser privado, em nome da religião que professa, do direito de casar civilmente. Um católico pode casar catolicamente: o matrimónio canónico produz entre nós todos os efeitos civis. Mas um católico não pode ser impedido de celebrar um casamento laico. E a liberdade religiosa não constitui só garantia dos cidadãos portugueses, mas de todos os indivíduos residentes em Portugal (Constituição, art. 7.°, § 2.°).

Em face disto, é indubitável que o cidadão grego do nosso exemplo poderia contrair validamente o seu casamento em Portugal na forma puramente civil. Ora, não se compreenderia que o Estado português, depois de garantir nestes termos aos estrangeiros a liberdade religiosa, se negasse a reconhecer-lhes os efeitos do exercício dessa mesma liberdade num país estrangeiro — um país que também a garanta, com idêntica ou até maior intensidade[298].

---

[298] Assim o tem entendido a Prof^a^. MAGALHÃES COLLAÇO no seu ensino. Estamos de acordo.

105. *b) Conflito entre a qualificação «real» e uma qualificação «pessoal»* (como, por exemplo, a qualificação sucessória). — Aqui, pensamos que a solução não pode ser idêntica à do número anterior. Aqui, a qualificação pessoal terá de ceder.

Porquê?

Essencialmente, porque a ligação da coisa ao Estado territorial é muito mais forte do que a do indivíduo ao Estado nacional. Este último (ou qualquer outro que proceda em seu nome, isto é, sob invocação das suas leis) nenhum poder efectivo tem sobre coisas situadas em território estrangeiro, e a efectividade das decisões dos seus tribunais em relação a tais coisas depende, toda inteira, da cooperação que lhes queiram prestar as autoridades do Estado territorial. Que valor prático terá a concessão em Portugal a um indivíduo (v. gr., *iure matrimonii*), em harmonia com as disposições da respectiva lei nacional, da propriedade de bens imóveis situados num país estrangeiro, se a decisão acerca de tal direito pertencer aí, nesse país, ao estatuto real e este o denegar à pessoa em questão? Que vale um direito cuja efectivação não pode ser garantida?

Na opinião de muitos, esta consideração justifica uma norma de conflitos especial, que consagre o abandono da competência da *lex patriae* em favor da *lex rei sitae* (por exemplo, em matéria de relações do pátrio poder, de regime matrimonial de bens, de sucessões *mortis causa*), relativamente a bens imóveis situados num país cujo DIP estenda esta última regra[299] mesmo a instituições jurídicas de cunho vincadamente pessoal (segundo o ponto de vista da *lex fori*). Sendo assim, com mais forte razão se deverá entender que, na hipótese de um conflito entre duas qualificações, a real e a pessoal, se opte pela primeira. E teremos, deste modo, o aproveitamento do princípio chamado da *maior proximidade* para resolver uma das formas mais típicas do conflito de qualificações[300].

---

[299] A regra da competência da *lex situs*.

[300] Sobre o aludido princípio diremos à frente mais de espaço.

Por ele se resolverão, em muitos casos, as dificuldades suscitadas pela diferente caracterização do direito do Estado a assenhorear-se, em certos termos, das heranças abertas por óbito de particulares. Há países em que se define esse direito como de natureza sucessória: o Estado, quando chamado a recolher uma herança por falta de sucessores testamentários e legítimos, intervém ele próprio na qualidade de herdeiro (teoria privatística). Noutra concepção (dominante, por exemplo, em França e na Inglaterra), esse direito estadual é um direito público, um direito de natureza real (ou semelhante).

Suponhamos que morre intestado em Portugal um cidadão italiano; ficam-lhe bens, dos quais alguns se encontram em França. Nem segundo a lei italiana, nem segundo a lei francesa, existe qualquer parente sucessível do falecido. *Quid juris* pelo que respeita aos bens (imóveis) situados em França? Surgem aí duas pretensões que mutuamente se elidem: a do Estado italiano — baseada na norma do sistema jurídico respectivo que configura o direito do Estado a assenhorear-se, em dadas condições, das heranças abertas por óbito dos particulares como um direito propriamente *hereditário* — e a do Estado da situação das coisas, que faz valer um direito de natureza real (*right of escheat*) sobre todos os bens *sine domino* existentes no seu território.

O problema deveria resolver-se[301] pela prevalência da concepção real e a aplicação da *lex rei sitae*, e os bens situados em França seriam atribuídos ao Estado francês.

Não assim, porém, pelo que respeita aos bens porventura existentes em território português: esses bens deverão ser atribuídos ao Estado nacional do *de cujus*. É, com efeito, evidente que a norma do sistema jurídico italiano, que configura o falado direito do Estado como direito hereditário, tem aptidão para

---

[301] Se se desse o caso de os tribunais portugueses se considerarem competentes para decidir acerca da atribuição de bens (imóveis) situados no estrangeiro; mas tal hipótese não se verifica.

ser incluída na categoria normativa da regra de conflitos do art. 62.º do nosso Código civil; pelo que a sua aplicabilidade ao caso concreto é inopugnável.

106. *c) Conflito entre a qualificação «regime matrimonial» e «sucessório».* — Neste tipo de casos, não haverá propriamente, em regra, relação de contraditoriedade ou mútua exclusão entre dois preceitos materiais ou duas séries de preceitos materiais procedentes de ordenamentos distintos, e as dificuldades que se apresentarem resolver-se-ão (normalmente) considerando que os dois estatutos são de aplicação sucessiva: aplicar-se-á primeiro o estatuto matrimonial (quer dizer: reconhecer-se-ão ao cônjuge sobrevivente todos os direitos que deste estatuto lhe advierem) e aplicar-se-á depois o estatuto sucessório, de acordo com ele se determinando a posição sucessória do supérstite. É esta a precedência lógica: à lei da sucessão só pertencerá a devolução dos bens que constituam a herança — e a herança não pode abranger aquela parte do património do casal dissolvido sobre a qual o cônjuge sobrevivente tenha direitos de «cônjuge» (não de herdeiro), em face da lei reguladora do regime matrimonial.

Mas isto supõe que as pretensões que o cônjuge supérstite faz derivar dos dois estatutos sejam cumuláveis, o que nem sempre será o caso. Dois cidadãos portugueses casam sem convenção antenupcial e mais tarde adquirem a nacionalidade alemã por naturalização. Pergunta-se: à morte de um dos cônjuges, poderá o sobrevivo fazer valer simultaneamente o direito a metade dos bens adquiridos, que lhe concede a lei portuguesa (estatuto matrimonial), e ainda o direito a uma certa parte dos bens deixados pelo falecido, direito que lhe assegura a lei alemã, estatuto sucessório?

Há que resolver o problema pela afirmativa. Na verdade, a lei portuguesa não põe qualquer obstáculo a que o cônjuge sobrevivo concentre em si a qualidade de meeiro dos bens adquiridos e a de sucessor *ex lege* do cônjuge predefunto, nos termos dos arts. 2133.°, 2146.° e 2147.° do Cód. civ. Pelo que toca à lei alemã, bastará referir que o supérstite é chamado à herança do cônjuge falecido, do modo indicado pelo § 1931 do BGB, qualquer que seja o regime de bens do casal.

Mas a questão já se não apresenta da mesma maneira nestoutro caso: Um casal sueco adquiriu a dada altura a nacionalidade britânica. O casamento não foi precedido de convenção antenupcial. Segundo o direito sueco, à morte de um dos cônjuges, os bens do casal constituem-se em património ou massa comum, a fim de que o sobrevivente levante metade; na constância do matrimónio não existe qualquer comunhão de bens. Em contrapartida, ao supérstite é recusada toda a participação na herança do cônjuge falecido. Diversamente, o direito inglês mantém separados os bens dos cônjuges, mas em compensação concede à viúva uma parte da herança do marido.

Se a viúva pudesse fazer valer simultaneamente o direito que lhe advém do estatuto matrimonial (direito sueco) e o que lhe concede o estatuto sucessório (direito inglês), o resultado seria claramente insatisfatório, porque as duas leis em presença visam por meios diferentes um objectivo idêntico: a protecção do cônjuge sobrevivo. A cumulação das duas pretensões não seria solução razoável, já que qualquer das aludidas normas consome ou esgota a tutela jurídica do interesse por ambas visado.

Outros sistemas jurídicos estabelecem no seu direito interno uma comunhão conjugal *inter-vivos*, ao mesmo tempo que não concedem ao cônjuge sobrevivo qualquer parcela da plena propriedade dos bens deixados pelo cônjuge predefunto. Está neste caso o direito francês[302]. Se, pois, um casal francês obtém, por naturalização, a nacionalidade britânica, poderá a mulher, à morte do marido, pedir ao abrigo da lei francesa (estatuto matri-

[302] *Code civil*, art. 767.°. Mas o cônjuge sobrevivo pretere os *colaterais ordinários* desde uma lei de 26-3-1957.

monial) a metade dos bens adquiridos e ainda, sob invocação do direito inglês (estatuto sucessório), uma parte da herança do falecido? Também aqui a cumulação de pretensões brigaria porventura com o espírito de *qualquer* dos sistemas jurídicos em causa.

Com vista aos casos deste tipo, formulou KEGEL o seguinte critério[303]: Quando uma das leis em concorrência estabelece uma comunhão *mortis causa*, os direitos do cônjuge sobrevivo deverão deduzir-se, sempre e *unicamente*, do estatuto sucessório. Quando a comunhão estabelecida por uma das leis é uma comunhão entre-vivos, os direitos do cônjuge supérstite serão, sempre e tão-somente, os que lhe reconhecer o estatuto matrimonial. KEGEL não indica, porém, ou não o faz em termos claros e convincentes, a razão da doutrina que propõe. Enquanto a nós, essa razão deve ser a seguinte:

A lei que institui no seu direito interno a aludida comunhão conjugal *mortis-causa* visa objectivos ou tutela interesses análogos àqueles que se propõe uma regulamentação propriamente sucessória. Se acontece essa lei concorrer, a título de estatuto matrimonial, com outra aplicável a título de estatuto sucessório — como ambas tutelam, conquanto em pontos diferentes do sistema, o interesse do cônjuge sobrevivo e a sua aplicação cumulativa se não revela possível[304], é lógico que sacrifiquemos a lei primeiramente citada, por menos titulada do que a segunda (de acordo com a perspectiva do direito de conflitos do foro) para realizar essa tutela.

Aliás, o mesmo deverá dizer-se na hipótese do conflito negativo: a lei que estabelece a falada comunhão *mortis causa* é, no caso concreto, o próprio estatuto sucessório, sendo que no estatuto matrimonial não pode a viúva apoiar qualquer preten-

---

[303] *IPR*, 7ª ed., pp. 265 e seg.

[304] Em virtude de (como dissemos) o regime instituído por qualquer dessas leis absorver a tutela conferida pela outra.

são. O problema resolve-se — sempre no parecer de KEGEL — por aplicação daquele regime, apesar de no respectivo contexto legislativo ele figurar, não no capítulo das sucessões, mas no relativo aos bens dos cônjuges (dito por outras palavras, apesar de o interesse do cônjuge supérstite aparecer aí tutelado, não em sede de direito hereditário, mas noutro lugar do sistema).

Se, diversamente, a lei que no caso é chamada pela norma de conflitos respeitante às relações patrimoniais entre cônjuges estabelece uma comunhão *inter vivos*, ao mesmo tempo que nega ao cônjuge sobrevivo, salvo em situações extremas, a propriedade de quaisquer bens da herança do falecido, e por seu turno o estatuto sucessório, ao atribuir ao supérstite determinada posição, pressupõe que esse cônjuge nada tenha recebido do outro por efeito do casamento — então parece que o recurso à primeira destas leis só poderá justificar-se através da consideração de que a aplicação do estatuto matrimonial precede logicamente a do estatuto sucessório. E quando chegar a ocasião de aplicar estoutro, limitamo-nos a verificar que o interesse, que ele pretende satisfazer, já se encontra satisfeito. O sistema funcionaria também na hipótese do conflito negativo.

107. Que solução adoptar ao cabo e ao resto?

A distinção proposta por KEGEL parece justificar-se, porque se a lei reguladora do regime de bens dos cônjuges se limita a constituir com estes bens uma massa comum no momento do falecimento de um deles, esta providência — cujo objectivo é claro: salvaguardar a posição do cônjuge supérstite — aproxima-se mais do direito sucessório do que do direito matrimonial. Estão, pois, lado a lado duas pretensões e duas normas ambas, no fim de contas, de natureza sucessória. Por qual optar?

Naturalmente, pela contida na lei chamada a regular a sucessão, já que a regulamentação estabelecida pelo estatuto matrimonial, dada a função que tem nesse sistema, dado o interesse que visa proteger, dificilmente se comporta no quadro da regra de conflitos do art. 53.° do nosso Cód. Civ. Assim, acabará por ficar sozinha em campo a norma do art. 62.° e a lei por ela declarada competente.

Como veremos, deverá discorrer-se em termos análogos para a hipótese inversa: conflito negativo.

No caso em que a comunhão estabelecida pelo estatuto matrimonial passa a existir por mero efeito da celebração do casamento, nenhum obstáculo se levantará à aplicação desse estatuto e ao deferimento da pretensão do cônjuge sobrevivente nele baseada.

Mas se essa pretensão, encarado o problema do ponto de vista do estatuto sucessório, não for cumulável com os direitos que este mesmo estatuto confere ao supérstite, *quid iuris*? Conceder acolhimento às duas pretensões seria ofender no seu espírito uma das leis interessadas (a chamada a reger a sucessão), quando não também a outra.

No entanto, o que não estaria certo — note-se — seria apenas a *cumulação* das pretensões. Nada obsta a que o cônjuge sobrevivo faça valer *ou* os direitos emergentes do estatuto matrimonial, *ou* aqueles que lhe reconhece o estatuto sucessório. O interessado poderá escolher a solução que mais o favoreça.

Para a resolução doutros tipos de situações, limitar-nos-emos a remeter para o que dissemos acima (noutro lugar deste Curso)[305].

108. *Conflitos negativos.* — A primeira nota a frisar é que só se levanta aqui um verdadeiro problema quando exista uma autêntica *lacuna* de regulamentação segundo o ponto de vista da *lex fori*, isto é, quando a não aplicação das duas leis em

---

[305] A propósito do exemplo figurado acima (a *lex loci* proíbe o testamento de mão-comum, enquanto a *lex patriae* o admite) queremos dizer que a solução aí preconizada não é problemática, antes corresponde inteiramente à regra de conflitos do art. 64.°, *c*), do nosso Cód. Civ.

princípio aplicáveis produza um resultado claramente insatisfatório.

Outro ponto que convém marcar é que muitas e muitas vezes o conflito é tão-só aparente, porque aos preceitos em causa de uma das leis interessadas pode vir a caber a qualificação correspondente àquela que põe em movimento a norma de DIP que designa essa lei como aplicável.

É justamente o que se passa na hipótese inversa de uma das que focámos no número anterior. *A* e *B*, cidadãos britânicos ao tempo do seu casamento, tomam mais tarde a nacionalidade sueca. À morte do marido, que direitos pode a viúva fazer valer?

Como dissemos, à já conhecida regulamentação da lei sueca pode atribuir-se sem esforço, em via subsidiária, a natureza de disciplina de carácter sucessório — e assim, sendo a lei sueca o estatuto da sucessão, a viúva poderá reclamar a meação do património constituído por todos os bens existentes no casal no dia do falecimento do marido.

Seja agora o caso do casal inglês que vem a adoptar em certa altura a nacionalidade francesa[306]. Não sendo a lei francesa o estatuto matrimonial, não pode certamente a viúva prevalecer-se das disposições desta lei que estabelecem a *communauté des meubles et des acquêts*. Por outra parte, tão-pouco lhe aproveitariam, em princípio, as normas do direito sucessório inglês que visam e organizam a tutela do cônjuge sobrevivo: na verdade, a lei inglesa não é a lei da sucessão.

E, contudo, — dado ser solução manifestamente inaceitável[307] deixar a viúva de mãos vazias — são precisamente os

---

306 Trata-se, como na hipótese anterior, de um casamento não precedido de contrato sobre os bens dos cônjuges.

307 Efectivamente, ambas as leis em presença atribuem à viúva qualquer coisa — e também seria esta a solução se o caso dependesse da *lex fori*.

direitos decorrentes desta lei que temos de lhe reconhecer. Chegaremos a este resultado por via da interpretação do próprio sistema jurídico inglês. Diremos que o legislador inglês, se nenhumas providências tomou no capítulo dos efeitos do casamento em ordem a atribuir a cada um dos cônjuges certos direitos sobre os bens do outro, em compensação, não deixou de estabelecer no capítulo das sucessões as medidas que entendeu apropriadas para protecção do cônjuge supérstite.

Posto isto, está longe de constituir heresia que se interprete o sistema inglês no sentido de ele autorizar que se ponham aquelas medidas à disposição do cônjuge sobrevivo, nos casos em que a sucessão por morte dependa doutra lei[308] e em que não resulte possível conceder àquele interessado, nos quadros destoutra lei, qualquer tutela. Aliás, as faladas providências jurídicas, posto que de natureza sucessória, não deixam de ter que ver, é manifesto, com o matrimónio e com as relações que por ele se constituem entre os cônjuges: a vocação sucessória do supérstite é um efeito apenas indirecto, remoto do casamento, mas ainda assim um efeito desse acto. É, pois, legítimo recorrer aqui àquela mesma ideia de qualificação subsidiária a que aludimos ao versar o caso anterior.

Seja um derradeiro caso:

Morre em Portugal um cidadão britânico com domicílio no R. U. A herança compõe-se de bens existentes em Portugal. O *de cujus*, que faleceu intestado, não deixou cônjuge, nem qualquer parente sucessível: ambos os sistemas interessados estão de acordo quanto a este ponto. O direito da Coroa britânica às heranças vagas, já o sabemos, longe de revestir carácter sucessório, é um direito (público), de natureza quase-real, de ocupação dos *bona vacantia* (*right of escheat*). Diversamente, segundo o Cód.

[308] Imaginemos, para simplificar, que isto é assim tanto segundo o DIP da *lex fori* como à face do DIP inglês.

Civ. Português (arts. 2152.º e 2153.º), o Estado, quando é chamado à herança, é-o na veste de herdeiro.

Sendo as coisas assim, que solução dar naquela hipótese ao problema do destino da herança?

Aparentemente, a questão não pode resolver-se nem pela lei inglesa — pois é ao estatuto real e não ao sucessório que há que subsumir a citada norma da sec. 46.1.VI do *Administration of Estates Act* — nem tão-pouco pela lei portuguesa, porque a regra do nosso Cód. Civ. relativa ao direito do Estado tem natureza sucessória e, todavia, não é esta a lei aplicável à sucessão.

É evidente que a solução não poderá consistir em ficar a herança vaga e em admitir-se o direito do primeiro ocupante. Verifica-se no caso, por conseguinte, uma autêntica lacuna. Lacuna que se preencherá, por integração da lei da situação dos bens, mediante criação de uma norma que habilite o Estado da situação (o Estado português) a apoderar-se de todas as heranças existentes no seu território, sempre que segundo a lei da sucessão o *de cujus* não tenha deixado sucessores[309].

---

[309] *Sic*, WOLF, *PIL*, pág. 166.

Sobre o tema dos conflitos de qualificações veja-se a referida obra de MAGALHÃES COLLAÇO, cap. VI.

CAPÍTULO V

Os conflitos de sistemas de Direito Internacional Privado

SECÇÃO 1ª

Diferentes abordagens do problema

109. Dissemos acima que um dos problemas a que nos conduz o elemento de conexão da regra de DIP é o do conflito de conexões. É justamente desse problema — o problema surgido da diversidade dos factores de conexão adoptados nos vários sistemas de direito para a mesma matéria jurídica — que vamos ocupar-nos em seguida.

A questão pode ser encarada de duas perspectivas diversas: a unilateralista e a bilateralista. A primeira já nós vimos que não merece aceitação[310]. Fica-nos, portanto, como única via a explorar, a da bilateralidade. Ora a norma bilateral ou multilateral presta-se muito especialmente a originar aquele fenómeno do conflito de sistemas de direito internacional privado (ou simplesmente conflito de sistemas) de que prometemos tratar aqui. Na verdade, tem essa norma por função designar a lei aplicável a toda e qualquer questão jurídica dimanada de uma situação da vida internacional[311] e reflexamente delimitar o âmbito

---

[310] Aliás, o sistema da unilateralidade não consegue eliminar o problema do conflito de conexões.

[311] E não somente balizar o domínio de aplicação do sistema jurídico local. Por outra parte, a norma multilateral não cura apenas das situações

de competência das diferentes ordens jurídicas estaduais. Mas pode acontecer que o critério de conexão do direito de conflitos do foro não coincida com o das outras leis em contacto com a situação *sub iudice*, resultando daí não ser a mesma a legislação julgada aplicável nos diversos países intressados: que procedimento adoptar ante uma tal perspectiva? Não deverá o legislador, ao mesmo tempo que opta pelo modelo da norma de conflitos bilateral, prever logo a eventualidade de a apontada divergência se verificar e tomar as medidas que se lhe afigurem apropriadas para atenuar, quando não para eliminar, as consequências daquela discrepância? É que as divergências entre os Estados quanto à lei aplicável em cada caso concreto — como, aliás, logo ressai a um primeiro exame da matéria — constituem factor adverso e grave obstáculo à consecução do primordial intento do DIP, que é, como temos dito, assegurar às situações plurilocalizadas uma valoração uniforme nos diferentes países, facilitando destarte o seu reconhecimento universal. Ora tal valoração uniforme só se conseguirá, em numerosos casos, através da adstrição da relação jurídica, por parte de todos os Estados interessados, a uma única lei.

Esboçada, assim, a importância que assume o chamado conflito de sistemas, passemos a analisar mais de perto o problema.

Os conflitos de sistemas de DIP pertencem a uma ou outra de duas categorias. Ora as coisas se apresentam em termos de duas ou mais legislações se declararem simultaneamente aplicáveis à mesma questão jurídica concreta — e teremos o conflito *positivo*; ora se realiza a hipótese diametralmente oposta, que é a de nenhuma das leis com as quais a situação a regular se acha em contacto pretender discipliná-la. Fala-se então em conflito *negativo*.

---

ligadas à ordem jurídica do foro por uma conexão de certo tipo (ou mesmo por uma conexão qualquer, contanto que apropriada para relacionar de modo efectivo as situações da vida com essa ordem jurídica).

O conflito negativo deu origem ao aparecimento, por criação da jurisprudência, da famosa teoria da devolução ou do reenvio. Enquanto ao conflito positivo, se é certo que *prima facie* a respectiva solução não é de molde a suscitar dúvidas, também ele não deixou de concitar a atenção dos tribunais[312]. Um e outro suscitam um problema comum, que é o de saber se o tribunal deve aplicar invariavelmente o seu próprio sistema de conflitos — ou se dele pode apartar-se por vezes, e em que circunstâncias. Existirá porventura um princípio, de nível superior, que tenha por objecto e por escopo dirimir os conflitos entre as normas de direito internacional privado vigentes nas diversas ordens jurídicas nacionais?

Tal é o tema que vamos agora considerar.

110. *A*) A primeira abordagem do problema é a que leva à criação de um super-direito internacional privado — um direito internacional privado à segunda potência. A trilha foi aberta, nos fins do século XIX e começos do século XX, por NEUMANN e GABBA[313].

Ambos esses autores preconizaram a adopção por cada Estado de duas categorias ou dois escalões de regras de conflitos. As

---

[312] No seu curso de 1925 na Academia de Direito Internacional da Haia sobre o direito internacional das sucessões (Rec. des Cours 9, p. 29 e s.), LEWALD apresenta-nos três exemplos tirados da jurisprudência italiana. Perante o art. 8.º das disposições preliminares do Cód. civ. italiano de 1865, segundo o qual as sucessões legítimas e testamentárias são regidas pela lei nacional do autor da herança, o Tribunal de Cassação de Turim, em acórdãos de 1870 e 1874, pronunciou-se contra a aplicação da referida norma quando a sucessão compreende bens imóveis situados num país cujo DIP considera exclusivamente competente a *lex situs*.

Quanto ao conflito negativo, v. *infra*.

[313] NEUMANN, *IPR in Form eines Gesetzentwurfs nebst Motiven und Materialien*, 1896, p. 25 s.; GABBA, *Introduzione al diritto civile italiano* (Memoria della Reale Accademia dei Lincei), 1906. Cfr. GOTHOT, Rev. crit. 1971, p. 435-436.

normas de escalão superior destinar-se-iam a seleccionar o Estado competente para as diversas matérias jurídicas, segundo critérios derivados da natureza das coisas ou da sede das relações. A esse Estado competiria designar, através de regras de um escalão inferior, a lei aplicável ao caso de espécie.

Trata-se, por exemplo, de definir a lei aplicável a dada sucessão *mortis causa*? Pois deverá começar-se por determinar o Estado a quem pertence o poder de decidir nessa matéria; função que compete a uma das tais normas de escalão superior a que nos referimos. A esse Estado, por seu turno, cabe designar, por intermédio de uma das suas regras de conflitos de primeiro escalão, a lei material a aplicar. Esta a lei na conformidade da qual a questão deverá ser resolvida, seja onde for que o processo corra seus termos.

Como é patente, esta perspectiva não poderia ser fecunda senão na medida em que as regras de conflitos de segundo escalão — as normas daquele super-direito internacional privado a que se aludiu — fossem adoptadas por todos os Estados. Só que tal acordo não existe, nem é de esperar venha a existir tão cedo. Basta atentar em que uma dessas regras de mais alto escalão seria a que tivesse por objecto determinar o Estado competente nas matérias do estatuto pessoal. Mas como lograr em tal domínio um acordo generalizado? Como persuadir os países de fluxo emigratório mais intenso a abdicar da regra da nacionalidade — e como levar os outros, os de grande imigração, a aderir à ideia de que é justamente o Estado nacional dos imigrantes o competente para ditar naquele domínio as normas de conflitos mais apropriadas?

Ora, falhando o mencionado pressuposto (isto é, a unanimidade de vistas entre os Estados quanto às regras de segundo escalão), é óbvio que teria de chegar-se inevitavelmente ao seguinte resultado: depois de, numa primeira fase, se ter tentado construir um corpo de normas destinadas a resolver os conflitos de sistemas, o momento viria em que se tornaria forçoso proceder à elaboração de outros preceitos, de natureza e função idênticas, mas endereçados, estes, á dirimir os conflitos... entre os primeiros. Na verdade, se com vista a solucionar os conflitos de sistemas (conflitos de 2.º grau) se recorre a um processo semelhante àquele que foi utilizado para resolver os conflitos entre os preceitos jurídico-materiais, acabará por surgir fatalmente uma terceira categoria de conflitos de normas: os conflitos entre as super-normas de direito internacional privado ou conflitos de 3.º escalão... Por isso alguém falou, a este propósito, e com justa razão, do sofisma do *recursum ad infinitum*.

Anote-se ainda que, na sua tentativa de concretização da ideia das normas de DIP à segunda potência, NEUMANN e GABBA tiveram de se limitar as mais das vezes a elevar a essa segunda potência as regras de conflitos que se lhes deparavam, vertidas na lei ou consagradas pela prática jurisprudencial, nos seus próprios países.

111. Malogradas que foram as tentativas de NEUMANN e GABBA, a tendência por eles representada não se extinguiu, antes veio a ser retomada mais tarde, já no período de entre as duas guerras, por outros juristas, dos quais há que referir sobretudo ERNST FRANKENSTEIN[314].

Propõe-nos este autor um sistema em que avulta a ideia (seu rasgo sobressaliente) de um tríptico de conexões: conexões primárias, secundárias e falsas. As conexões primárias (*primäre Anknüpfungen*) são postuladas pela própria ideia de direito e, portanto, válidas *a priori*: a sua validade é independente de qualquer sorte de consagração legislativa. Há unicamente duas conexões deste tipo: uma para as pessoas, outra para as coisas.

---

[314] FRANKENSTEIN, *IPR* I (1926), livro 1.º, secções 1ª e 2ª (§§ 5.º e 7.º), e IV (1935), p. 637 a 669.

Em sentido semelhante se havia manifestado FIORE no começo do século: Clunet 1901, p. 434 e seg., 681 e segs.

As pessoas estão sujeitas ao direito em vigor na sua comunidade nacional; as coisas, ao direito vigente no Estado da situação. De onde vem que a lei chamada a regular as relações interindividuais seja a lei da nacionalidade dos respectivos sujeitos e a lei reguladora dos direitos sobre as coisas, a *lex rei sitae*.

Direito é a «ordem» que um agregado humano a si próprio se dá e deriva naturalmente dos juízos de valor jurídico dos membros desse agregado: da convicção jurídica popular. Essa ordem vale para todos os membros do grupo, seja onde for que se encontrem, mas tão só para eles: não também para os membros de grupos sociais distintos. Todo o indivíduo tem o seu próprio direito, o direito da comunidade a que pertence: direito com o qual ele se identifica, para cuja formação concorre (ao menos potencialmente), à luz de cujos preceitos pode valorar a sua conduta. Esse ordenamento jurídico é o da sua comunidade nacional. Os homens vivem segundo o direito da sua comunidade nacional — aquela onde a personalidade se afeiçoa e completa — e para onde quer que se transfiram levam consigo esse direito, como levam consigo a sua cultura e a sua personalidade total.

O Estado só é titular de poder jurídico ante os seus nacionais, porque só eles pertencem à comunidade que deu lugar a esse Estado, que nele se constituiu — só esses indivíduos, com serem objecto do poder estadual, assumem nele a qualidade de sujeitos desse mesmo poder[315].

---

[315] No 1.º tomo do seu *IPR*, FRANKENSTEIN vinca a ideia de que entre o indivíduo e a ordem jurídica da sua nação existe um duplo laço. Por um lado, uma conexão psicológica, no sentido de que lhe é dado contribuir no seio dessa comunidade, com os seus juízos de valor acerca dos tipos de comportamento que são conformes ou desconformes com os interesses do grupo (e que, portanto, deverão ser incentivados ou, pelo contrário, reprimidos), para a formação do direito consuetudinário e, mediatamente, da lei. Por outro lado, um elo político. Na verdade, só o cidadão, como membro do Estado, é sujeito do poder estadual, titular de

Assim, a competência da lei nacional não promana de uma regra de conflitos da *lex fori* (nem de uma regra de conflitos de qualquer outra legislação), pois trata-se de uma competência dada *a priori*, que decorre da verdade científica de que todo o homem «pertence» ao ordenamento jurídico do seu Estado nacional. E assim também a competência da *lex rei sitae* radica na ideia *a priori* de que as coisas estão sujeitas ao poder jurídico do Estado em cujo território se acham situadas[316].

Por outra via, tanto o *Heimatsrecht* como o *Gebietsrecht* podem submeter as relações jurídicas incluídas no respectivo domínio de competência, através de conexões *secundárias*, ao direito de outro Estado. As conexões secundárias (*sekundäre Anknüpfungen*), exactamente porque estabelecidas pelo Estado primariamente competente, são dotadas do mesmo valor universal das conexões primárias. Mas o mesmo se não diga das conexões eventualmente estabelecidas por outro Estado. Se a aplicabilidade de uma lei diferente da *lex patriae* (quanto às pessoas) ou da *lex rei sitae* (quanto aos direitos sobre as coisas) advier de uma conexão estabelecida por outro ordenamento[317], estaremos perante um caso de conexão falsa (*pseudo Anknüpfung*), a qual, não sendo um acto conforme ao direito senão um puro acto de violência, só poderá ser eficaz no território onde o respectivo Estado exercer a sua soberania. Assim, por exemplo, o Estado *A*, que tem certamente o poder de submeter os seus

direitos políticos, participante como tal (ao menos potencialmente) na feitura das leis — e somente ele pode acolher-se à protecção diplomática do Estado frente aos demais países.

[316] Com efeito, não possuindo as coisas nacionalidade, a sua única relação possível com o Estado é a que resulta da sua mesma localização; localização essa que as torna acessíveis ao seu poder material. O poder jurídico do Estado sobre as coisas situadas no seu território assenta imediatamente nesse poder de facto.

[317] Isto é, um ordenamento que não seja nem o do Estado nacional, nem o do Estado da situação.

nacionais residentes no estrangeiro às leis do país do domicílio, ultrapassa a esfera da sua competência quando declara aplicável o seu direito interno aos estrangeiros domiciliados no seu próprio território. O domicílio é neste caso uma conexão falsa e internacionalmente ineficaz.

112. Decorre do exposto que na teoria de FRANKENSTEIN o problema do conflito de sistemas logra solução cabal. Não que para tal doutrina, ao contrário do que vimos suceder no âmbito das referidas em número anterior, devam existir em cada ordenamento jurídico duas categorias de normas de conflitos; mas os dois princípios básicos da teoria frankensteiniana (ligação das pessoas ao Estado nacional e sujeição das coisas ao Estado da situação) — princípios válidos *a priori*, porque ancorados na própria ideia de direito, princípios de que resulta em todos os casos a determinação da lei primariamente competente — equivalem para efeitos práticos às tais normas de escalão superior ou de super-direito internacional privado, que os autores citados acima preconizavam. Aceitando-se as premissas de que arranca a construção frankensteiniana, não pode deixar de reconhecer-se a competência primária, fundamental e fundamentante, do Estado nacional pelo que respeita às relações jurídicas interpessoais e do Estado da situação pelo que tange aos direitos sobre as coisas. Ou seja: terá de convir-se em que aquelas primeiras relações hão-de ser reguladas de acordo com o direito material do *Heimatstaat* (ou com o direito material designado pelo *Heimatstaat* através de uma conexão secundária) e as segundas conformemente ao direito material da *lex rei sitae* ou da lei indicada por uma norma de conflitos da *lex rei sitae*[318].

[318] FRANKENSTEIN adverte (*IPR* IV, p. 657) que em caso de conexão secundária é em regra a aplicação das normas *materiais* estrangeiras que é prescrita. No entanto, pode acontecer que sejam de considerar as nor-

Termos em que tudo se torna simples e claro. Cada Estado deve limitar-se a estabelecer normas de conflitos para as relações jurídicas dos seus nacionais[319] e para os direitos sobre as coisas situadas no seu território. Para além deste limite, os tribunais de um qualquer Estado deverão aplicar sempre as normas materiais do *Heimatsrecht* ou as do *Gebietsrecht*, salva a hipótese de se lhes deparar na lei primariamente competente uma norma de conexão secundária; então será forçoso observar essa regra. E como estas soluções não são fruto de disquisições complicadas em torno de ideias tão nebulosas e vagas como a da

---

mas de conflitos do ordenamento estrangeiro, isto é, que a aplicação do direito estrangeiro dependa do facto de o respectivo direito de conflitos com isso concordar. Se assim é ou não, só à própria lei primariamente competente cabe dizer.

Ficamos sem saber ao certo se a atenção devida ao direito de conflitos estrangeiro envolve a aplicação do sistema jurídico para que aquele direito porventura remeta no caso concreto (reenvio; veja-se *infra*). Nenhumas dúvidas se levantam na hipótese de a lei estrangeira — que é, por exemplo, a *lex domicilii* — reenviar para a lei nacional: a norma que opera o reenvio nada mais é do que a consagração legislativa (aliás, desnecessária) da competência *a priori* da *lex patriae*. Aquela norma só é de considerar enquanto exclui a relação em causa da esfera de aplicabilidade da *lex domicilii* — e isto mesmo só na medida em que a própria *lex patriae* subordine a aplicação do direito estrangeiro ao acordo do legislador respectivo. Não se verificando a condição, a referência à lei estrangeira fica sem efeito e retorna-se à lei primariamente competente.

Mas dúvidas já se levantam no caso de a lei do domicílio remeter *ad aliud ius*. Se o *Heimatstaat* pode regular como lhe aprouver as relações jurídicas incluídas no âmbito da sua competência, parece que poderá também prescrever a aplicação do sistema legal designado pela *lex domicilii*. É, porém, duvidoso que seja esta a posição de FRANKENSTEIN; cfr., no entanto, o exemplo de p. 64 do 1.º tomo.

Vide sobre o assunto desta nota o nosso trabalho sobre *O problema do reenvio*, Estudos Jurídicos III, p. 116-117.

[319] E ainda, porventura (como se disse na última nota), para as relações jurídicas dos estrangeiros, mas sob reserva da posição a tal respeito assumida pelo Estado nacional desses indivíduos.

«natureza das coisas» ou a da «sede das relações jurídicas», antes decorrem da força implacável da «verdade científica» — a sua aceitação deveria ser universal e uma realidade, portanto, a sempre almejada harmonia jurídica.

113. No entanto, as «verdades científicas» proclamadas por FRANKENSTEIN jamais foram reconhecidas e lograram impor-se como tais.

a) Contra a teoria frankensteiniana foi antes de tudo lançada a crítica de que o conceito de direito de que arranca (conceito que desperta em nós reminiscências da Escola histórica) é extremamente duvidoso.

A ideia de que o direito procede da convicção jurídica popular — isto é, do somatório dos juízos de valor jurídicos da massa dos membros da colectividade — pode acaso convir a um sistema de formação predominantemente consuetudinária. Sabe-se, porém, a escassa importância que um tal direito assume nos Estados modernos, cuja ordem jurídica está muito longe de ser uma simples compilação de usos e costumes forjados no comércio da vida — um direito preexistente, que o Estado se limitaria a reconhecer e a plasmar nos textos legislativos. Certamente, as normas dimanadas dos órgãos competentes do Estado não provêm de uma vontade arbitrária e despótica, mas de um querer condicionado e «situado», no sentido de que são pensadas para um determinado corpo social, em certo momento histórico e em função de circunstâncias que lhe são próprias. E é verdade ainda que as normas jurídicas postulam uma certa adesão ou consenso da parte dos cidadãos[320], sem o que não lograriam aquele mínimo de eficácia que é essencial à sua vigência. No entanto, esse juízo popular difuso sobre a norma — sobre a sua correcção ou o seu estar conforme com os interes-

[320] Consenso que, aliás, pode traduzir o mero reconhecimento da legitimidade do poder que as estabelece ou impõe.

ses do grupo — não precede geralmente a sua criação, senão que lhe é, de facto, posterior[321].

Ademais, o que está na mente de todo o indivíduo é apenas uma ideia incerta e vaga acerca do que é realmente ajustado ao interesse colectivo, acerca do que deve ser o direito aqui e agora — não a representação, ainda que tão somente em forma embrionária, dos inúmeros preceitos e dos múltiplos e complexos institutos que são efectivamente indispensáveis e adequados à boa ordenação da vida social.

Aliás, o próprio FRANKENSTEIN reconhece[322] que nos Estados modernos é impossível afirmar que todo o preceito de direito corresponde à convicção jurídica do povo: o que pensa é que nenhum preceito poderá manter-se por muito tempo contra essa mesma convicção jurídica.

b) Por outra via, — como já tem sido observado e muito justamente — a ideia frankensteiniana da personalidade do direito é claramente anacrónica.

FRANKENSTEIN supõe que o direito de um Estado, brotando da convicção jurídica popular, tem por únicos destinatários os cidadãos desse Estado, não sendo lícito impô-lo aos membros de comunidades estaduais estranhas (para os quais não valeria como direito). Contra isto se insurge, porém, — tem-se dito — o espírito do nosso tempo: tempo marcado por um certo cosmopolitismo, por uma atitude de abertura rasgada ao reconhecimento de valores jurídicos recebidos e consagrados em ordenamentos estrangeiros. Tempo de circulação de homens, de ideias, de tecnologias, de conceitos. Tempo de constante intercâmbio e de migração. Entre povos ligados por um fundo cultural comum, as diferenças nas condições de vida e nas concepções ético-jurídicas reinantes não constituem barreiras. Aquele que, sob a pressão de factores económicos ou movido por outros

---

[321] Só deixaria de ser assim em sistema de democracia directa.

[322] *IPR* IV, p. 665.

interesses, elege domicílio longe da pátria, adapta-se muito mais facilmente do que outrora às formas de vida, aos usos e costumes, às realidades jurídicas que se lhe deparam no país adoptivo. De resto, o seu verdadeiro interesse está em ser ele sujeito aí a um tratamento e a um estatuto o mais possível idênticos aos dos nacionais, em ser ele aí o mais possível equiparado aos cidadãos. Ser olhado e tratado o menos possível como um «estranho» na terra onde vive: tal é, por sem dúvida, a aspiração do emigrante; o que, aliás, não colide com o desejo de manter com a pátria laços de vária ordem — e de a ela regressar algum dia. O emigrante não aspira à protecção de leis diferentes das que vigoram para os cidadãos do país da sua residência.

A teoria frankensteiniana não tem em conta este dado sociológico, aliás de importância fundamental.

c) Por último, um sistema como o exposto ignora as ponderosas razões sociais, económicas e políticas que nos países de forte corrente imigratória fazem flectir a balança, nas matérias do foro pessoal, para o princípio do domicílio. É evidente que esses países, empenhados como estão em promover a rápida assimilação dos imigrantes, cônscios de que a aceitação da nacionalidade como factor de conexão básico seria fonte de graves embaraços na prática judiciária e quase equivaleria a uma renúncia à unidade de legislação[323], não vão desistir das vantagens que lhes proporciona a regra do domicílio[324]. A tais países mais e melhor quadraria um sistema em que fosse este, e não a nacionalidade, o elemento eleito para o papel de trave mestra da construção, isto é, um sistema em que a conexão *primária* fosse o domicílio, não a cidadania — e em que, consequen-

---

[323] Seria este o efeito da aplicação maciça e constante pelos respectivos tribunais de leis estrangeiras, aplicação motivada pelo afluxo de multidões de imigrantes ao Estado local.

[324] Efectivamente, o princípio do domicílio permite àqueles Estados submeter os imigrantes às leis territoriais, mesmo em matéria de estatuto pessoal.

temente, tanto os tribunais de um qualquer terceiro país como os do próprio Estado nacional do indivíduo houvessem de aplicar sempre o direito material designado pela regra de conflitos da *lex domicilii*.

De onde vem a ilação de que uma das regras basilares da construção frankensteiniana — e justamente a mais importante — carece da aptidão mínima para se tornar universal e, daí, para ser assumida como critério de resolução dos conflitos de sistemas[325].

---

[325] Enquanto a nós — observe-se — a melhor maneira de superar a situação de antagonismo entre Estados onde vigora o princípio da nacionalidade e Estados partidários do sistema do domicílio não consiste em adoptar qualquer das soluções referidas no texto. Preferível será uma solução de compromisso ou caminho *per mezzo*.

Estamos a pensar na fórmula que expusemos na comunicação apresentada ao 1.º Congresso hispano-luso-americano de Direito internacional (Madrid, 1951) e que explicitámos melhor no relatório geral elaborado para o 2.º Congresso do mesmo nome que teve lugar em São Paulo em 1953 (este trabalho foi publicado, em 1954, no Boletim da Faculdade de Direito de Coimbra, vol. XXX, com o título de *Unidade do estatuto pessoal*, e mais tarde inserto em Estudos Jurídicos III, p. 293 e segs.).

São duas as ideias fundamentais da nossa referida tese.

A primeira é que importa considerar igualmente fundamentados e legítimos os dois sistemas conflituantes da nacionalidade e do domicílio. Só que para tanto necessitamos de os converter no que seja o seu núcleo verdadeiramente *irredutível*. Ora, uma vez operada esta conversão, vemos que aquilo que o princípio da nacionalidade realmente significa é apenas isto: que todo o Estado é livre de regular como lhe aprouver o estatuto pessoal *dos seus nacionais*, mesmo quando domiciliados no estrangeiro. Por seu turno, o princípio do domicílio, tomado também na sua expressão irredutível, não quer dizer senão que o Estado é livre de aplicar as suas próprias leis a todos os indivíduos *domiciliados no seu território*, quer se trate de nacionais quer de estrangeiros.

No entanto, a aceitação desta directiva não eliminaria totalmente os conflitos entre sistemas baseados no princípio da nacionalidade e sistemas partidários do princípio do domicílio: basta pensar na hipótese de um cidadão de um Estado daquele primeiro grupo se encontrar domiciliado

65. *B*) Outra perspectiva para abordar o problema dos conflitos de sistemas é a adoptada por aqueles que — como MEIJERS, MAKAROV, RIGAUX, GRAULICH, FRANCESCAKIS[326] — advogam a doutrina da *autolimitação espacial* das regras de conflitos da *lex fori*. Vamos considerar em especial a posição defendida pelo último desses autores.

É na perspectiva do conflito de sistemas de DIP que FRANCESCAKIS se coloca desde início. «Assim como falamos de conflito de leis (diz) quando as leis internas em causa têm um conteúdo diferente, assim também deveríamos falar de 'conflito entre as regras de conflitos' quando as regras de conflitos em causa são diferentes. Mais genericamente, poderíamos falar de 'conflitos de sistemas de direito internacional privado'»[327]. Para resolver esses conflitos, deveria aceitar-se a ideia de que o domínio de aplicação das regras de conexão de um sistema jurídico não é ilimitado. Deveria admitir-se a existência de duas categorias de relações multinacionais. As primeiras seriam aquelas que, «não tendo embora com o sistema francês o contacto elevado por este sistema ao papel de elemento de conexão, todavia apresentam com ele outros contactos»[328]. Perante tais situa-

---

num país de *lex domicilii*. Daí a introdução no sistema de uma segunda ideia, que é a do *reconhecimento internacional dos direitos adquiridos*: reconhecimento pelo Estado nacional dos direitos *validamente* adquiridos no estrangeiro, segundo o ponto de vista do ordenamento jurídico do Estado do domicílio — reconhecimento pelo Estado do domicílio dos direitos *validamente* adquiridos em país estrangeiro, segundo o ponto de vista do ordenamento jurídico do Estado nacional. Sobre este tema, veja-se o nosso trabalho *La doctrine des droits acquis, cit.*, Multitudo Legum-Ius Unum II (1973), p. 285 e segs.

[326] MEIJERS, *La question du renvoi*, Bulletin de l'Institut Juridique International 38, 1938; MAKAROV, *Les cas d'application des règles de conflit étrangères*, Rev. crit. 1955, p. 439 e ss.; RIGAUX, *Le conflit mobile*, Rec. des Cours 117 (1966, I), p. 429 e s.; GRAULICH, *Principes de DIP*, 1961, p. 174 e s.; FRANCESCAKIS: cfr. as respectivas citações nas notas seguintes.

[327] *Conflits de lois*, Encyclopédie Dalloz, Droit International I, n.º 351.

[328] *Théorie du renvoi*, p. 200.

ções, a *lex fori* seria admitida a fazer valer o seu próprio ponto de vista, podendo pois submetê-las à lei designada pela sua norma de conflitos (bilateral). Mas outro tanto se não diga das situações definitivamente constituídas em país estrangeiro e num momento em que se encontravam totalmente desligadas da ordem jurídica do foro. Estas situações estariam fora da alçada das regras de conflitos francesas. «... Residindo a justificação profunda de tal solução no respeito dos direitos internacionalmente adquiridos, o quadro teórico do problema poderia ser encontrado quer na noção de tempo..., quer, mais genericamente, na noção de delimitação do domínio de aplicação das regras de conflitos...»[329].

Abordando em seguida o problema da lei aplicável às situações absolutamente internacionais, o autor conclui que essa lei é a que tiver sido efectivamente aplicada, sem que deva submeter-se a sua competência a um controlo prévio. E eis-nos assim reconduzidos a um dos princípios fundamentais do unilateralismo: aplicável em determinado caso é a lei que queira aplicar-se a esse caso e lhe tenha sido efectivamente aplicada[330].

114. Sem embargo do interesse científico que apresenta e que é inegável, não nos parece que a orientação referida seja de aplaudir[331].

---

[329] Encyclopédie Dalloz, *t. cit.*, n.° 375, p. 497.

[330] Notemos que a doutrina exposta, como a teoria unilateralista integral, está ao abrigo da objecção do círculo vicioso, já que todo o valor desta objecção assenta na ideia de que a competência legislativa provém forçosamente de uma norma de conflitos do foro. Ora, é justamente este princípio que as referidas teorias contestam e se recusam a admitir.

[331] Essa orientação tem pontos de contacto com aquela que, prevalecendo-se da autoridade de NIBOYET, foi adoptada em tempos pela comissão de reforma do *Code civil*: «A moins que la loi française ne fût compétente, toute situation juridique créée à l'étranger en vertu d'une loi qui se reconnaissait compétente, produit ses effets en France» (art. 53). Um único ponto permite distinguir as duas doutrinas: enquanto para uma

Como vimos acima, as construções doutrinais que, partindo da teoria bilateralista, procuram resolver em termos gerais a questão do conflito de sistemas, dão em regra o flanco a uma objecção que já foi mencionada aqui e que parece irrefutável. Na verdade, elas vêem-se forçadas a fazer apelo a um super-direito internacional privado ou direito internacional privado à segunda potência — o que, como também dissemos, não tem outro efeito que não seja o de adiar o problema. E quais são, afinal, essas normas de escalão mais elevado e onde havemos de as procurar? Como resolver este problema da conexão da conexão?[332].

Mas a teoria de FRANCESCAKIS parece escapar ilesa a esta crítica, já que, por um lado, qualquer conexão com a lei do foro (supomos) seria apta para fundamentar a aplicação das regras de conflitos desta lei — e, por outro lado, deveria aceitar-se a competência de qualquer lei ao abrigo da qual a relação jurídica estrangeira se tivesse efectivamente constituído.

Há, porém, outras objecções a considerar, como vamos ver[333].

a) Segundo o autor citado, o que justifica a aplicabilidade do sistema de conflitos do foro «é o interesse da ordem jurídica francesa em vigiar estreitamente as situações que têm com o sistema francês, não aquele contacto que constitui para este

---

delas só haveria obstáculo ao reconhecimento da situação jurídica estrangeira na hipótese de a lei francesa se reputar competente, para a outra o possível impedimento residiria antes na existência de uma conexão qualquer entre a situação em causa e a *lex fori*: existindo tal conexão, só seria reconhecida a relação jurídica criada nos termos da lei designada pelo DIP do foro.

Deste modo, as críticas de que é passível a doutrina referida no texto — e que vão ser expostas em seguida — valem também, em boa parte, quanto à outra.

[332] Cfr. QUADRI, *Lezioni*, p. 111.

[333] Veja-se o que a este respeito escrevemos no já cit. trabalho *La doctrine des droits acquis*, Multitudo Legum-Ius Unum II, p. 293 a 302.

sistema o elemento de conexão relevante, mas outros contactos». Contudo, é o próprio exemplo dado pelo autor que leva a duvidar do bem-fundado do raciocínio. Suponhamos, escreve FRANCESCAKIS[334], «que estrangeiros domiciliados em França foram divorciar-se no seu Estado nacional. Acaso este divórcio deveria escapar ao controlo do sistema francês de conflitos de leis, quando é certo que os interessados se encontram efectivamente integrados, pelo seu domicílio, na vida jurídica francesa?».

A resposta é simples e foi dada por QUADRI[335]. Se é de acautelar o referido interesse do ordenamento jurídico francês que se trata, temos de convir em que ele estaria suficientemente protegido através da excepção de ordem pública internacional: sendo caso disso, a excepção de ordem pública cortaria cerce toda a tentativa de fazer valer em França o divórcio estrangeiro do exemplo figurado. Mais lógica seria então a solução proposta pela doutrina unilateralista: as regras de conflitos francesas limitar-se-iam a balizar o campo de aplicação da lei interna francesa.

b) As normas de conflitos não têm como principal escopo outro que não seja o de resolver um conflito de leis: eliminar uma situação de concorrência ou de concurso entre preceitos materiais procedentes de ordenamentos distintos. Não são elas normas de conduta, normas que se proponham como fim principal influenciar o comportamento dos indivíduos, determinando-os a agir deste ou daquele modo ou a abster-se de certos actos. Por outra via, onde quer que surja um conflito de leis, deve encontrar-se uma norma que permita resolvê-lo.

Segue-se daqui, se bem cuidamos, que não é possível deduzir da essência destas normas quaisquer limites à sua aplicação espacial. Certo que a aplicação de uma regra de conduta a certo indivíduo pressupõe neste a possibilidade de por ela se

---

[334] *Théorie du renvoi*, p. 200.

[335] *Lezioni cit.*, p. 113.

motivar — o que nos leva à conclusão, já sublinhada aqui, de que uma norma material não pode, em princípio, aplicar-se a factos que não tenham com ela qualquer conexão. No entanto, a natureza das normas de DIP é outra: não são elas *regulae agendi*, mas simples *regulae decidendi*[336].

c) Constitui proposição errónea a de que o sistema jurídico nacional não tem interesse em ver aplicadas as suas normas de DIP a situações que não tenham com ele qualquer conexão, ou uma conexão estreita. A proposição só seria verdadeira se pudesse aceitar-se que o legislador, quando empreende regular a matéria dos conflitos de leis, é fundamentalmente dominado pelo propósito de dar satisfação a interesses e a necessidades da sua comunidade nacional. Mas não deveria ele então limitar-se a definir os pressupostos de aplicabilidade das leis em vigor no seu país? Seria, pois, para o sistema da unilateralidade integral que as reflexões de FRANCESCAKIS nos fariam propender.

Se, ao invés, o legislador se orienta para a criação de normas bilaterais, é a considerações muito diferentes que lhe cumpre então atender: os seus desígnios serão outros. Agora, o que importa é acertar com a melhor via para atingir os objectivos que decorrem da própria essência do direito internacional privado. Nada prova que os critérios de conexão por ele adoptados não sejam apropriados para designar a *lex conveniens* nos casos

---

[336] O que não quer dizer que elas não possam, por vezes, desempenhar a função, conquanto por via indirecta, de regras de conduta. Como WENGLER judiciosamente observou (Rec. des Cours 104, p. 371 e s.), pode ocorrer que o comportamento dos interessados seja influenciado pelas suas previsões no que toca ao conteúdo provável da decisão que, em caso de litígio, um tribunal virá a proferir, de conformidade com as regras jurídicas que ele julgará aplicáveis na espécie. Em tal caso, nada impede, por certo, que a referida circunstância seja eventualmente chamada a desempenhar algum papel na resolução do conflito de leis.

Podemos ilustrar esta doutrina com o exemplo do art. 19.º, n.º 1, do Cód. civ. português; isto desde que se aceite, para interpretar esta norma, o ponto de vista que nós temos preconizado (ver *infra*).

que não tenham uma ligação significativa com o direito do foro e em virtude deste simples facto.

d) Um derradeiro argumento pode ainda aduzir-se contra a teoria de FRANCESCAKIS.

Até aqui discutimos sobretudo a questão de saber se na natureza e funções das regras de conflitos (bilaterais) haverá qualquer coisa que se oponha a que elas intervenham sempre que um verdadeiro conflito de leis se apresente, inclusive na hipótese de falta total de contacto entre a situação a regular e a *lex fori*. Consideremos agora outro ponto: seria porventura justo e razoável reconhecer toda a situação validamente criada no estrangeiro, só pelo facto de se ter constituído ao abrigo de uma lei que se reputa competente — desde que a situação em causa não estivesse por qualquer forma conectada, ao tempo da sua constituição, com o ordenamento local? Deverá renunciar--se a todo o controlo prévio da competência daquele sistema jurídico e considerá-lo aplicável com base na única constatação de que foi ele efectivamente o direito aplicado?

Por nós, entendemos que há que pôr sérias reservas a um tal ponto de vista[337]. É bem possível que a conexão existente entre a situação a reconhecer e a lei estrangeira se mostre claramente insuficiente — apreciado o caso da perspectiva do direito de conflitos do foro — para justificar a competência da referida lei. Muito bem se compreende a tendência para atribuir a uma situação jurídica «estrangeira» os efeitos que lhe cabem segundo a lei que presidiu à sua criação — desde que esta lei funde a sua competência num título aceitável. Se importa fugir ao preconceito de que só os critérios da *lex fori* são bons, também por outro lado não deveremos admitir sem prévio controlo os da lei estrangeira: é de todo o ponto curial que se investiguem

[337] A propósito do citado anteprojecto da comissão de reforma do *Code civil*, WENGLER (Rec. des Cours 104, p. 379 e s.) tinha já manifestado dúvidas sobre o fundamento dessa directiva.

e apreciem as razões em que se inspira o direito de conflitos dessa lei[338].

Mas é este um tema sobre o qual nos não podemos espraiar por agora; a ele volveremos mais tarde. De qualquer modo, mesmo abstraindo deste ponto, cuidamos que os demais argumentos aduzidos hão-de levar por si à convicção de que a doutrina da autolimitação espacial das normas de conflitos não é aceitável[339]. Certo que (de novo o dizemos) a doutrina da bilateralidade deve ser formulada em termos de se ajustar à intencionalidade específica do direito internacional privado. Simplesmente, esse desiderato é realizável através de processos bem mais conhecidos e muito menos sujeitos a controvérsia do que o que se traduz em estabelecer limites, do modo proposto por FRANCESCAKIS ou semelhante, à aplicação espacial das normas de conflitos da *lex fori*.

---

[338] Figuremos o seguinte caso: Dois nacionais de *A*, domiciliados em *B*, consorciaram-se neste segundo país. O matrimónio é considerado nulo em *A*, válido em *B*. Se posteriormente é intentada em *C* acção de anulação, nada terá seguramente de chocante o facto de que o tribunal se pronuncie a favor da validade do casamento, sem embargo de uma regra de conflitos da *lex fori* estipular que as condições de validade intrínseca do matrimónio são reguladas, quanto a cada um dos futuros cônjuges, pelos preceitos da respectiva lei nacional. (Outra é manifestamente a questão de saber se a tal conclusão pode chegar-se por via de interpretação do direito de conflitos de *C*. Só dissemos que a solução é razoável: falta saber se é possível).

Mas porventura poderia dizer-se o mesmo, se o casamento se tivesse celebrado num país que não é nem o da nacionalidade, nem o do domicílio das partes, sendo o acto considerado nulo em qualquer destes dois países (embora seja válido no da celebração)? Optar aqui pela validade seria, quanto a nós, uma decisão extremamente duvidosa, justamente em vista de o matrimónio ser nulo nos dois *únicos* Estados que têm com a situação *sub iudice* uma conexão *significativa*.

[339] Neste mesmo sentido, BAPTISTA MACHADO, *op. cit.*, p. 73 e s., e MOURA RAMOS, *op. cit.*, p. 31-34 e 36-40.

SECÇÃO 2.ª

Do Reenvio[340]

Definição do problema

115. O problema que nos propomos dilucidar seguidamente é o que surge do facto de a legislação estrangeira desig-

[340] *Vide* os nossos seguintes trabalhos: *O problema do reenvio (devolução) em direito internacional privado* (BFDC, vol. 38.°, 1962, e separata); *La question du renvoi dans le nouveau Code Civil Portugais*, estudo expressamente elaborado para as "Mélanges Ch. N. Fragistas" (cit. Bol., vol. 42.°, 1967, e separata); *As disposições do novo Código Civil sobre o reenvio* (Bol. cit., vol. 44.°, 1969 e separata). Estes trabalhos foram incluídos na colectânea *Est. Jur.* III.

Monografias mais importantes sobre o tema do reenvio: LEWALD, *La question du renvoi,* no "Recueil des Cours", 1929, IV (29.°); MEIJERS, *La question du renvoi,* in "Bulletin de l'Institut Juridique International", 1938, págs. 191-231; PAGENSTECHER, *Der Grundsatz des Entscheidungseinklangs im IPR* (1951); FRANCESCAKIS, *La théorie du renvoi, cit.* Ver também LEWALD, *Renvoi revisited,* in "Festschrift f. H. Fritzsche", 1952; VERPLAETSE, *Aftermath of renvoi,* 1956, separata da "Rev. hellénique de DI", 8.°, 1955, n.os 2-4; MARIDAKIS, *Le renvoi en DIP, Rapports provisoire et définitif,* "Annuaire de l'Institut de DI", 1957, II (sessão de Amsterdam); JAGMETTI, *Die Anwendung fremden Kollisionsrechts,* Zurique, 1961, págs. 65-97; WENGLER, in "Annuaire"*cit.*, 1957, II, págs. 104-114, e *General Principles of PIL, cit.* "Rec. des Cours", 1961, III, págs. 375-379; KEGEL, *Die Grenze von Qualifkation und Renvoi im internationalen Verjährungsrecht,* 1961; NAVARRETE, *El reenvio en el DIP,* Santiago do Chile, 1969. V. também NEUHAUS, *Grundbegriffe, cit.*, págs. 180-194; DE NOVA, "Rec. des Cours", 1966, II, págs. 484-538, BATIFFOL-LAGARDE, *DIP,* t. I, 8ª ed., págs. 491 e segs.; P. MAYER, *DIP,* págs. 150 e segs.; AUDIT, *DIP,* págs. 177 e seg.; T. BALLARINO, *DIP,* pp. 242-254.

Da bibliografia portuguesa mais recente merecem referência especial os trabalhos de TABORDA FERREIRA — *Teoria da devolução* (separata de "O Jornal do Foro", 1949), *Considerações sobre a teoria da devolução ou reenvio* ("Rev. da Ordem dos Advogados", 1957) e *Novas considerações sobre a teoria da devolução,* etc. (na "Rev. de Direito e de Estudos Sociais",

nada pelo DIP do foro para regular certa questão jurídica se lhe não considerar aplicável e antes remeter para outra ordem jurídica (que tanto pode ser a do Estado local como a de um terceiro Estado). Por exemplo:

a) Um cidadão brasileiro domiciliado em Portugal morre neste país. Segundo o DIP português, a lei reguladora da sucessão desse indivíduo é a brasileira; segundo o DIP brasileiro, a lei aplicável é a portuguesa (*lex domicilii*).

b) O *de-cujus* era um cidadão dinamarquês domiciliado na Itália. A *lex fori* (portuguesa) manda aplicar à sucessão a lei dinamarquesa (*lex patriae*), que no entanto defere a questão à do último domicílio do hereditando (italiana).

Em nenhum destes casos a ordem jurídica indicada pelo DIP do foro se julga aplicável: no primeiro, *devolve* ou *retorna* a competência à própria *lex fori*; no segundo, como que a *transmite* ou *endossa* a uma terceira legislação[341]. E o que se pergunta

IX, n.º 4) — e de MAGALHÃES-COLLAÇO, *A devolução na teoria da interpretação e aplicação da norma de conflitos* ("O Direito", 1958, págs. 166 e segs., e separata). Ver também LUSO SOARES, *A teoria da devolução e a consideração nacional da lei estrangeira* (Lisboa, 1950), e EDMUNDO BARBOSA, *A teoria da devolução* (tese do curso complementar de Ciências Jurídicas, vol. dactilografado, Coimbra, 1951).

Quanto ao problema da devolução no DIP brasileiro, cfr. VALADÃO, *A devolução nos conflitos sobre a lei pessoal,* São Paulo, 1929, e *DIP*, págs. 226 e segs. V. também TENÓRIO, *DIP*, I (1960), cap. XX. Da doutrina espanhola citaremos: TRÍAS DE BES, "Rec. des Cours", 1937, IV, págs. 53 a 63; M. AGUILAR NAVARRO, na REDI, 1950, págs. 803 e segs.; GESTOSO TUDELA, *La teoría de la referencia en DIP*, "Anales de la Univ. de Murcia", 1946-47; MIAJA DE LA MUELA, na REDI, 1958, págs. 573-585; PÉREZ MONTERO, no "ERANION em honra de G. S. MARIDAKIS" (vol. III) e em separata (1964). Cfr. também GOLDSCHMIDT, *Sistema y Filosofía del DIP*, I, 2ª ed., págs. 343-363; YANGUAS MESSÍA, *DIP, cit.*, págs. 269-294, e MIAJA DE LA MUELA, *DIP*, I, págs. 277-296.

[341] À primeira hipótese chamaremos *retorno* ou devolução *stricto sensu* (*renvoi au premier degré,* na terminologia francesa, *rinvio indietro*, na italiana,

agora é se esta atitude da lei competente (competente segundo o juízo ou a perspectiva do DIP local) se nos impõe dalguma sorte: se dalgum modo (e de que modo) a devemos ter em conta para correctamente resolver o conflito de leis ocorrente.

É claro que esta questão deve ser posta perante o DIP da *lex fori* e tratada neste enquadramento: como problema de interpretação[342] do direito local. Queremos nós dizer que se em cada Estado todo o problema de averiguação do direito aplicável[343] se resolve de acordo com o DIP nele vigente, então a questão referida acima, como parte que é daquele problema[344], só pode ter a solução postulada por esse sistema.

116. *As origens do problema.* — O problema que acabámos de definir originou-se na jurisprudência dos tribunais. Foi o célebre caso "Forgo", julgado definitivamente em 1882 pela

---

Rückverweisung, na alemã, *remission,* na inglesa) e podemos figurá-la graficamente do seguinte modo:

$$L_1 \rightarrow L_2$$
$$L_2 \rightarrow L_1 \text{ (\textit{lex fori})}$$

Para a segunda hipótese guardaremos a expressão *transmissão de competência (renvoi au second degré, rinvio altrove, Weiterverweisung, transmission)* e a sua representação gráfica poderá ser esta:

$$L_1 \rightarrow L_2$$
$$L_2 \rightarrow L_3$$

[342] Tomada aqui *interpretação* no seu mais lato sentido, de modo a abranger a própria integração do direito vigente.

[343] Aplicável às relações daquilo a que chamamos comércio jurídico internacional, que de outras não se ocupa o DIP.

[344] Já que nos não é lícito dar como resolvido *a priori* que a nova remissão operada pelo direito estrangeiro competente é irrelevante em face da lei do foro. Por conseguinte, o problema da averiguação do direito (material) aplicável complica-se inevitavelmente, nessa hipótese, com uma questão de reenvio.

Cassação francesa, que verdadeiramente veio colocar a questão sob a plena luz da ribalta[345].

Forgo era um cidadão da Baviera, que vivera em França longa vida e aqui falecera intestado. Apareceram a habilitar-se-lhe à sucessão (constituída por valores mobiliários existentes em França) certos parentes colaterais afastados, que de facto herdariam segundo a lei vigente na Baviera, mas não segundo a lei francesa: em face desta lei, os bens seriam, pois, para o Estado. A primeira fase do processo findou com a decisão de que a lei aplicável era a lei bávara (lei do domicílio de origem do *de-cujus*), em virtude de o hereditando não ter chegado a adquirir um domicílio *legal* em França. A partir daqui, e por iniciativa da *Administration des Domaines*, entrou a discutir-se sobre se o direito bávaro não deveria aplicar-se na sua *totalidade*; sobre se a primeira norma desta legislação, que se impunha reconhecer e acatar, não era a que devolvia, em matéria de sucessão mobiliária, para a lei do domicílio *de facto* ou residência habitual do autor da herança, a qual vinha a ser, no caso, precisamente a lei francesa. E assim o entendeu a *Cour de Cassation*.

Pode dizer-se que principia aqui a longa história e a universal celebridade da teoria da devolução.

117. Tomemos de novo o problema que a Cassação francesa resolveu, no processo Forgo, da maneira já referida. A lei estrangeira designada pelo DIP do foro designa por seu turno, para regular o caso, a própria lei do foro.

Perante isto, este conflito negativo de regras de conflitos, são possíveis as três atitudes seguintes:

a) atitude favorável ao reenvio como princípio geral;

---

[345] Anteriormente, já na Inglaterra e na Alemanha o princípio do reenvio fora aplicado nos tribunais: ali, no caso "Collier v. Rivaz" (1841); aqui, num pleito hereditário julgado em 1861 pelo Tribunal Supremo de Lübeck. Para mais pormenores cfr. LEWALD, *op. cit.*, págs. 534 e segs.

b) atitude absolutamente condenatória do reenvio;

c) atitude condenatória do princípio, mas favorável ao reenvio com um alcance limitado.

A primeira atitude é a dos partidários da doutrina da *devolução* ou do *reenvio*, doutrina que, em suas diferentes ramificações, arranca da ideia de que a referência da norma de conflitos do foro à lei estrangeira tem carácter *global* (*Gesamtverweisung*).

A segunda é a atitude dos que interpretam toda a referência da norma de conflitos à lei estrangeira como pura vocação do direito material dessa lei — como pura referência *material* (*Sachnormverweisung*).

A terceira é a posição moderna, firmada sobretudo pela doutrina alemã: toma-se como ponto de partida o princípio da referência material; no entanto, reconhecendo-se que o reenvio pode levar em muitos casos a resultados justos, adopta-se a ideia, mas tão-somente na medida do necessário para se atingirem tais resultados.

Está claro que estas várias posições doutrinais tanto dizem respeito à hipótese do retorno — n.º 115, exemplo (a) — como à de transmissão de competência: exemplo (b).

Versaremos primeiro a posição enunciada em segundo lugar.

§ 1.º

Teoria da referência material

118. *Significado de referência material.* — Se considerarmos em toda a legislação duas zonas ou camadas, a mais superficial formada pelas normas de conflitos, a mais profunda pela rede das normas de regulamentação, as regras propriamente ordenadoras da vida social — diremos que a referência do DIP do foro a determinada lei não se detém nessa primeira região

periférica, e antes penetra até às camadas mais profundas, até à substância mesma do sistema: as suas instituições civis.

Tomadas as coisas assim, o que a regra de conflitos determina, quando diz, por exemplo, que "as sucessões por morte são regidas pela lei nacional do hereditando", é que os tribunais locais resolverão os problemas levantados pela sucessão *mortis-causa* de um estrangeiro tal qual eles seriam resolvidos por um juiz do Estado nacional do *de-cujus*, na hipótese de se não suscitar qualquer conflito de leis. Seja ainda o primeiro exemplo de há pouco: sucessão *mortis-causa* de um brasileiro que faleceu estando domiciliado em Portugal. Lei competente, segundo a norma de conflitos do foro, a brasileira. Como esta referência à lei brasileira passa sem se deter através das primeiras camadas deste sistema jurídico (aquelas onde se situam as normas de conflitos e, por conseguinte, a norma que remete, no caso, para a *lex domicilii)* para atingir a sua região medular, que é onde se localiza, com outras, a instituição das sucessões — logo, serão os princípios do direito sucessório brasileiro que os tribunais portugueses deverão aplicar. Serão, isto é, aqueles princípios por que os juízes brasileiros se norteiam sempre que se não levanta qualquer conflito de leis (sucessão *ab intestato* de um brasileiro que faleceu no Brasil, onde estava domiciliado, deixando aí todos os seus bens).

119. *Os argumentos positivos em favor desta teoria:*
a) Função das normas de conflitos.

A solução enunciada no número precedente — diz-se — seria a mais conforme com a função que, historicamente, o DIP foi solicitado a desempenhar — que ele nasceu para cumprir: assinalar a lei aplicável às relações plurilocalizadas, conectadas com dois ou mais sistemas legislativos. O DIP constituiu-se para assinar a cada uma dessas relações a sua lei reguladora — e, naturalmente, *a mesma lei* em toda a parte. Ora se o DIP nasceu com este sentido ou esta aspiração de *universalidade*, seria uma contradição nos termos admitir que as suas normas tivessem surgido marcadas do selo de uma referência a outras normas com idêntica função mas de sentido divergente. Tais outras normas não poderiam existir — *não deveriam existir.* Vieram, sim, a originar-se mais tarde — mas porque a evolução ulterior corrompeu a pureza da ideia inicial.

b) Carácter internacional, pelo seu objecto, das regras de conflitos nacionais.

Em segundo lugar, tem sido apontado também que as chamadas regras de conflitos legislam "sobre matéria própria do direito internacional, sendo apenas por insuficiência da organização jurídica internacional que o Estado formula as mesmas regras, as quais representam, para ele e para os seus tribunais, o verdadeiro direito internacional". Ora se os princípios de DIP adoptados por um Estado têm de considerar-se como aqueles "que seriam sancionados por um legislador realmente internacional, e, portanto, como os verdadeiros princípios do DIP em harmonia com o modo de ser da comunidade dos Estados, seria absurdo que o juiz de um Estado pudesse reconhecer e aplicar preceitos de direito internacional formulados pelos outros Estados, como seria absurda e até incompreensível a aplicação de princípios diferentes dos definidos por um legislador internacional"[346].

c) A tudo acresce que a doutrina da referência à lei de direito interno é a que melhor se harmoniza com o pensamento modelador de toda a norma de conflitos — com os juízos de valor que lhe estão subjacentes. Seja, por exemplo, a regra que nos diz: "o estado e a capacidade da pessoa são regidos pelas leis da sua nação". Este preceito corresponde a uma certa ideia acerca de qual seja a maneira mais acertada — mais justa — de resolver os conflitos de leis em matéria de estado e capacidade. Dentre as soluções possíveis, considera-se como mais

---

[346] MACHADO VILELA, *Tratado*, I, pág. 536.

razoável a de definir o estatuto pessoal pelas leis do Estado nacional dos indivíduos. Isto, desde logo, por se entender que são tais leis as que presumivelmente melhor correspondem à sua natureza, hábitos, condições e concepções de vida. Mas não só por isso: também por se considerar que, sendo o estatuto pessoal alguma coisa de necessariamente estável, é decerto a lei nacional a mais adequada a promover e a assegurar esse objectivo de estabilidade e permanência.

Ora a lógica conclusão deste raciocínio é o chamamento das próprias leis por que, no Estado nacional dos interessados, se regulam as várias matérias pertencentes ao estatuto pessoal — e não, por certo, o das normas de conflitos nele vigentes. E coisa bem singular seria que, uma vez eleita a nacionalidade como factor de conexão, sem dúvida por sua maior "justiça" — por se entender que tal factor é o que melhor corresponde aos interesses e valorações próprios do DIP — houvesse que renunciar a esse critério sempre que (e só porque) o legislador nacional, vendo as coisas à sua maneira, entendesse sobrepor-lhe o sistema do domicílio.

Tais são algumas das mais impressionantes razões que se vêem aduzidas em defesa do princípio da referência material. Não exporemos aqui o juízo que nos merecem, porque ele ressaltará do que havemos de dizer quando for tempo de tomar posição ante o problema do reenvio.

§ 2.º

Teoria da referência global

120. *Significado de referência global.* — Numa outra interpretação das normas de conflitos, a referência da *lex fori* à lei estrangeira não vai restrita às normas de regulamentação deste sistema jurídico, e antes o toma na unidade dos seus preceitos,

tanto de direito material como conflitual. Por conseguinte, se na lei estrangeira se nos depara uma norma que remete o caso para a alçada doutra legislação — ou essoutra legislação seja a *lex fori* (retorno) ou a lei de um outro Estado (transmissão de competência) — há que seguir essa nova referência, desistindo da primeira.

Tal é, pelo menos, a acepção mais corrente da teoria da referência global (a). Noutra acepção (b), as normas de DIP da lei estrangeira (L_2) só serão consideradas (só serão incluídas na referência da *lex fori*) enquanto funcionam como normas delimitadoras do sistema jurídico a que pertencem, isto é, enquanto regras que excluem do âmbito deste sistema certas e determinadas relações; não também enquanto definem a lei a que tais relações devem considerar-se sujeitas. Por conseguinte, se a lei nacional se declara incompetente e remete o caso para a *lex loci actus*, nós não poderemos, é certo, aplicar a lei nacional, mas nem por isso estaremos adstritos a recorrer à *lex loci*. Sobre qual seja em último termo a lei aplicável, decidirá a *lex fori*, através da norma de conflitos que devamos considerar subsidiária da regra da nacionalidade[347] — e será naturalmente a que utiliza como factor de conexão o domicílio: se a lei nacional se declara incompetente, tudo deverá passar-se como se o indivíduo não tivesse nacionalidade — e a lei pessoal do apátrida é a *lex domicilii*.

---

[347] É este o procedimento mais comum, mas não o único possível: cfr. *infra*.

I

Teoria clássica
(doutrina da devolução simples)

121. A teoria da referência global partilha-se em dois ramos. Um deles (doutrina clássica) é a teoria da devolução "simples". Nesta, as soluções do nosso problema são, em esquema, as seguintes:

a) *Retorno*: Se L_2 devolve para L_1, aplicar-se-á sistematicamente L_1.

b) *Transmissão de competência* (*Weiterverweisung*): Se L_2 remete para L_3, deverá aplicar-se L_3.

Muito perto desta orientação se situa a que mencionámos no final do número precedente, porque, embora não haja aí propriamente reenvio — se por tal entendermos o acatamento da remissão de L_2 para L_1 ou L_3 —, há no entanto, pelo que respeita aos resultados a que se é conduzido, uma inegável e frisante similitude com a teoria do reenvio. Isto, pelo menos, no que toca ao âmbito do estatuto pessoal, já que normalmente o factor de conexão utilizado por L_2 (a *lex patriae*) coincidirá com o da norma da *lex fori* subsidiária da regra da nacionalidade: o domicílio. Nós não aplicaremos, é certo, a lei do domicílio por força do DIP de L_2, senão porque assim o impõe uma regra de conflitos da *lex fori* — regra à qual cumpriria obedecer mesmo na hipótese de porventura dela se apartar o DIP de L_2. No entanto, como na generalidade dos casos haverá coincidência entre a norma de conflitos da lei nacional e a regra subsidiária da *lex fori*, a diferença apontada assume fraca importância. Por outro lado, é certo ainda que a teoria da *norma subsidiária* vai beber o melhor da sua inspiração à mesma fonte de onde procede a teoria da devolução propriamente dita.

E diremos agora dos fundamentos da doutrina clássica.

a) O primeiro consiste na própria ideia, já referida de

pasagem, da *unidade e incindibilidade* do todo formado pelo direito material e de conflitos. O ordenamento jurídico é um todo de regras materiais e de preceitos sobre a aplicação das leis — um todo incindível. Se o direito de conflitos do foro remete determinado caso para uma legislação *A* e esta o sujeita por seu turno à legislação *B*, a resolução desse caso pelo direito material de *A* não constituiria uma aplicação desta ordem jurídica — na qual nós não podemos abstrair da norma que justamente define *B* como lei aplicável à relação em causa — antes a sua violação.

O argumento, porém, é falacioso: está longe de ser apto a fundar de per si a teoria da *Gesamtverweisung*. Ele só teria valor se se conseguisse provar a unidade *substancial* das duas espécies de normas jurídicas, as de regulamentação e as de conflitos — unidade substancial no sentido de só poderem as primeiras exercer adequadamente a sua função sócio-jurídica ou actuar os seus fins no enquadramento definido pelas segundas: se se lograsse estabelecer, por exemplo, que o direito matrimonial ou sucessório contido no ordenamento *A* resultaria funcionalmente inadequado quando transposto para um domínio de relações que o direito de conflitos desse mesmo ordenamento remete para outro sistema jurídico.

É seguro, no entanto, que debalde se procuraria uma tal correspondência entre direito material e de conflitos. Essa interconexão não existe. Nós não podemos dizer que determinado direito material *é como é* em função do sistema conflitual que lhe vai conexo *hic et nunc*; não podemos afirmar que sem este aquele seria necessária e automaticamente outra coisa: tal conexão é antes uma simples contingência. As valorações e os conteúdos jurídico-materiais não estão condicionados a um determinado esquema de valorações e de conteúdos de direito conflitual; e tanto assim é que não poucas vezes as alterações legislativas operadas num desses planos deixam perfeitamente intactas as realidades do outro.

De resto, ainda que estas considerações não estivessem certas, nem por isso ficaria demonstrada a lógica necessidade de se aceitar a remissão da lei estrangeira indicada pela *lex fori* para outro sistema jurídico: demonstrada ficaria só a impossibilidade de aplicar o direito material da legislação designada fora ou além do âmbito traçado pelas respectivas normas de conflitos. E diante dessa impossibilidade, o caminho poderia estar no recurso à *regra subsidiária* da *lex fori*, de acordo com as ideias outrora expostas por WESTLAKE[348] e mais recentemente retomadas por LEREBOURS-PIGEONNIÈRE[349]; quando não — como o preconizava NIBOYET[350] — na aplicação do próprio direito material da lei do foro[351].

122. Mas não poderá imputar-se outro sentido e alcance ao argumento referido?

Vejamos. A proposição em causa é esta: o direito material de um qualquer Estado é absolutamente inseparável das regras de competência legislativa sancionadas por esse mesmo Estado. Logo, se o ordenamento estadual designado se reputa incom-

---

[348] Se a lei nacional *se desinteressa*, como o caso não pode deixar de ter uma decisão, aplicar-se-á a lei do domicílio: WESTLAKE, *apud* LEWALD, *loc. cit.*, pág. 601.

[349] LEREBOURS-PIGEONNIÈRE et LOUSSOUARN, *DIP*, n.º 364.

[350] *Traité*, t. III, n.ºs 1015 e 1016.

[351] A intervenção do direito local (NIBOYET não se ocupa senão do direito francês) justificar-se-ia pela necessidade de pôr termo ao "estado de abandono jurídico no qual um país estrangeiro deixa uma relação de direito". À *lex fori* caberia preencher a lacuna, a fim de evitar uma denegação de justiça, fazendo valer, não uma norma de conflitos subsidiária (como em LEREBOURS-PIGEONNIÈRE), mas uma espécie de princípio de ordem pública. Veja.-se sobre o ponto, além do próprio NIBOYET, FRANCESCAKIS, *op. cit.*, n.º 112. Note-se que para NIBOYET (como aliás se referiu já neste curso) esta aplicação de *recurso* da lei francesa só seria justificável se a situação jurídica em causa tivesse qualquer ligação com a França.

petente, uma de duas: ou há-de passar-se directamente à legislação por ele declarada aplicável (teoria do reenvio), ou terá em todo o caso de procurar-se por outro caminho a solução do problema. Assim o exige, com efeito, — dir-se-á — o respeito da soberania estrangeira. "Impor uma competência a quem a não quer, não é tratar {esse Estado} como igual, é reivindicar uma espécie de superioridade ou arrogar-se um direito supranacional (...). Ora, como todos os Estados são iguais e devem respeitar-se uns aos outros, não pode haver competência imposta"[352].

Estas ideias inscrevem-se claramente no quadro de uma teoria que concebe os chamados conflitos de leis como conflitos interestaduais — conflitos de soberanias. Tal não é, porém, a concepção a que aderimos. Como já tivemos ocasião de explicar, o problema que o DIP se propõe resolver não é um problema de respeito e coordenação de soberanias, mas sim o de definir para os diferentes tipos de situações do comércio jurídico internacional (melhor: para os diferentes tipos de questões de direito) — em função de interesses que primária e fundamentalmente dizem respeito aos sujeitos dessas situações e não aos Estados considerados como tais — a lei que mais convenha a cada um (a lei da mais forte conexão com os factos).

Logo, não faz necessariamente ao caso que o juízo do legislador estrangeiro coincida com o do legislador local. Nem há ofensa de soberania no facto da não aplicação de uma lei que se repute aplicável, nem (*a-fortiori*) no facto da aplicação de uma lei que se tenha por incompetente[353].

---

[352] von BAR, *apud* LEWALD, *loc. cit.*, pág. 600.

[353] Há que fazer aqui a mesma observação que formulámos no final do n.º 120. A conclusão a que logicamente conduz o argumento exposto acima não é a necessidade de aplicar a lei para que remete a norma de conflitos do sistema designado pelo DIP do foro, mas tão-somente a de não aplicar uma legislação que não queira aplicar-se.

123. *A objecção do círculo vicioso.* — Em segundo lugar, aduz-se que a teoria da referência global, quando aplicada e desenvolvida segundo a sua própria lógica, se nega rotundamente a si mesma, pois conduz por força a situações de autêntico círculo vicioso.

Na realidade, se a teoria é verdadeira para as regras de conflitos do sistema de onde se parte (a *lex fori*), verdadeira há-de ser também para as regras de conflitos da lei que elas mandam aplicar. Se a referência da norma de conflitos do foro à legislação do Estado nacional do indivíduo não pode deixar de abranger a nova referência desta legislação à *lex fori*, também esta última designação terá de incluir a regra que remete para a lei nacional. E estaríamos, portanto, condenados a passar continuamente da lei nacional para a *lex fori* e desta para aquela. *Circulus inextricabilis*!

E o mesmo se diga de uma hipótese, não de retorno, mas de transmissão de competência.

Suponhamos que, por óbito de um cidadão dinamarquês, cujo último domicílio foi em Londres e que deixou bens imóveis na Itália, se procede a inventário em Portugal. Qual o direito sucessório aplicável? A *lex fori* manda aplicar a lei dinamarquesa, esta remete para a *lex domicilii*, a *lex domicilii* designa como competente a *lex rei sitae*. Mas como o direito de conflitos italiano, do mesmo modo que o português, considera aplicável a lei nacional, eis-nos de novo no ponto de partida, condenados a refazer, passo a passo, o caminho já percorrido; e assim sucessivamente, até ao infinito[354]. Novamente o *circulus inextricabilis*!

O argumento exposto (que as arquiconhecidas imagens dos jogadores de ténis e do gabinete de espelhos tanto popularizaram) é fora de dúvida impressionante. Note-se, contudo,

---

[354] Cfr. LEWALD, *Renvoi revisited, loc. cit.*

que a objecção só acerta no alvo enquanto dirigida contra aquelas formulações da teoria da referência global que admitem o trânsito *directo* de uma ordem jurídica para outra: da ordem jurídica designada pela *lex fori*, quer para esta mesma lei, quer para a de um terceiro Estado. Por conseguinte, está perfeitamente a salvo da objecção uma teoria como a da *norma subsidiária* (dado não haver aí acatamento da remissão de L_2 para L_1 ou L_3), bem como qualquer outra construção que sob este ponto de vista lhe seja afim.

124. Mas se o argumento do círculo vicioso em verdade não atinge as teorias que acabamos de referir, em contrapartida a sua eficácia contra a doutrina da devolução afigura-se indiscutível. De facto, só poderia triunfar-se da objecção aceitando que uma das "referências" da cadeia não tenha a natureza de referência global. Simplesmente, esta concessão é de molde a invalidar a teoria, pois envolverá o repúdio da sua mesma lógica interna. Afigura-se inevitável este dilema: ou é realmente "da natureza das coisas" que toda a remissão de uma lei para outra assuma o significado de referência global — e então as descritas situações de círculo vicioso serão fatais; ou se admite como logicamente possível interpretar em termos diferentes uma das remissões da série, fechando assim o circuito e eliminando pois as situações apontadas — mas nessa hipótese deixará de ser verdadeiro o princípio da referência global: logo, ficará destruída a ideia de que toda a referência de uma lei a outra tem necessariamente este sentido.

E eis aí a doutrina do reenvio apertada num autêntico colete de forças, que implacavelmente a estrangulará...

Cumpre, no entanto, reconhecer que o raciocínio exposto não é adequado a invalidar senão uma teoria que arvore o pensamento da referência global em única interpretação admissível das normas de conflitos — de todas e quaisquer normas de conflitos. Mas a objecção é perfeitamente inoperante contra uma doutrina que simplesmente afirme, tendo em vista certos objectivos práticos[355], a necessidade de entender naqueles moldes o DIP da *lex fori*. Nada impede, com efeito, que o legislador de um país prescreva a aceitação sistemática do reenvio da lei estrangeira para o direito local — ou até para a legislação de um terceiro Estado; em termos de os tribunais desse país deverem aplicar em tais casos o direito material do sistema indicado pela lei "reenviante". A única dúvida a formular é se, olhando ao escopo da norma de conflitos, tal atitude se justifica. Só que pôr o problema deste modo é já passar do plano lógico-formal — único em que a objecção do círculo se faz valer — para uma perspectiva radicalmente diversa: uma perspectiva teleológica.

Posto isto, será a estoutra luz que irá agora focar-se o nosso tema.

125. *b) O argumento da uniformidade de julgados ou da harmonia jurídica internacional.* — É esta certamente a mais impressionante razão em favor da teoria do reenvio. Diz-se assim: se, remetendo L_2 para L_1 (ou para L_3), os tribunais locais resolverem o caso segundo os princípios de direito interno de L_1 (ou de L_3), é claro e seguro que a sua decisão será idêntica à que seria proferida por um juiz do Estado a que L_2 pertence (E_2). Resultado excelente, decerto, porque deste modo a justiça da causa deixará de depender do lugar da propositura da acção; excelente ainda, porque desta maneira mais facilmente a sentença dos tribunais locais alcançará o *exequatur* no Estado onde vigora a lei designada pela norma de conflitos da *lex fori*.

Crítica: as vantagens da harmonia jurídica internacional são indiscutíveis. O certo é, porém, que a doutrina em exame só em casos muito contados a poderá realizar — e, logo, também

---

[355] Esses objectivos são aqueles que adiante indicaremos.

neste plano se demonstra a sua inviabilidade, como doutrina ou princípio geral do DIP.

Digamos desde já: na hipótese do retorno, o reenvio só permite alcançar a harmonia jurídica se a lei estrangeira designada pela *lex fori* não admitir, por sua parte, esse mesmo pensamento. Mas isto é a prova de que o reenvio, pelo menos enquanto concebido à maneira clássica, não pode ser elevado a princípio geral do direito de conflitos.

Ilustremos a tese com um exemplo, de resto já conhecido. Seja o caso julgado pelo Acórdão do S. T. J. de 28-X-952[356]. Allard, cidadão francês, faleceu em Portugal com testamento, deixando bens no nosso país. No inventário a que se procedeu, entrou de discutir-se sobre se a mãe do falecido (mãe ilegítima) tinha direitos de herdeira legitimária. Entendeu-se que, sendo a sucessão regulada pela lei francesa, mas remetendo esta para o direito português (como *lex rei sitae* e *lex ultimi domicilii*), havia que aceitar a devolução; e o caso foi julgado em harmonia com os princípios do nosso Código civil. Que se passaria, porém, se a questão se tivesse levantado em França? Muito provavelmente, os tribunais franceses teriam considerado aplicável a lei do seu país, por aceitarem também eles (como vem sendo prática lá seguida há longos anos) o reenvio da lei da situação ou da lei do último domicílio para a *lex patriae*[357].

Nestes termos, força é concluir que o Supremo fez aqui uma aplicação injustificável (injustificável em face do princípio da harmonia jurídica) da doutrina da devolução. A única maneira de o tribunal português resolver o problema do mesmo modo por que o resolveria um tribunal francês, teria sido ele aplicar o direito sucessório nacional do testador, negando, pois, a voca-

---

[356] Na *Revista de Legislação e de Jurisprudência*, 85.°, pág. 269.

[357] Cfr. LEREBOURS-PIGEONNIÈRE et LOUSSOUARN, *DIP*, n.° 367, BATIFFOL-LAGARDE, *DIP*, I, 8.ª ed., n.° 303 e 305, e P. MAYER, *DIP*, págs. 150-151.

ção sucessória *ex lege* da mãe (ilegítima) do autor da herança. Incontestavelmente, o Supremo enganou-se no caminho.

Considerações idênticas são cabidas a respeito do caso Forgo, que veio a ser decidido, como já se referiu, pelos princípios do direito francês. Qual seria, porém, a decisão, se a causa fosse julgada na Baviera? Facilmente o podemos conjecturar olhando à sentença, não tão famosa mas não menos elucidativa, do Tribunal de Lübeck, a que já nos referimos também. Num caso similar (sucessão mobiliária de um alemão cujo último domicílio fora em França), os juízes alemães não tiveram dúvida em aplicar o direito sucessório local — e justamente argumentando também com o reenvio, mas um reenvio de sentido inverso: da lei do último domicílio *de facto* do hereditando para a lei do seu último domicílio *de direito*.

126. Em face disto, é forçoso concluir que a teoria do reenvio, tomada na sua formulação tradicional, não consegue atingir, *senão esporadicamente*, o objectivo prático que se propõe: a uniformidade de julgados, a harmonia jurídica. A despeito do reenvio, a divergência de soluções pode subsistir, embora singularmente alterada: porque os tribunais dos países interessados, se aceitarem uns e outros a referida teoria, passam a aplicar uma lei diferente da que lhes cumpria observar, segundo a norma de conflitos dimanada do seu respectivo legislador. O tribunal do Estado do domicílio, que deveria aplicar a lei nacional, aplica a lei do domicílio; o tribunal do Estado da nacionalidade, que deveria aplicar a lei do domicílio, aplica a lei nacional.

Para que o reenvio conduza à harmonia jurídica na hipótese do retorno, é indispensável que a referência de L_2 a L_1 seja uma referência *material*, é indispensável que o direito conflitual de L_2 não admita ele próprio o reenvio.

Esta crítica é também procedente quanto à hipótese da transmissão de competência. Do simples facto de L_2 remeter para L_3 não pode deduzir-se, com absoluta segurança, que seja esta a lei aplicável ao caso segundo o DIP de L_2. Com efeito, é possível que L_3 remeta por seu turno para L_2 — e que o sistema conflitual deste ordenamento jurídico contenha uma norma favorável à devolução; caso este em que a lei aplicável em E_2 acabaria por ser a própria lei do país.

Seja o exemplo seguinte:

Um tribunal francês é chamado a conhecer do estatuto pessoal de um súbdito britânico domiciliado na Bélgica. É competente a lei nacional do interessado, a qual todavia delega na do seu domicílio. Seguindo a teoria clássica do reenvio, parece que o tribunal deveria aplicar o direito belga. Mas, como a norma de conflitos belga defere à *lex patriae* a decisão do assunto e na Inglaterra a jurisprudência adopta a teoria do reenvio (aliás, numa modalidade muito particular) — não seria essa a solução do problema se o caso se apresentasse perante um juiz inglês: o juiz inglês faria aqui aplicação do seu próprio direito material.

127. *c*) Em favor da teoria clássica da devolução ou reenvio invoca-se, por último, este argumento: há sempre vantagem, sob o ponto de vista do interesse da boa administração da justiça, em aplicarem os juízes o seu próprio direito, único em que naturalmente são versados, único que eles poderão interpretar e aplicar sem fortes probabilidades de desacerto[358].

Como é evidente, esta razão, se válida fosse, só o seria para a hipótese do retorno: se L_2 devolve para L_1, deverá aplicar-se sempre o direito interno de L_1. E é, com efeito, assim que a teoria da devolução tem sido compreendida pelos tribunais de todos os países que a seguem (com excepção da Inglaterra). Trata-se, no fundo, de interpretar *por sistema* toda a "devolução"

---

[358] *Vide* neste sentido: M. WOLFF, *Das IPR Deutschlands*, pág. 67, I; BATIFFOL-LAGARDE, *DIP*, I, n.º 305.

à *lex fori* como referência pura e simples ao direito material desta legislação.

Todavia, a consideração apontada por último não consegue persuadir. É bom, sem dúvida, que os tribunais possam aplicar as suas próprias leis. Mas é melhor ainda que eles apliquem às situações da vida internacional a legislação que em melhores condições estiver para intervir, olhado o problema pelo prisma dos interesses que o direito de conflitos intenta satisfazer. Desistir da aplicação da lei estrangeira competente a pretexto de que mais vale aplicar o direito local — redunda, em última análise, em negar o próprio fundamento do DIP.

II

Teoria do reenvio total ou da devolução «dupla» (Foreign Court Theory)

128. *A teoria do reenvio total. Sua fundamentação através do princípio da harmonia jurídica internacional.* — Se a modalidade clássica da teoria do reenvio se revela claramente inaceitável[359], como demonstrámos, o mesmo já se não pode aparentemente dizer de uma outra sua formulação, que tem gozado de grande favor junto dos tribunais ingleses. É a teoria do *reeenvio total* ou "foreign Court theory". A sua ideia básica é que a referência da norma de conflitos do foro a determinada lei estrangeira impõe aos tribunais locais o dever de julgarem a causa tal como ela seria provavelmente julgada no Estado onde essa lei vigora[360].

---

[359] SCHNITZER, *Handbuch des internationalen Handelsrechts*, pág. 20.

[360] Cfr. WOLFF, *PIL cap.*. XV, págs. 186 e segs., e GRAVESON, *Conflict of Laws*, págs. 53 e segs. Veja-se também o relatório do *Private International Law Committee* ao Lord-Chanceler da Grã-Bretanha, in "Rev. crit.", 1955, págs. 372 e segs.

Para a crítica da "foreign Court theory" v. especialmente CHESCHIRE, *Conflict of Laws*, 5ª ed., págs. 68 e segs. Sobre o fundamento da mesma teoria vejam-se os nossos *Estudos Jurídicos*, III, págs. 126 e seg.

Nesta doutrina não se descortina, pelo menos à primeira vista, o menor ilogismo. Confrontemos os resultados da sua aplicação com o postulado da harmonia jurídica internacional.

O direito francês manda regular a sucessão imobiliária *mortis-causa* pela *lex rei sitae*; o direito português, pela lei nacional do hereditando. Que lei aplicar, pois, em Portugal à sucessão de um francês que deixou alguns prédios na cidade de Lisboa? A lei francesa, sem dúvida, pois os tribunais gauleses, se fossem eles a decidir, aceitariam o reenvio da *lex situs* para a *lex patriae*. Está, portanto, assegurada — graças à utilização pelo juiz português de um *duplo* reenvio — a uniformidade de julgados, a harmonia jurídica.

Bem assim quando a lei estrangeira remeter a decisão do caso para uma terceira legislação. Suponhamos que o cidadão francês falecido em Portugal possuía bens imóveis na Itália. O direito francês endossa a competência ao italiano, mas aceita o reendosso que este lhe oferece. Logo, será pelas regras do Código napoleónico que nós, em Portugal, deveremos resolver o litígio. E, assim, a decisão do nosso tribunal coincidirá, ponto por ponto, com a que seria proferida no mesmo caso quer na França quer na Itália.

129. Deste modo, a teoria em referência caracteriza-se, em face da anterior, pela consideração dada, não só à regra de conflitos estrangeira (como esta), mas também à *norma preceptiva do reenvio*, eventualmente contida, ao lado da primeira, na lei mandada aplicar. Conforme os casos, assim os tribunais locais deverão observar *um só* ou *um duplo* reenvio. Um *reenvio* duplo, sempre que a lei estrangeira — como exactamente acontecia nas duas hipóteses há pouco encaradas — ordene ela própria a devolução, seja ela própria enformada pelo princípio da "referência global". Um reenvio único, quando a lei estrangeira designada pela *lex fori*, ao referir-se a outro sistema jurídico (que pode ser de novo a lei do foro), entenda referir-se apenas às disposições de direito interno desse sistema.

E foi assim que no caso *In Re Ross*, em que se punha o problema da medida da liberdade de testar de uma testadora inglesa domiciliada na Itália, o tribunal inglês não duvidou de aplicar as regras do direito interno britânico, já que no Estado do domicílio (Itália) a referência à lei do Estado nacional (Inglaterra) era interpretada pelos tribunais como restrita ao direito material. Isto sem embargo de, ao tempo do processo *Ross* (1930), já haver precedentes judiciais[361] no sentido da doutrina do duplo reenvio. Mas no caso, precisamente em virtude de não ser a lei estrangeira (italiana) designada pela *lex fori* (inglesa) favorável à devolução (a esse tempo), um tal reenvio duplo não faria sentido.

130. *Crítica.* — Estará, pois, isenta de mácula, como parece, a versão britânica[362] da teoria da devolução, a *foreign Court theory*?

A verdade é que não está. Também essa teoria é falsa, como teoria ou princípio geral do DIP. Tanto assim que nós não a podemos conceber *generalizada* a todos os Estados. Se todos os Estados resolvessem aceitá-la — em pura lógica, o problema do conflito negativo de competência seria em muitos casos insolúvel.

Pois vejamos. O juiz português pretenderia determinar a medida da liberdade de testar (restrita a bens mobiliários) de um inglês com domicílio em Portugal precisamente como o faria um juiz britânico, se a questão se pusesse na Inglaterra. Mas, se efectivamente a questão se suscitasse neste país, os tribunais de lá haveriam de a querer solucionar também como se — na célebre frase do juiz HERBERT JENNER[363] — estivessem

---

[361] Pelo menos desde 1926 (sentença *In re Annesley)*: cfr. WOLFF, *PIL*, pág. 195.

[362] Para uma tentativa semelhante de interpretação do direito alemão, veja-se MELCHIOR, *Die Grundlagen des Deutschen IPR*, 1932, págs. 216-220.

[363] "The court sitting here (...) decides as it would if sitting in Belgium" (in *Collier v. Rivaz*, 1841).

administrando a justiça em Lisboa... Portanto, um autêntico *impasse*, um genuíno *circulus inextricabilis*[364-365]. A dificuldade só poderia vencer-se através da criação de normas de conflitos especiais — super-normas de conflitos, ou normas de conflitos de 2.º grau —, o que significaria o abandono do ponto de vista da *foreign Court theory* e, portanto, o reconhecimento da sua falência.

Por onde se demonstra que o pensamento do reenvio não pode realmente ser erigido em princípio ou teoria geral do direito de conflitos.

§ 3.º

Doutrina que, partindo da teoria da referência material, aceita a devolução com um alcance limitado. Reenvio e harmonia jurídica internacional.

131. Acabámos de demonstrar que o reenvio como princípio geral é inaceitável, seja qual for a modalidade em que se apresente.

Esta constatação gerou dois movimentos distintos. Criou em muitos uma disposição absolutamente hostil ao reenvio — uma firme tendência para a reafirmação pura e simples do "dogma" da referência material. Na opinião desses, setenta anos de acalorados debates sobre a devolução teriam servido apenas

---

[364] Cita-se a este propósito (WOLFF, *PIL*, pág. 201) o famoso incidente (histórico ou não, pouco importa) da batalha de Fontenoy. "Faites tirer vos gens!" "Non, Messieurs, à vous l'honneur!" E o facto é que, suposta a existência de um princípio de cortesia que, vinculando igualmente ambas as partes, obrigasse cada uma a só disparar... depois da outra, uma de duas: ou um dos capitães tomava a decisão de violar essa regra, ou não se travaria a batalha...

[365] Cfr. WENGLER, "Rec. des Cours", 1961, III, pág. 381.

para convencer da falsidade da ideia e da necessidade do regresso ao passado.

Mas não é este o juízo que tende hoje a prevalecer. Não foram inúteis as discussões travadas em torno do reenvio, nem pode dizer-se que tenham sido em vão os esforços dos tantos prosélitos da nova verdade. Alguma coisa resultou da longa querela: foi o conhecimento da utilidade do reenvio como processo de se atingirem certos fins incontestavelmente valiosos. E muitos falam aí do reenvio como expediente prático (*als Rechtsbehelf*). Não se trata, pois, de admitir a devolução como princípio geral de DIP: nesse plano, não há senão repudiá-la formalmente. No entanto, uma vez que se apura a plena aptidão do reenvio para possibilitar, nos quadros do DIP vigente, soluções práticas eminentemente desejáveis, certo não se justificaria que votássemos a ideia a um ostracismo completo. O reenvio, em suma, se não é verdadeiro como *teoria* das normas de conflitos, é perfeitamente utilizável como *técnica*. Ele pode, com efeito, converter-se, se bem o soubermos manejar, em instrumento de notável utilidade. Assim, desde logo, como um meio de realizar a harmonia jurídica. Só que não pode tratar-se agora de o aplicar sistematicamente, mas apenas quando por seu intermédio se alcance essa harmonia.

Tal a posição de muitos dos autores contemporâneos perante o tema do reenvio[366]. Logo diremos a este respeito o nosso

[366] Temos disso eloquente testemunho no que se passou na sessão de Salzbourg (1961) do Instituto de Direito Internacional, ao discutir-se o projecto de resolução sobre o reenvio da autoria de MARIDAKIS. Havia este proposto, no seu relatório definitivo, que o Instituto se não afastasse da resolução de Neuchâtel (1900), o que equivalia a uma rejeição pura e simples do reenvio. Mas, na sua grande maioria, os internacionalistas presentes às sessões e que participaram nos debates, entre os quais BATIFFOL, MAKAROV, WENGLER, BALLADORE-PALLIERI, VALADÃO, etc., opuseram-se ao projecto de resolução do relator. Diversos foram os fundamentos invocados pelos discordantes, mas das suas intervenções orais resulta

parecer. Por agora vamos tentar apenas dilucidar o seguinte ponto: qual a medida em que o reenvio pode efectivamente contribuir para a harmonia jurídica internacional. Focaremos sucessivamente as hipóteses do retorno, directo e indirecto, e da transmissão de competência.

132. 1ª hipótese: *retorno directo*.

Nesta hipótese, o reenvio só é instrumento apto a realizar a harmonia jurídica — e só poderá, por isso, admitir-se, enquanto justificado através deste princípio — se a lei estrangeira (L_2), ao remeter para a *lex fori* (a título, por exemplo, de *lex domicilii*), o fizer para o direito interno local. Isto só pode acontecer se a lei "reenviante" for uma das legislações anti-devolucionistas existentes, como a brasileira, a grega, a dinamarquesa[367]. Imaginemos que se trata de uma questão referente à sucesssão por morte de um brasileiro ou um dinamarquês domiciliado em Portugal. Como a *lex patriae*, ao remeter para a *lex domicilii*, entende referir-se tão-somente ao direito interno deste sistema jurídico, é óbvio que a aceitação do reenvio permitirá aos tri-

---

patente a hostilidade de todos a uma condenação do reenvio em termos absolutos. Cfr. *Annuaire de l'Institut de Droit International*, 47, II, págs. 1 e segs., e 49, II, págs. 272 e segs. De notar, porém, que na sessão de Varsóvia (1965) o tema do reenvio foi substituído, na agenda de trabalhos do Instituto, pelo conjunto de problemas relativos à tomada em consideração das regras de conflitos estrangeiras (*Annuaire*, 51, II, pág. 258). Também agora (por deliberação tomada na sessão de Milão, em 1993) este mesmo tema está inscrito na agenda de trabalhos do Instituto (sendo relator LIPSTEIN).

[367] O reenvio é expressamente repudiado pelo Código Civil grego (1940), a Lei de Introdução ao Código Civil braileiro (1941) e o Código egípcio (1948). Em contrapartida, ele é formalmente admitido (ainda que em termos divergentes) pela EGBGB, art. 27, pela Lei tchecoeslovaca de 4-XII-1963, art. 35.°, pela Lei jugoslava sobre as sucessões por morte de 23-4-1955, arts. 156.° e 159.°, art. 22.°, pela Lei polaca de 12-IX-1965, art. 4.°, pelo Cód. civ. português, arts. 17.° a 19.°, pela Lei federal suíça de 1987 e pela Lei italiana de 31-V-1995.

bunais portugueses julgar como julgariam os do Estado nacional do interessado, se fossem estes a decidir.

Conclusão: se a referência de L_2 a L_1 for uma referência *material* (uma *Sachnormverweisung*), o retorno ou devolução será meio idóneo para realizar a harmonia jurídica.

133. Não assim, porém, nos outros dois casos possíveis, que são os seguintes:

1) A lei estrangeira adopta a doutrina da devolução "simples" (a referência de L_2 a L_1 é uma referência global, *hoc sensu*);

2) A lei estrangeira adopta o princípio do reenvio "integral" (a referência de L_2 a L_1 é também uma referência global, mas no sentido correspondente à *foreign Court theory*).

Na primeira hipótese, é evidente que o reenvio não conduz à harmonia jurídica e antes, pelo contrário, a estorva e impede. No caso da sucessão Allard, o Supremo Tribunal de Justiça tinha um só caminho a seguir, se verdadeiramente quisesse respeitar o DIP da lei nacional do *de-cujus*: aplicar o direito sucessório francês. Aceitando a devolução, o Supremo não deu ao caso a solução que provavelmente lhe seria dada em França, se o processo corresse nesse país.

É manifesto que o reenvio não é meio conducente à harmonia internacional toda a vez que a lei estrangeira designada pela *lex fori* (como é justamente o caso da lei francesa, segundo a interpretação da jurisprudência) se mostrar inspirada pelo princípio da devolução simples.

134. Vejamos agora a segunda hipótese: a orientação admitida pelos tribunais de E_2 é a doutrina do reenvio total, o que só pode acontecer hoje em dia sendo esse Estado a Inglaterra.

Sirva de exemplo o caso versado pelo Acórdão do S. T. J., de 4-XII-936. Tratava-se aí de uma acção de investigação de paternidade ilegítima proposta por um português contra o filho legítimo e universal herdeiro de um cidadão inglês, originário de Gibraltar, que falecera domiciliado no nosso país (tanto segundo a concepção portuguesa como segundo a concepção britânica de domicílio). Considerando que o direito interno inglês ignora a filiação ilegítima como relação jurídico-familiar, as instâncias haviam decidido que a acção era inviável (baseadas na doutrina segundo a qual a constituição de um estado relativo só é possível quando nela consintam as leis das duas partes). Todavia, o Supremo, argumentando com o reenvio da lei nacional para a lei do último domicílio do investigando, julgou no sentido da admissibilidade da acção.

E, contudo, o reenvio não é, neste segundo tipo de situações, instrumento *necessário* para se alcançar a harmonia jurídica internacional, isto é, para se chegar em Portugal à mesma solução a que se chegaria no âmbito daquela ordem jurídica a que a regra de conflitos local atribui competência.

Na primeira hipótese citada, que se ilustrou com o caso da "sucessão Allard", o reenvio, como vimos, não torna viável a harmonia de julgados e antes a embaraça e tolhe. Por isso dissemos que ele se não apresenta aí como o *meio adequado* à realização do ideal da harmonia jurídica. Na segunda, o caso é outro. Agora, o que se verifica é o reenvio não ser *meio necessário* para esse fim, porquanto a uniformidade de julgados se logra perfeitamente sem ele.

Na verdade, e por ponto de partida, L_2 adopta o princípio da *foreign Court theory* e isto quer dizer, como já sabemos, que os tribunais de E_2 (os tribunais britânicos) pretendem julgar quaisquer questões relativas ao estatuto pessoal de súbditos desse Estado domiciliados no estrangeiro — e, portanto, em Portugal — do mesmo modo como elas seriam julgadas por um tribunal do país do domicílio. Mas sendo assim, é evidente que *nenhuma importância tem*, sob o ponto de vista da harmonia jurídica, a direcção em que os tribunais deste último país (os tribunais portugueses) venham realmente a encaminhar-se. Esta harmonia estará sempre necessariamente assegurada, quer eles se orientem para a teoria da referência à lei de direito interno (aplicando, portanto, a lei material inglesa), quer resolvam optar pela teoria do reenvio. Tanto numa como noutra hipótese, os tribunais britânicos pautarão sempre a sua atitude pela dos tribunais lusitanos.

Por conseguinte, o reenvio não poderá legitimar-se nesta hipótese através do princípio da harmonia jurídica internacional[368].

135. 2ª hipótese: *transmissão de competência.*

Examinemos alguns tipos de situações em que o reenvio para um terceiro sistema (*ad aliud jus*) pode tornar viável a harmonia jurídica — uma harmonia ou uniformidade extensiva à totalidade dos Estados interessados[369].

O caso mais simples (a) é aquele em que L_2 transmite a competência a L_3, que a aceita.

Aqui não são possíveis dúvidas: é evidente que, graças ao reenvio, a harmonia jurídica entre os únicos Estados interessados (ou presumivelmente únicos interessados) será uma realidade. Lembremo-nos do caso, tão sugestivo, referido por LEO RAAPE[370], dos dois suíços, tio e sobrinha, que casaram em Moscovo, depois de informados pelo cônsul do seu país de que o seu parentesco não constituía impedimento, visto o DIP suíço remeter nesta matéria para a *lex loci actus* e a lei russa permitir o matrimónio entre colaterais no 3.º grau. Se os cônjuges transferirem posteriormente o seu domicílio para Portugal e um

---

[368] Mas segundo certos autores poderá legitimar-se através da consideração de que é bom que os tribunais apliquem as leis do seu país, sempre que essa aplicação não comprometa a realização dos objectivos que o DIP se propõe.

[369] Este assunto foi minuciosa e profundamente analisado por PAGENSTECHER, *Der Grundsatz, cit, passim.*

[370] RAAPE, *IPR*, pág. 59.

deles intentar aqui acção anulatória do matrimónio, invocando o disposto no art. 100.º do Código suíço (que na verdade considera impedimento o parentesco no 3.º grau da linha colateral) e a norma do art. 25.º do Código civil português — a procedência desta acção seria, a todas as luzes, alguma coisa de profundamente chocante. Pois não celebraram os interessados o seu casamento com a plena concordância das duas únicas legislações a que razoavelmente podiam e deviam, nessa ocasião, considerar-se sujeitos? Por outro lado, Portugal é um país que só de modo secundário está interessado no assunto, visto que ao tempo da constituição da situação jurídica em causa nenhuma conexão tinham as partes com o ordenamento português.

Podemos avançar desde já: ser contra o resultado a que o reenvio conduz em tais casos[371] não é uma doutrina — é um preconceito.

136. A esta hipótese devem ser assimiladas algumas outras; em todas elas é o reenvio susceptível de levar à uniformidade de julgados. Para começar, seja o caso (b) em que L_3 só aceita a competência que lhe é reconhecida por L_2 através do mecanismo do reenvio.

Olhando ao significado textual da norma de conflitos de L_3, pode acontecer que se nos imponha a seguinte conclusão: L_3 não aceita a competência que L_2 lhe transmite — e, contudo, a conclusão estar errada. Efectivamente, se L_3 não aceita a competência, é porque a retorna a L_2, ou a endossa por seu turno a L_4, ou de novo à *lex fori*. Mas essa referência a L_2, ou a L_4, ou a L_1, pode bem ser uma referência global. E, se for uma referência global, é muito possível que, ao fim e ao cabo, L_3 venha a considerar-se aplicável; caso em que estaremos recaídos na hipótese do número precedente.

---

[371] Resultado esse (cumpre reconhecê-lo) a que de resto pode chegar-se por outra via que não a do reenvio.

Vejamos alguns exemplos:

I. L_2 transmite a competência a L_3 (sem reenvio); L_3 devolve-a a L_2, com reenvio. Representando pelo símbolo (→) a referência material ou simples e por (⇛) a referência global, a situação poderá figurar-se assim:

$$L_2 \rightarrow L_3$$
$$L_3 \Rrightarrow L_2$$

Suponhamos que um cidadão brasileiro domiciliado na Alemanha morre em Lisboa, onde deixa bens mobiliários. A lei nacional remete (sem reenvio: Lei de introdução ao Código brasileiro, art. 16.º) para a do domicílio, que lhe devolve a competência (na Alemanha, a sucessão é regida pela *lex patriae*). Mas como o DIP alemão admite o reenvio (simples), eis que a hipótese se transmuda num verdadeiro caso de aceitação pela lei alemã (L_3) da competência que lhe é consignada pela brasileira (L_2): na Alemanha, como no Brasil, a sucessão seria regida pelas disposições do BGB.

II. L_2 transmite a competência a L_3 (sem reenvio)[372]; L_3 endossa-a a L_4, mas aceita a vocação que L_4 lhe dirige (com ou sem reenvio, pouco importa).

$$L_2 \rightarrow L_3;\ L_3 \Rrightarrow L_4;\ L_4 \rightarrow L_3$$

Ou:

$$L_2 \rightarrow L_3;\ L_3 \Rrightarrow L_4;\ L_4 \Rrightarrow L_3$$

— se (no último caso) em E_3 o reenvio significar apenas que toda a referência da lei estrangeira à *lex fori* determina sempre a aplicação desta, ainda que porventura se trate de uma referência global.

---

[372] Ou com reenvio total.

Exemplo: Um brasileiro domiciliado em Moscovo comprou determinado objecto na Dinamarca. Litiga-se em Portugal acerca da capacidade desse indivíduo para celebrar o referido contrato. A lei brasileira (L_2) — competente segundo L_1 (*lex fori*) — transmite a competência ao direito civil russo, L_3, que a endossa ao direito dinamarquês, L_4. Esta referência de L_3 a L_4 é uma referência global[373]. Como a lei dinamarquesa devolve para a lei do domicílio (L_3), o direito russo acaba, deste modo, por se considerar aplicável. E sendo a referência da lei brasileira à lei do domicílio uma referência simplesmente material, nenhuma dúvida sobre se seria esta a solução também seguida no Brasil.

De resto, do mesmo modo a adoptaria um tribunal dinamarquês, visto a Dinamarca não reconhecer o reenvio. Mas ainda que assim não fosse, continuaria a ser verdade que a lei designada por L_2 se considera competente. E isto poderia eventualmente bastar. A circunstância de L_4 se julgar também aplicável, em virtude do jogo do seu reenvio, poderia reputar-se irrelevante. Uma vez que — dir-se-ia — essa lei só aparece em cena por ser designada por L_3, e esta, ao fim e ao cabo, a não manda aplicar, tudo deverá passar-se como se tal designação não existira: L_4 será apenas mais uma legislação que se julga aplicável ao caso, mas a que não chega, nem directa nem indirectamente, o chamamento da lei do foro.

Podemos, pois, concluir que, assim como nos casos de retorno, assim também nos de transmissão de competência o reenvio é meio próprio para nos fazer alcançar a harmonia jurídica internacional. Este resultado será obtido sempre que, remetendo a lei estrangeira (L_2) para outra lei, se dê o caso de todos os sistemas jurídicos em contacto com a situação a regular designarem um deles como aplicável. Esse sistema tanto pode ser o indicado pela norma de conflitos do foro, como o designado pelo DIP de L_2 ou outro qualquer; o que importa é que se

[373] Efectivamente, na Rússia pratica-se o retorno.

averigue que todas as leis interessadas estão de acordo quanto a ser aquele o sistema competente. Se o tribunal decidir a causa em harmonia com as disposições dessa lei, a harmonia jurídica internacional terá sido alcançada.

137. 3ª hipótese: *retorno indirecto.*

Suponhamos, por último, que o retorno à *lex fori* é ordenado por uma lei que não L_2.

$$L_1 \rightarrow L_2$$
$$L_2 \rightarrow L_3$$
$$L_3 \rightarrow L_1$$

Há duas soluções a encarar.

1) Remetendo L_3 para L_1, aplicar-se-á *sempre* o direito material de L_1. É a opinião, por exemplo, de M. WOLFF. Aduz-se neste sentido o argumento de que o reenvio é sempre vantajoso (é sempre "bom") desde que conduza à aplicação da lei do foro. Já tivemos ocasião de criticar esta doutrina.

2) Noutra ordem de ideias — única que de momento nos pode interessar — preconizar-se-á aqui o reenvio apenas na medida em que ele puder efectivamente contribuir para se alcançar a harmonia jurídica. Ora a determinação de tal medida é fácil; posta a questão a esta luz, depressa se averigua que a aplicação de L_1 só deverá ter-se por justificada no caso de verificação cumulativa das duas seguintes condições: ser a referência de L_2 a L_3 uma referência *global* e ser, ao invés, a de L_3 a L_1 uma referência *material.*

Exemplo: dois estrangeiros, domiciliados em Portugal, consorciaram-se na Dinamarca. Põe-se no nosso país o problema da validade do matrimónio. Segundo o DIP da *lex fori,* a lei aplicável é a nacional que, por seu turno, remete para a dinamarquesa (*lex loci actus*) através de uma referência global. Finalmente, o DIP dinamarquês declara aplicável a lei portuguesa como *lex domicilii* e esta referência é uma referência material. Isto significa que tanto os tribunais nacionais como os tribunais dinamarqueses aplicariam no caso o direito interno português. Logo, se os nossos tribunais julgarem a causa segundo os princípios da *lex fori*, a harmonia de soluções será completamente atingida.

Já não seria evidentemente assim se a referência da lei nacional dos nubentes (L_2) à *lex loci* tivesse o carácter de uma remissão para o direito material — ou se a referência de L_3 a L_1 devesse interpretar-se em termos de abranger a ulterior remissão de L_1 para L_2. Na primeira hipótese, porque a aplicação da lei interna portuguesa não estaria de acordo com o DIP da legislação nacional; na segunda, porque essa mesma solução não respeitaria o direito conflitual da lei do lugar de celebração do casamento.

§ 4.º

O reenvio oculto

138. Nas matérias do estatuto pessoal — como o divórcio, seus pressupostos e efeitos, a adopção, etc. — não existem no DIP inglês e estadunidense normas de designação da lei aplicável, mas tão-somente normas de conflitos de jurisdições ou competência internacional. Nestes termos, se um casal britânico pretende divorciar-se em Portugal, país onde está domiciliado, o tribunal português não pode reportar-se ao direito inglês, por não haver aí regra de conflitos que o declare aplicável, nem tão-pouco (aparentemente) ao sistema jurídico português, que não é o do Estado nacional e para o qual não devolve (pela razão já indicada e ao menos de modo patente) o DIP britânico.

No entanto, esta conclusão pode ser demasiado linear. É que na Inglaterra entende-se que o tribunal competente aplica nesta matéria a *lex fori*.

Eis-nos, portanto, colocados perante uma situação semelhante ao retorno. Basta admitir que o direito inglês, através da bilateralização da sua regra de conflitos de jurisdições (que atribui competência em primeira linha ao tribunal inglês, como foro do domicílio das partes), [373bis] considera competentes na matéria os tribunais portugueses. Ora esta aceitação da competência jurisdicional dos tribunais locais, já que é traço dominante do DIP britânico, como dissemos, que nas matérias do estatuto pessoal o tribunal aplica a *lex fori*, envolve uma referência indirecta à *lex materialis fori*. Quer isto dizer que a aplicação desta lei *in foro* estará de acordo com o sentido do DIP inglês. Será, pois, em tudo, repetimos, uma situação análoga ao retorno — um caso de retorno «oculto» (*versteckte Rückverweisung*). É certo que nos países a que nos estamos referindo a aplicação pelo tribunal estrangeiro competente (por bilateralização das suas normas de conflitos de jurisdições) do seu próprio direito material não é pressuposto do reconhecimento da respectiva decisão. Simplesmente, não é nesta circunstância que reside o fundamento do reenvio: o reenvio é admitido para eliminar o estado de dúvida e de incerteza jurídica que deriva do facto de as leis ligadas à situação que se considera consagrarem a seu respeito critérios de conexão divergentes. Julgando a questão do divórcio, na hipótese posta, segundo os preceitos da *lex domicilii*, o juiz português decidirá como no seu lugar decidiria um tribunal britânico.

E é isto a harmonia jurídica internacional.

Eis porque propendemos para admitir o denominado reenvio oculto — mesmo *de lege lata*, em face da *ratio* do art. 18.°, n.° 1, do Cód. civil[374].

[373bis] WOLFF, *PIL*, p. 73 e segs.

[374] Neste mesmo sentido, entre outros, NEUHAUS, *Die Grundbegriffe*

§ 5.º

Conclusões

139. Posto isto, trataremos agora de fixar a linha de rumo que buscamos na questão do reenvio; de definir o critério que nos oriente na resolução do melindroso problema.

Já sabemos que o reenvio não pode ser erigido em princípio geral de DIP. Mas também já deixámos entrever, supomos que com suficiente clareza, que seria absolutamente injustificável relegá-lo para o museu das antiguidades jurídicas. Como referimos atrás, uma coisa é o reenvio enquanto princípio geral de DIP, outra coisa o reenvio como "técnica" — como procedimento complementar de regulamentação da matéria própria deste ramo de direito, como *remate* da disciplina instituída pelas regras de conflitos, como modo de *correcção* dos resultados do jogo normal dessas regras. As regras de conflitos visam, através da eleição de um factor de conexão tido por mais apropriado, determinar o direito aplicável em certa matéria ou sector normativo. A lei que deste modo resulta aplicável é tomada, por conseguinte, nos seus preceitos e instituições jurídico-materiais. Mas a circunstância de o direito assim identificado se não reputar competente vem introduzir na situação um elemento novo, elemento talvez atendível, factor talvez influente, na medida em que a justa consideração dos interesses em causa possa porventura aconselhar, se não impor, a sua relevância; na medida em que a ponderação daquele elemento possa porventura aparecer como necessária na moldura dos próprios interesses visados pelas normas de conflitos, isto é, como caminho para se atingirem os fins que o DIP se propõe realizar.

---

des IPR, pp. 384 e seg., HANISCH, *cit.* por MARQUES DOS SANTOS, *As normas de aplicação imediata,* vol. I, pp.271 e segs. Em sentido oposto, este mesmo Autor, pp. 273 e segs.

Efectivamente, pode acontecer que a aplicação em certo e determinado caso do direito material da lei designada pela regra de conflitos do foro se apresente como solução pior (menos valiosa) do que o adoptar-se aí o critério do legislador estrangeiro: do que o aceitar-se aí a remissão daquele sistema para outro. Assim, designadamente, quando seja esse o caminho seguro para a obtenção de uma harmonia jurídica perfeita. Se os Estados primordialmente interessados na situação que se considera são unânimes em a sujeitar ao direito material *X*, se, portanto, se pode e deve dizer, ao fim e ao cabo, que se não divisa na hipótese qualquer conflito de leis, mal se vê razão para que o DIP local se interponha, impondo mesmo aí o seu ponto de vista divergente, vindo ele suscitar um conflito onde afinal nenhum conflito existia. Dir-se-ia até que falha aqui o pressuposto de todo o DIP, de todas as normas de conflitos: dir-se-ia que o DIP do foro, rectamente entendido, se propõe intervir apenas quando a referida unanimidade de soluções entre os sistemas jurídicos interessados se não verifique.

Sempre que uma situação factual determinada esteja ligada a diferentes ordens jurídicas que consagram a seu respeito critérios de conexão divergentes, é inevitável produzir-se aí um estado de dúvida e de incerteza — gerado precisamente pela indeterminação do direito aplicável decorrente dessa falta de uniformidade das normas de conflitos — que provoca inconvenientes em tudo análogos aos que derivam, no plano das relações internas, da ambiguidade dos preceitos de direito material ou das flutuações da jurisprudência. Pois conhecer o texto legal aplicável mas não conhecer precisamente o preceito que nele se inscreve, ou conhecer os vários preceitos potencialmente aplicáveis a dado caso, sem todavia poder precisar aquele que ao fim e ao cabo sobrelevará aos demais[375] — são duas situações em toda a linha coincidentes.

---

[375] Pense-se na hipótese de várias jurisdições nacionais se considerarem competentes para apreciar a mesma situação jurídica. De resto,

Ora, como vimos, o expediente do reenvio permite em muitos casos a eliminação da apontada situação de incerteza jurídica, na medida em que por seu intermédio se torna possível pôr de acordo todos os sistemas jurídicos interessados. Sendo as coisas assim, de nada mais precisamos para encarar favoravelmente a sua utilização.

De resto, a doutrina exposta não vale só para as hipóteses de transmissão de competência, senão também para as de retorno. Mas a análise das disposições do nosso Cód. civ. relativas a este tema — análise que vamos encetar imediatamente — vai-nos fornecer ensejo para uma tentativa de delimitação tão precisa quanto possível da esfera de aplicação do reenvio.

140. Antes do Código actual, a corrente predominante na doutrina portuguesa era contrária[376] ao reenvio, ao passo que na jurisprudência do STJ se encontram alguns arestos que aludiam expressamente a essa teoria[377].

---

podem sempre sobrevir novos factos, que produzam uma deslocação da competência jurisdicional (que tornem incompetente uma jurisdição que o não era no momento em que a situação em causa se constituiu).

[376] Vejam-se J. A. DOS REIS, *Das sucessões em direito internacional privado*, págs. 128 e segs.; TEIXEIRA DE ABREU, *Relações civis internacionais*, n.os 35 e 36; MACHADO VILELA, *Tratado*, I, págs. 501 e segs.; CAEIRO DA MATA, *A Herança Davidson e o problema da devolução*; MÁRIO DE FIGUEIREDO, "Boletim da Faculdade de Direito de Coimbra", VII, págs. 113 e segs.; CUNHA GONÇALVES, *Tratado de Direito Civil*, I, págs. 605 e segs., e *Teoria do reenvio*, na "Revista de Justiça", 26.°, n.° 598.

A favor da posição moderada que o autor destas linhas vinha sustentando no seu ensino há longos anos, haviam-se manifestado também, nos escritos citados, TABORDA FERREIRA e MAGALHÃES COLLAÇO (aquele, porém, só *de jure condendo*, já que *de jure condito* a sua posição era contrária ao reenvio).

[377] Vejam-se os Acórdãos de 15 de Novembro de 1921 (divórcio Silley) — sobre o qual recaiu a crítica de MÁRIO DE FIGUEIREDO citada na nota anterior —, de 8 de Outubro de 1935 (*Revista de Legislação e de Jurisprudência*, 68.°, pág. 284), de 4 de Dezembro de 1936 (*Revista dos

Nenhuma disposição continha o Código de Seabra sobre o assunto. Importa, porém, referir que mesmo antes do Código actual já o princípio do reenvio tinha sido abertamente acolhido na nossa ordem jurídica, em virtude da recepção de textos de fonte convencional que o consagravam. São esses textos os artigos 1.º da Convenção da Haia de 12 de Junho de 1902 (o direito de contrair casamento é regulado pela lei nacional de cada um dos futuros cônjuges, a não ser que uma disposição dessa lei se refira expressamente a outra lei), 2.º da Convenção de Genebra, de 7 de Junho de 1930, destinada a regular certos conflitos de leis em matéria de letras e livranças[378], e 2.º da Convenção, também de Genebra, de 19 de Março de 1931, destinada a regular certos conflitos de leis em matéria de cheques[379]. Em todos estes textos se atribui competência, em certos casos, à lei nacional dos interessados, mas ressalvando-se sempre a hipótese de esta lei declarar competente a de um outro país.

Simplesmente, dada a sua origem e natureza "convencional", não podia dizer-se — assim se entendia — que os preceitos citados representassem a posição do nosso legislador em face do problema do reenvio[380].

Tribunais, 55ª, pág. 23), de 28 de Outubro de 1952 (sucessão Allard, *Boletim do Ministério da Justiça*, 37.º, pág. 293), de 1 de Maio de 1953 (*ibid.*, 98.º, pág. 490) e de 21 de Junho de 1960.

Todavia, só em dois destes arestos — o de 4-XII-1936 e o de 21-VI-1960 — é que o problema aparecia devidamente equacionado; os outros limitavam-se a remeter para o primeiro destes dois, ou simplesmente a aludir à teoria do reenvio.

[378] "A capacidade de uma pessoa para se obrigar por letra ou livrança é regulada pela respectiva lei nacional. Se a lei nacional declarar competente a lei de um outro país, será aplicada esta última".

[379] "A capacidade de uma pessoa para se obrigar por virtude de um cheque é regulada pela respectiva lei nacional. Se a lei nacional declarar competente a lei de um outro país, será aplicada esta última".

[380] *Sic.*, TABORDA FERREIRA, na "Rev. de Dir. e Estudos Sociais", IX, n.º 4, pág. 45.

141. Agora o problema está resolvido: o Código de 1966 tomou expressamente posição na matéria. Vejamos qual.

Furtou-se o legislador português a assumir aqui uma atitude radical, tendo optado por uma *via media*. Por um lado, o Código rejeita toda a ideia de aplicação sistemática do reenvio, quer na forma de reenvio *simples*, quer na forma de reenvio *duplo*. A fórmula do art. 16.º — "a referência da norma de conflitos portuguesa à lei estrangeira determina apenas, na falta de preceito em contrário, a aplicação do direito interno dessa lei" — não pretende senão marcar o repúdio dessa ideia. Por outro lado, define-se com certo rigor o âmbito em que o reenvio deve actuar.

O nosso legislador teve a preocupação de fugir a toda a orientação de tipo e raiz conceitualista. Não aceitou comprometer-se na querela que durante dezenas e dezenas de anos dividiu os internacionalistas em dois campos: adeptos e adversários da chamada teoria do reenvio. Querela em que os argumentos produzidos (cortinas de fumo a obscurecer a verdade das coisas) eram fruto de uma perspectiva metodológica totalmente inadequada: argumentos quase sempre de pura lógica formal, por vezes de grande espectáculo mas de substância nenhuma, argumentos falsos e estéreis...

Contudo — já o dissemos e supomos ter demonstrado — o reenvio é algo de valioso e seria erro gravíssimo desprezar as virtualidades que ele encerra. O reenvio constitui em muitos casos um dos meios ou caminhos mais apropriados para nos levar aos objectivos que o direito de conflitos colima.

Ao dizer isto, é naturalmente à harmonia jurídica internacional que pretendemos aludir: à uniformidade de valoração da mesma situação da vida por parte de todos os sistemas de direito com ela conectados. Unidade essa sem a garantia da qual (já o dissemos) a segurança jurídica está comprometida — e abalada, pois, nos seus próprios alicerces, a boa ordenação da vida social.

Unidade de valoração que (mais uma vez o afirmamos) é realmente a meta para que tende o DIP.

Ora o reenvio — vimo-lo no parágrafo anterior — torna justamente possível, em muitos e muitos casos, eliminar a divergência entre as regras de conflitos dos sistemas ligados a determinada situação factual, pelo que toca à lei aplicável a tal dos seus aspectos juridicamente relevantes. O reenvio é, portanto, ou pode sê-lo, *factor de certeza jurídica.* Sê-lo-á, se o soubermos manejar com a-propósito.

Tal, em breves e simples palavras, a perspectiva em que procurou situar-se o legislador do nosso Código Civil. Terá ele conseguido resolver de modo adequado o difícil problema — terá ele aprendido a servir-se, com inteligência e a-propósito, do instrumento do reenvio?

Uma coisa terá de reconhecer-se logo de entrada: que o legislador lusitano perfilhou nesta matéria uma orientação geral altamente progressiva. Pois não está o nosso Código na linha do pensamento dominante quanto ao tema do reenvio? Supomos que sim; supomos inclusive que só em casos muito contados se terá ido tão longe nessa linha[381].

---

[381] Era sobretudo na lei tchecoeslovaca de 4-XII-963, acima citada, que pensávamos ao formular a reserva. Aí se dispunha (art. 35.º) que: "(...) um tal reenvio {tanto o de primeiro como o de segundo grau} pode ser aceite, se isso corresponder a uma disciplina razoável e equitativa da relação em causa."

De referir também o projecto francês, da autoria de BATIFFOL (*Projet de loi complétant le Code Civil en matière de DIP)*, publicado na "Rev. crit. de DIP", 1970, n.º 4. Segundo o texto proposto do art. 2284 do Código: "La loi étrangère s'applique compte tenu de ses règles de conflit de lois chaque fois que celles-ci conduisent à l'application, soit de la loi interne française, soit de la loi interne d'un autre Etat étranger dont les règles de conflit de lois admettent la désignation".

Vide entre outros textos a já citada Lei austríaca de 1978, § 5, (2) e a Lei italiana de 31 de Maio de 1995.

142. Como já se fez notar, a ideia da harmonia jurídica internacional foi a fonte de inspiração do legislador português no presente capítulo.

a) Assim, no reenvio de *primeiro grau* ou *retorno*, o direito material da *lex fori* só se torna aplicável se a norma de conflitos da lei estrangeira *para ele devolver precisamente* (art. 18.°, n.° 1: "Se... devolver para o direito interno português"). Por conseguinte, se a norma de conflitos, que reenvia para a lei do foro, pertencer a um sistema jurídico como o brasileiro ou o dinamarquês, não há dúvida de que é o direito interno português aquele que o tribunal deve aplicar. Na verdade, sendo certo que nenhum dos referidos sistemas admite o reenvio, claro resulta que a aplicação aos factos controvertidos dos preceitos do direito interno português permitirá alcançar em Portugal o mesmo resultado a que se chegaria na Dinamarca ou no Brasil.

Mas não assim se o DIP da lei estrangeira em questão (v. gr. o francês) consagrar em termos gerais o reenvio de primeiro grau. Recorde-se a espécie sobre que recaiu o Acórdão do nosso Supremo Tribunal de Justiça de 28 de Outubro de 1952 (caso Allard). Como foi dito, só a aplicação da lei francesa constituiria solução conforme com aquela que os tribunais franceses teriam adoptado no mesmo caso.

Dado o disposto no citado art. 18.°, 1, do actual Código Civil, aquela decisão do STJ seria hoje impossível. Efectivamente, sempre que a referência da norma de conflitos estrangeira à lei portuguesa seja uma referência *global* — isto é, uma referência que abranja as próprias regras de conflitos do direito português —, o reenvio não promove, senão que impede a uniformidade de valoração da situação *sub judice*; o que é motivo de sobra para o rejeitar. Em tal hipótese, haverá unicamente que aplicar as disposições materiais do sistema indicado pelo DIP do foro.

Cremos que o mesmo deverá dizer-se do caso em que a lei, que devolve para a *lex fori*, seja um sistema inspirado pelo princípio do reenvio total ou do duplo reenvio (*foreign Court theory*). Não propriamente — de novo o dizemos — que o reenvio seja aqui um obstáculo à harmonia jurídica, mas apenas por não ser ele *meio necessário* para se atingir esse fim[382]. Poderia dizer-se em contrário, em tese geral, que ainda assim o reenvio se justifica, na medida em que (aliás, sem prejuízo de outros interesses mais altos) conduz à aplicação do direito material português. Veja-se porém, o que já se disse e o que vai dizer-se em seguida a propósito do caso do retorno indirecto.

Nesta hipótese — hipótese em que a norma de conflitos da lei designada pelo DIP do foro remete para uma terceira legislação, devolvendo esta a competência à *lex fori* — o reenvio é de aceitar, no quadro do art. 18.°, n.° 1, e tendo em vista a *ratio legis* (a harmonia jurídica), quando se cumpram cumulativamente as duas condições que indicámos acima e são as seguintes: 1ª — aceitação do reenvio de segundo grau ou transmissão de competência por parte do sistema designado pelo DIP local; 2ª — designação da *lex fori* por parte da terceira legislação em causa através de uma referência de carácter *material* (referência ao puro *direito interno* da lei indicada). Não se duvide de que esta doutrina possa compaginar-se com o preceito do art. 18.°, n.° 1. Desde logo, é incontestável que a razão inspiradora da norma procede do mesmo modo no caso do retorno directo e na hipótese de retorno mediato. Pois não é evidente que se nesta última hipótese resolvermos a questão *sub judice* pelo direito material da *lex fori*, alcançaremos a solução considerada válida por ambos os sistemas estrangeiros interessados? Por outra parte, esta conclusão de modo nenhum violenta a fórmula do art. 18.°, n.° 1, pois o texto pode perfeitamente ler-se como se dissesse: "Se o direito internacional privado da lei {directa ou indirectamente} designada pela norma de conflitos...".

---

[382] Cfr. *supra* n.° 134.

143. *b*) Passemos ao reenvio de *segundo grau* ou *transmissão de competência* (*Weiterverweisung*): artigo 17.°, n.° 1.

Nós sabemos que as normas de conflitos existem para coordenar na sua aplicação as leis em contacto com uma situação determinada, por modos que a cada uma dessas leis seja atribuída a regulamentação de um único aspecto ou efeito da mesma situação. Se entre algumas de tais leis surge um concurso ou conflito — o que só pode conceber-se se as normas concorrentes se dirigirem à regulamentação do mesmo ponto de direito — esse conflito tem de ser dirimido e a arbitragem incumbe ao DIP local.

Mas vamos que não há conflito, isto é: que *A*, *B* e *C*, únicas leis em contacto com a situação a regular, repartem entre elas a competência em perfeita unidade de vistas, de tal modo que, pelo que toca à questão jurídica a resolver, estão todas de acordo em que seja *B* a resolvê-la. Evidentemente, não faria sentido que o DIP do foro viesse interpor-se aqui, fazendo prevalecer o seu critério divergente. Como oportunamente se observou, pode dizer-se que não se verifica aqui o pressuposto da actuação das regras de conflitos: a existência de um conflito de leis.

O art. 17.°, n.° 1, está de acordo com estas ideias. Efectivamente, aí se subordina a uma clara condição a aceitação do reenvio da lei designada pela regra de conflitos portuguesa para outro sistema jurídico: a condição é que *este terceiro sistema se repute competente*[383].

---

[383] Está com o reenvio nestes casos — casos, repetimos, de *Weiterverweisung*, em que a terceira legislação se considera aplicável — a maioria dos autores. Vejam-se entre outros, além dos referidos no nosso estudo do BMJ, 1951, 24.°, pág. 57, nota, os segs: WOLFF, *PIL*, pág. 202, e *IPR*, 2ª ed., págs. 65 e segs.; PAGENSTECHER, *op. cit.*, págs. 29 e segs.; LEWALD, *Renvoi revisited, cit.*; WENGLER, in "Annuaire" *cit.*, 1957, II, pág. 106; RAAPE, *IPR*, págs. 68 e segs.; RÉCZEI, *IPR* (1960), pág. 75; MAURY, "Annuaire" *cit., t. cit.*, págs 178; BATIFFOL-LAGARDE, I, 8.ª ed., n.os 306-

Se, porém, a terceira lei chamada ao caso se reputar inaplicável, *quid juris*?

Depende. Se essa lei retornar a competência à que foi designada pela norma de conflitos do foro, o problema extingue-se, ou porque esta legislação acabe por considerar-se aplicável — e teremos de novo a harmonia de soluções —, ou porque, de toda a maneira, importará aplicá-la, uma vez que se não pode considerar satisfeita a condição de que dependia a aplicabilidade da outra (reputar-se ela competente).

Se, diversamente, a terceira legislação designar uma quarta, surge aí uma hipótese de reenvio *em cadeia*. Bem que ela não esteja expressamente prevenida na letra do art. 17.°, n.° 1, cremos que o problema decorrente se resolve sem qualquer dificuldade.

Cobram aqui todo o relevo as considerações feitas no início desta alínea. *A*, *B* e *C* são as leis conectadas com a situação *sub judice*; nenhuma delas é a *lex fori*. Pois que *A* designa *B* através de uma referência global, *B* indica *C* e *C* se considera competente, pode asseverar-se que *C* seria a legislação aplicada em qualquer dos Estados interessados. Seria acaso admissível que o juiz do foro optasse pela aplicação de *A*, sob pretexto de ser este o sistema competente segundo o direito de conflitos local?

Decerto que não. Há uma única doutrina correcta e é esta: sempre que entre as diferentes leis em contacto com a situação a regular se registe *acordo* quanto à *competência de uma delas,* será necessariamente essa a lei a aplicar[384]. Nesta hipótese, como referimos acima, parece até que falha o essencial pres-

---

-308. De resto, não são os referidos os únicos casos em que alguns destes autores preconizam o reenvio.

[384] *V.* BATIFFOL-LAGARDE *op. cit.,* I, pág. 502: "Si la loi tierce n'arrête pas la succession des renvois, où s'arrêter? L'arrêt sera trouvé dans la loi qui accepte la désignation dont elle est l'objet."

suposto da actuação das regras de conflitos, porque estas são normas que se destinam a arbitrar ou a dirimir conflitos de leis — e, logo, só devem intervir quando se não verifique a desejada uniformidade de vistas entre os sistemas interessados.

144. Dado o que precede, bem se compreende que von OVERBECK tenha dito, no seu excelente curso geral de direito internacional privado da Academia de Direito Internacional da Haia[385], que a lei portuguesa é a única que só admite o reenvio quando ele for conforme com o princípio *altruísta*. As outras leis favoráveis ao reenvio são todas expressões do ponto de vista *nacionalista* ou *egoísta*[386].

Merece referência especial a Reforma italiana, por consagrar expressamente o reenvio nas suas duas modalidades e ainda por adoptar, quanto à transmissão de competência ou reenvio do 2.º grau, exactamente a mesma posição do Cód. civ. português: tem-se em conta o reenvio operado pelo DIP estrangeiro para a lei de um outro Estado, se o direito desse Estado aceitar o reenvio. O fundamento desta norma é, como entre nós, a harmonia jurídica internacional. Mas a Lei italiana afasta-se deste ponto de vista em matéria de retorno: neste acaso, aceita-se o reenvio para a lei italiana[387].

145. *Restrições ao reenvio no âmbito do estatuto pessoal.* — Na perspectiva do legislador português, existe um conjunto de

---

[385] Rec. des Cours, 176, cap. V.

[386] V. além dos textos citados por von OVERBECK, a Lei jugoslava de 1982, art. 6.º, a Lei alemã de 25 de Julho de 1986, art. 4.º, a Lei federal suíça de Dezembro de 1987, art.º 14.º e a já referida Lei italiana de 31 de Maio de 1995 (Reforma do DIP italiano), art. 13.º, 1.

[387] *Vide* Tito BALLARINO, *DIP*, págs. 250 e segs. A Lei alemã também aceita o reenvio para o direito alemão; é a mesma a posição da Lei suíça em matéria de estado civil.

matérias que, pela natureza eminentemente pessoal que revestem, devem ser governadas por uma lei que os indivíduos possam olhar como a *sua* lei, à qual possam considerar-se ligados por algum vínculo verdadeiramente substancial e permanente. A esta luz, é líquido que só pode haver opção entre a lei da nacionalidade e a da residência habitual (domicílio, *hoc sensu*).

Compreende-se, por isso, que o legislador tenha relutado em abandonar este ponto de vista, quando forçado a fazê-lo por exigências da regra do reenvio, tal como a enunciara nos arts. 17.º, n.º 1, e 18.º, n.º 1.

É assim que, segundo o art. 18.º, n.º 2, o regresso à *lex fori* prescrito pela norma de conflitos da lei pessoal só é de admitir em duas hipóteses: *a*) na hipótese de o interessado ter a residência habitual em território português; *b*) na hipótese de a lei da sua residência habitual remeter também para o nosso direito interno. Na primeira, o reenvio produz como único efeito a substituição da lei do domicílio à lei nacional, sendo certo que tanto a competência daquela como a desta representam soluções justas e praticamente equivalentes (ou tanto monta) do problema da lei pessoal. No segundo caso, a excepção à aplicação da lei pessoal justifica-se pelo acordo verificado entre os dois sistemas jurídicos precipuamente interessados nas questões de estatuto pessoal: *lex patriae* e *lex domicilii*.

Nas restantes hipóteses possíveis de retorno, deve entender-se que o reenvio (ou seja, a aplicação da *lex materialis fori*) é sempre rejeitado. A razão desta atitude já foi implicitamente indicada: a definição do estatuto pessoal por uma lei diferente tanto da *lex patriae* como da *lex domicilii* constitui, em princípio, má solução, que só motivos especiais podem levar-nos a aceitar.

Por outra parte, como a situação jurídica em causa está ligada à *lex fori* (ainda que um tanto frouxamente), não há grande risco de a aplicação da *lex patriae* não vir a ser reconhecida em lado algum: ela será eficaz pelo menos no Estado do foro[388].

146. Não é outro o ponto de vista adequado para se compreender o disposto no art. 17.º, n.º 2.

Diz-se aí, com referência ao reenvio de segundo grau (transmissão de competência, *Weiterverweisung*) nas hipóteses de competência da lei pessoal, que a terceira legislação não será aplicável (apesar de se julgar competente): 1.º — se o interessado residir habitualmente em território português; 2.º — se o interessado residir num país cujo direito de conflitos devolva, na espécie, para a lei interna do seu Estado nacional.

Vejamos como explicar estas restrições.

Já vimos que em matéria de estatuto pessoal a escolha de uma lei diferente tanto da *lex patriae* como da *lex domicilii* constitui, para nós, má solução. Solução que todavia aceitaremos, se nela convierem a *lex patriae* e a lei indicada pela regra de conflitos da *lex patriae* (harmonia jurídica)[389].

Suponha-se, porém, que o interessado tem a sua residência em Portugal — e que a *lex patriae* designa como aplicável a *lex loci*, a qual se reputa competente. O art. 17.º, n.º 2, manda aplicar aqui o direito interno da lei nacional. Efectivamente, esta solução terá garantida a sua eficácia no Estado local, que (como Estado do domicílio) é um daqueles mais fortemente ligados à relação constituenda ou controvertida, e, logo, não haveria grande vantagem em renunciar na hipótese à aplicação da lei pessoal.

---

[388] De resto, poderia encarar-se a possibilidade de neste tipo de casos — casos de retorno, em que o reenvio acaba por ser repudiado —, desde que a *lex domicilii* se repute competente, se proceder à aplicação desta lei. Só que tal solução já nada teria a ver com a doutrina do reenvio.

Jure condito, o ponto é assaz duvidoso.

[389] Aliás, a lei indicada pela *lex patriae* será geralmente a *lex domicilii*.

E em consideração análoga se baseia a 2ª restrição do art. 17.°, n.° 2. Imaginemos que a *lex patriae* remete para a *lex loci actus*, que esta lei se considera competente, mas que a lei da residência habitual do ou dos interessados reenvia por seu turno para a do Estado da respectiva nacionalidade. Não aceitar aqui o reenvio não significa correr o risco de aplicar uma lei que em parte alguma seja considerada aplicável: com efeito, a *lex patriae* é justamente a lei tida por competente num dos Estados mais fortemente interessados na situação, o Estado do domicílio. Por outro lado, tomando este caminho não nos desviaremos, em matéria de estatuto pessoal, do único critério que em princípio pareceu razoável ao nosso legislador: aplicação da *lex patriae* ou da *lex domicilii*.

147. Vem a propósito inquirir se, dentro ainda do âmbito do estatuto pessoal e do círculo de casos da transmissão de competência, o reenvio não será de admitir, sem embargo de não se verificar a condição primordial do art. 17.°, n.° 1, que é a aceitação de competência por parte do terceiro sistema convocado, pelo facto de ser esse o sistema indicado, *de comum acordo*, pelas leis da nacionalidade e da residência habitual ou domicílio[390].

A *lex patriae* (*A*) designa como aplicável a *lex rei sitae* (*B*). *B* não se julga competente. Por seu turno, a *lex domicilii* (*C*) manda aplicar também *B*. Imaginemos que se trata de dirimir em Portugal um pleito hereditário. O *de cujus* era nacional de *A* e residia habitualmente em *C*[391]. Os bens (imóveis) encontram-se em *B*. Que lei aplicar?

Atendendo ao disposto nos arts. 16.° e 17.°, n.° 1, deveria aplicar-se à sucessão a lei nacional. Contudo, nós propendemos

---

[390] Pronunciou-se a favor desta solução BAPTISTA MACHADO, nas suas aulas (ano lectivo de 1971-72).

[391] Nenhuma das leis referidas é a *lex fori*.

para o respeito do acordo entre os dois sistemas que merecem a qualificação de sistemas primariamente interessados — e que são a *lex patriae* e a *lex domicilii* — sempre que esteja em causa matéria pertencente ao âmbito do estatuto pessoal.

Na verdade, o que dissemos há pouco, acerca da hipótese em que as diferentes leis interessadas estão de acordo quanto à competência de uma delas, é susceptível de valer, quando transferido para a esfera do estatuto pessoal, relativamente à hipótese de um acordo restrito à *lex patriae* e à *lex domicilii*. Como decorre do exposto anteriormente, são estas as leis que sobretudo contam nas questões de estatuto pessoal; pelo que nada repugna que a sua comunhão de vistas quanto a dado problema seja aqui o perfeito equivalente daquele acordo extensivo ao conjunto dos sistemas jurídicos ligados aos factos que (como vimos) não pode deixar de ser tomado em consideração, sob pena de se negar o próprio objecto do direito de conflitos.

Note-se que a solução por nós propugnada — aplicabilidade da lei que a *lex patriae* e a *lex domicilii* declaram aplicável, conquanto ela própria se repute incompetente (e não admita o retorno) — não se infere directamente dos preceitos do Código. No entanto, ela ajusta-se perfeitamente aos seus princípios (veja-se a relevância que nele se atribui à residência habitual da pessoa, ao lado da nacionalidade — e repare-se ainda numa das soluções do art. 18.°, n.° 2: aquela que consiste na aplicação do direito português — que não é o da residência habitual — por ser esta a solução decorrente, na espécie, tanto da norma de conflitos da *lex patriae* como do direito internacional da *lex domicilii*).

148. Advertiremos agora que a restrição ao reenvio enunciada no n.° 2 do artigo 17.° deixa de valer, sempre que a lei indicada pela norma de conflitos da *lex patriae* for a da situação de um imóvel e esta lei se reputar competente, desde que se trate dalguma das matérias enumeradas no artigo 17.°, n.° 3.

Suponhamos que se põe o problema da lei reguladora da sucessão por morte de um súbdito britânico, falecido em Portugal, onde estava domiciliado (tanto segundo o direito português como em face da própria concepção britânica de domicílio) e que deixou bens imóveis situados em França. Perante a norma do art. 17.°, n.° 3, uma vez que a lei do Estado nacional do *de cujus* (lei aplicável à sucessão de conformidade com os princípios do nosso DIP: Código civil, art. 62.°) remete para a da situação dos imóveis e que esta lei se considera competente, é pelo direito sucessório francês que o tribunal local tem de resolver a questão.

Qual é aqui a razão de decidir?

O artigo 17.°, n.° 3, constitui manifestação indirecta da doutrina dita da *competência mais próxima* ou da *maior proximidade*, princípio que o legislador entendeu não dever consagrar (aliás, todos os casos reivindicados pela *lex rei sitae* para a sua órbita e incluídos no elenco do aludido n.° 3 do artigo 17.° seriam casos de competência *directa* dessa lei, pelo que o problema de aceitar ou não aceitar o reenvio da *lex patriae* para a *lex rei sitae* se não poria). O legislador entendeu não dever renunciar, em termos gerais, às soluções que lhe pareceram mais oportunas, simplesmente porque a lei da situação de um imóvel se considera, no caso, como única aplicável.

Se, porém, é a própria lei pessoal que se inclina perante a competência reivindicada pelo Estado da situação da coisa, esta circunstância é de molde a introduzir um elemento novo no problema. Agora já se não trata, com efeito, de adoptar determinada solução apenas por ser ela a solução querida pela *lex situs*, antes a solução que se apresenta é a que está conforme com o DIP de dois sistemas: o da *lex rei sitae* e o da *lex patriae*. Não é só o princípio da eficácia das decisões judiciais que está em causa, senão também o da harmonia jurídica.

Tal a moldura de razões em que se inscreve a norma do art. 17.°, n.° 3.

149. *Conexões favoráveis e contrárias ao reenvio*[392]. — Vamos considerar agora uma segunda ordem de restrições ao reenvio: as que decorrem da ideia de que nem todas as regras do DIP, encaradas à luz dos seus fins específicos, são com ele compatíveis. Nem todas as conexões são *reinvoifreundliche Anknüpfungen.*

No entanto, esta ideia só aflora no art. 19.°, n.° 2. Não haverá reenvio quando a lei estrangeira aplicável o for por força da vontade das partes contratantes, nos termos do art. 3.° da Conv. de Roma de 1980[393].

Se, portanto, a lei por estas designada remeter para outra, essa transmissão de competência ou esse retorno não releva. Com efeito, não é crível que os contraentes tenham utilizado a referência a determinada lei tão-somente como meio de aludirem ao direito material por essa mesma lei declarado aplicável. E se excepcionalmente for de aceitar que as partes quiseram na verdade referir-se ao direito material competente segundo a regra de conflitos da lei por elas designada, certo será então esse o direito aplicável, mas unicamente porque foi ele o direito escolhido, não em virtude de qualquer reenvio da lei estipulada para outra lei. Aquela regra de conflitos não intervirá *qua tale*, mas apenas como *facto*, cuja consideração se torna necessária a fim de que à vontade das partes possa atribuir-se o verdadeiro conteúdo e alcance. Não é um problema de reenvio que aí se levanta, mas simplesmente uma *quaestio voluntatis.*

Também a norma que confere competência, em matéria de forma externa dos negócios jurídicos, à lei do lugar da celebração, é de molde a excluir todo o entendimento conforme ao princípio do reenvio (a menos, como veremos, que do reenvio derive a validade do negócio). Pois porque se elege aqui como factor de conexão o *locus negotii*? Seguramente, com

[392] *Vide* sobre este ponto WENGLER, *ZAIP*, 16 (1951), pág. 516, e NEUHAUS, *mesma Rev.*, 15, págs. 164 e segs, e 17, págs. 314 e segs.

[393] Regra semelhante se contém na Lei italiana atrás citada.

vista a facilitar às partes a realização de negócios jurídicos em Estados diferentes daquele a que os mesmos negócios pertençam por sua substância e efeitos. Do que se trata, fundamentalmente, é de evitar aos interessados o ónus da indagação e da observância daquelas formalidades consideradas essenciais por uma legislação que não seja a do próprio país onde se encontram e onde pretendem realizar o negócio. Mas se assim é, não faria manifestamente sentido forçá-los a conformar-se com o DIP desse país, quando porventura impregnado de um espírito diferente.

150. *O favor negotii como fundamento autónomo do reenvio.* — É questão pertinente a de saber se porventura o *favor negotii (ut res magis valeant quam pereant)* poderá fundamentar só por si — isto é, independentemente da harmonia jurídica internacional — o reenvio. Deverá o reenvio admitir-se só por isso que ele se apresenta como o meio necessário para assegurar a determinado negócio jurídico a sua plena validade ou eficácia?

Assim o entendem alguns[394]; e nada obsta certamente a que o legislador, no momento de elaborar as suas regras de conflitos, dê consagração a tal pensamento, prescrevendo, sempre que isso lhe pareça conveniente, a adopção do reenvio como processo de promover a validade ou eficácia de um negócio que doutro modo seria inválido (ou ineficaz). Pode inclusivamente compreender-se que se prescreva o recurso ao reenvio todas as vezes que ele seja o último remédio possível para salvar o negócio jurídico da ineficácia. Por nós, cremos que seria preferível examinar o problema no quadro de cada tipo negocial — e só admitir o reenvio pelo fundamento indicado naqueles domínios em que o interesse na conservação do negócio jurídico se faça sentir com especial intensidade.

---

[394] Por exemplo, em certos termos, FRANCESCAKIS, *La théorie du renvoi*, pág. 262.

Seja como for, o certo é que o Código Civil português de 1966 só aceitou a referida directiva na hipótese de a invalidade do negócio resultar de um vício de forma (veja-se o art. 36.°, n.° 2). Se a forma da declaração negocial obedecer, não à lei do país onde esta foi emitida, mas à do Estado para que remete a norma de conflitos daquele sistema, a declaração é válida. Com efeito, a forma observada é uma daquelas que são reconhecidas pela ordem jurídica do país da celebração do acto, sendo natural, por isso, que se considere bastante. Esta solução corresponde inteiramente à intenção enformadora do princípio *locus regit actum*, que não é outra senão a de facilitar a contratação. Ela está também expressamente consagrada em matéria de testamentos: veja-se o art. 65.°, n.° 1.

151. *O favor negotii como limite ao reenvio.* — Conforme o disposto no artigo 19.°, n.° 1, se do reenvio resultar a invalidade ou ineficácia de um negócio jurídico, que seria válido ou eficaz em face da lei indicada pelo DIP português, é esta a lei que se aplica — e assim ficará salva a eficácia do acto. Significa isto que se a questão da validade do negócio for decidida em termos opostos pela lei que reenvia e por aquela para a qual se reenvia, prevalecerá a lei que tiver o negócio por válido.

Qual o fundamento desta regra?

Não parece possa duvidar-se de que a *ratio legis* seja a seguinte: se os interessados realizaram o negócio jurídico de conformidade com as disposições de um sistema de direito material que é, na espécie, o declarado competente pela regra de conflitos do foro (abstraindo, claro está, dos preceitos sobre o reenvio) e for de crer que eles se orientaram precisamente por esta norma de conflitos, então não seria justo frustrar a confiança que depositaram na validade do acto.

Resta saber em que circunstâncias poderá admitir-se que os interessados se nortearam pela regra de conflitos portuguesa. O artigo 19.° não considera expressamente este ponto. Nós entendemos que essa conclusão é de aceitar em virtude do só facto de a ordem jurídica portuguesa ser uma daquelas com as quais a relação estava em contacto ao tempo em que se constituiu. Não enxergamos motivo para se formular aqui maior exigência.

O que acaba de ser definido é, segundo a nossa ideia, um autêntico pressuposto da norma do artigo 19.º, n.º 1. Se ele não se verificar *in concreto*, o preceito torna-se inaplicável: deixa de haver razão especial, do ponto de vista do nosso ordenamento, para tutelar as expectativas das partes — a sua confiança em terem celebrado um negócio válido. A circunstância de a lei ser omissa a tal respeito não pode ser considerada impedimento à solução indicada, pois ela decorre da *ratio legis*, à qual está presa por nexo lógico infrangível. Figuremos, por exemplo, a seguinte hipótese: Um cidadão do Reino Unido domiciliado no Rio de Janeiro (mesmo segundo o ponto de vista britânico) deixa por testamento a maior parte da sua fortuna a instituições brasileiras de beneficência. Se alguns dos valores deixados forem transferidos depois da morte do testador para Portugal, poderão os filhos deste fazer valer no nosso país, relativamente a esses bens, o direito à legítima que lhes assegura o Código Civil brasileiro?

Sem dúvida que sim. O juiz português, olhando às normas dos artigos 17.º, n.º 1, e 62.º do nosso Código, não poderá deixar de concluir pela aplicabilidade da lei brasileira, porque é esta a solução que decorre assim da regra de conflitos da *lex patriae* como da norma da *lex domicilii* (no Brasil — Lei de introdução, artigo10.º — é a lei do país em que estava domiciliado o hereditando que regula a sucessão). É provável que o disponente tenha acreditado que podia dispor dos seus bens para depois da morte nos termos latíssimos consentidos pelo respectivo direito nacional; mas nenhum elemento atendível dava base a esta convicção. Designadamente, nenhum motivo existia que permitisse ao testador orientar-se, no momento e no acto de exprimir as suas últimas vontades, pelos princípios de direito conflitual de um sistema (o português) com o qual a situação não tinha quaisquer laços.

Sem embargo, pois, de o reenvio conduzir aqui à ineficácia (parcial) do testamento, o reenvio é de acatar. O valor da harmonia jurídica vem, portanto, a prevalecer sobre o do respeito pela vontade do testador — como nos negócios entre vivos, e em condições paralelas, sobreleva ao da tutela das expectativas das partes decorrentes da celebração do negócio. O artigo 19.º, n.º 1, será inaplicável.

152. Observaremos ainda, a terminar, que a norma do artigo 19.º, n.º 1, segundo o seu escopo, se não refere ao momento da celebração do negócio jurídico, mas pressupõe uma situação *já constituída*, um facto consumado. E precisamente por isso é que surge aí um problema: se o que se fez é conforme ao direito naquele país cuja lei apareceu ao legislador local como dotada de melhor competência, não será justo que isso se salve — que se salvem os direitos adquiridos por terceiros com base no contrato, que se protejam as expectativas das partes, que se dê execução à vontade do testador, mesmo com dano da harmonia jurídica?

Tal o pensamento de que resultou a referida regra. Ora é claro que, a ser assim, ela não autoriza propriamente que se celebre um negócio jurídico de acordo com aquela de duas leis — "a lei que reenvia e a lei para que se reenvia" — que o considere válido, ou que lhe atribua mais ampla eficácia. Esta observação reveste-se de importância no caso de negócios jurídicos a celebrar em Portugal com a intervenção de um agente do Estado ou autoridade pública. Uma vez apurado que não se verificam no caso as condições de validade requeridas pelo sistema jurídico que o reenvio vem a tornar aplicável, o funcionário deverá recusar-se a celebrar o acto — ou deverá, segundo os casos, deixar bem expresso que o mesmo acto só terá os efeitos que a referida lei lhe atribuir.

153. Pelo que vimos, as normas contidas nos arts. 17.º a 19.º não resolvem por simples aplicação mecânica e directa todos os problemas relacionadas com a matéria do reenvio. De resto, neste tipo de construções que são os sistemas de preceitos jurídicos, nunca chega o momento de colocar a última pedra.

Era, portanto, inevitável que existissem imperfeições no quadro. Simplesmente, essas imperfeições estão longe de ser algo de irremediável, algo que não possamos corrigir com a simples ajuda dos meios e processos normais de interpretação (e integração) da lei. Interpretação que, para além doutros aspectos, valorize devidamente o facto de o DIP ser uma disciplina que busca afanosamente as suas soluções e os seus caminhos e que, inclusivamente, está para muitos a viver uma época de crise radical.

Vistas assim as coisas, as fórmulas legais aparecem-nos aqui — sobretudo aqui — não como algo de concluso, de definitivo e fechado, mas antes como tentativas de aproximação dos objectivos visados, aberturas para a descoberta de soluções novas, sinais ou marcos indicativos, cuja função é mais definir uma linha de rumo do que mostrar em toda a sua extensão o caminho a percorrer.

SECÇÃO 3ª

Da Questão Prévia[395]

154. *Definição do problema.* — Segundo a orientação tradicional, talvez ainda hoje dominante, o problema da questão

[395] Principal bibliografia sobre este tema: MELCHIOR, *Grundlagen*, págs. 245-265; WENGLER, *Die Vorfrage, cit.*, ZAIP, 1934, págs. 148-251, e

prévia em DIP é um problema de "escolha de lei" — mais precisamente, de escolha do sistema conflitual a que em certos casos deverá pedir-se a resolução do conflito de leis. É esta a perspectiva que vamos utilizar na primeira parte da nossa exposição. Não fecharemos, porém, o presente capítulo sem dar breve notícia de outro modo de entender a matéria — de uma nova teoria da questão prévia em DIP. Contudo, e por agora, é só de analisar o tema indicado à luz da perspectiva perfilhada pela doutrina dominante que vai tratar-se.

155. Se entre duas questões jurídicas pende um nexo de prejudicialidade e uma delas, a principal, está sujeita a um direito estrangeiro, surge o problema de saber como "conectar" a questão prejudicial: se de harmonia com o sistema de conflitos do foro, se de acordo com o sistema de conflitos da *lex causae*. É este o problema da questão prévia em DIP.

Exemplos:

(a) *A* e *B*, alemães, casam na Inglaterra em 1936, depois de aí terem constituído domicílio. Em 1939, adquirem ambos a nacionalidade britânica por naturalização. O marido morre em 1946, deixando bens móveis na Alemanha. O direito aplicável à

Nouvelles réflexions sur "les questions préalables" ("Rev. crit.", 1966, págs. 165-215); FRANCISCO DE FARIA, *A questão prévia em DIP* (dissertação do curso complementar de Ciências Jurídicas, vol. policopiado, Coimbra, 1955); LOUIS-LUCAS, na "Rev. crit.", 1957, págs. 153-183; CORTES ROSA, *Da questão incidental em DIP* (Lisboa, 1960); LAGARDE, na "Rev. crit.", 1960, pág. 459-484; F. AZEVEDO MOREIRA, *Da questão prévia em DIP* (Coimbra, 1968); J. BAPTISTA MACHADO, *Âmbito, cit.*, págs. 315-375; AGOSTINI, *Droit International et Communautaire, Actes du Colloque de Paris* (5-6 avril 1990), 1991, p. 25 segs.; B. MACHADO, *Les faits, Le droit de conflits et la question préalable*, Fest. Wengler, II, p. 443-458.

A exposição do texto seguirá muito de perto, até certa altura, o nosso trabalho sobre a *Questão prévia em DIP*, trabalho que foi especialmente elaborado para o livro de homenagem a PAULO MERÊA e posteriormente incluído em *Estudos Jurídicos*, III, págs. 241-289.

sucessão é, nos dois países, o inglês. Os direitos sucessórios que o sistema jurídico inglês atribui à viúva pressupõem que o matrimónio de 1936 tenha sido validamente celebrado. O DIP da *lex fori* (lei alemã) faz depender este problema do direito alemão, o qual considera válido o casamento. No entanto, segundo a norma de conflitos inglesa, o direito material aplicável à questão prévia é o inglês (*lex domicilii*), e perante este direito o casamento é nulo. Por que lei deverá decidir-se a questão prejudicial da validade do matrimónio?

(b) A controvérsia incide sobre a validade de uma adopção que, segundo o direito de conflitos do foro, está sujeita ao direito inglês. Para o direito inglês (*lex causae*), como também para a *lex fori*, só pode adoptar quem não tenha filhos legítimos à data da adopção. É *X* filho legítimo do adoptante? Por que lei resolver a questão prévia da filiação legítima de *X*? Pela lei designada pelo direito de conflitos inglês, ou pelo sistema jurídico indicado pela norma de conflitos da *lex fori*?[396]

Quid juris?

156. *Questão prévia e substituição.* — Assim equacionado, o problema da questão prévia é pura e simplesmente um problema de direito de conflitos (de conflito de sistema de regras de conflitos): trata-se de saber se devemos aplicar à questão preliminar o DIP do foro ou o DIP da *lex causae*. Encaradas as coisas desta perspectiva, o problema da questão prévia em DIP é o da averiguação do sistema de conflitos aplicável à questão prévia.

Mas não é esta a impostação do problema que se nos oferece em WENGLER[397]. Com WENGLER, o problema surge-

---

[396] *Vide* WOLFF, *Das IPR Deutschlands*, 3.ª ed., p. 79.

[397] Referimo-nos ao célebre trabalho de 1934, *Die Vorfrage im Kollisionsrecht*.

Como já dissemos, WENGLER voltou posteriormente ao tema, na "Rev. crit. de DIP", 1966, n.º 2 (*Nouvelles réflexions sur les "questions*

-nos definido muito mais latamente: como um problema de averiguação do conteúdo dos conceitos jurídicos (conceitos prejudiciais) que nos preceitos materiais estrangeiros aplicáveis a uma situação determinada recortam a respectiva hipótese normativa.

No entanto, a questão assim entendida é uma questão sem verdadeira unidade, uma questão que se desdobra numa série de problemas heterogéneos. Abstraindo do caso mais simples, aquele em que o conceito prejudicial é um puro conceito de facto (como, por exemplo, o de animal doméstico ou o de prédio) e em que, portanto, a averiguação dos pressupostos da consequência jurídica se esgota no plano da própria norma material que o emprega, facilmente se constata que a interpretação dos aludidos conceitos prejudiciais (conceitos-quadro) — como o de cônjuge, o de adoptado, o de filho — levanta diversos problemas, uns de índole ou nível material, outros de índole ou nível conflitual.

Desde logo, há que apurar se o conceito prejudicial em causa é um conceito aberto à recepção de conteúdos jurídicos estrangeiros — se ele é verdadeiramente um conceito-quadro; questão esta a resolver, sem dúvida, por via de interpretação da própria norma que pretendemos aplicar. Esclarecido este ponto, há que proceder à determinação do direito material competente para, no caso concreto, fornecer o conteúdo decisivo, bem como à interpretação e aplicação desse direito. Mas aqui pode vir insinuar-se uma dúvida: poderá o conteúdo jurídico assim obtido subsumir-se ao conceito-quadro da norma em questão? Haverá equivalência entre esse conteúdo e aquele que incontestavelmente constitui o núcleo de tal conceito-quadro, e que é o designado de igual forma noutros preceitos do sistema

---

préalables") e mais tarde na «International Encyclopedia of Comparative Law», mas por agora não é senão do primeiro WENGLER que nos ocupamos.

a que pertence a norma interpretanda? O que para o direito material competente (competente quanto à questão prévia) constitui indubitavelmente "adopção", corresponderá porventura à hipótese que o legislador da *lex fori* teve em vista quando decidiu atribuir ao filho adoptivo o direito de suceder a seus pais, por morte destes?

Como é óbvio, nem todos estes problemas são exclusivos da questão prévia, isto é, são problemas que só no enquadramento de uma tal questão possam suscitar-se. Mas há efectivamente dois que só as denominadas questões prejudiciais podem originar. Simplesmente, estes dois problemas são de natureza heterogénea e não podem, por isso, ser unificados. Um deles põe-se ao nível do direito material: é o referido problema de equivalência de conteúdos, o problema de saber se determinado conteúdo jurídico-material, retirado de um ordenamento estranho ao da norma interpretanda, preenche os pressupostos da consequência jurídica estabelecida por esta norma, ao invés de ser por ela repelido; problema que a doutrina posterior ao primeiro WENGLER autonomizou e que apelidou de *problema de substituição*[398].

Mas outro tanto se não diga quanto ao segundo problema suscitado pelas questões prejudiciais: esse, como já vimos, é um problema de nível conflitual ou de escolha de lei, e consiste em saber que caminho seguir para determinar o sistema que fornecerá o conteúdo do conceito-quadro que no preceito aplicável à questão principal recorta a previsão normativa: se o caminho do direito de conflitos do foro, se o rumo traçado pelo sistema de conflitos da *lex causae*. Este último é que é propriamente o problema da questão prévia.

---

[398] A distinção entre este problema e o seguinte é muito bem marcada por RIGAUX, *op. cit.*, pág. 290, BAPTISTA MACHADO, *Problemas na aplicação do direito estrangeiro — adaptação e substituição*, "Boletim da Fac. de Direito de Coimbra", vol. XXXVI, págs. 327-351, e F. AZEVEDO MOREIRA, *Da questão prévia em DIP*, págs. 95 a 112.

Nenhuma dúvida de que se trata de problemas distintos, mesmo quando se apresentem coligados, como decorrentes da urgência em resolver uma questão (prejudicial) suscitada pela aplicação de um preceito material estrangeiro a outra questão jurídica. De resto, essa conjunção não é forçosa. O problema a que chamámos da substituição pode aparecer destacado de semelhante condicionalismo, como problema de saber se determinado elemento da hipótese de uma regra material do direito do foro (direito aplicável à questão dependente), que normalmente se destina a ser integrado pela resultante de outras disposições do mesmo sistema jurídico, pode acaso ser constituído por um elemento análogo de direito estrangeiro: o direito definido como competente para a questão prévia.

Sirva de exemplo o caso Ponnoucannamalle c. Nadimoutoupoulle, decidido pela Cassação francesa em 1931[399]. O filho legítimo de um filho adoptivo do *de cujus* reclamava a sua parte de herdeiro legitimário relativamente a bens imóveis situados na Indochina francesa. Segundo o direito de conflitos francês, a sucessão nestes bens estava unicamente sujeita à própria lei francesa. Ora, o *Code civil* estabelece (art. 340.°) que o adoptado e seus descendentes terão sobre a herança do adoptante os mesmos direitos que teria um filho legítimo. Mas a adopção em causa seria válida? Era válida, decerto, perante a lei designada pelo direito de conflitos francês: a lei hindu; apreciada, porém, a questão da perspectiva do próprio direito material da *lex fori*, a resposta seria outra, porque o adoptante tinha já filhos legítimos ao tempo da realização do negócio jurídico (*Code civil*, art.

[399] V. a propósito deste caso os estudos de BARTIN, *Adoption et transmission héréditaire, in* "Journal de Droit International", 1930, págs. 5-25, NIBOYET, *in* "Rev. de DIP", 1932, págs. 242 e segs., WENGLER, *op. cit.*, págs. 167 e segs., e MAURY, *in* "Rec. des Cours", t. 57.°, págs. 554-58. Os dois primeiros autores citados encararam ainda o problema que se punha nesse processo pelo ângulo da qualificação.

343.º). Nestas circunstâncias, está bem de ver que a questão de fundo não poderia decidir-se enquanto se não apurasse se aquela adopção que ali se apresentava, se aquela adopção hindu ou de direito hindu, preenchia os pressupostos da consequência jurídica fixada pela citada disposição do art. 340.º. Portanto, um problema a resolver unicamente no quadro e no plano do direito material aplicável à questão principal: a da vocação sucessória do descendente legítimo do filho adoptivo do autor da herança[400]. Nenhuma questão de direito conflitual se descortinava aí, pois claramente se averiguara já estar a relação condicionada sujeita à lei francesa e depender a relação condicionante, segundo as normas de conflitos da *lex fori*, do direito hindu.

157. *Pressupostos do problema.* — Se o problema da questão prévia consiste, como já se disse, em averiguar se a lei aplicável ao ponto prejudicial deve ser procurada pela via do direito de conflitos do foro ou pela via do direito de conflitos da *lex causae*, é evidente que o problema só pode pôr-se *quando o estatuto da questão principal seja um direito estrangeiro*[401]. Se *lex causae* e *lex fori* coincidirem, a questão lateral ou conexa terá a

---

[400] Quando o *Code civil* chama à herança os filhos adoptivos do *de cujus* e os descendentes deles, colocando-os na posição de filhos legítimos, tem porventura em vista qualquer adopção que o seja perante a lei designada pelo sistema de conflitos francês? Não terá ele tão-somente em vista uma adopção com uma conformação determinada, uma adopção que se não aparte substancialmente do tipo admitido e descrito pelo próprio *Code civil*?

Se considerarmos que um dos objectivos visados pelo legislador, ao subordinar a admissibilidade da adopção à não existência de filhos legítimos, foi exactamente a tutela das expectativas sucessórias dos filhos legítimos já existentes, teremos de resolver o problema no segundo sentido indicado.

[401] Esta inferência deixa, porém, de ser legítima desde que se adira à posição de WENGLER.

solução que para ela resultar do sistema de conflitos desta lei. Depender a questão principal de uma legislação estrangeira constitui, assim, o primeiro pressuposto do nosso problema.

O segundo pressuposto é que a questão surgida a título incidental, quando considerada em si e por si, *seja conectada autonomamente* pelo legislador de conflitos do foro. Também isso é evidente. Aliás, a questão prejudicial pode pôr um problema de reenvio, mas não o nosso problema da questão prévia. Surgirá um problema de reenvio, se a lei designada para reger a questão principal se reputar competente só pelo que a esta respeita, remetendo a questão conexa para a esfera de outro sistema jurídico.

158. *Conexão autónoma e conexão subordinada.* — Vimos atrás que o problema da questão prévia em DIP é susceptível de duas soluções. Uma consiste em decidir a questão de conformidade com a lei que lhe for aplicável segundo o sistema de conflitos do foro, tudo devendo passar-se, assim, como se o ponto não surgisse a título incidental, mas principal. É a doutrina da *conexão autónoma*[402].

A outra solução consiste em fazer apelo, pelo que respeita à questão prévia, às normas de conflitos do estatuto da questão principal. Deste modo, a relação jurídica objecto da questão prejudicial como que perde a sua autonomia em face da outra, ainda que tão-somente, é claro, para efeitos de direito de con-

---

[402] Neste sentido, MAURY, *Règles générales des conflits de lois*, no "Rec. des Cours", t. 57.°, págs. 560 e segs.; RAAPE, *Les rapports entre parents et enfants*, "Rec. des Cours", 1934, IV, págs. 486 e segs.; CANSACCHI, *Le choix et l'adaptation de la règle étrangère dans les conflits de lois*, "Rec. des Cours", 1953, II, págs. 150 e segs.; e mais recentemente RIGAUX, *op. cit.*, págs. 450 e segs.; NIEDERER, *Einführung, cit.*, págs. 216-218; KEGEL, *IPR*, 7ª ed., pág. 276., e VALADÃO, *DIP*, págs. 262 e seg. Para idêntica solução parece propender DE NOVA, *Introduction cit.*, "Rec. des Cours", 1966, II, págs. 557 e segs.

flitos. Por isso daremos a esta orientação o nome de doutrina da *conexão subordinada*[403-404]. Seja uma questão *x*, que o direito de conflitos do foro submete à legislação *B*. Esta questão levanta-se (incidentalmente) num processo cujo fim é a resolução de outra controvérsia (*y*), para a qual é competente a ordem jurídica *C*. A ordem jurídica *C* declara aplicável a *x* a lei *D*.

Sendo as coisas assim, é de acordo com o direito material de *D* que *x* deverá resolver-se.

159. *Apreciação das doutrinas expostas.* — Sublinhe-se, antes de tudo, que o princípio da sujeição do juiz à lei — à sua própria lei, às normas de conflitos emanadas do legislador local — não constitui argumento contra o sistema referido em último lugar. O argumento seria tão decisivo aqui, ou tão pouco, como em matéria de reenvio. Ninguém pensa em pregar a rebelião do juiz contra os textos da lei ou contra os juízos de valor que lhe estão subjacentes. Do que se trata é tão-somente de conhecer o âmbito em que, segundo a norma de conflitos do foro correctamente entendida, se move a competência do sistema jurídico por ela designado para reger a questão principal.

---

[403] É na cit. obra de MELCHIOR, *Die Grundlagen des IPR*, págs. 246 e segs., que se encontra o primeiro afloramento desta orientação. A ideia foi retomada pouco depois, e profundamente reelaborada, por WENGLER, no estudo já citado. Adoptaram-na em seguida, entre outros, WOLFF, *IPR*, págs. 70-71, e *PIL*, págs. 206 e segs., ROBERTSON, CORTES ROSA, *op. cit.*, LAGARDE, *La règle de conflit applicable aux questions préalables*, na "Rev. crit.", *t. cit.*, F. AZEVEDO MOREIRA, *op. cit.*, *passim*, e especialmente págs. 325 e segs., BAPTISTA MACHADO, *Âmbito,* pp. 315 e segs.

Nós também temos perfilhado no nosso ensino, embora com certas restrições, a doutrina da conexão subordinada.

[404] Esta doutrina distingue-se da do reenvio na medida em que sustenta, para as questões levantadas a título incidental, a relevância de factores de conexão que nem são os da *lex fori*, nem os da lei chamada pela *lex fori* para dirimir questões desse tipo — quando tais questões se apresentam com autonomia e não em ligação com outras.

Do que se trata é unicamente de apurar se a competência atribuída à lei estrangeira quanto à matéria controvertida não envolverá também quaisquer pontos ou questões cuja solução condicione a decisão da questão pleiteada.

Certo que as duas relações, a condicionada e a condicionante, foram consideradas — "conectadas" — em separado pelo legislador de conflitos do foro. Mas tudo está em saber se, ao estabelecer para a matéria incidentalmente controvertida uma conexão autónoma, ao atribuir a essa matéria autonomia no plano do direito conflitual, o legislador a não terá unicamente valorado pelo que ela é em si mesma, pelo que ela é quando se apresenta isoladamente, e não em conjunção com outra cuja decisão implica ou condiciona. Por outras palavras: o legislador do foro, que incontestavelmente quis a conexão *m* para a questão *x* quando encarada esta autonomamente, porventura a teria querido também se se representasse esta mesma questão como simples *pressuposto* da decisão de uma outra, para a qual optou pela conexão *n*?

A tal pergunta é que importa responder; e esta observação dá-nos a conhecer ao mesmo tempo a verdadeira natureza do problema que está posto: é ante um problema de interpretação e integração do sistema de conflitos do foro que nos encontramos colocados.

160. Deverá tal problema resolver-se no sentido da teoria da conexão não autónoma?

Em favor desta teoria invoca-se, em primeiro lugar, a própria natureza do problema da questão prévia, como problema de averiguação do conteúdo de conceitos prejudiciais, nos termos já descritos. Se a norma *m* do ordenamento *B* põe como condição da respectiva consequência jurídica (por exemplo, a vocação sucessória do cônjuge supérstite) o facto *x* (a validade do casamento), só a esse ordenamento cabe decidir se esta condição deve ter-se ou não por verificada *in concreto*.

Mas o bem-fundado do argumento depressa se põe em causa. Quando se diz ser à lei da questão principal que compete decidir da realização dos pressupostos da consequência jurídica que só ela pode desencadear, faz-se uma afirmação indubitavelmente exacta na medida em que essa decisão estiver apenas dependente de juízos jurídico-materiais; mas faz-se uma afirmação temerária quando nela se queiram abranger os próprios juízos de direito conflitual da referida lei. À *lex causae* pertence, sem dúvida, resolver as várias questões de nível material que se suscitarem na interpretação e aplicação das suas normas (inclusa a da substituição), mas não está demonstrado que o mesmo possa dizer-se da questão prévia, exactamente por ser uma questão de direito de conflitos[405].

Contra a solução afirmativa parece até militar, desde logo, a ideia de que toda a atribuição de competência a uma lei estrangeira vai limitada à esfera ou sector de regulamentação correspondente ao conceito-quadro da norma de conflitos da *lex fori* que para ela remeteu (Cód. civ., art. 15.º). Sendo as coisas assim, se no processo de aplicação da lei designada surge uma questão nova, situada fora destes limites, a solução que aparentemente se nos impõe é antes o regresso imediato ao direito de conflitos do foro. Bem certo que tal conclusão pode vir a revelar-se errónea; só que, para tanto, será mister que se descubra algures um fundamento seguro, alguma válida razão para operar essa ampliação anómala da competência da *lex causae*, que se preconiza.

161. *A harmonia jurídica internacional.* — Tal fundamento só pode residir no princípio da harmonia jurídica internacional[406]. Este princípio pede, como bem sabemos já, que a mesma

---

[405] Se realmente for esta — como é para a doutrina dominante — a natureza da questão prévia.

[406] É deste princípio que em última análise WENGLER faz derivar a solução do problema da questão prévia (*Die Vorfrage*, págs. 196 e segs.).

questão de direito seja decidida da mesma forma em todos os países com competência jurisdicional para dela conhecer. Ora, se a decisão da controvérsia *sub judice*, para a qual é competente a legislação *C*, pressupõe a solução de uma questão conexa, só a aplicação à questão conexa das disposições da lei indicada pelo direito de conflitos da *lex causae* permitirá que a própria questão principal seja decidida tal como o seria por um tribunal do país de *C*.

Para julgar a questão *y* como o faria um juiz sujeito à ordem jurídica *C*, é mister resolver a questão incidental *x* segundo os princípios da legislação *D* (que é a legislação indicada pela norma de conflitos de *C*)[407]. Ou descendo a um caso concreto: para efectivamente se decidir a questão da vocação hereditária do cônjuge supérstite de conformidade com os princípios do estatuto sucessório (direito inglês), tem necessariamente de se resolver a questão prévia da validade do casamento segundo as disposições aplicáveis da lei designada pelo próprio DIP inglês[408].

162. *Princípio da harmonia interna.* — Sendo o valor da harmonia internacional irrecusável e incontroversa a aptidão da teoria da conexão subordinada para contribuir para esse resultado, de nada mais precisaríamos, parece, para considerar justificada, pelo menos de *jure condendo*, a referida teoria.

No entanto, é cedo ainda para que se possa dar esta conclusão por demonstrada e o debate por encerrado. Efectivamente, cumpre reconhecer que uma ilimitada preocupação de tutela do valor da harmonia internacional viria pôr perigosamente em causa outro valor não menos relevante: o da harmonia interna (material). A harmonia interna é mesmo um princípio de escalão superior ao da harmonia internacional; pelo

[407] Cfr. *supra*, n.º 158, *in fine*.

[408] Cfr. *supra*, n.º 155, ex. (a).

que, na hipótese de um conflito entre ambos, haverá que dar precedência ao primeiro. Deverá, pois, optar-se, na matéria que nos ocupa, pelo único sistema com idoneidade para o fazer prevalecer, e é o da conexão autónoma.

Pelo princípio da harmonia interna ou da *unidade do ordenamento jurídico* exprime-se a ideia da inadmissibilidade de contradições normativas no interior do sistema. A contradição normativa traduz-se no facto de "uma conduta *in abstracto* ou *in concreto* aparecer ao mesmo tempo como prescrita e não prescrita, proibida e não proibida, ou até como prescrita e proibida"[409]. Tal situação é certamente intolerável e a contradição que a origina deve forçosamente ser eliminada. Um indivíduo não pode, a um tempo, ser obrigado a praticar certo facto, porque lhe cumpre obedecer às ordens de um superior hierárquico, e proibido de o praticar sob ameaça de punição. É inconcebível que *A* seja tido como casado com *B* e simultaneamente declarado isento, perante *B*, de todo o dever de coabitação e fidelidade, bem como da obrigação alimentar, etc. Se tal fenómeno se produzisse numa situação exclusivamente ligada ao ordenamento jurídico local, a causa estaria, por certo, numa contradição de preceitos materiais deste mesmo ordenamento, contradição que se faria mister remover[410]. Se o facto se verificar em virtude de um desajustamento entre normas de legislações diferentes aplicáveis à mesma situação da vida, a anomalia não requer seguramente remédio menos pronto nem menos eficaz. E como a via preventiva é sempre a mais aconselhável, deverão evitar-se o mais possível, em DIP, os procedimentos que sejam causa adequada para produzir tais resultados.

Ora o sistema de conectar as questões prejudiciais segundo o direito de conflitos da *lex causae* propicia no mais elevado

---

[409] ENGISCH, *Introdução ao pensamento jurídico*, trad. de BAPTISTA MACHADO, pág. 255.

[410] Por via de correcção do sistema jurídico.

grau a formação de situações do tipo descrito. Casamentos válidos perante a ordem jurídica do foro, quando considerados autonomamente, seriam todavia negados nos seus efeitos essenciais, sempre que o estatuto dos efeitos, directamente ou através de um ordenamento delegado, os decretasse nulos. A violação de um direito, reconhecido pela legislação competente em virtude da norma de conflitos do foro, mas recusado pelo sistema aplicável segundo a *lex loci delicti*, não daria origem a qualquer obrigação de indemnizar.

Há uma única forma de impedir tão desastrosas consequências: é guardar absoluta fidelidade, pelo que toca às questões prejudiciais, aos princípios do DIP da *lex fori*.

163. Sabemos agora que é entre os dois pólos da harmonia internacional e da harmonia interna (material) que pende o *fiat* da decisão do nosso problema. Se a adopção da óptica do direito de conflitos estrangeiro em matéria de questão prévia implicasse na verdade, de modo sistemático, lesão do segundo desses princípios, nos termos descritos, não haveria senão renunciar a tal recurso, embora com dano da harmonia internacional. Mas, se bem pensamos, a necessidade de evitar toda a ofensa grave do princípio da harmonia interna não impede de aceitar o sistema da conexão subordinada: só impede de o aceitar sem restrições substanciais.

É que nem todas as situações originadas por uma divergência essencial entre as duas leis possivelmente aplicáveis à relação conexa — a lei designada pela norma de conflitos do foro e a convocada pela norma de conflitos da *lex causae* — pertencem ao tipo focado no número anterior. Pense-se, *v. gr.*, nos dois exemplos do n.º 155. Não há contradição alguma entre a afirmação de que *A* e *B* foram casados e a negação ao supérstite de direitos sucessórios. A regulamentação da sucessão do falecido foi inteiramente remetida pelo legislador de conflitos do foro para uma lei estrangeira, e essa lei poderia inclusivamente não chamar nunca o cônjuge sobrevivente à herança do predefunto: pois a vocação sucessória não é um dos efeitos necessários do casamento, um elemento essencial do estado de cônjuge.

Nem se descortina tão-pouco a mais ligeira contradição entre o julgar-se hoje que tal adopção é válida, por *B* não ser filho legítimo do adoptante — e o decidir-se amanhã, em acção especialmente intentada para esclarecer esse ponto e em que, portanto, o tribunal terá de aplicar as suas próprias regras de conflitos, que *B* é realmente filho legítimo daquele mesmo indivíduo. Efectivamente, o juiz do primeiro processo não sentenciou quanto à filiação legítima de *B* — o caso julgado não abrange, a não ser em hipóteses bem raras, os pontos prejudiciais —, mas apenas quanto a ser o autor filho adoptivo do réu. Como pode haver oposição entre uma sentença que declare: *A* é filho adoptivo de *C* — e uma sentença ulterior que reconheça *B* por filho legítimo do mesmo *C*?

Podemos, pois, concluir que a adopção da doutrina da conexão subordinada nem sempre conduz a resultados inadmissíveis, sob o ponto de vista da harmonia material[411]. Mas outros-

---

[411] O alcance do argumento da harmonia material tem sido muito exagerado por certos autores, como LEO RAAPE (*vide* "Rec. des Cours", 1934, IV, págs. 480 e segs.). Ao contrário do afirmado por este jurista, nada tem de intolerável, ou sequer de gravemente anómalo, a possibilidade de à mesma questão jurídica concreta (*v. gr.*, a da validade de certo negócio) se responder, em processos distintos, de modos distintos: verdadeiramente, essa eventualidade só resultaria precludida pela admissão da teoria do caso julgado implícito, e sabe-se que esta teoria não é aceitável.

O que não pode tolerar-se é tão-somente que se decida hoje a questão *a* (por via da questão incidental *b*) de certo modo, sabendo-se que amanhã, quando a questão *b* surgir em juízo com autonomia, o julgamento a proferir sobre ela terá de contrariar frontalmente a solução dada àquela primeira questão. O que não pode seguramente admitir-se é, por exemplo, isto: que o fiador seja condenado hoje a efectuar o pagamento, porque se considera que a dívida afiançada é válida (e de facto é válida

sim podemos concluir que, encarado o tema à luz deste princípio, a aceitação irrestrita daquele critério está certamente fora de causa. Resta, porém, saber como limitá-lo.

São possíveis aqui duas atitudes. A primeira consiste na aplicação sistemática da *lex causae*, confiando-se a certos "operadores" ou "técnicas", de que o direito de conflitos dispõe, a correcção dos resultados intoleráveis a que, aliás, se seria conduzido. A segunda, na definição prévia dos tipos de casos em que o critério da conexão subordinada não pode ser actuado e em que, por isso, o recurso à *lex fori* é de preceito. De resto, esta segunda atitude não exclui que nalguma hipótese de questão incidental, remetida inicialmente para a esfera do direito de conflitos estrangeiro, seja necessário utilizar a via da correcção *a posteriori* característica da primeira.

164. Tendo em conta todas as faces do problema, a solução que supomos preferível é a que consiste na já referida delimitação da área de competência exclusiva do DIP do foro. Mas é justamente no traçar dessa fronteira — a fronteira entre a competência do direito de conflitos local e a do sistema da *lex causae* — que se nos deparam as maiores dificuldades. Verdadeiramente, a questão grave não é a de saber se devemos ou não orientar-nos aqui pela doutrina da conexão subordinada, mas sim a determinação do critério das suas imprescindíveis limitações.

---

para a lei aplicável segundo a norma de conflitos do estatuto da fiança), quando não se ignora, antes positivamente se sabe que a acção de regresso, que ele intente amanhã contra o devedor, será fatalmente julgada improcedente, por isso que a obrigação garantida, focada desta vez segundo a perspectiva da lei competente para o DIP do foro, é nula.

Tal contradição de julgados ou dissonância interna é que seria, com toda a certeza, inadmissível.

Note-se que o A. cit. alterou posteriormente a sua posição: *IPR*, 5ª ed., § 16.

MELCHIOR[412] quis resolver o problema através da própria definição de questão prévia: não se define deste modo a que tenha por objecto um elemento ou pressuposto conceitualmente necessário da questão principal. Se for este o caso, a aplicação da norma de conflitos da *lex fori* será forçosa: a norma de conflitos local, que dispõe acerca da lei reguladora do conteúdo de uma relação jurídica determinada, só se torna ela própria aplicável depois de se ter apurado a existência *in concreto* de uma relação desse tipo — a sua existência, já se vê, à face da lei para tanto declarada competente pelo DIP do foro. Assim, por exemplo, a questão da validade do casamento não é questão prévia relativamente à do divórcio ou à da obrigação de alimentos entre cônjuges, pois sem casamento, como é óbvio, não há lugar para direitos e deveres conjugais, como sem o vínculo existente não poderá decretar-se a sua dissolução (v. porém a nota 417).

Na falta de uma fronteira nítida entre a figura da "questão prévia" e a da "parte da questão principal", deveria recorrer-se, segundo MELCHIOR, para a resolução dos casos duvidosos, ao critério do valor prático dos resultados correspondentes a uma ou outra qualificação.

Daqui se vê que o autor citado nos não dá uma directiva segura para a distinção entre as figuras da *Vorfrage* e da *Teil der Hauptfrage* (sem com isto pretendermos dizer, note-se, que seja possível avançar muito mais em tal sentido).

Por seu turno, WOLFF[413] limita-se a observar que em certos casos, de que aponta exemplos, a harmonia internacional não seria possível senão à custa de uma dissonância interna de grau intolerável. Em tais hipóteses, cumpre desistir da aplicação do direito de conflitos da *lex causae*. Mas não é possível a formulação de um critério geral que nos permita reconhecer os

---

[412] *Die Grundlagen cit.*, § 173.

[413] *PIL*, cap. XVI; *IPR*, § 16.

diversos casos em que o reconhecimento da competência exclusiva da lei do foro seja de rigor.

Quanto a nós, a solução do problema não deve procurar-se pela via da definição de um critério geral. As situações a encarar são tão diferentes umas das outras e os factores susceptíveis de influenciar a nossa decisão tão variados, que o enveredar por esse caminho nos conduziria provavelmente a um total insucesso. Nós vamos experimentar outro sistema: vamos tentar definir alguns grupos de casos em que, por uma ou outra razão[414], o recurso ao direito de conflitos da *lex causae* deva considerar-se precludido. Para além disto, analisaremos ainda algumas hipóteses típicas, não compreendidas na zona de competência exclusiva da *lex fori*, em que todavia o resultado da aplicação do direito de conflitos estrangeiro careça de correcção ou ajustamento.

165. A) *Hipóteses em que não é de admitir a resolução da "Vorfrage" pelo direito de conflitos da "Hauptfrage".*

I — A primeira hipótese a mencionar será aquela em que a lei chamada a reger a questão principal é aplicada apesar de não se considerar competente — o que pode acontecer, quer porque a norma de conflitos em causa seja "hostil" ao reenvio, quer em virtude das limitações gerais a que a regra do reenvio está sujeita no DIP do foro. Seja, por exemplo, o caso de um brasileiro domiciliado em Lima que faleceu em Lisboa, deixando uma fortuna em títulos depositados num banco de Caracas.

---

[414] Muito embora a mais forte razão a favor do sistema da conexão autónoma das questões prejudiciais resida, como sabemos, no princípio da harmonia material, não está de antemão excluído que outras razões possam impor de per si a mesma solução em determinados casos. De resto, depressa iremos ver que é realmente assim: que a exclusão do direito de conflitos da *lex causae* nem sempre deriva do princípio da harmonia material.

A norma de conflitos da lei brasileira designa como aplicável o *direito interno* da lei peruana; a norma de DIP da lei peruana remete para a lei venezuelana, que se reputa competente. Cremos que a ser assim é a lei (interna) brasileira que devemos aplicar à sucessão deste indivíduo, apesar de não ser essa a solução correcta do problema para a ordem jurídica do respectivo Estado nacional (efectivamente, não se verifica aqui a condição requerida pelo art. 17.º, n.º 1, do nosso Cód. civ., condição que consiste em a "terceira legislação" — no caso, a lei peruana — se considerar aplicável). Ora suponhamos que a lei brasileira chama à herança o cônjuge do hereditando — e que um dos interessados levanta a questão prévia da validade do casamento. Por que lei decidir esta questão?

Se considerarmos a realização da harmonia jurídica internacional como sendo a meta para que tende o sistema da conexão subordinada, deveremos logicamente julgar aplicável aqui a lei apontada pelo direito de conflitos do foro. Na verdade, compreende-se muito bem que o direito de conflitos da *lex fori* abdique da sua competência em favor do direito de conflitos da *lex causae*, quando seja esse o único meio de evitar que a *intromissão* da questão incidental venha impedir a harmonia de decisões quanto à questão de fundo; mas, se essa harmonia já se encontra irremediavelmente comprometida no caso concreto, é manifesto que a referida atitude não teria utilidade nem justificação.

Podemos, pois, concluir que a aplicação do direito de conflitos estrangeiro tem como limite o caso em que a obtenção de uma uniformidade de decisões quanto à questão principal esteja de antemão arredada.

II — Outra hipótese: admitamos que, por força dos princípios do direito processual do foro, a decisão da questão controvertida envolverá a própria questão prejudicial — que o caso julgado se constituirá mesmo relativamente a esta questão.

Em tais circunstâncias, terá de convir-se em que a questão prévia como que perde esse carácter. O vínculo de subordinação que a ligava ao outro problema deixa de relevar, tudo se passando como se se tratasse de autêntica questão de fundo. E sendo isto assim, sendo certo que os litigantes irão ver a questão prévia resolvida em termos definitivos, não será justo que a vejam apreciada em si ou por si mesma, e não em função daquela relação jurídica que de início constituía todo o objecto da lide?

Saber quando a hipótese figurada se verifica é problema a resolver, não decerto nesta sede, mas na da teoria dos limites objectivos do caso julgado.

III — Falta recortar o tipo de casos mais importante — o mais difícil de definir.

No critério elaborado por MELCHIOR e referido acima, há seguramente uma parte importante de verdade.

Toda a norma de conflitos, que indica a lei aplicável ao conteúdo imediato de uma relação jurídica ou de um *status*, pressupõe essa relação ou esse *status* como existente, à face da lei a que outra regra do sistema defira este aspecto do problema: queremos aludir à regra que justamente versa sobre o momento da constituição desse estado ou dessa relação jurídica. É o que se passa com a norma de conflitos respeitante às relações dos cônjuges (Cód. civ., art. 52.º) e com a atinente às relações da filiação ou da adopção (arts. 57.º, 60.º, 2.º). Certo, nós não podemos convocar o estatuto dos efeitos para que nos indique o modo de resolver a questão prévia da validade do casamento, ou a da válida constituição da filiação. Se o fizessemos, corríamos o risco de chegar ao resultado absurdo de ter de considerar o estado — o de cônjuge, o de filho, etc. — como um molde perfeitamente vazio; o que seria praticamente o mesmo, a todas as luzes, que negar a existência do próprio estado, que no entanto a ordem jurídica do foro reputa validamente constituído. É claro que estas considerações tanto se aplicam à hipótese de estar em causa, como questão prévia, a validade intrínseca do acto constitutivo da relação jurídica, como à de se tratar do problema da sua validade formal.

Como já tivemos ensejo de frisar aqui, o problema da questão prévia põe-se ao nível da interpretação da lei: interpretação da norma de conflitos da *lex fori* quanto aos termos da remissão operada, pelo que respeita à questão principal, para o direito estrangeiro. Abrange a remissão as próprias questões que venham a suscitar-se incidentalmente? Ora há normas, como acabámos de ver, que não operam a remissão nesses termos latos — que não incluem nela determinados pontos ou questões prejudiciais. Sempre que se possa dizer que a resolução em certo sentido da questão prévia constitui um *pressuposto* da actuação da norma de conflitos relativa à questão principal, a competência do DIP estrangeiro deve considerar-se excluída[415].

Isto significa, se não erramos, que a questão prejudicial só poderá ser submetida ao direito de conflitos da *lex causae*, se versar sobre relação jurídica *distinta* da que se controverte, ou se a questão principal incidir sobre um efeito *ulterior* da relação jurídica cuja existência ou validade é o objecto da questão prévia.

É por isso que nada impede, como vimos (*supra*, n.º 155), que para efeitos sucessórios a questão prévia da validade do casamento[416] seja "conectada" de acordo com o DIP da *lex causae*[417], ou que, para saber se uma adopção é válida, se resolva

---

[415] Note-se que nestes casos é que a questão incidental é verdadeiramente prévia: prévia, porque precede a resolução da questão de fundo; prévia, ainda, porque antecede logicamente a própria actuação da norma de conflitos a essa mesma questão respeitante.

[416] Bem assim como a da validade da adopção, ou a da existência jurídica da filiação, etc.

[417] Há quem tenha sugerido que o mesmo poderá dizer-se quando o fundo da causa seja a questão do divórcio. Efectivamente, o direito ao divórcio só se constitui com a verificação do facto que a lei considera

um problema de filiação de harmonia com o sistema de conflitos da lei reguladora da própria adopção.

Mas outro tanto se não diga se a questão de fundo versar sobre matéria de relações conjugais (obrigação alimentar, dever de coabitação) e a questão prévia incidir sobre a validade do casamento: aqui, impõe-se resolver este problema segundo a perspectiva do direito de conflitos do foro[418]. Noutro sentido poderia alegar-se que a intervenção *a posteriori* da cláusula geral da ordem pública asseguraria por si, em termos satisfatórios, a correcção dos resultados inaceitáveis a que a aplicação do DIP da *lex causae* tivesse porventura conduzido. A ordem pública, através dos seus meios de actuação específicos, impediria que a um casamento existente e válido perante o sistema jurídico do foro deixassem de ser atribuídos os efeitos essenciais do matrimónio. Quanto aos outros efeitos, o seu não reconhecimento nada teria de intolerável, exactamente por não serem essenciais.

Mas esta orientação não nos parece de aplaudir. É certo que a intervenção da ordem pública eliminaria as consequências mais chocantes do estado de coisas criado pelo recurso à *lex causae*, mas não obstaria a que se originasse entre os cônjuges uma situação de ambiguidade profunda. Tal ambiguidade só cessaria se um deles tomasse a iniciativa de fazer declarar judicial-

---

fundamento de dissolução do vínculo matrimonial. Por outro lado, a dissolução de um casamento nulo nada tem de inconcebível: há casos, embora excepcionais, em que a declaração de nulidade ou a anulação de um negócio jurídico opera tão-somente *ex nunc*; ora, a dissolução é algo de muito semelhante a isso: a uma nulidade de eficácia limitada ao futuro.

[418] Quer o casamento exista, quer seja inexistente perante a *lex fori*: em ambos os casos se deverá evitar a resolução da questão prévia segundo o DIP do estatuto das relações conjugais. É que o juízo conforme o qual *A* e *B* estão mutuamente sujeitos aos deveres jurídicos pessoais característicos do estado de cônjuge, e podem, portanto, invocar, um perante o outro, os correspondentes direitos, é totalmente inconciliável com aquele segundo o qual entre tais indivíduos não existe casamento algum.

mente — em acção expressamente intentada para esse fim e que, por consequência, haveria que julgar de conformidade com os critérios da *lex fori* — a plena validade do matrimónio; iniciativa que, aliás, se malograria, por extemporânea, se entretanto o outro cônjuge, apelando para o "estatuto dos efeitos", já tivesse pedido o reconhecimento da inabilidade do seu casamento para produzir quaisquer efeitos jurídicos, à excepção naturalmente dos efeitos mínimos postulados pelos princípios de ordem pública internacional do Estado do foro.

De resto, o problema não contende só com os interesses dos cônjuges, mas também com os de terceiros e com os interesses gerais do comércio jurídico. Basta pensar em temas como o dos poderes de administração e disposição pelo marido dos bens do casal, o da responsabilidade dos cônjuges pelas dívidas contraídas por um deles, etc. A situação de ambiguidade referida acima poderia ser causa aqui das maiores perturbações. Encaradas as coisas de uma perspectiva ampla, que inclua os interesses dos cônjuges, os de terceiros e os do comércio jurídico, não há dúvida de que a solução mais conveniente, por ser a que se ajusta às expectativas de todos, é a que consiste em atribuir ao casamento — se ele for válido, já se vê, em face da ordem jurídica do foro — todos os efeitos que dele imediatamente decorrem, segundo as normas da legislação chamada pelo DIP local a determinar e a regular esses efeitos.

166. B) Para além do quadro definido nos números anteriores, as questões prejudiciais devem resolver-se de conformidade com a lei designada pelo direito de conflitos do estatuto da questão principal, pois tal solução não envolverá risco apreciável para o princípio da harmonia jurídica interna. E se algumas das consequências decorrentes da aplicação do critério conflitual da *lex causae* se revelarem inaceitáveis, a sua eliminação *in concreto* não será empresa impossível: o direito de confli-

tos dispõe dos instrumentos necessários para a correcção dos resultados "inadmissíveis", ou simplesmente "indevidos", a que o jogo dos seus princípios normais possa eventualmente conduzir. Queremos referir-nos à cláusula geral da ordem pública e ao "operador" da adaptação. São técnicas, aquela e esta, que actuam *a posteriori*, isto é, que pressupõem a prévia decisão do caso segundo os princípios da lei ou das várias leis chamadas a esta decisão; seu único fim é eliminar ou corrigir o que na solução possa haver de intolerável, de inexequível ou de contraditório.

Ora, precisamente o resultado da aplicação do direito de conflitos da *lex causae* à questão incidental pode ser de tal ordem que careça de correcção ou ajustamento.

Por vezes, estará na *adaptação* a via normal de correcção desses resultados.

Seja o seguinte exemplo: Na acção intentada pelo credor contra o fiador, este defende-se com a excepção da nulidade da obrigação principal. A obrigação é válida para a lei de que depende segundo o direito de conflitos do estatuto da fiança, mas é nula à face da lei competente para o DIP do foro. Se o juiz seguir aqui o critério da conexão subordinada, condenará o fiador. Todavia, a decisão logo nos aparecerá como manifestamente injusta, se considerarmos que qualquer tribunal do mesmo Estado não poderá deixar de recusar amanhã ao fiador desembolsado o direito de regresso contra o devedor. São duas decisões, essas, que positivamente não jogam certo: a condenação do fiador ao pagamento da dívida e a recusa ao mesmo fiador de toda a possibilidade de agir em via de regresso contra o obrigado. Na verdade, em todos os países a norma que responsabiliza o fiador perante o credor tem como natural contrapartida aquela que, uma vez o credor satisfeito, sub-roga o fiador nos direitos deste, permitindo-lhe de tal sorte fazer-se reembolsar pelo devedor. Entre estas duas normas existe uma conexão essencial, não se concebendo a primeira sem a segunda[419]. Nas relações puramente internas, a articulação das duas regras não levanta problemas, porque se está no âmbito da mesma legislação. Mas se a situação *sub judice* é uma situação de vida internacional, pode acontecer que para regular os dois temas da responsabilidade do fiador e do direito de regresso sejam chamadas normas de legislações diferentes — e que entre essas normas não exista a necessária coordenação, por forma tal que o pressuposto que lhes é comum (a validade da obrigação principal) só possa considerar-se realizado para uma delas.

Em tais circunstâncias, torna-se essencial uma medida de adaptação (ajustamento). Ora, devendo entender-se que a aplicação da primeira dessas regras, conforme o sentido que tem no próprio contexto legislativo a que pertence, exige absolutamente a possibilidade de funcionamento da segunda — logo, uma vez que esta condição não se verifica *in concreto*, tem de concluir-se que tal aplicação não pode ter lugar. Dir-se-á que a norma do estatuto da fiança, de onde promanaria, no caso sujeito, a responsabilidade do fiador, foi pensada e querida para um condicionalismo diverso do existente — e que a sua actuação nas presentes circunstâncias teria sido expressamente afastada, por iníqua, pelo próprio legislador que a estabeleceu: daí a sua inaplicabilidade.

Em termos análogos cabe discorrer perante a hipótese de, numa acção de divórcio, surgir a questão prévia da existência e validade do casamento, questão a que a lei designada pelo DIP da *lex causae* responde pela negativa e a lei indicada pelo DIP

---

[419] Tanto assim que a fiança não é válida se o não for a obrigação principal: salvo se o motivo da invalidade consistir na incapacidade do devedor, ou na falta ou vício da sua vontade, e o fiador conhecia a causa da anulabilidade ao tempo em que a fiança foi prestada (Cód. civ. art. 632.º), porque aqui deve entender-se que o fiador quis garantir o cumprimento da obrigação, apesar da invalidade ocorrente.

da *lex fori* pela afirmativa. Suponhamos que, segundo todas as leis interessadas, há fundamento para o divórcio. A aplicação do direito de conflitos da *lex causae* pelo que toca à questão prévia levar-nos-ia ao resultado seguinte: improcedência hoje da acção de divórcio, a pretexto de que o meio próprio para realizar o intento prático das partes (ou o do autor) é a acção de nulidade; improcedência amanhã da acção de nulidade, com o fundamento de que, sendo o casamento indiscutivelmente válido, é a acção de divórcio a que ao caso convém. Quer dizer: há fundamento nos dois sistemas jurídicos interessados — a lei aplicável ao divórcio e a reguladora da celebração do casamento — para fazer cessar a relação matrimonial; todavia, como os fundamento não coincidem, o matrimónio teria de subsistir!

A solução do problema deve procurar-se, uma vez mais, pela via da adaptação. Se no caso vertente o estatuto do divórcio nega o efeito pretendido, é porque pressupõe que a acção de nulidade, se vier a ser proposta, será julgada procedente: é porque considera que existe outro meio de realizar o interesse do autor em se libertar do vínculo matrimonial. A verdade, porém, é que, dadas as circunstâncias ocorrentes, o interessado não poderá lançar mão dessoutro meio. Nestes termos, dir-se-á que a solução que se obtém a partir da própria lei aplicável ao divórcio é a procedência da acção intentada: não se verificando o pressuposto admitido pela referida lei (viabilidade da acção de nulidade), cessa a única razão pela qual o divórcio deveria ser recusado no caso concreto.

A correcção dos resultados injustos decorrentes da aplicação da norma de conflitos da *lex causae* pode obter-se também através da intervenção do princípio dos *direitos adquiridos*.

Suponhamos que o fundo da causa consiste numa pretensão de indemnização civil e que se levanta no processo a questão prévia da existência do direito supostamente violado. Suponhamos ainda que esse direito, existente em face da ordem jurídica do foro, não existe perante a ordem jurídica do país onde ocorreu o facto[420] [421]. Vamos nós recusar por este motivo a indemnização pedida, quando é certo que todos os restantes pressupostos da obrigação de indemnizar exigidos por essa lei se encontram preenchidos? Não equivaleria isso, porventura, a negar ao direito em questão a tutela jurídica num dos seus mais relevantes aspectos — o dever a todos imposto de o não violar? Ora, se o direito existe ante a ordem jurídica local[422], toda a decisão que se traduza, como quer que seja, no seu efectivo não reconhecimento é algo de dificilmente admissível[423].

167. Consideremos de novo os pontos de vista de WENGLER *sobre a questão prévia.* — Na exposição precedente, aceitou-se da questão prévia o conceito geralmente perfilhado. Partindo da análise da massa dos juízos que se foram sucedendo sobre o tema durante largo período — o período de cerca de

---

[420] Efectivamente, é à lei do país onde tenha decorrido a principal actividade causadora do prejuízo que cabe reger a responsabilidade civil extracontratual (Cód. civil, art. 45.º, 1).

[421] Na hipótese inversa, a solução decorrente da adopção do critério da conexão subordinada não precisa de ser corrigida, já que o reconhecimento da obrigação de indemnizar, resultante do acatamento da norma material da *lex loci delicti*, não depende de se verificarem cumulativamente, no caso concreto, os pressupostos que a lei do foro exige e que, se fosse ela a competente, teriam de mostrar-se preenchidos. Se, porém, a questão preliminar recair, não sobre a existência *in abstracto* do direito violado ou o seu conteúdo, mas sobre a sua existência na titularidade de determinado sujeito, ela não poderá deixar de resolver-se, é evidente, de acordo com o sistema jurídico designado pelo DIP do foro. Em sentido idêntico, WENGLER, *La responsabilità per fatto illecito nel DIP*, in "Annuario di Dir. Int.", 1966, pág. 57.

[422] Isto é: ante o direito material do foro, ou ante o sistema jurídico estrangeiro aplicável ao caso segundo o DIP da *lex fori*.

[423] Entre a decisão que hoje se tomasse de não conceder a indemnização pedida, a pretexto da inexistência do direito invocado, e o reconhecimento expresso do mesmo direito numa acção com este preciso objecto que amanhã o titular resolvesse propor, a contradição seria evidente.

trinta anos que dois trabalhos de importância capital, ambos de W. WENGLER, claramente balizam — tentámos delinear os contornos dessa figura, definir as ideias cuja dialéctica tem condicionado em tal matéria as opções de base, e em seguida, tomando sempre por boa e válida a perspectiva da doutrina dominante, determinar o extremo limite até ao qual a rota derivada de uma dessas opções[424] é utilizável.

É dizer que esteve constantemente subjacente a esse estudo a concepção segundo a qual o problema da questão prévia em DIP é o de saber qual de duas normas de conflitos — as que no sistema do foro e no sistema competente pelo que toca à questão principal contemplam em termos genéricos o tipo de questões jurídicas a que pertence a questão prévia — qual delas há-de julgar-se aplicável a esta última. Ora esta impostação do problema implica forçosamente que ele tenha como pressuposto o ser a relação pleiteada remetida para a órbita de um direito estrangeiro. Se, ao invés, esta relação jurídica for do âmbito da *lex fori*, todo o problema que poderá suscitar-se é aquele problema de equivalência de conteúdos que definimos acima como pertencente ao plano do direito material e que tem sido chamado problema de substituição; mas o problema da questão prévia, exactamente porque apenas consiste em optar por uma ou outra das duas regras de conflitos mencionadas, não pode levantar-se ali.

Ora justamente a referida concepção do problema da questão prévia em DIP não é a única possível — nem o aludido pressuposto se apresenta, portanto, como essencial. Nós podemos conceber o problema como sendo o de averiguar de que condições depende, segundo a lei reguladora da questão de fundo, o reconhecimento de uma relação de direito plurilocalizada (por exemplo, a relação matrimonial) para o efeito de se terem como produzidas certas consequências jurídicas ulteriores (por

[424] Aquela que ao autor se antolha em princípio preferível.

exemplo, em matéria sucessória) de que em geral ela é susceptível. Posta a questão assim, é evidente que ela pode levantar-se mesmo quando a lei aplicável ao fundo da causa (ao problema dos direitos sucessórios do cônjuge supérstite) seja a *lex fori*.

E assim retornamos à posição de WENGLER. Nos últimos trabalhos que dedicou ao tema[425], destacam-se como sobremodo relevantes, pelo carácter de novidade que revestem em relação à teoria tradicional, as ideias seguintes.

168. A aplicação à relação jurídica prejudicial de uma das normas gerais do sistema de conflitos nem sempre constitui solução adequada: por vezes, a solução justa consistirá em se conectar aquela relação jurídica através de uma regra de conflitos *especial*. Se tal regra existir, expressamente formulada, no sistema jurídico chamado a disciplinar a situação controvertida, certo que os tribunais locais não poderão furtar-se a aplicá-la, a pretexto de que é ao seu próprio direito de conflitos que devem obediência e não ao direito de conflitos estrangeiro[426].

---

[425] *Nouvelles réflexions, cit.*, na Rev. critique, ano e págs. cits.

[426] Suponhamos, diz WENGLER (Rev. cit., pág. 179), que a lei *A*, competente segundo o estatuto sucessório (*S*) para reger a matéria da filiação legítima, não reconhece ao filho os direitos e obrigações de filho legítimo, mas que as regras de conflitos de *S* prevêem, no que toca ao estado de filho legítimo *para fins sucessórios*, a aplicação alternativa da lei do país *A* ou da lei do país *B*. Como é evidente, um juiz de *S* não poderia em tal hipótese recusar-se a reconhecer o direito sucessório do filho, baseando-se no facto de a lei *A* lhe não atribuir o estado de filho legítimo. O mesmo se diga de um juiz de qualquer outro foro, *F*.

A lei sucessória pode designadamente fazer depender o direito hereditário do filho da circunstância de o estado de filho legítimo lhe poder ser reconhecido, com base numa lei *qualquer*, quer em *A* — país de origem do defunto — quer em *B* — país de origem do filho —, ou seja, no fim de contas, de acordo com o sistema de conflitos de qualquer um destes países. É neste sentido que deve interpretar-se (continuamos a seguir WENGLER) a disposição da *Succession Ordinance* da Palestina, segundo a

De resto, ainda mesmo que não seja esse o caso, que tal disposição expressa não exista na referida legislação, é possível que uma interpretação judiciosa deste sistema nos leve a uma conclusão idêntica. Por exemplo: A lei sucessória de muitos países de direito inglês prevê que uma certa parte do rendimento dos bens da herança, a fixar pelo juiz, seja atribuída às pessoas que o hereditando esqueceu ou preteriu no seu testamento e que dele recebiam alimentos em sua vida (ou que teriam tido direito a recebê-los, em caso de necessidade). Ora deve admitir-se que do referido direito poderá prevalecer-se quem recebesse alimentos do *de cujus*, quer por força de um dever legal imposto pela legislação aplicável no país do estatuto sucessório, quer em virtude de uma norma da legislação considerada competente noutro país.

A norma de direito positivo, que atribui certos efeitos jurídicos ("ulteriores") à "existência" de uma relação prévia, pressupõe que essa relação se tenha constituído e que *verosimilmente* tenha produzido já alguns dos seus efeitos jurídicos próprios, isto é, que as partes tenham já cumprido, quer espontaneamente quer em virtude de uma decisão judicial, as obrigações para elas decorrentes de tal relação jurídica. Ora, se a relação prévia é uma relação de conexão plúrima (plurilocalizada), é muito possível que nem todos os países aos quais ela está (ou esteve) ligada a reconheçam como tal; tratar-se-á, então, de uma relação jurídica "coxa" ou "claudicante" — e as probabilidades de que se tenha realizado ou tornado efectiva serão bem menores do que nos casos normais. Nestas circunstâncias, não será razoável que um legislador, ao estatuir acerca dos efeitos ulteriores de uma relação jurídica dada, se contente com o facto de uma relação com as qualidades requeridas se ter tornado efectiva

---

qual o direito sucessório do filho legítimo existe desde que seja reconhecido quer pela lei nacional do *de cujus* quer pela lei nacional do filho.

num país qualquer, em harmonia com a lei considerada competente nesse país?

Suponhamos que a lei competente para regular a sucessão (*S*) chama em primeiro lugar à herança o cônjuge e os filhos do falecido. Esta preferência baseia-se na relação efectiva de dependência que deve ter existido entre tais pessoas e o hereditando, relação fundada, a seu turno, no facto de que o falecido estava obrigado a assegurar-lhes o sustento, podendo inclusive ser a isso judicialmente compelido, se necessário. Sendo isto assim, uma interpretação razoável da lei da sucessão deve levar a admitir a relevância, para fins sucessórios, dos laços familiares efectivos que tenham ligado o *de cujus* aos seus cônjuge e filhos, muito embora o matrimónio[427] fonte de tais laços não tenha tido existência jurídica em face da lei (*A*) designada pela norma de conflitos *geral* de *S* (e também pela regra de conflitos geral do foro): será bastante que o matrimónio tenha gozado de reconhecimento legal em *B* e se tenha tornado efectivo nesse país.

Estas considerações, se são válidas, não o serão apenas no caso em que a lei chamada a reger a relação pleiteada seja uma lei estrangeira, mas também na hipótese de esta relação pertencer ao âmbito da *lex fori materialis.*

169. É impossível ignorar estas ideias[428] quando se intenta dilucidar o complexo tema da questão prévia. O problema é agora posto em termos que finalmente lhe fazem perder a tradicional característica. A doutrina da questão prévia, desvinculada da ideia-pressuposto da sujeição da questão principal a um sistema jurídico estrangeiro, pode enfim projectar-se para além

---

[427] Suponhamos que a lei da sucessão não atribui efeitos sucessórios ao casamento putativo.

[428] Que, aliás, não são todas as que se encontram no estudo cit. de 1966.

dos termos da alternativa "direito de conflitos da *lex fori* ou direito de conflitos da *lex causae*". O problema não é o de resolver essa alternativa, senão antes de tudo o de apurar o verdadeiro sentido da referência à relação-pressuposto feita pela norma que dispõe acerca de uma consequência jurídico-material determinada. De que condições depende, no quadro da norma que estatui acerca dos efeitos ulteriores de certa relação jurídica, o reconhecimento para tais efeitos da relação prévia? Porventura a inexistência desta relação perante a lei chamada a regular esses efeitos — ou perante a lei designada pela norma de conflitos geral daquele sistema —, e bem assim em face da *lex fori*, implicará inevitavelmente a não produção de tais efeitos ulteriores? Não relevará para tanto a circunstância de a relação jurídica prévia gozar de existência legal e ter existência de facto noutro país qualquer, com o qual esteja ou tenha estado em contacto? É que pode efectivamente não ser justo, olhando ao efeito particular que está em causa, conectar a relação condicionante segundo a norma de conflitos geral do sistema aplicável à questão de fundo. E é bem claro e seguramente incontestável que esta conclusão — não ser a solução decorrente da norma de conflitos geral do sistema a solução adequada do problema — tanto pode impor-se-nos no caso em que a lei reguladora da consequência jurídica ulterior seja uma lei estrangeira, como na hipótese de essa lei ser a *lex fori*.

A ideia de procurar nas razões inspiradoras da própria norma material que está em causa resposta adequada para a questão da conexão da relação de direito condicionante, parece-nos merecedora de franco aplauso. Por outra parte, a regra de conflitos *especial*, que porventura se nos depare (ou que possa descobrir-se aí, por via de interpretação, tendo em conta os aludidos factores) no estatuto dos efeitos (por exemplo, dos efeitos sucessórios) correspondentes a determinado negócio jurídico (como, v. gr., o casamento), é expressão ainda de uma certa valoração jurídico-material, obedece a razões que são mais deste foro do que do plano do DIP; e estando, por conseguinte, intimamente vinculada ao sistema de preceitos materiais que pretendemos aplicar, ela própria resulta seguramente aplicável, como parte que é desse todo, à factualidade concreta.

Por nós, não cremos que a validade desta conclusão possa seriamente contestar-se.

170. Mas há mais. Mesmo que o estudo do sistema aplicável à questão de fundo nos não permita afiançar a existência aí de uma regra de conflitos especial para a questão prévia, poderá acontecer que a resolução desta questão pela lei indicada pelo DIP da *lex causae* seja postulada pela justiça material deste sistema, pelas razões inspiradoras da própria norma material de que nos cumpre fazer aplicação. Se for assim, se puder dizer-se que existe efectivamente uma ligação de sentido entre os "desígnios de política legislativa" de que a norma é expressão e a aplicação à relação jurídica condicionante da lei declarada competente pela regra de conflitos da *lex causae*, nenhuma dúvida temos de que o problema da questão prévia continua a pôr-se ao nível do direito material, continua a apresentar-se como um problema estritamente atinente à interpretação e aplicação dos preceitos materiais chamados a decidir a questão de fundo. Continua a não estar em causa um problema de direito conflitual ou de escolha de lei. A interpretação daqueles preceitos "*pode* evidentemente mostrar que a *lex causae* só é susceptível de ser coerentemente aplicada dentro dos quadros próprios, isto é, se incluirmos as suas regras de conflitos relativamente à questão prévia"[429]. Se depois disto tomássemos por outro caminho, recorrendo à norma de conflitos do foro, o que aplicaríamos à questão principal não seria propriamente a regra da *lex causae*, senão uma falsificação dessa regra (WENGLER).

---

[429] EHRENZWEIG, *PIL*, pág. 170.

Mas é só na medida indicada que o nosso problema se pode definir como problema de interpretação da norma ou normas materiais a que se confiou a decisão da questão de fundo. Se, ao invés, estas normas se mostrarem indiferentes ao modo como venha a ser resolvido o problema da lei aplicável à questão prévia; se, por outras palavras, não conseguir descobrir-se qualquer conexão substancial ou de sentido entre a consequência jurídica da norma material e o seu pressuposto — a relação de direito condicionante —, nós não vemos como possa continuar a definir-se, mesmo então, o problema da questão prévia como problema de interpretação de tal preceito. Se o direito material não toma por si mesmo posição, o problema é necessariamente de direito de conflitos — e somos, assim, reconduzidos à perspectiva ou concepção tradicional da matéria. Direito de conflitos da *lex causae* ou direito de conflitos da *lex fori*? Conexão *autónoma* ou conexão *subordinada*?

Assim nos parece que deve ser configurado o problema da questão prévia, todas as vezes que (e supomos que tais casos serão a maioria) do sistema da *lex causae* não ressalte qualquer regra de conflitos *especial* atinente ao modo de conectar a situação jurídica condicionante — nem, por outra parte, a *ratio* da norma material a aplicar indique, como via a seguir obrigatoriamente, a sujeição da referida relação de direito à lei designada pelo DIP do respectivo ordenamento jurídico[430].

[430] A conclusão é, pois, sensivelmente a mesma a que chegámos no trabalho de 1970 cit., nota 395. Nesse mesmo ano publicava BAPTISTA MACHADO o seu *Âmbito de eficácia*, etc., livro em que o problema da questão prévia é versado com largueza (págs. 315-374). Para o A., a noção de reenvio (referência) *pressuponente* — entendendo-se por tal aquele reenvio "ad aliud jus" em que a consequência jurídica da norma material do sistema "a quo" depende de um pressuposto, que consiste na verificação de certo efeito de direito no ordenamento "ad quem"; no próprio *resultado* da aplicação de normas desse ordenamento; na averiguação, pois, de uma *quaestio facti* — é a chave do problema da questão prévia. O problema da questão prévia é mesmo o de saber em que casos deve a

171. *Direito estrangeiro e português.* — Não existe, que saibamos, nos vários sistemas jurídicos nacionais, qualquer texto que directa e expressamente se refira ao tema da questão prévia em DIP. Bem se entende, aliás, que assim seja, porque o problema, como vimos, tem uma história ainda curta. A questão é entre todas espinhosa e daria mostras de optimismo excessivo aquele que considerasse o assunto suficientemente esclarecido. Força é reconhecer que não existem ainda as condições necessárias para uma tomada de posição clara e aberta por parte do legislador. De resto, a consagração num texo de lei de uma doutrina sobre a questão prévia teria o grave inconveniente de impedir ou dificultar o livre curso da elaboração científica do direito nesta matéria.

Tais as razões por que o nosso actual Código Civil não contém qualquer preceito sobre o tema versado. O facto não representa propriamente uma omissão do legislador, antes foi de caso pensado que se deixou o ponto em aberto[431]. Mas

---

remissão da norma material da *lex causae* para outro ordenamento ser considerada como remissão pressuponente, isto é, como revestindo natureza material, porque feita em nome da justiça material. O problema da questão prévia assim entendido é um problema de interpretação das normas materiais aplicáveis à questão prévia (págs. 366 e segs.).

Posto que os caminhos percorridos sejam outros, supomos que o A. citado não defende uma doutrina geral substancialmente diversa da que se preconiza nestas lições (há sempre que contar, é claro, com diferenças de pormenor mais ou menos importantes).

[431] Vem a propósito e é interessante registar aqui as palavras que W. WENGLER — justamente o autor que mais a fundo estudou o tema da questão prévia em DIP e mais longe avançou no caminho que leva a subtrair as questões prejudiciais das normas de conflitos do foro — as palavras que WENGLER escreveu acerca do capítulo do Código Civil português sobre os conflitos de leis (*in Prospettive del DIP*, Milão, 1968, pág. 527): "Assim, a meu ver, as disposições do novo Código Civil português, que se ocupam das questões gerais de DIP, representam propriamente o máximo que um legislador possa actualmente estabelecer".

precisamente porque assim é, seria erro supor que o silêncio da lei nos vincula ao repúdio de qualquer das orientações expostas nos números precedentes — ou que de toda a maneira se não reconduza a uma atitude de rigorosa fidelidade às regras de conflitos da *lex fori*, nos termos propugnados pela teoria da conexão autónoma. A nossa ideia é antes que a doutrina que sustentamos nestas lições, válida num plano *de lege ferenda*, válida é também como critério para a interpretação e aplicação do sistema legal vigente.

SECÇÃO 4ª

O Princípio da Maior Proximidade[432]

172. Em 1874, no acórdão proferido no processo Massa c. Ricci, o Tribunal de Cassação de Turim emitia uma proposição do teor seguinte[433]: "O princípio do novo direito italiano que submete as sucessões, mesmo imobiliárias, à lei nacional do defunto não se aplica aos imóveis situados num país onde este princípio não é admitido".

Anos depois, ZITELMANN formulava o que veio a chamar-se doutrina ou princípio da maior proximidade nos seguintes termos: Sendo um conjunto de bens e direitos concebido unitariamente (*sub specie universitatis*) pela lei mais apropriada para o reger (e, desde logo, pelo DIP do foro), há no entanto que distrair da universalidade todos aqueles elementos que a ela não pertençam, segundo o estatuto próprio de cada um: *Einzelstatut bricht Gesamtstatut.*

---

[432] ZITELMANN, *Sondergut nach deutschem IPR*, "Festschrift f. Gierke", 1911, págs. 255-284; MELCHIOR, *Grundlagen*, págs. 402-408; KEGEL, *IPR*, 7ª ed., pp. 306-314; NEUHAUS, *Grunbegriffe*, págs. 195-200; VALLADÃO, *DIP*, págs. 227 e segs.

[433] V. "Journal de DIP", 1875, págs. 48 a 54.

A *lex fori* concebe determinado conjunto de bens e direitos (por exemplo, a herança) unitariamente e por isso manda-o regular por uma única lei (a lei pessoal do *de cujus*), que comunga na mesma ideia. No entanto, alguns dos elementos da universalidade estão sujeitos, de facto, a uma ordem jurídica (a do Estado da respectiva situação) que não perfilha (ou que não perfilha inteiramente) a referida concepção unitária. Nestas circunstâncias, há que destacar tais elementos da universalidade, para que tenham a sorte que lhes competir segundo o estatuto que os domina. O estatuto do todo *cede* ao estatuto da parte. A lei pessoal *abdica* da sua competência perante a competência *mais forte* da lei da situação.

173. Tal a ideia primeira da doutrina em exame. Cumpre-nos agora levar as coisas um pouco mais longe.

O princípio enunciado é susceptível de duas acepções. Numa acepção mais restrita (a), ele significará tão-somente que a lei reguladora de um património — seja a herança, seja o património do incapaz ou o dos cônjuges — cederá a sua competência à do Estado da situação de coisas certas e determinadas, na medida em que estas coisas estiverem sujeitas nesse Estado (por motivos de política económica ou semelhantes) a um regime especial de direito material, um *jus singulare* (caso do fideicomisso, dos morgados do nosso antigo direito, do casal de família, etc.). Nesta primeira acepção é o nosso princípio assumido por LEWALD[434] e KEGEL[435].

Outro era o entendimento dado pela dominante doutrina alemã ao antigo art. 28.° da EGBGB[436], texto cujo teor é o

---

[434] *IPR*, págs. 174 e 295.

[435] *IPR*, *loc. cit.*

[436] RAAPE, *IPR*, pp. 85-90. O art.° 28.° foi substituído na Lei de 25-7-1986 pelo art.° 3.°, III. Segundo KEGEL (*IPR*, 7ª ed., p. 308), no fundo nada se mudou.

seguinte: "Os preceitos dos artigos 15.°, 19.°, 24.°, II, 25.° e 27.° (são os artigos da lei relativos às relações patrimoniais dos cônjuges, às relações entre pais e filhos legítimos, às sucessões por morte e ao reenvio) não são aplicáveis a objectos que não se encontrem situados no território do Estado cujas leis são competentes por força daqueles preceitos e que, segundo as leis do Estado da situação, estejam sujeitos a disposições especiais".

De harmonia com a opinião corrente na Alemanha durante a vigência da antiga EGBGB, devia entender-se — e chegamos agora à segunda acepção (b) do nosso princípio — que a lei definida como aplicável a certa universalidade de bens abdica da sua competência em favor da lei da situação dalguns desses bens (imóveis), não só na hipótese referida acima, mas também naquela em que a *lex rei sitae* se considera exclusivamente aplicável pelo que respeita a tais bens.

Assim, são dois os casos em que, segundo a doutrina referida por último, deve aceitar-se a citada abdicação de competência por parte da lei normalmente aplicável em favor da lei da situação. O primeiro verifica-se quando esta última lei submete certos elementos do património a um regime especial de *direito material*; o segundo, quando a *lex rei sitae* organiza para os bens imóveis uma regulamentação especial de DIP.

Não interessa, portanto, para admitir a competência da lei da situação, que a natureza mobiliária ou imobiliária dos bens tenha algum relevo no plano do direito material: basta que seja relevante para efeitos das regras de conflitos. Por exemplo: o direito francês distingue entre a sucessão mobiliária e a imobiliária unicamente para o efeito de sujeitar a primeira à lei do último domicílio do autor da herança e a segunda à lei da situação dos bens. Ora o princípio da maior proximidade, entendido de acordo com a referida opinião, obrigará a aplicar o direito sucessório francês à sucessão em tudo quanto diga respeito aos imóveis sitos em França, ainda mesmo que o *de cujus* tenha sido um nacional do Estado do foro.

Importa, porém, notar que só se dará aplicação à *lex rei sitae* na medida em que esta se considere competente *por esse título*. Se a *lex situs* se considera aplicável, não como tal, mas, por exemplo, como lei do último domicílio do hereditando (por ser para ela o domicílio do hereditando o elemento de conexão aqui relevante, ao passo que para a *lex fori* esse elemento é a última nacionalidade), a lei designada pelo DIP do foro para regular toda a sucessão continuará sendo a única competente.

Exemplo: trata-se da sucessão por morte de um cidadão do Estado local, que falece com domicílio em Copenhague e deixa bens imóveis na Dinamarca. Sem dúvida, o direito dinamarquês tem-se por competente; essa pretensão não é, todavia, de acolher sob invocação do princípio da maior proximidade, pois não é da sua qualidade de *lex situs* que a lei dinamarquesa deriva aqui a sua competência, senão da qualidade de lei do último domicílio do autor da herança.

174. Assim sendo as coisas, que posição tomar?

A adopção da primeira directiva indicada no número anterior parece-nos aconselhada por fortes razões. Nos casos que ela pretende abranger, a competência da *lex rei sitae* impõe-se a todas as luzes. Pois trata-se aí de patrimónios dentro dum património, de bens separados dentro do património geral a que pertencem, bens unificados pela sua afectação a determinado escopo, de onde decorre que lhes seja aplicável um regime jurídico especial; aquela afectação e este regime, por seu turno, inspiram-se directamente em razões que os tornam inderrogáveis para o respectivo Estado. Reconhecer, como é devido, a premência dessas razões (as ponderosas razões de política social e económica que estão na base, v. g., do regime especial do casal de família) é admitir implicitamente a aplicabilidade das normas por elas inspiradas (sem excepção daquela que diga respeito, por exemplo, à transmissão *mortis causa* dos bens), normas essas que são, no país a que pertencem, de aplicação necessária ou imediata[437] — é reconhecer, nessa medida, a competência da *lex rei sitae*.

Por isso dizemos que a admissão da doutrina exposta dentro destes limites não é de molde a suscitar dúvidas. Acresce que a norma sancionadora de tal doutrina mal chegará a perturbar a harmonia do sistema, pois que será muito restrito o seu campo de aplicação.

175. Já a ideia correspondente à segunda acepção do princípio da maior proximidade merece graves reparos.

O fundamento da doutrina consiste na consideração de que, se os tribunais locais decidem um pleito hereditário, um problema de relações patrimoniais entre cônjuges, etc., à luz da lei pessoal, ignorando os preceitos da lei do Estado da situação dos bens imóveis ou de alguns deles, e esta lei se considera exclusivamente aplicável na matéria, aquela decisão estará antecipadamente condenada a não passar de letra morta: a não passar de um *fiat iustitia* talvez eloquente, todavia perfeitamente inoperante. Pois em que outro Estado, senão o da situação dos imobiliários, tende a referida decisão a produzir os seus efeitos úteis? Normalmente, a sua eficácia dependerá, portanto, do seu reconhecimento naquele Estado. Mas esse reconhecimento, por seu turno, exigirá em regra que a sentença tenha feito aplicação dos preceitos da *lex rei sitae*.

Ora esta argumentação está longe de ser decisiva. Começa logo por que a preconizada abdicação perante a *lex rei sitae*, nos termos expostos, não constitui garantia segura do *exequatur* da sentença no Estado da situação. Com efeito, pode muito bem acontecer que esse Estado reserve de um modo exclusivo para os seus tribunais a competência jurisdicional na matéria.

---

[437] V. MARQUES DOS SANTOS, *Normas de aplicação imediata no DIP*, 2.º vol., II parte, cap. II..

Ao invés, pode ocorrer que o referido Estado não sujeite em geral o reconhecimento das decisões de tribunais estrangeiros à condição de nelas se ter aplicado a lei competente segundo o DIP local. E quando esta hipótese se não verifique e a referida condição seja na verdade exigida, os fautores da doutrina em exame deveriam então coerentemente preconizar (o que em regra não fazem) o respeito da *lex rei sitae* seja qual for o título por que esta lei se considere aplicável. Não deveria ser necessário que a *lex rei sitae* se repute competente justamente a esse título: deveria bastar o mero facto de ela se reputar aplicável no caso concreto. Mais: se a lei da situação não pretende aplicar-se, antes o seu DIP remete o problema para outra lei, essoutra lei é que deveria ser aplicada. Tudo consequências que, no entanto, os partidários da doutrina em questão se julgam dispensados de aceitar.

176. Por estes fundamentos é que nós não propendemos a admitir o princípio da maior proximidade nos termos em que o admite (ou admitia) a doutrina dominante na Alemanha, em que o admitem as Convenções da Haia de 12-6-1902 (artigo 6.º) e de 17-7-1905 (artigo 7.º).

Em rigor, não é esse o caminho apontado pelas razões (incontestavelmente valiosas) que estão na base do mencionado princípio. Onde essa razões logicamente conduzem é a entender que os tribunais locais deverão trocar a perspectiva do seu direito de conflitos pela da lei do Estado da situação, no caso — mas só no caso — de se apurar que uma tal mudança de perspectiva é condição ao mesmo tempo necessária e suficiente para assegurar às suas decisões pleno reconhecimento no referido Estado e, portanto, para lhes garantir aquela efectividade sem a qual as decisões judiciais perdem todo o sentido.

177. Dos diplomas legislativos ou pré-legislativos que conhecemos, só o anteprojecto português de 1964 enveredava por este caminho.

Começava ele (art. 5.º, n.º 1) por admitir a competência da *lex rei sitae* no primeiro grupo de situações atrás apontado; seguidamente, estabelecia: "Se uma decisão a proferir por um tribunal português, em matéria sujeita a um dos artigos referidos no número anterior[438], só puder produzir qualquer efeito útil através do seu reconhecimento no Estado da situação de um imóvel, o tribunal observará os princípios de DIP vigentes nesse Estado, se tanto for necessário e suficiente para assegurar aquele reconhecimento".

Esta última regra — cujo fundamento foi já explicado — não tem paralelo nas leis ou projectos de leis dos outros países. O que aí se nos depara, por vezes (raras vezes), são normas que consagram o princípio da competência mais próxima nos termos amplos em que ele foi acolhido, pelo menos de acordo com a opinião dominante entre os seus comentadores, pela Lei de introdução ao Cód. civ. alemão na sua versão primitiva.

Foi o Projecto húngaro de 1949 um dos que mais longe avançaram neste caminho, ao dispor (§ 12.º): "Les lois étrangères déclarées compétentes par la présente Loi pour la tutelle et la curatelle (§ 106), pour les effets du mariage sur le régime matrimonial des époux (§§ 80, 81), pour les rapports de parenté (§ 92) ou pour la succession (§ 117) ne sont pas applicables lorsque l'Etat sur le territoire duquel l'immeuble du mineur, de l'incapable, des époux, des parents ou des enfants, du *de cujus* se trouve situé, considère, dans ces matières, et par rapport à cet immeuble, sa propre loi comme compétente. Dans ce cas, c'est la loi de la situation de l'immeuble qui est applicable".

Trata-se, como se vê, da consagração plena do princípio da competência mais próxima. Já dissemos da razão por que

---

[438] Esses artigos eram aqueles que no anteprojecto tratavam da tutela, das relações patrimoniais dos cônjuges, das relações entre pais e filhos e entre adoptante e adoptado, bem como das sucessões *mortis causa*.

esta doutrina não merece o nosso aplauso e não insistiremos agora nesse ponto.

Apesar de o art. 5.° do nosso citado anteprojecto conter, quanto a nós, a doutrina mais acertada na presente matéria, esse texto não foi adoptado pelo legislador. Nem esse nem qualquer outro de análogo significado ou extensão: o Código de 1966 não contém qualquer norma que directamente estatua, em termos gerais, sobre o nosso tema. Já vimos, no entanto, ao abordar a questão do reenvio, que no art. 17.°, n.° 3 se encontra um afloramento ou consagração indirecta do referido princípio da maior proximidade. Por outro lado, o art. 47.° faz desse mesmo princípio uma aplicação directa, ainda que limitada.

Para além das duas referidas disposições, deve ainda considerar-se válida, mesmo *de lege lata*, a primeira modalidade da doutrina que expusemos neste capítulo. As razões são as que indicámos no n.° 174.

SECÇÃO 5ª

O conflito positivo de sistemas de direito internacional privado e o princípio do reconhecimento das situações jurídicas criadas no estrangeiro[439]

178. Rejeitada a ideia de um super-direito internacional privado bem como a da autolimitação espacial das normas de

---

[439] Sobre este tema ver especialmente ARMINJON, *La notion des droits acquis en DIP*, Rec. des Cours 45 (1933, II), p. 1-107; KAECKENBEEK, *La protection internationale des droits acquis*, Rec. des Cours (1937, I), p. 317--419; MAKAROV, Rev. crit. 1955, p. 439-448; MEIJERS, *La question du renvoi*, Bulletin cit., p. 224-226; MÜLLER, *Der Grundsatz der wohlerworbenen Rechte im IPR* (Hamburgo, 1934); NIEDERER, *Einführung cit.*, p. 316-322; PILLET, *Principes de DIP* (1903), p. 495-571; *Traité pratique de DIP* (1923), p. 11-18 e 119-129; *La théorie générale des droits acquis*, Rec. des Cours 8

conflitos, recusada, por outra parte, a doutrina da unilateralidade, toda a solução do conflito *positivo* de sistemas diferente da que se traduz no prevalecimento da *lex fori* aparecerá, *ab initio*, como inviável. De facto, assentes aqueles pressupostos, é à regra de conflitos do foro que caberá sempre a designação da lei aplicável. Por conseguinte, a circunstância de outra lei haver que se julgue competente para regular a espécie jurídica em causa, ou que seja como tal reputada por um terceiro sistema, terá de ser havida como irrelevante: em qualquer caso, haverá que fazer aplicação da lei que para tanto for designada por uma norma do ordenamento jurídico do foro[440]. Qualquer excepção a este princípio só da própria *lex fori* poderá derivar.

E deverão porventura admitir-se excepções a tal princípio na esfera do chamado conflito positivo[441]? O problema é de

(1925, III), p. 485-538; MACHADO VILLELA, *Tratado de DIP*, Vol. I, p. 610-623; WICKSER, *Der Begriff des wohlerworbenen Rechts im IPR* (Zurique, 1955); VALLADÃO, *DIP*, vol. I, p. 484 e segs.; BAPTISTA MACHADO, *Autonomia do problema do reconhecimento dos direitos adquiridos em Machado Vilela e suas implicações*, Scientia Iuridica, XX, 1971, n.os 112-113 (veja-se a respectiva tradução italiana de R. de NOVA em Diritto Internazionale, XXV, 1971, n.º 3); GOTHOT, *Le renouveau de la tendance unilatéraliste, cit.*, Rev. crit. 1971; MOURA RAMOS, *Dos direitos adquiridos em DIP*, BFDC, L, 1974. Cfr. também o nosso estudo já citado *La doctrine des droits acquis*, Multitudo Legum-Ius Unum II, p. 285-320.

[440] É o dogma da exclusividade do direito de conflitos da *lex fori*, dogma que dominou a ciência do DIP ao longo de várias décadas.

[441] Como é sabido, a doutrina e a jurisprudência vêm admitindo, desde longe, certos desvios ao mencionado princípio no domínio do conflito *negativo* de sistemas (*reenvio*: cfr. o § em que desenvolvemos este tema) e também, mas só ultimamente e de resto com pronunciada relutância, em matéria de *questão prévia*. Fora este caso e aquele a que se fez uma breve referência no texto (preterição da lei *de melhor competência* pela de *mais forte competência*: princípio da *maior proximidade*, secção 4ª), pode dizer-se que a doutrina e a jurisprudência dos vários países se têm guiado sempre, no que toca ao conflito *positivo* de sistemas, pelo princípio da exclusiva aplicabilidade do direito conflitual da *lex fori*.

pôr, dados os graves inconvenientes, já sublinhados neste curso, que a diversidade de respostas ou de soluções conflituais para a mesma questão jurídica concreta é susceptível de provocar. Por que não aceitar que o próprio sistema de normas bilaterais seja construído em termos de nele se atribuir certa relevância, em condições bem definidas e a título excepcional, a regras de DIP estrangeiro? No que pensamos agora não é, portanto, numa solução que leve a excluir da área de competência do sistema conflitual do foro todo um grupo de relações da vida, por motivos que tenham a ver com a sua «localização» relativamente à *lex fori*: é, sim, na possibilidade de se admitir (por exemplo) que a competência atribuída a uma lei (a lei pessoal dos sujeitos da relação jurídica) vá subordinada à condição de outra lei (a *lex rei sitae*) se não julgar, ela própria, aplicável. Como já vimos na secção anterior, esta posição tem sido por vezes sustentada, com base numa ideia de *maior proximidade* desta segunda lei em relação aos factos — e, por conseguinte, de uma sua *mais forte competência* em confronto com a da lei pessoal.

E outra questão ainda — essa, de mais vasto alcance — pode pôr-se no quadro de um sistema bilateralista, também com a mira de atenuar os inconvenientes provocados pelos conflitos positivos de regras de conflitos. Consiste ela em saber se, pelo que toca às situações internacionais constituídas no estrangeiro, não deverá aceitar-se uma ideia de competência *alternativa*, por modos que essas relações possam ser reconhecidas ou com base na lei de primordial designação (a indicada pelo DIP do foro), ou com base naquela conforme a qual foram criadas.

É deste segundo tema[442] — condições do reconhecimento no Estado do foro dos direitos adquiridos ou das situações jurí-

[442] Que desenvolvemos no estudo já citado, *in* Multitudo Legum-Ius Unum II, p. 288 e segs.

dicas constituídas em país estrangeiro[443] — que vamos ocupar-nos seguidamente.

179. A noção de direito adquirido tem sido utilizada em direito internacional privado em diferentes ocasiões e para diversos fins.

a) Antes de tudo, para conciliar a prática universal da aplicação de direito estrangeiro com o princípio da territorialidade das leis e o dogma da soberania estatal. A doutrina anglo-saxónica — que defende, retomando a lição dos juristas holandeses do séc. XVII, que todas as leis são territoriais e que nenhuma conserva a sua autoridade para além das fronteiras do Estado a cujo ordenamento pertence — propôs que se recorresse para tanto ao conceito de direito adquirido (*vested right*). Jamais os tribunais de um país aplicam leis estrangeiras, ou dão execução a sentenças provindas de um Estado estrangeiro. Tudo quanto fazem é sancionar os direitos regularmente adquiridos em virtude da lei ou da sentença estrangeira[444]. Lei cuja competência, aferida pelas normas de DIP do ordenamento local, se torna forçoso estabelecer liminarmente (Dicey, Beale).

A teoria dos *vested rights* assume para nós um interesse meramente histórico, tão longe se encontra das concepções que perfilhamos acerca do direito internacional privado. Aliás, ela assenta num erro claro e insofismável, que já tivemos o ensejo de denunciar noutro passo do presente curso[445]: a ideia de que

[443] O problema do reconhecimento das referidas situações quando sobre elas já exista um *caso julgado* estrangeiro vai ser estudado noutro capítulo do presente curso.

[444] De resto, o direito adquirido sob a égide da lei estrangeira surge, perante a ordem jurídica local, como simples facto; facto a que, no entanto, seria inconcebível atribuir efeitos jurídicos diferentes dos previstos na lei que presidiu à criação do direito. Como disse GOTHOT (Rev. crit. 1971, p.417, nota 1), o direito adquirido no estrangeiro como que traz em si a lei sob o império da qual se constituiu.

[445] *Supra*, cap. III, § 1.º, 84, *a*).

na aplicação de normas de direito estrangeiro é a própria soberania estrangeira que se manifesta e faz valer. Ora, não é assim. Verdadeira é antes a proposição conforme a qual todo o acto de aplicação de preceitos jurídicos — quer se trate de direito nacional, quer de direito estrangeiro — depende unicamente (e sempre) da soberania do Estado territorial. Ademais, é facto averiguado que os tribunais aplicam por vezes — não por erro, senão porque a isso são obrigados por uma norma do seu direito nacional — leis estrangeiras que se não consideram aplicáveis ao caso vertente e que, por conseguinte, não podem ter dado origem ao nascimento de qualquer direito subjectivo. A decisão de reconhecer o direito invocado só pode fundar-se aí, manifestamente, num preceito do ordenamento local — preceito que proclame a competência da lei estrangeira em causa — e não num qualquer princípio de reconhecimento dos direitos validamente adquiridos em país estrangeiro.

Digamos, a terminar, que na teoria que aí fica relanceada a noção de direito adquirido — uma vez que o reconhecimento do direito supõe averiguada a competência da lei estrangeira em face dos critérios conflituais do ordenamento jurídico do foro — não desempenha qualquer papel construtivo: não abre caminho a qualquer forma particular de coordenação dos sistemas nacionais de DIP, quando esteja em causa uma pretensão de reconhecimento de um direito subjectivo criado no estrangeiro. A teoria dos *vested rights* pretende apenas fundamentar a aplicação pelos tribunais dos diferentes Estados de leis estrangeiras — não visa fornecer um contributo para a resolução dos conflitos de sistemas, problema que, aliás, ignora.

b) Também PILLET[446] e seus continuadores — de entre os quais assume para nós especial interesse MACHADO VILLELA[447] — recorreram ao conceito de direito adquirido.

---

[446] Cfr. *Principes de DIP*, p. 495-571.

[447] V. *Tratado de DIP* I, p. 6 e ss. e 619 e ss. Sobre a posição de M. VILLELA teceu BAPTISTA MACHADO interessantes considerações no

Para a escola de PILLET, o conflito de leis e o reconhecimento dos direitos adquiridos são problemas perfeitamente distintos. Argumenta-se neste sentido com a hipótese em que se trata de reconhecer, no Estado do foro, uma situação cujos factos constitutivos, no momento em que se verificaram, estavam todos em contacto com um só país e um único ordenamento jurídico (estrangeiro). Em tal caso, nenhum conflito de leis se divisa e o problema que surge é tão só o do reconhecimento dos direitos emergentes da relação jurídica.

A isto respondeu a doutrina posterior por um modo artificioso e pouco convincente, alegando que o conflito de leis, se efectivamente não existiu (o que é evidente) no momento da constituição do direito, veio a suscitar-se mais tarde, quando se pretende obter o reconhecimento do mesmo direito no Estado local, e justamente sob a forma de concurso entre a lei deste Estado e a lei estrangeira. A explicação foi irrefutavelmente rechaçada por MACHADO VILLELA, com o argumento de que o apontado conflito de leis é ilusório, já que a lei do tribunal nunca poderia aplicar-se, como lei competente, a um facto que, no momento em que se produziu, não tinha com essa lei o menor contacto.

Temos de aceitar, por conseguinte, que nos casos de relações puramente nacionais (relações conectadas com uma única ordem jurídica, não sendo ela a do Estado do foro) se não divisa efectivamente qualquer conflito de leis. De onde que a aplicação da lei estrangeira e o reconhecimento da relação estabelecida à sombra dessa lei não possam derivar aqui de uma regra de conflitos do foro.

BAPTISTA MACHADO entende que o reconhecimento decorre em tais casos de uma regra básica, implícita em todo o sistema de DIP, ou de um princípio universal de direito, que postula a

trabalho já cit. *Autonomia do problema do reconhecimento dos direitos adquiridos em Machado Villela.*

aplicação a quaisquer factos das leis que com eles se achem em conexão[448]. Esta opinião é muito discutível. O A. vai fundar aquela suposta regra básica na própria natureza preceptiva da lei como norma de dever-ser[449]. No entanto, a nosso aviso, a única coisa que poderá inferir-se da natureza da lei tomada como *regula agendi* é que a lei, assim como não é (em princípio) aplicável a factos pretéritos, também o não será a factos que com ela não tenham uma certa relação ou conexão espacial[450]. Mas não cremos que possa considerar-se logicamente postulada pela natureza preceptiva da lei como norma de conduta a dupla regra básica positiva que, segundo o A. citado, corresponderia à referida regra negativa, a saber: uma lei é aplicável a todos e quaisquer factos que apenas estejam em contacto com essa lei; qualquer lei é potencialmente aplicável a quaisquer factos que estejam conectados com ela. Tudo quanto pode afirmar-se, em nosso entender, é que da natureza da lei como regra de dever-ser nenhum obstáculo deriva a que uma norma material se aplique a determinadas situações factuais, desde que entre estas e a norma exista uma conexão susceptível de relevância jurídica.

De onde vem que é por outro caminho que deveremos procurar o fundamento, no Estado do foro, do reconhecimento das situações jurídicas estrangeiras de conexão única.

Quanto a nós, é ainda do princípio a que BAPTISTA MACHADO chama da não-transactividade, conjugado com a ideia da inadmissibilidade da denegação de justiça, que o aludido reconhecimento promana. Por força daquele princípio, é-nos seguramente vedado aplicar às referidas relações a *lex materialis*

---

[448] *Âmbito, cit.*, 1ª parte, secção I e § 2.º; *Lições de DIP*, p. 10; *Autonomia, cit.*, p. 11.

[449] *Lições*, p. 230; *Âmbito*, p. 14 a 16.

[450] Trata-se, segundo B. MACHADO, do princípio da *não-transactividade*, que corresponde, no âmbito do DIP, ao princípio da *irretroactividade das leis* do direito transitório: *Lições*, p. 9.

fori. Por outra via, não é tão-pouco lícito ao juiz do foro o abster-se de se pronunciar sobre a pretensão que lhe é submetida. Somos assim necessariamente levados à conclusão de que, relativamente a tais situações, se nos depara uma *lacuna* no sistema jurídico do foro — já que as regras de conflitos existentes se dirigem apenas à hipótese das relações plurilocalizadas —, lacuna essa que se faz mister preencher com uma norma que determine a aplicação nesses casos da lei estrangeira da qual a relação *sub judice* exclusivamente dependa. É que, não havendo aí concurso de leis e excluída (pela razão apontada) a aplicabilidade da *lex fori* (bem como a de qualquer outro sistema igualmente alheio aos factos), não se vislumbra para aquela solução qualquer alternativa. De resto, um tipo de argumentação mais linear levar-nos-á ao mesmo resultado: se na hipótese da situação plurilocalizada se deve tender para a aplicação da lei com a qual os factos em causa mantenham a conexão mais estreita, assim na outra hipótese (a da situação de conexão única), arredada *in limine* a possibilidade de intervenção da *lex materialis fori*, há que fazer aplicação da única lei com a qual a situação *sub judice* se acha em contacto: a mesma razão que decide além da aplicação do sistema jurídico mais fortemente ligado aos factos, levará aqui a recorrer à única lei de que a relação em causa efectivamente depende.

180. Decorre do exposto que é de uma regra *específica* ínsita no sistema de DIP, regra cujo preciso conteúdo é o que deixámos apontado e a cuja formulação se chega através do processo normal de preenchimento de lacunas — não de uma suposta regra básica ou de um suposto princípio universal de direito radicado na natureza das coisas — que deriva o reconhecimento, no Estado do foro, das situações jurídicas criadas no estrangeiro de conformidade com as normas do único ordenamento estatal de que elas dependem ou com o qual se acham em conexão.

Em suma: a hipótese da situação jurídica de conexão única não obriga a conceber a existência de um princípio postulante do reconhecimento extraterritorial dos direitos adquiridos — até porque a lei estrangeira em causa não deixa de ser aplicável pelo facto de o alegado direito adquirido efectivamente não existir, segundo os preceitos dessa lei —, antes o reconhecimento da referida situação decorre imediatamente da aplicação da lei estrangeira e esta, por seu turno, de uma norma do ordenamento do foro que, tal como as regras de conflitos, é uma norma de atribuição de competência. Podemos dizer que em todo o sistema de DIP há duas espécies de preceitos atributivos de competência: as normas de conflitos, de uma parte, e de outra parte a norma que prescreve, relativamente ao caso das situações puramente internas (embora estrangeiras), a aplicação da lei a que as mesmas situações se encontram vinculadas.

Contra a teoria da escola de PILLET objectou-se também que a distinção entre o problema do reconhecimento dos direitos adquiridos e o dos conflitos de leis é destituída de interesse[451]. Ela só seria fundada na hipótese de poder a protecção dos direitos adquiridos actuar independentemente do direito de conflitos — ou na de, quando menos, existirem normas de conflitos especiais, criadas adrede para facilitar o seu reconhecimento.

Ora a primeira hipótese — diz-se[452] — é manifestamente absurda, já que para reconhecer um direito como validamente adquirido (lá o dizia SAVIGNY) é preciso determinar peviamente a lei por que deveremos aferir a sua constituição. No entanto, a objecção não é irrefutável: efectivamente, é de todo o ponto

---

[451] ARMINJOM apodava a distinção de escolástica e formal: *op. cit.*, Rec. des Cours *cit.*, p. 59.

[452] V. por todos MAURY, *Règles générales*, *cit.*, Rec. des Cours 57, (1936, III), p. 379.

concebível um sistema em que se prescreva o reconhecimento de todas as situações jurídicas validamente constituídas em país estrangeiro, segundo os preceitos de uma legislação que a si própria se considere competente. Cumpre, porém, observar que tal orientação não era recomendada no sistema de PILLET. Aliás, a mesma observação é cabida a propósito da outra hipótese que mencionámos, isto é, a de existirem regras de conflitos especiais para as situações constituídas fora do Estado onde o reconhecimento é pedido: tão-pouco essas regras especiais eram afirmadas de *iure condito* ou preconizadas *de jure condendo* pela doutrina em exame. «Pour être régulièrement acquis (les droits) — escrevia PILLET em 1925[453] — il est nécessaire qu'ils aient été constitués en conformité de la législation compétente et nous savons que par législation compétente il faut entendre celle dont l'application est commandée par le principe de droit international privé en vigueur (...). La seule formule obligatoire est celle que donne la *lex fori*; il n'y a donc pas à s'inquiéter de la loi réputée compétente dans le pays de la constitution, mais de celle qui est considérée comme telle dans le pays du juge»[454].

O que obviamente torna a construção inútil.

Nada veio, portanto, acrescentar ao já conhecido a teoria de PILLET.

181. Acabámos de tomar contacto com duas doutrinas que utilizam ambas a noção de direito adquirido, mas que o

---

[453] Rec. des Cours 8 (1925, III), p. 497.

[454] Note-se ainda que PILLET se mostrava inteiramente fiel a esta ideia do carácter obrigatório absoluto do DIP do foro mesmo em matéria de reconhecimento das sentenças estrangeiras. Para que a decisão de um tribunal estrangeiro seja reconhecida e se torne eficaz no Estado local, é mister que as regras de conflitos do país onde se pede o *exequatur* tenham sido observadas. *Vide* ARMINJON, Rec. des Cours 45, p. 69 e s. Voltaremos a este ponto na parte II deste Curso (Direito Processual Civil Internacional).

fazem em termos de absoluta esterilidade: nada se ganha aí, sob o ponto de vista das soluções a dar aos problemas levantados pelas relações privadas internacionais, com o recurso a tal princípio.

Outro tanto se não diga da teoria da unilateralidade das regras de conflitos, teoria cujos pontos fundamentais deixámos indicados mais acima.

Supomos que a doutrina dos direitos adquiridos em DIP encontra a sua expressão mais acabada numa proposição do tipo seguinte: todo o facto constitutivo, modificativo ou extintivo de uma situação jurídica, que se tenha verificado em país estrangeiro e que seja apto para produzir essa consequência jurídica segundo os preceitos de uma legislação que se lhe repute aplicável, será reconhecido como tal no Estado do foro. Ora, o sistema da unilateralidade é sem dúvida o que em melhores condições se encontra para dar realização a este pensamento. Efectivamente, ao versar o tema *ex professo*, nós averiguámos que para a doutrina da unilateralidade há que aplicar a uma situação jurídica dada toda a norma que se lhe repute aplicável — e que, inversamente, em caso algum poderá fazer-se aplicação de uma lei que não considere a situação a regular incluída no âmbito da sua competência.

Aí temos, pois, — a observação é de GOTHOT[455] — como o unilateralismo, em vez de rejeitar a noção de direito adquirido como algo de inadequado e de inútil, vem pelo contrário realçar-lhe a importância. Na verdade, o unilateralismo leva por caminho direito ao reconhecimento de toda a situação jurídica criada em país estrangeiro ao abrigo dos preceitos de uma legislação que se considere competente — o que é exactamente a consagração, como vimos, da ideia fundamental da doutrina dos direitos adquiridos em DIP. Contudo, esta observação reveste-se para nós de reduzido interese, dado termos chegado à con-

[455] *Est. cit.*, Rev. crit. 1971, p. 418.

clusão de que os méritos do sistema da unilateralidade não suplantam os inconvenientes que lhe andam inevitavelmente conexos: tal sistema não constitui o processo ideal de enfrentar os problemas que ao DIP pertence resolver.

Outra orientação extremamente favorável ao reconhecimento dos direitos adquiridos é a que preconiza, pela voz de FRANCESCAKIS[456] e outros autores, a autolimitação espacial das regras de conflitos locais. Pelo que toca às relações jurídicas criadas no estrangeiro, a aplicabilidade destas normas está dependente do facto de no momento da respectiva constituição ter existido algum nexo entre as mesmas relações e o ordenamento do foro. Não existindo essa conexão, a lei aplicável à situação jurídica absolutamente estrangeira será aquela que tiver sido efectivamente aplicada: nenhuma investigação terá de ser feita acerca da competência dessa lei.

182. Já dissemos das razões pelas quais é com a maior reserva que encaramos a ideia da autolimitação espacial das regras de conflitos do direito do foro, seja qual for a modalidade que revista[457]. Nada há na natureza da norma de conflitos que constitua obstáculo à aplicação desta norma a uma categoria de relações internacionais caracterizadas pela ausência de conexões com a *lex fori*, ou pelo facto (para o dizer com GRAULICH) de terem nascido fora da esfera jurídica nacional. Não sendo as regras de conflitos normas de conduta, mas simples medidas legislativas destinadas a resolver os conflitos de leis, o juiz, quando solicitado a dirimir um desses conflitos, não está em princípio impedido de o fazer recorrendo à norma do seu direito nacional, por mais remota que seja a conexão da relação em causa com este direito.

---

[456] Cfr. *supra*, cap. V, secção 1.ª, n.º 121.
[457] Cfr. *supra*, n.º 122.

Certo, o que não é um imperativo decorrente da própria essência da regra de conflitos pode, no entanto, constituir uma válida razão à luz da «justiça» específica do direito internacional privado. Queremos dizer que do primordial intento que imputamos ao direito internacional privado —: assegurar e promover a estabilidade e continuidade da vida jurídica internacional — pode eventualmente dimanar uma forte indicação no sentido do afastamento do direito de conflitos do foro, sempre que estiverem em causa situações constituídas no estrangeiro que, no momento da sua criação, não tinham qualquer conexão com a ordem jurídica local[458].

Contudo, a simples enunciação desta ideia suscita algumas observações:

a) Pode acontecer que a situação em causa, não sendo considerada válida pelo sistema jurídico sob a égide do qual se constituiu, todavia o seja pelo sistema designado pelo DIP do foro. Suponhamos, por exemplo, que *A* e *B*, nacionais de *X* e domiciliados em *Y*, se consorciaram neste último país. O casamento é, porém, nulo perante a lei de *Y*, que não reconhece a dissolução de um primeiro matrimónio de *A*, pronunciada anteriormente num terceiro Estado; ao passo que a lei de *X*, atribuindo pleno efeito ao referido divórcio, considera o casamento validamente celebrado. Suponhamos ainda que esta última lei (a do Estado nacional das partes) é a declarada aplicável, na espécie, pelo DIP do foro.

Analisando o problema, como convém, do ponto de vista da teleologia própria do DIP, salta aos olhos que a única solução aqui defensável é a que consiste em se observar o preceito do direito de conflitos da *lex fori*; aliás, iludir-se-iam as expectativas das partes, que porventura celebraram o seu casamento sabendo que o mesmo seria eficaz em face de uma, pelo menos,

[458] Neste mesmo sentido, MOURA RAMOS, *loc. cit.*, n.º 11.

das ordens jurídicas primacialmente interessadas. E se, para mais, essa ordem jurídica é justamente aquela que aos olhos do legislador do Estado local se apresenta dotada de melhor competência, ressalta a todas as luzes que a não aplicação dessa lei, com o consequente não reconhecimento da relação jurídica, careceria de justificação.

Ora isto revela, só por si, que toda a doutrina, que se proponha subtrair do campo de aplicação do direito de conflitos da *lex fori* as relações jurídicas estranhas a esta lei, vem desde logo ferida de uma certa inaptidão para promover a efectiva realização dos fins assinados ao direito internacional privado. O que importa não é retirar essa categoria de casos da esfera de aplicação daquele sistema, mas apenas agir em termos de assegurar o reconhecimento das referidas situações jurídicas, quando ele não resulte da lei de competência normal segundo a regra de conflitos do foro.

b) Por outra parte, a doutrina da autolimitação espacial das normas de DIP não ensina a resolver os casos[459] em que a situação *sub iudice* se acha em contacto com duas leis, que a regulam diferentemente. Em tais hipóteses, seria necessário assentar num critério que legitimasse a preferência por uma das referidas leis. E qual seria esse critério? Deveria porventura optar-se por aquele sistema ante o qual o acto jurídico fosse válido, ou que atribuísse efeitos à relação pleiteada? Simplesmente, nem sempre é possível reduzir a questão que se levanta aos termos da alternativa «validade-nulidade», «eficácia jurídica-ineficácia». Como agir no caso das situações que derivam puramente *ex lege*?[460] A quem atribuir a titularidade dos bens hereditários, na hipótese de uma sucessão *ab intestato*, se as duas leis em presença conferem o direito a pessoas distintas?

---

[459] Ou não o faz em termos apropriados, como já veremos.

[460] Isto é, que derivam da lei sem a mediação de um *negócio* ou sequer de um *acto* jurídico.

Eis-nos colocados perante um conflito de pretensões, que só uma escolha entre as duas leis em competição permitiria resolver. Poderia enveredar-se para tanto por um de dois caminhos: a via conflitual ou a via substancialista. A segunda levar-nos-ia a pesquisar a melhor lei, isto é, aquela que em relação ao caso concreto proveja da maneira mais razoável; mas tal orientação já foi por nós em geral repudiada, pelo casuísmo e a incerteza jurídica que lhe são inerentes[461]. A primeira poderia conduzir-nos, quer à aplicação da lei designada pela «norma de conflitos do sistema em que se localiza o facto que provocou o nascimento (...) da situação ou da relação» (GRAULICH), quer à aplicação do direito do país com o qual a relação em litígio se apresenta mais estreitamente conexa. É esta última solução a que reputamos mais aconselhável. Quanto à primeira, a sua rejeição resultará das considerações que seguem.

c) Contra as doutrinas da autolimitação espacial das regras de conflitos é também procedente uma outra razão, que já referimos de passagem e que vamos agora desenvolver.

---

[461] Trata-se da *better law approach*. Cfr. a este respeito, além do cit. CAVERS: LEFLAR, *Choice influencing considerations in Conflicts Law*, est. parcialmente transcrito na antologia *Internationales Privatrecht* (Darmstadt, 1974) organizada por W. WENGLER e P. PICONE; veja-se o que escrevemos acima, ao comentar as propostas de CAVERS.

Também poderia pensar-se em tomar aí o caminho das soluções de compromisso, que é (como vimos) o preconizado por VON MEHREN (*Special Substantive Rules, cit.*); recordem-se, porém, as considerações que a tal respeito expendemos em anterior capítulo. Inútil dizer que, no caso-exemplo do texto, se não poderia chegar a qualquer conclusão fazendo apelo ao critério da anterioridade de aplicação de um dos sistemas de direito em conflito (*prior tempore, potior iure*).

Para uma crítica geral — essencialmente baseada no argumento da imprevisibilidade das decisões a que o método em causa forçosamente conduz — do pelo A. denominado «impressionismo jurídico», cfr. ainda LOUSSOUARN, *Cours général de DIP,* Rec. des Cours 139 (1973, II), cap. IV.

É bem possível que o laço existente entre a situação a reconhecer e a lei estrangeira não seja de molde a justificar a competência dessa lei — isto se encararmos a questão do ponto de vista do direito de conflitos do país do tribunal. Sem dúvida, é desejável que se caminhe para uma posição de grande abertura quanto ao reconhecimento de situações jurídicas criadas no estrangeiro, sob pena de se trair o primordial desígnio do direito internacional privado. Perante as grandes divergências que ainda hoje subsistem entre os sistemas conflituais dos Estados, logo se deixa ver que o subordinar rigidamente aquele reconhecimento à condição de na criação da situação jurídica em causa se ter procedido de inteiro acordo com o direito material designado pela norma de conflitos do foro, não constitui certamente a melhor solução: a solução mais ajustada ao fim de não deixar sem tutela as expectativas das partes e sem a necessária garantia as relações da vida jurídica internacional.

Mas logo também se alcança sem esforço que alguma exigência terá de formular-se quanto ao fundamento ou título de que a lei estrangeira em causa (aquela que presidiu à constituição do direito subjectivo alegado) faz derivar a sua competência. Aliás, o reconhecimento da relação em litígio, bem vistas as coisas, poderia não se justificar de todo em todo.

Suponhamos (cfr. p. 172, a)) que dois nacionais de *A* com residência habitual em *B* casaram num terceiro país, *C*. Se o casamento, nulo perante o sistema jurídico daquele primeiro Estado, é todavia considerado válido no segundo, não é senão justo que a solução da validade prevaleça em *D*, sem embargo de a lei aí julgada em geral competente em matéria de condições de validade do casamento ser a da nacionalidade dos nubentes e não a do seu domicílio. É que no âmbito do estatuto pessoal nacionalidade e domicílio (como temos dito) são conexões de valor sensivelmente idêntico. Por outra parte, o reconhecimento concedido em *D* ao negócio jurídico e à relação dele emergente vai seguramente tornar-se actuante no plano dos factos, uma vez que se fundamenta no direito material de um dos Estados com os quais a situação em causa se encontra mais intimamente conexa: o Estado da residência habitual dos cônjuges.

Mas o mesmo se não diga se o casamento, válido perante as leis do país da respectiva celebração, não for assim considerado nem no Estado do domicílio, nem no da nacionalidade comum dos interessados[462].

Neste caso, não se justificaria que os tribunais de *D* se decidissem pela validade do acto, pois não se vê vantagem em atribuir valor jurídico a um matrimónio que muito bem se sabe ser nulo e ineficaz em qualquer dos Estados onde se destina a produzir e a desenvolver os efeitos que lhe são peculiares. Mais vale, por isso, apreciar aqui o negócio jurídico à luz dos preceitos da legislação que a regra de conflitos da *lex fori* chama a discipliná-lo — e concluir pela sua nulidade.

Para além disto, importa não esquecer, quando se tenta encontrar uma solução satisfatória para o problema do reconhecimento dos direitos adquiridos, que do que aí se trata é sempre de arbitrar uma controvérsia entre duas partes, das quais uma afirma o que a outra contesta — a legitimidade de determinada pretensão jurídica —, baseando-se ambas, na maioria dos casos, em disposições contraditórias de sistemas de direito distintos. E não constitui seguramente justificação bastante para dirimir o litígio a favor da parte que se prevalece do direito adquirido sob a égide de certa legislação, o mero facto de esta legislação se reputar, com efeito, competente. Pelo menos, será preciso apreciar as circunstâncias de facto em que o referido ordenamento se estriba para afirmar a sua competência. Bem

[462] Naturalmente, porque nenhum desses dois Estados julga aplicável na matéria a *lex loci actus*. Pode também dar-se o caso de eles declararem competente a *lex loci* e, no entanto, negarem todo o efeito ao acto jurídico em questão, por motivos que têm a ver com a respectiva ordem pública internacional.

está que se resolva a controvérsia a favor de quem invoca o direito adquirido — mas só depois de se ter constatado que ele foi adquirido ao abrigo de uma lei que tira a sua competência dalgum válido fundamento, dalgum título verdadeiramente legítimo[463-464].

Em suma: perante uma situação jurídica criada em país estrangeiro, afigura-se-nos importante e necessário apurar — olhando à natureza da matéria em questão e apreciada esta da perspectiva do direito conflitual do foro — se a lei à sombra da qual ela foi criada tinha com a mesma situação um nexo atendível.

Este critério é de aplicação relativamente fácil em caso de pretensões baseadas em negócio jurídico. Aí, o que importará é determinar a lei sob o império da qual a relação jurídica efectivamente se constituiu (ou se modificou, ou se extinguiu) — e verificar, em seguida, se a competência dessa lei se baseia num fundamento aceitável.

De modo assaz diferente se apresentam as coisas na hipótese de um conflito de pretensões derivadas de duas leis estran-

---

[463] Em sentido semelhante — além de WENGLER, já citado, Rec. des Cours 104, p. 380 — também MÜLLER, *Der Grundsatz cit.*, p. 233-275, e NEUHAUS, *Grundbegriffe*, p. 111 e ss.

[464] Do facto de se admitir, em matéria de reconhecimento de sentenças estrangeiras, a ideia da exclusão de todo o controlo, pelo juiz do *exequatur*, dos fundamentos da competência da lei aplicada pelo tribunal do país de origem ao fundo da causa (cfr. a este respeito o nosso trabalho, já cit., *Reconnaissance et exécution*, n.º 14 e o cap. deste curso dedicado ao mesmo tema in Parte II, *Direito Processual Civil Internacional*, *infra*) não pode deduzir-se que solução idêntica deva prevalecer também quanto àquelas situações jurídicas que, igualmente constituídas em país estrangeiro, não foram porém ainda objecto de definição judicial.

Efectivamente, há entre os dois casos uma importante diferença. Se o litígio foi já decidido por um tribunal, esta circunstância vem introduzir no problema um elemento novo. V. estas *Lições infra*, Parte II, *in* cap. II.

geiras, que ambas se julgam competentes (pretensões decorrentes *ex lege*): aí deverá prevalecer a pretensão que se apoiar no sistema jurídico indicado pelo princípio da conexão mais estreita, tendo em atenção a natureza da matéria em causa e de conformidade com a concepção do ordenamento do foro. Por conseguinte, não há senão aplicar a regra de conflitos da *lex fori*.

183. A doutrina que abreviadamente expusemos no número anterior parece sofrer um importante desvio na hipótese de a situação jurídica em análise se ter constituído, modificado ou extinguido de harmonia com os preceitos de uma lei que é declarada aplicável por todos os países com os quais a mesma situação se achava conexa, ao tempo em que se produziu o evento constitutivo, modificativo ou extintivo. Em tal caso, em face precisamente do *acordo* que se verifica entre os vários sistemas jurídicos interessados, parece que o problema de saber se a competência da lei em questão se baseia nalgum título legítimo se não põe.

Esta observação leva-nos a fazer uma referência especial à posição assumida neste domínio por MEIJERS[465].

A doutrina do ilustre jurista holandês constituía o núcleo central do art. 21.° do Tratado Benelux[466], que estabelecia uma lei uniforme em matéria de direito internacional privado. Esse texto é do teor seguinte:

«Lorsqu'un rapport juridique est né ou s'est éteint hors de Belgique, du Luxembourg, des Pays Bas conformément à la loi applicable suivant le droit international privé des pays que ce rapport juridique concernait essentiellement au moment de sa naissance ou de son extinction, cette naissance ou cette extinction sont également reconnus en Belgique, au Luxembourg, aux Pays Bas, même par dérogation à la loi applicable en vertu des dispositions de la présente loi».

---

[465] Cfr. *La question du renvoi, loc. cit.*, p. 224-226.

[466] Este Tratado encontra-se hoje abandonado.

Tem interesse aproximar esta doutrina da que é sustentada por FRANCESCAKIS. Entre ambas há um elemento comum: é a ideia da limitação do campo de aplicação no espaço das normas de conflitos da *lex fori*. A fim de assegurar o reconhecimento das situações jurídicas criadas no estrangeiro, é preciso que em certas circunstância o DIP do foro abdique da sua competência normal para designar a lei aplicável. Resta saber em que circunstâncias esta desistência ou abdicação é de aconselhar. Ora, é justamente a posição a este respeito tomada por cada uma das orientações em causa que permite diferenciá-las.

FRANCESCAKIS, como vimos, pensa que o sistema de conflitos do foro deve ser afastado em virtude do simples facto de a situação considerada, constituída no estrangeiro ao abrigo de uma lei que se reputava competente, não ter tido no momento da sua constituição contacto algum com a ordem jurídica do país do tribunal. A ausência de todo o contacto entre a situação a regular e a *lex fori* é, pois, segundo o autor citado, o elemento sobre o qual se baseia e de que depende a inaplicabilidade das regras de conflitos desta lei.

De modo diferente se nos apresentam as coisas na doutrina de MEIJERS. MEIJERS estabelece como condição da inaplicabilidade do sistema de conflitos do foro o acordo *unânime* das leis conectadas com a situação *sub iudice*, ao tempo da sua constituição (ou extinção), quanto à competência de uma delas. Nas suas próprias palavras: «Lorsqu'au moment où s'accomplit un fait ou un acte juridique, les règles de conflit de lois de tous les pays pratiquement en compétition déclarent applicable une même loi, cette loi devra alors être également appliquée par tout juge dans tout autre pays quelconque...».

Outros autores, como MAKAROV[467], não vão ao ponto de exigir o acordo unânime dos Estados interessados: contentam-se com uma «maioria preponderante». Quanto ao Tratado

[467] Cfr. o artigo da Rev. crit. atrás citado.

Benelux, ele exigia apenas, como vimos, que a relação jurídica em causa se tivesse constituído validamente segundo a lei designada pelo DIP dos países essencialmente interessados na mesma relação (*des pays que ce rapport juridique concernait essentiellement au moment de sa naissance...*).

A solução que MEIJERS nos propõe é incontestavelmente justa — e feliz a formulação que se lhe deu no Tratado Benelux[468]. Como já se fez notar, se uma situação jurídica se constituiu em país estrangeiro ao abrigo da lei que todos os sistemas interessados consideram competente, a solução só poderá ser o seu reconhecimento. Efectivamente, só ela joga certo com a intenção central do DIP e com a própria função das normas de conflitos, a qual consiste, por certo, na resolução de conflitos de leis. Se no caso em apreço nenhum real conflito se descortina, porque entre as diferentes leis em contacto com a situação a regular existe total acordo quanto à competência de uma delas, só pode ser esta a lei a aplicar. Qualquer outra solução entraria em colisão inevitável com a «justiça» peculiar do DIP, já que o DIP visa predominantemente (como sabemos) a estabilidade da vida jurídica internacional e, por consequência, a harmonia jurídica internacional.

Mas se a ideia inspiradora da doutrina de MEIJERS é por certo excelente, a sua utilidade afigura-se-nos assaz duvidosa no âmbito de um sistema de conflitos que admita o reenvio como processo de alcançar a harmonia jurídica. Verifica-se, efectivamente, que em quase todos se não em todos os casos que ela abrange, se torna possível chegar ao mesmo resultado — o

---

[468] Assim, tratando-se de matéria pertencente ao âmbito do estatuto pessoal — um casamento ou um divórcio, uma questão atinente às relações entre cônjuges ou entre pais e filhos —, os sistemas jurídicos *essencialmente interessados* são apenas dois: o do Estado nacional e o do Estado do domicílio. Se eles estão de acordo quanto à lei aplicável, é essa a lei que deve ser aplicada em qualquer país (mesmo que esta lei se não considere competente).

reconhecimento da relação criada no estrangeiro através do recurso a um sistema de conflitos que não é o da *lex fori* — graças precisamente ao expediente do reenvio: o reenvio *ad aliud ius*, o reenvio de segundo grau, a *Weiterverweisung*. Pois uma de duas: ou o sistema jurídico indicado pelo DIP do foro participa «no acordo das leis interessadas» — e neste caso é manifesto que o caminho do reenvio nos permitirá solucionar no mesmo sentido o conflito ocorrente; ou, se acaso não participa, é porque não se verifica a condição primordial posta pelo próprio MEIJERS: o consenso unânime dos sistemas interessados.

A propósito da doutrina de MEIJERS, queremos observar ainda que do ponto de vista da harmonia jurídica internacional ela é claramente suplantada pela do reenvio. Na verdade, enquanto a primeira se ocupa tão-somente das situações jurídicas criadas no estrangeiro, a segunda abrange todas as relações, mesmo aquelas a constituir no território do Estado local. Dizendo doutro modo: uma directiva como a apresentada pelo jurista holandês não afasta por desnecessária a doutrina do reenvio — mas esta última é que pode roubar àquela o melhor do seu interesse e da sua utilidade.

Revertendo agora à observação com que iniciámos este número, concluímos que, efectivamente, na hipótese de acordo entre os sistemas jurídicos primacialmente interessados, não se faz mister apreciar os fundamentos da competência que a si mesma se atribui a lei estrangeira em causa — mas isso porque, ao aplicar os preceitos materiais dessa lei, o que realmente estamos fazendo é respeitar a competência das outras leis que para ela remetem — e acima de tudo a competência daquela para que directamente remete a regra de conflitos do foro. Não se trata aí senão (como vimos) de um caso de reenvio: de reenvio de segundo grau ou transmissão de competência.

Note-se — e com este apontamento terminaremos — que o dever de respeitar o acordo entre os sistemas precipuamente interessados prevalecerá mesmo na hipótese de a lei que foi aplicada se julgar incompetente: a justificação desta solução foi apresentada no capítulo do reenvio e não consideramos necessário voltar agora ao assunto[469].

184. No quadro das principais doutrinas que se preocupam de modo especial com o problema da protecção das situações jurídicas criadas em país estrangeiro, é por certo cabida uma referência, ainda que breve, à posição de NIEDERER[470].

Para este autor, o princípio dos direitos adquiridos teria um significado e uma função semelhantes aos da cláusula geral da ordem pública[471]. Destina-se esta cláusula, como sabemos, a evitar o resultado a que levaria a aplicação dos preceitos da lei competente a determinada factualidade concreta, quando esse resultado apareça como gravemente lesivo de valores jurídicos fundamentais do ordenamento do Estado do foro. De modo análogo sucede — segundo NIEDERER — com o princípio do reconhecimento dos direitos adquiridos. Num caso e noutro, está em causa uma derrogação da regra de conflitos da *lex fori* aplicável à situação *sub iudice*: em ambos se trata de impedir a aplicação ao caso concreto dos preceitos da legislação competente. A ordem pública intervém quando se apura que da aplicação desses preceitos resultaria uma situação intolerável, à luz das concepções ético-jurídicas basilares do ordenamento local. Ao princípio dos direitos adquiridos deverá recorrer-se quando se reconheça que a estrita observância da lei designada pelo DIP do foro lesaria um direito validamente adquirido ao abrigo doutra legislação — sendo que essa lesão ofenderia gra-

[469] De resto, teremos ocasião de volver ainda a este ponto, ao focar o tema do reconhecimento dos direitos adquiridos da perspectiva da legislação portuguesa.

[470] *Einführung cit.*, p. 319 e ss.

[471] Veja estas *Lições, infra*, cap. VII.

vemente o sentimento jurídico do juiz. Por conseguinte, tanto o princípio da ordem pública como o dos direitos adquiridos obstam à aplicação dos preceitos materiais da lei competente, por atenção à injustiça do resultado a que essa aplicação conduziria. Razão pela qual — diz NIEDERER — o princípio dos direitos adquiridos deve ser considerado apenas como um complemento da teoria da ordem pública.

Note-se ainda que para o A. citado o apelo ao princípio dos direitos adquiridos pressupõe que a relação jurídica em causa tenha tido uma existência de facto no âmbito e sob a égide da ordem jurídica que o DIP da *lex fori* reputa inaplicável. Seja, por exemplo, o seguinte caso: Um filho natural de pais ingleses foi por estes reconhecido em França, país onde todos viviam, de conformidade com os preceitos do ordenamento jurídico local, mas com inobservância dos princípios do direito inglês. Os interessados continuaram a residir em França por longos anos. Nestas circunstâncias, a perfilhação pôde produzir, de facto, todos os seus efeitos. Passado muito tempo, um tribunal italiano vê-se colocado na situação de ter de se pronunciar, num pleito hereditário, sobre a questão (prévia) da validade daquele acto. Como decidir? Segundo o DIP italiano, o problema deve resolver-se pelo direito inglês[472]; logo, a perfilhação não poderá ser reconhecida. No entanto, o mais provável é que o juiz se recuse a aceitar uma tal solução, cuja injustiça ressalta, na verdade, a todas as luzes. A injustiça será evitada com o simples apelar o juiz para a teoria dos direitos adquiridos.

185. A doutrina exposta não pode aceitar-se. Certo, ela é mais razoável do que a de um FRANCESCAKIS, na medida em que não advoga o reconhecimento da situação jurídica estran-

[472] Não consideremos a teoria da questão prévia, ou suponhamos demonstrado que o DIP italiano a não admite.

geira[473] pelo simples facto de se condiderar competente a lei à sombra da qual ela se constituiu, antes só o reclama quando a «justiça do caso» o impuser. É precisamente neste seu situar-se ao nível do «caso», nesta sua ambição de reflectir as circunstâncias da situação da vida, que a doutrina dos direitos adquiridos, conforme a entende NIEDERER, se aparenta com a da ordem pública internacional.

Mas cessa aí toda a semelhança entre ambas. Basta notar que na hipótese de actuação da ordem pública a solução do caso concreto — quando não resulte pura e simplesmente da rejeição do preceito estrangeiro[474] — será obtida ora recorrendo a outras normas da mesma lei[475], ora fazendo apelo à *lex fori*[476]. Ao contrário, no âmbito da doutrina dos direitos adquiridos, do que se trata é de substituir, aos preceitos da lei estrangeira designada pela regra de conflitos local, as normas de uma outra legislação: aquela sob a égide da qual a relação *sub iudice* se constituiu. Em caso algum se poderá recorrer aí ou à *lex fori*, ou à lei que a *lex fori* declara aplicável no âmbito de problemas ou na matéria jurídica que se considera.

Mas não é isto o mais importante. A objecção decisiva contra a teoria de NIEDERER é a que sublinha a sua extrema imprecisão — o carácter eminentemente subjectivo (a agressão do *Rechtsgefühl* do juiz) do critério que propõe. Sem dúvida

[473] Recorde-se que, para FRANCESCAKIS, situação jurídica «estrangeira» é tão-somente aquela que, no momento em que se constituiu, não tinha qualquer conexão com a ordem jurídica do foro. Esta circunstância restringe muito a esfera de intervenção possível do princípio do reconhecimento dos direitos adquiridos e nessa medida fornece um argumento mais aos críticos daquele autor.

[474] O que acontece com frequência.

[475] Referimo-nos, como é evidente, à lei que é designada pela *lex fori* para resolver o tipo de questões jurídicas a que pertence a que se encontra *sub iudice*.

[476] Veja-se a este propósito o art. 22.°, 2, do nosso Cód. Civil.

que, sob este ponto de vista, as coisas se nos não apresentam de modo diverso no capítulo da ordem pública internacional. Só que aí o mal é reconhecidamente sem remédio.

186. Reatando o fio interrompido das considerações que vínhamos expendendo, recordemos as principais conclusões que se foram libertando e fixando à medida que a exposição progredia; conclusões a que aditaremos agora algumas outras.

I. A primeira dessas conclusões é que a perspectiva correcta para resolver o problema do reconhecimento das situações jurídicas constituídas no estrangeiro não é a que consiste em negar nesse campo, ou só que seja em determinada área desse campo, a aplicação das normas conflituais do direito do foro. Não é esse o caminho, mas sim o que leva à construção de regras especiais de DIP — regras que, na mira de facilitar a imputação de efeitos jurídicos a factos constitutivos ou extintivos de relações jurídicas ocorridos no estrangeiro, estabeleçam *alternativas* para a aplicação a tais factos dos preceitos normais de atribuição de competência e das leis por eles designadas. O que importa, se quisermos propiciar, não o reconhecimento indiscriminado das relações jurídicas estrangeiras, mas um reconhecimento *selectivo* — isto é, um reconhecimento que assente na base de uma *aferição* da competência da lei ao abrigo da qual a relação se constituiu — o que importa, dizíamos, é estabelecer um leque de opções quanto ao problema da lei aplicável a tais relações jurídicas. Por palavras diferentes: do que se trata é de optar, com vista à hipótese da situação plurilocalizada criada em país estrangeiro, por um sistema de *conexão múltipla alternativa*, devendo a alternativa resolver-se a favor da lei segundo a qual os factos constitutivos (ou extintivos) da mesma situação se realizaram por modo juridicamente válido. Isto, é claro, no duplo suposto de essa lei se considerar competente e de a situação em causa ter podido desenvolver, de facto, os seus efeitos jurídicos à sombra da mesma lei.

II. Todavia — e é esta outra das conclusões a que chegámos — a competência da lei que foi efectivamente aplicada nem sempre tem de ser aferida por critérios próprios da *lex fori*. Essa aferição não tem lugar quando a referida lei seja a considerada aplicável por todos os Estados aos quais a relação litigiosa essencialmente dizia respeito ao tempo em que foi constituída. De resto, tão pouco interessa apurar, nesta hipótese, se a lei em causa se reputava competente: basta a circunstância de como tal a declararem os sistemas jurídicos principalmente interessados.

III. As conexões alternativas a que nos referimos acima deverão naturalmente estabelecer-se tendo em atenção a natureza de cada matéria jurídica a considerar.

IV. Uma vez definida a lei ou as leis de competência alternativa, o reconhecimento será concedido tanto às situações jurídicas que tenham sido criadas nos termos e em virtude de uma dessas leis, como às que o tenham sido de conformidade com os preceitos dalgum outro sistema, contando que (neste segundo caso) este sistema seja o declarado aplicável por uma daquelas referidas leis e se verifiquem, a par disso, as demais condições necessárias para que essa lei atribua à situação em causa os efeitos jurídicos que lhe competem.

V. O princípio do reconhecimento das situações jurídicas fundadas no estrangeiro não é aplicável àquelas situações que se constituem meramente em virtude da lei.

Por outro lado, a doutrina que aí fica esboçada não se aplica tão pouco ao caso das relações constituídas ou reconhecidas por decisão judicial proferida no estrangeiro, já que para o reconhecimento e execução das sentenças estrangeiras existe um regime especial.

187. O *reconhecimento dos direitos adquiridos no Código civil português*. — No Código civil português, depara-se-nos uma

clara aplicação da doutrina preconizada neste curso. Uma aplicação clara e, no entanto, de alcance limitado, pelo menos na sua expressão literal: o nosso legislador furtou-se a inserir na letra dos textos uma fórmula que consagrasse em termos latos a doutrina dos direitos adquiridos. Acolheu-a, é certo, mas julgou avisado só a enunciar por forma expressa no capítulo do estatuto pessoal, aliás um daqueles onde o princípio do reconhecimento dos direitos adquiridos em DIP pode encontrar maior aplicação e exercer acção mais útil.

É o art. 31.°, n.° 2, do referido Código que marca a orientação do nosso direito nesta matéria. Segundo o Código civil português, a lei pessoal dos indivíduos é a do seu Estado nacional: art. 31.°, n.° 1; mas o n.° 2 do artigo logo acrescenta, em parcial derrogação a esta regra, que são reconhecidos em Portugal os negócios jurídicos celebrados no país da residência habitual do declarante, de conformidade com a lei desse país, contanto que esta lei se considere competente.

Pelo que toca ao domínio das situações jurídicas pertencentes ao âmbito do estatuto pessoal, dá-se, portanto, expressão a uma ideia de aplicação *alternativa*. Duas leis são consideradas competentes em alternativa: a lei da nacionalidade das partes e a da sua residência habitual; sendo de notar que não haverá recurso à segunda lei senão quando seja esse o caminho necessário para obter o reconhecimento do acto que originou a constituição ou a extinção da relação *sub iudice*. É, por conseguinte, uma ideia de *favor negotii* ou *favor validitatis* a que directamente aflora no texto do art. 31.°, 2. Para que determinado negócio jurídico realizado no estrangeiro seja tido por válido e eficaz no Estado do foro, é bastante que ele tenha sido celebrado de conformidade com os preceitos de uma ou outra das duas leis referidas.

De sublinhar que a norma do art. 31.°, n.° 2, tanto se aplica aos estrangeiros como aos próprios nacionais. Por onde se vê que o nosso Código se situa a uma distância considerável daqueles textos legislativos que reservam expressamente os casos de competência do sistema jurídico nacional (e alguns deles apenas os de competência exclusiva). A orientação do Código português é diferente: o reconhecimento da situação jurídica constituída no estrangeiro, pelo processo estabelecido no n.º 2 do art. 31.º, é possível mesmo no caso de a relação pertencer à esfera de competência da lei portuguesa, como lei nacional do interessado. Suponhamos, por exemplo, que dois portugueses contraem casamento no país do seu domicílio comum e que o acto é nulo, por vício de fundo, perante a legislação portuguesa: não obstante isso, o matrimónio produzirá todos os seus efeitos em Portugal, desde que a *lex domicilii* se considere competente[477].

A condição a que o art. 31.º, 2, sujeita o reconhecimento dos actos a que se refere — terem eles sido celebrados em conformidade com a lei da residência habitual do indivíduo — mostra que não pode fazer-se ao Código português a censura de que ele não cuida do controlo da competência da lei ao abrigo da qual a relação jurídica se constituiu. Bem pelo contrário, o legislador partiu do princípio de que no âmbito do estatuto pessoal há só duas conexões a considerar: a nacionalidade e o domicílio (residência habitual). A lei da nacionalidade e a da residência habitual (domicílio, *hoc sensu*) seriam em princípio as únicas cuja competência poderá julgar-se bem fundada.

Por nossa parte, propendemos a crer que esta rigidez pode atenuar-se, considerando que no sistema do Código se tem por vezes em conta, mesmo em matérias pertencentes à esfera do estatuto pessoal, a situação de um imóvel: vejam-se os arts. 17.º, n.º 3, e 47.º, onde se contêm aplicações, ainda que discretas, do princípio da maior proximidade, sendo a *lex rei sitae* chamada aí a desempenhar um certo papel. Nada nos repugna admitir que, por aplicação analógica da norma do art. 31.º, 2, se venha

---

[477] E contanto que o reconhecimento do acto não seja contrário à ordem pública portuguesa.

a reconhecer a partilha de uma herança, levada a cabo num país que não é o da última nacionalidade nem o do último domícilio do autor da sucessão, mas que é o da situação dos bens (imóveis) hereditários, desde que ao acto tenham presidido os princípios do direito sucessório da *lex rei sitae* e que esta lei se considere competente.

188. Eis aí, pois, a condição geral a que está sujeita, segundo a orientação perfilhada pelo Código Civil, o reconhecimento das situações jurídicas constituídas no estrangeiro, ao abrigo de uma lei diferente da que teria sido aplicada se o caso se tivesse verificado em Portugal.

Como já foi notado de passagem, a principal fonte de inspiração do art. 31.º, n.º 2, é a ideia do *favor negotii*. Não se trata, pois, de um texto que permita reconhecer toda e qualquer situação jurídica constituída no estrangeiro à sombra da lei do domicílio. As situações jurídicas criadas simplesmente *ex lege* não são por ele consideradas. Se a questão a resolver é a de averiguar a quem toca a herança de alguém que se finou intestado, ou quais são os poderes do marido ou do pai relativamente à administração dos bens próprios da mulher ou do património do menor, não poderemos deixar de recorrer para tanto aos princípios da lei de competência normal, segundo o DIP do foro. Em tais casos, o princípio do respeito dos direitos adquiridos não intervém. A norma do art. 31.º, n.º 2, pressupõe que se trate de situação decorrente da celebração de um negócio jurídico, e que a questão posta consista na da respectiva validade ou eficácia. Efectivamente, é nestes casos que as expectativas das partes e de terceiros se apresentam como especialmente merecedoras de tutela jurídica.

Logo, o preceito do art. 31.º, n.º 2, permitiria resolver o caso imaginado por NIEDERER e referido acima da única maneira que o nosso sentimento de justiça pode na verdade tolerar.

Supomos que no quadro daquela norma lograria também justificação uma decisão como a que foi proferida pela *Cour d'Appel* de Rabat, em 24 de Outubro de 1950[478]. O acórdão recaiu sobre a seguinte espécie: Um italiano e uma francesa, ambos domiciliados em França,casaram neste país sem escritura antenupcial (*contrat de mariage*) e em França continuaram a residir, até que, dois anos mais tarde, foram estabelecer-se em Marrocos. Tempos depois, separaram-se judicialmente de pessoas e bens — e levantou-se em seguida o problema da determinação do seu regime matrimonial. Deveria entender-se que esse regime era o da comunhão de *meubles et acquêts* do direito francês, de harmonia com a regra de conflitos francesa (não escrita, aliás) segundo a qual, na falta de convenção, aquele regime é o supletivo da lei que for de considerar como *tacitamente escolhida* pelos interessados — e, desde logo, o da lei do primeiro domicílio matrimonial? Ou deveria antes julgar-se aplicável o regime de separação do direito italiano, direito designado como competente, na espécie, pelo art. 15.º do «dahir» marroquino de 1913, isto é, pelo DIP da *lex fori*?

A questão foi resolvida no primeiro sentido indicado, porque o tribunal entendeu que a citada regra de conflitos do «dahir» era inaplicável a situações criadas num país estrangeiro onde vigorasse uma norma diferente.

No âmbito do art. 31.º, 2, do nosso Código, caberia dizer que, tendo a aplicação do regime legal francês fundamento contratual (vontade tácita dos cônjuges), a hipótese seria de assimilar à directamente prevista no texto da lei.

189. Consideremos agora um outro ponto.

Não se refere literalmente o nosso texto senão aos negócios jurídicos celebrados no país da residência habitual das par-

---

[478] Cfr. Rev. crit., 1952, págs. 90 e seg.

tes. Mas não deve deduzir-se daí que seja esse todo o alcance e todo o domínio de aplicação da norma.

Por nossa parte, pensamos que se o acto foi realizado num terceiro país, mas de conformidade com a lei em vigor no Estado do domicílio, sendo a situação dele emergente reconhecida pela ordem jurídica deste Estado e tendo-se tornado nele efectiva, nada impede que ela seja também reconhecida no Estado do foro. Esta solução obtém-se facilmente a partir da *ratio legis*. Com efeito, o elemento verdadeiramente significativo, no quadro do preceito do art. 31.°, 2, não é, de toda a evidência, o lugar de celebração do negócio jurídico, mas o facto de as partes se terem colocado — naturalmente porque acreditaram que isso lhes era lícito — sob a égide da lei do país do seu domicílio comum, dando assim nascimento a uma relação que pôde produzir neste país, a coberto da autoridade da respectiva ordem jurídica, os seus efeitos normais. Posto isto, não seria razoável iludir as suas expectativas.

Foi por este ângulo que o legislador português considerou o problema e tratou de o solucionar. A esta luz, a conclusão a que chegámos justifica-se plenamente.

De resto, se o nosso raciocínio é correcto, há que avançar ainda mais. Imaginemos que a relação *sub iudice* se constituiu sob a protecção de um sistema de direito que não é o referido no art. 31.°, n.° 2. Como, porém, é esse o sistema competente para regular o caso segundo o DIP do Estado do domicílio, a situação jurídica assim criada é reconhecida pela lei deste Estado, no qual pôde desenvolver, de facto, os seus efeitos. No fundo, este caso não difere em grau apreciável do focado anteriormente: deve ter, por isso, tratamento idêntico. Assim, por exemplo, se um divórcio, decretado no país da residência *não habitual* dos cônjuges, de conformidade com a lei desse país, foi ulteriormente reconhecido no país da residência habitual, esse divórcio deveria ser reconhecido também em qualquer outro Estado, sem excepção do próprio Estado nacional dos interessados[479]. De todo o modo, ele será reconhecido em Portugal.

190. Chegamos agora à última dificuldade levantada pela interpretação da norma do art. 31.º, n.º 2.

Ao versar o tema do reenvio, dissemos que, por força do disposto no art. 17.º, 2, se a lei da residência habitual do interessado remeter para o direito interno da sua lei nacional, é este que deve ser aplicado, sem embargo de a *lex patriae* se não julgar competente.

Esta solução também se justificará na hipótese de se tratar, não de uma situação jurídica a constituir em Portugal, mas do reconhecimento de uma relação constituída no estrangeiro justamente ao abrigo da lei designada pela norma de conflitos da *lex patriae* e reconhecida, por conseguinte, pela ordem jurídica do Estado nacional?

Decerto que não. Para este caso há uma única solução razoável, e é a do reconhecimento. Se o facto de uma determinada situação ser válida e eficaz perante o ordenamento jurídico do Estado do domicílio nos leva sem mais a reconhecê-la, com igualdade se não maioria de razão[480] se nos imporá solução idêntica, na hipótese de a relação em causa se ter constituído sob a protecção do ordenamento jurídico do Estado nacional. Por outro lado, se os interessados tiveram em vista estabelecer uma relação capaz de produzir todos os seus efeitos no Estado

---

[479] Contudo, se em face da *lex patriae* o divórcio não fosse de conceder, é provável que o reconhecimento dele no Estado da nacionalidade dos ex-cônjuges venha a deparar com o obstáculo da ordem pública. Nada impedirá, porém, o reconhecimento do divórcio num terceiro país, mesmo que o sistema em vigor nesse país quanto ao reconhecimento de sentenças estrangeiras seja o da revisão de fundo.

[480] Isto porque, como sabemos, o nosso direito de conflitos faz prevalecer a conexão «nacionalidade» sobre a conexão «domicílio» (residência habitual).

da respectiva nacionalidade e para tanto se conformaram com os preceitos da lei designada pelo DIP da *lex patriae*, a não aceitação do reenvio em tal caso levaria à frustração das suas legítimas expectativas. Tudo aconselha, portanto, a que na referida hipótese se reconheça a situação jurídica em causa.

A solução preconizada justifica-se tecnicamente por duas vias, isto é, recorrendo simultaneamente a uma via de extensão analógica da norma do art. 31.º, n.º 2, e a um procedimento de interpretação restritiva[481] do preceito do art. 17.º, n.º 2. *Rectius*: a operação de ampliação por argumento de analogia daquela primeira regra é que determinará, por força coenvolverá a restrição do âmbito da segunda. Ou seja: ao mesmo tempo que se comprova a necessidade de estender a regra do reconhecimento às situações jurídicas criadas ao abrigo da lei para que remete a norma de conflitos da *lex patriae*, verifica-se também a de restringir o preceito do art. 17.º, 2, às relações constituídas ou a constituir no Estado do foro. De resto, se o legislador, ao formular a disposição do art, 31.º, 2, não aludiu expressamente ao caso de a situação jurídica haver sido criada sob a autoridade da lei que a *lex patriae* designa como aplicável, foi decerto porque naquele momento não atentou na hipótese — aliás, excepcional, todavia possível em face do esquema adoptado em matéria de reenvio — em que o direito do Estado nacional é de aplicar[482], a despeito de se não considerar competente.

A mesma solução deverá adoptar-se quando esteja em causa uma situação jurídica constituída no estrangeiro de conformidade com os preceitos de uma legislação que não se reputa competente, mas que é a legislação aplicável, ou segundo o DIP da *lex domicilii*, ou segundo o direito de conflitos da *lex patriae*. Na primeira hipótese, a solução justifica-se por si mesma,

---

[481] Restrição «analógica» — isto é, pedida pela coerência do sistema —, no dizer de BAPTISTA MACHADO: *Lições de DIP*, p. 178, nota 1.

[482] Por força do disposto no cit. art. 17.º, n.º 2, do Cód. civ.

perante a *ratio* do art. 31.º, 2, e no quadro da interpretação extensiva desta norma que perfilhamos. Na segunda hipótese, o argumento a utilizar é o de analogia: assim como se reconhecem todas as situações eficazes perante a ordem jurídica do Estado da residência habitual dos interessados — mesmo que porventura criadas de acordo com os preceitos jurídico-materiais de um sistema que não se julga competente no caso de espécie —, assim também devem reconhecer-se aquelas que sejam produtivas de efeitos em face da ordem jurídica do Estado nacional das partes: o juízo da lei em virtude da qual foram criadas acerca da sua própria competência será para nós indiferente. Quanto a este segundo caso, porém, — relação eficaz perante o ordenamento do Estado nacional, todavia constituída sob invocação de uma lei que se considera incompetente na matéria — há que referir ainda o seguinte: também aqui, de par com a aludida extensão por via de analogia da regra do reconhecimento (art. 31.º, 2), terá de proceder-se a uma restrição no domínio de aplicação da norma do art. 17.º, n.º 1, na parte em que essa norma faz depender o reenvio de segundo grau da aceitação de competência pela lei chamada em segundo lugar. Tal condição é dispensada sempre que se trate de reconhecer em Portugal uma situação jurídica estrangeira[483] que seja reputada válida e eficaz pelo ordenamento jurídico do Estado nacional dos respectivos sujeitos.

191. Resta formular duas notas.

A primeira é que o nosso texto pressupõe, e deve, portanto, entender-se, como se expressamente exigisse, que a situação constituída no país estrangeiro tenha nele desenvolvido (ou nalgum outro que a reconheça) — por tempo considerado razoável, tendo em conta a natureza da relação — os efeitos jurídicos

[483] Queremos dizer: constituída em país estrangeiro.

que lhe são peculiares, ou pelo menos alguns deles. Na verdade, este é um dos elementos constituintes da razão que justifica a tutela especial dos direitos adquiridos no âmbito do DIP: que justifica, em dados termos, a derrogação das normas de conflitos da *lex fori* com aquela finalidade.

A segunda nota é que, em nosso entender, a norma do art. 31.°, 2, não deve ser tomada como se eliminasse todas as possibilidades de se levar mais longe o pensamento que nela se verteu. O que há de verdadeiramente importante e inovador no citado preceito do nosso Código Civil é a dupla ideia de que a necessidade de reconhecimento das situações jurídicas constituídas em país estrangeiro pode forçar ao afastamento da lei de competência *normal* segundo as regras de conflitos da *lex fori* — contanto que entre a situação em causa e o sistema jurídico que presidiu à sua criação exista um nexo suficientemente forte, do ponto de vista do DIP local, para fundamentar a competência desse sistema. Claro que haveria toda a vantagem em que a lei definisse com precisão estas conexões *alternativas*. O legislador português só se julgou habilitado a fazê-lo pelo que respeita às matérias do estatuto pessoal[484]. Quanto às demais matérias, a inciativa pertence à doutrina e à jurisprudência.

192. Sintetizando, diremos que o texto referido do Código civil português vigente não é senão um caso particular de aplicação de uma directiva geral: a que nos leva a adoptar soluções inspiradas por uma ideia de reconhecimento das situações jurídicas multinacionais criadas ao abrigo de leis estrangeiras, mesmo que eventualmente essas leis se não mostrem aplicáveis, à luz dos critérios normais de atribuição de competência consagrados no direito de conflitos do foro.

---

[484] Aliás, este caso é um daqueles (se não aquele) em que a doutrina dos direitos adquiridos em DIP cobra o relevo máximo, como já foi observado aqui.

Caso particular, certamente, mas não caso singular. De uma parte, porque não será impossível definir, para os diversos sectores do direito internacional privado que não o do estatuto pessoal — tendo em conta o método da avaliação de interesses que delineámos noutro capítulo deste curso — os factores de conexão mais signifcativos: justamente aqueles que sejam susceptíveis de assumir aí um relevo comparável ao que atribuímos, em sede de estatuto pessoal, à nacionalidade e ao domicílio.

Em seguida, porque a apontada directiva está, em nosso aviso, em perfeita consonância com o verdadeiro espírito do direito internacional privado: um espírito autenticamente universalista, um sentido de coordenação das diferentes legislações, uma abertura rasgada do direito nacional à compreensão e à recepção da multiplicidade dos conteúdos e dos valores jurídicos que estão presentes nos diversos sistemas estatais.

O direito internacional privado é isso mesmo: um complexo de normas que, mau grado o carácter nacional da sua fonte e origem, buscam, através e para além da multiplicidade das leis, a unidade do fenómeno jurídico[485].

---

[485] Transcrevemos do nosso *DIP — Alguns problemas*, p. 263.

CAPÍTULO VI

Referência da norma de conflitos a um ordenamento jurídico plurilegislativo[486]

193. Segundo o art. 20.º do Código Civil, quando a lei chamada a intervir a título de lei pessoal for a de um Estado em que coexistam diferentes sistemas jurídicos locais, a concretização do elemento de conexão (a nacionalidade) far-se-á recorrendo ao direito interlocal do Estado estrangeiro e, na sua falta, ao respectivo DIP. Se nem assim puder resolver-se a questão, considera-se como lei pessoal do indivíduo a da sua residência habitual.

A primeira destas regras corresponde à orientação doutrinal e jurisprudencial largamente dominante[487] e mal carece de qualquer justificação. Evidentemente que a legitimidade do critério não é susceptível de ser posta em causa: contestar essa legitimidade seria o mesmo que não reconhecer o princípio da harmonia jurídica internacional. Por outra parte, é naturalmente

---

[486] DE NOVA, *Il richiamo di ordinamenti plurilegislativi,* Pavia, 1940; *Introduction to Conflict of Laws,* cit., in «Rec. des Cours», 1966, II, págs. 538 a 557; AGO, *Teoria del DIP,* cit., págs. 197-200; *Règles générales des conflits de lois,* cit., in «Rec. des Cours», 1936, IV, págs. 361-368; VITTA, *Ordinamenti plurilegislativi,* in «Novissimo Digesto Italiano», Turim, 1965. V. também as citações da nota seguinte.

[487] MAURY, «Rec. des Cours», 1936, III, págs. 551 e segs.; LEWALD, «Rec. des Cours», 1939, III, pág. 108 e *IPR,* págs. 95 e segs.; R. DE NOVA, *Il Richiamo,* cit., págs. 82 e seg., e especialmente (para citações) a nota 107; BETTI, *Problematica del Diritto Internazionale,* págs. 275 e segs.

ao legislador do sistema complexo que pertence determinar a esfera de competência de cada um dos sistemas particulares.

Note-se que se à legislação do Estado, a que no caso concreto se referir a regra de conflitos da *lex fori*, for estranho um sistema unitário de direito interlocal, mas todos os sistemas jurídicos particulares consagrarem a mesma solução pelo que respeita à situação *sub judice*, o problema está naturalmente resolvido: é essa a solução que cumpre adoptar.

Suponhamos agora que no sistema jurídico complexo designado como aplicável se não encontram normas delimitadoras da competência de cada um dos diferentes sistemas jurídicos regionais: *quid iuris*? Em tal hipótese, recorrer-se-á primeiro ao DIP central do referido sistema jurídico, se o houver, e em seguida às regras de conflitos de leis contidas nos diferentes domínios legislativos locais. Com efeito, é de presumir que, na falta de normas especificamente destinadas a dirimir os conflitos internos, os tribunais do Estado em questão apliquem nessa matéria, por analogia, os princípios de DIP consagrados na sua lei.

Já foi dito que, segundo o nosso Código Civil, se a questão não puder resolver-se por aplicação do critério que acabámos de enunciar, se considera como lei pessoal do indivíduo a da sua residência habitual.

Era também esta a solução adoptada no 2.° anteprojecto do Código. Diferente a orientação do anteprojecto de 1951. Aí, a ideia basilar era a seguinte: a solução do problema tem de procurar-se sempre no âmbito do sistema jurídico que for concretamente designado pelo factor de conexão nacionalidade. Nestes termos, se nem pela via do direito interlocal, nem tão-pouco pela do DIP do Estado estrangeiro se conseguir superar a dificuldade, há que buscar no ordenamento (plurilegislativo) competente, mas agora utilizando critérios próprios, isto é, critérios a construir nos quadros da *lex fori*, o sistema local a que o indivíduo possa considerar-se mais fortemente vinculado.

As legislações mais recentes consagram, em termos gerais, o critério da conexão mais estreita: vejam-se a Lei federal austríaca, de 15-6-1978, § 5 (3); a Lei de Introdução ao Cód. Civ. alemão, com as modificações introduzidas pela Lei 25-7-1986, art. 4.º (3); a Lei italiana de 31-5-1995, art. 18.º. Assim, este último texto determina que, se os critérios utilizados no ordenamento plurilegislativo não puderem ser individualizados, se há-de apurar o sistema normativo com o qual o caso de espécie apresentar a conexão mais estreita.

194. Voltando ao Anteprojecto de 1951, diremos que se dispõe aí que se o Estado de ordenamento jurídico complexo for um Estado federal e um Estado que reconheça, além da nacionalidade federal, ainda a nacionalidade de cada um dos Estados federados, deverá julgar-se competente a lei do Estado-membro de que o interessado for nacional.

Vinham após o critério do domicílio *actual* e do *último* domicílio do sujeito no território do seu Estado nacional. É certo — reconhecia-se — que se a pessoa estiver actualmente domiciliada num terceiro país, não falta quem preconize a aplicação da *lex domicilii*. No entanto, esta opinião não é a melhor — salvo naturalmente o caso de a própria *lex patriae* remeter para a lei do domicílio (reenvio). Com efeito, o recurso à lei do domicílio só é de propor na falta de nacionalidade, e não é esta a hipótese que se tem em vista. Do que se trata é unicamente de escolher — encarando o problema pelo prisma da *lex fori* — um dos vários sistemas legislativos em que se decompõe a lei nacional. Ora, posta a questão assim, parece que o critério da escolha não poderá ser outro senão o da maior ligação relativa da pessoa a um desses sistemas. Por isso mesmo é que se deve preferir, antes de tudo, o do domicílio actual. Na falta de domicílio actual no território, deverá recorrer-se ao último domicílio do sujeito nesse mesmo Estado. Se ele nunca foi aí domiciliado, há quem proponha a solução — arbitrária, mas prática — de considerar aplicável o direito vigente na capital do país[488].

195. Ora, a esta orientação preferiu o legislador do Código Civil, seguindo a linha do último anteprojecto, uma outra, na verdade bastante mais simples e prática[489].

Como se viu, o ponto de partida é o mesmo: em princípio, o problema pertence ao sistema jurídico que pretendemos aplicar e deve resolver-se de acordo com os critérios que ele mesmo forneça.

Na hipótese, porém, de falharem sucessivamente os dois expedientes descritos no n.º 1.º e na 1ª parte do n.º 2.º do art. 20.º — isto é, na hipótese de recurso baldado tanto ao direito interlocal como ao DIP do Estado estrangeiros —, não se procederá como foi dito no número anterior e antes se há-de desistir de resolver a questão pela lei nacional do interessado: trocar-se-á a perspectiva desse sistema jurídico pela da lei da residência habitual. Tudo irá passar-se, em suma, — nesses casos em que a *lex patriae* se mostra impotente para solver o problema que ela própria gerou — como se o interessado não tivesse nacionalidade, ou como se a nacionalidade dele fosse de averiguação impossível[490].

É dizer que a regra da 2ª parte do n.º 2.º do art.º 20.º se aplica tanto no caso da pessoa que reside habitualmente no Estado de que é nacional, como no daquela que sempre residiu, ou que pelo menos reside agora, em país estrangeiro.

---

[488] *Sic,* FRANKENSTEIN, *IPR*, I, pág. 94, e KEGEL, *IPR*, 7ª. ed., p. 304.

[489] Também R. DE NOVA (*Recenti sviluppi, loc. cit.*, págs. 41-42) parece preferir a orientação do último projecto e do Código à do anteprojecto de 1951.

[490] Como vimos, a orientação das legislações mais recentes não é esta, mas sim a correspondente ao critério da conexão mais estreita.

196. Os princípios expostos aplicam-se tão-somente ao caso em que o sistema jurídico complexo designado como competente o seja a título de lei nacional do indivíduo. Como se justifica tal limitação? Como se compreende que o art. 20.º aluda apenas a esta hipótese?

É que, não sendo este o caso, a situação apresenta-se em termos muito diferentes. Pois se o que decide agora da competência das leis do Estado estrangeiro é uma conexão de carácter territorial; se, do ponto de vista da *lex fori*, a relação em causa está como que «localizada» no território desse Estado (pela situação de uma coisa, o lugar da prática de um acto ou facto) — então a norma de conflitos do foro, que estabelece essa localização, fornece ao mesmo tempo o critério para a remoção de toda a dificuldade resultante de naquele país vigorarem vários direitos particulares. Será competente o sistema em vigor no lugar onde se verificou ou onde se situa o elemento de conexão decisivo.

Claro que a solução não é, por isto, logicamente necessária. Mas se não se erguem no seu caminho quaisquer obstáculos, nem se divisam razões que vivamente a desaconselhem — está naturalmente indicado que a adoptemos, por ela ser, fora de toda a dúvida, a mais simples e a mais prática. Assim faz a generalidade da doutrina[491].

Está bem de ver, contudo, que a doutrina exposta tem de harmonizar-se com os princípios precedentemente estudados. E, assim, se nos termos do direito interlocal do Estado plurilegislativo não for, digamos, o sistema jurídico *rei sitae* o competente no caso, mas outro qualquer, a esse terá de atender-se (transmissão de competência).

197. «Se a legislação que no caso for aplicável constituir uma ordem jurídica territorialmente unitária, mas nela vigora-

[491] Cfr. DE NOVA, *Il richiamo, cit.*, págs. 90 e segs.

rem diversos sistemas de normas para diferentes categorias de pessoas, observar-se-á sempre o estabelecido nessa legislação quanto ao conflito de sistemas» (art. 20.°, n.° 3.°).

Nesta hipótese, não há realmente que fazer qualquer destrinça, consoante a natureza do elemento de conexão decisivo.

Com efeito, a mesma localização da relação controvertida num ponto determinado do território do Estado plurilegislativo, operada pela norma de DIP da *lex fori*, não fornece de *per si*, nem directa nem indirectamente, qualquer critério útil para a escolha de um dos direitos particulares em vigor nesse Estado.

A lei aplicável à relação jurídica é, por hipótese, a *lex loci actus*. Sabe-se qual é, no caso, o lugar de celebração do negócio; mas como não pode dizer-se que nesse lugar vigora, com exclusão de todos os demais, um desses sistemas particulares — visto a pluralidade legislativa não ser aqui determinada pelo facto território —, por isso a referência da norma de conflitos *fori* à lei daquele lugar deixa subsistir a interrogação: qual é o direito material aplicável à relação controvertida?

É o que for designado pelas normas de direito interpessoal do Estado estrangeiro cuja legislação estiver em causa. E se acaso não for de todo possível determinar o conteúdo dessas normas, recorrer-se-á à solução que prevalecer na prática.

Quando a regra jurídica do foro designa a lei nacional, ser-se-á naturalmente conduzido à lei da confissão ou do grupo étnico a que pertence o interessado, segundo os critérios do ordenamento estrangeiro. Quando a mesma regra designa a lei do domicílio ou da residência, o sistema interpessoal reenviará provavelmente à *lex fori*, e este reenvio deverá aceitar-se[492].

[492] Sobre este ponto *v.* especialmente B. AUDIT, *op. cit.*, p. 252.

CAPÍTULO VII

Da ordem pública internacional[493]

198. *Ordem pública interna e internacional.* — Ordem pública interna é o conjunto de todas as normas que, num sistema jurídico dado, revestem natureza imperativa (normas inderrogáveis, *ius cogens*). A aplicabilidade em concreto dessas normas supõe ou uma relação puramente interna, ou uma relação internacional dependente desse ordenamento segundo as respectivas regras de conflitos de leis ou segundo a respectiva norma de extensão (caso das normas de aplicação imediata).

Diferente o conceito de ordem pública internacional. Se a ordem pública interna restringe a liberdade individual, a ordem pública internacional ou externa limita a aplicabilidade das leis estrangeiras[494]: ela é, na expressão de KEGEL, o reduto inviolável do sistema jurídico nacional.

Em meados do século XIX, e tendo em vista fundamentalmente as nações europeias, SAVIGNY aludia a uma comuni-

---

[493] MAURY, *L'éviction de la loi normalement compétente:. l'ordre public international et la fraude à la loi*, Valladolid, 1952; MALAURIE, *L'ordre public et le contrat*, 1953; TABORDA FERREIRA, *Da o.p. no DIP, in* RDES, X (1959), págs. 1-15 e 185-200; K. SIMITIS, *Gute Sitten und Ordre Public*, 1960; RAAPE, *IPR*, págs. 90-102; DÖLLE, *IPR*, págs. 77-87; VALLADÃO, *DIP*, I, págs. 492 e segs.; MAKAROV, *IPR*, págs. 94-102; KEGEL, *IPR*, 7.ª ed., § 16; YANGUAS MESSÍA, *DIP*, págs. 349-369; BATIFFOL-LAGARDE, *DIP*, I, 8ª ed., págs. 567 e segs.. LAGARDE, *Recherches sur l'ordre public en DIP*, 1959, AUDIT, *DIP*, n.os 255-264; P. MAYER, *DIP*, 139-149.

[494] BROCHER, *apud* VALLADÃO, *DIP*, I, pág. 494.

dade de direito entre os povos, que seria a base e o pressuposto da aplicação extraterritorial das leis. Como há cento e cinquenta anos, e apesar do muito que se avançou, sobretudo no interior de certos espaços geográficos, a caminho da unificação do direito, continuam a existir divergências inúmeras e muitas vezes profundas entre as várias legislações nacionais.

Assim, não perdeu oportunidade a observação de RAAPE[495] de que todo o reenvio para uma legislação estrangeira significa e implica um «salto» para o desconhecido (*Sprung ins Dunkle*).

Cada Estado tem naturalmente os seus valores jurídicos fundamentais, de que entende não dever abdicar, e interesses de toda a ordem, que reputa essenciais e que em qualquer caso lhe incumbe proteger. A preservação desses valores e a tutela desses interesses exigem que a todo o acto de atribuição de competência a um ordenamento jurídico estrangeiro vá anexa uma ressalva: a lei definida por competente não será aplicada na medida em que essa aplicação venha lesar algum princípio ou valor básico do ordenamento nacional, tido por inderrogável, ou algum interesse de precípua grandeza da comunidade local.

É justamente isto a ressalva, reserva ou excepção de ordem pública internacional.

199. *Dois modos de conceber a ordem pública internacional*[496]. — A) Para a doutrina actualmente dominante, que descende de SAVIGNY, a ordem pública reveste a natureza que acabou de se apontar: a de uma *excepção* ou limite à aplicação da lei normalmente competente. A ordem pública internacional impede a aplicação a determinada relação da vida dos preceitos que, no sistema jurídico definido por competente pelo DIP do foro, são chamados a reger as questões daquela categoria; e isto por-

---

[495] *IPR*, pág. 90.

[496] Ou simplesmente ordem pública (o. p.), como doravante muitas vezes diremos.

que a aplicação desses preceitos daria em resultado o surgir de uma situação manifestamente intolerada pelas concepções ético-jurídicas reinantes na colectividade, ou lesiva de interesses fundamentais do Estado.

O efeito característico da ordem pública consiste, portanto, no afastamento do regime legal normalmente aplicável aos factos *sub judice*, em razão da natureza do resultado a que em concreto a sua aplicação daria lugar: isto é, por se verificar que esse resultado seria inadmissível para o sentimento jurídico dominante, ou negaria pressupostos essenciais do sistema jurídico nacional. É esta a concepção aposteriorística da ordem pública.

B) Para outra concepção (MANCINI, WEISS, PILLET), ordem pública é o conceito que engloba as leis pertencentes a determinada categoria, as leis territoriais. É a concepção apriorística. Segundo PILLET, são territoriais (i.é, de aplicação *geral* no território do Estado respectivo) todas as leis de garantia social — as leis de ordem pública. Assim, ordem pública e territorialidade confundem-se. A ordem pública deixa de funcionar como excepção à aplicação de uma lei previamente definida como competente — mas a lei de ordem pública, quando se aplica e se se aplica, é por ser a lei de competência normal para regular o caso.

C) *Ordem pública em sentido negativo.* — A solução referida em primeiro lugar é a mais correcta. O problema a que chamamos da ordem pública internacional não é senão o de evitar a situação que se produziria com a aplicação da norma estrangeira aos factos a regular. Não se trata, pois, ao menos em princípio, de excluir genericamente a intervenção de quaisquer leis estrangeiras em determinado sector do direito privado local, mas apenas de recusar a aplicação a certos factos concretos de certos preceitos jurídico-materiais *em razão do seu conteúdo concreto* — melhor: em consideração do resultado a que levaria a sujeição a tais preceitos da relação factual *sub judice*.

Isto posto, impõe-se a conclusão de que a ordem pública é um problema privativo da fase de aplicação das normas jurídicas; e como só pode dar-se aplicação a normas de uma lei que previamente se tenha definido como competente, logo, a intervenção da ordem pública pressupõe a aplicabilidade da lei de que se trata segundo as regras de conflitos do foro. A ordem pública funciona, portanto, como um impedimento à aplicação da lei competente — como excepção às regras de conflitos da *lex fori*.

Contudo, não pretende negar-se com o exposto a existência de zonas de regulamentação particularmente sensíveis, onde se requeiram outras formas, mais eficientes, de preservação dos valores jurídicos nacionais: tratar-se-ia aí de definir, através de regras de conflitos especiais (de carácter unilateral), certos tipos de conexão entre as situações da vida e o ordenamento do foro que decidiriam da exclusiva aplicabilidade deste ordenamento. Tais regras de conflitos, que são raras — chamadas por alguns «clásulas especiais de ordem pública», por oposição à cláusula geral, que se define nos termos anteriormente referidos[497] — deparam-se-nos em certas leis estrangeiras. Suponha-se um sistema de direito em que se dispõe que a capacidade para contrair casamento se determina pela lei nacional de cada um dos futuros cônjuges, excepto pelo que toca aos casamentos a celebrar no país, aos quais se aplicará tão-somente o direito local, seja qual for a nacionalidade das partes. Outro exemplo: Lei alemã de 1986 sobre o DIP, art. 17.°. Se a lei dos efeitos gerais do casamento não admitir o divórcio, este será concedido, segundo o direito alemão, a favor do cônjuge alemão.

---

[497] E a que o art. 22.° do nosso Cód. civ. dá a formulação seguinte: «Não são aplicáveis os preceitos da lei estrangeira indicados pela norma de conflitos, quando essa aplicação envolva ofensa dos princípios fundamentais da ordem pública internacional do Estado português».

Já dissemos que a razão fundamental da excepção de ordem pública reside na necessidade de preservar os princípios ou valores de maior significado do ordenamento jurídico local. Mas há outra razão: por vezes, a ordem pública internacional é invocada como meio de defesa de uma política legislativa que não visa a tutela daqueles valores mas que é adoptada por motivos de oportunidade. A recusa de aplicação da lei estrangeira justifica-se aqui pelo receio de que a aplicação da norma contrária àquela política possa ter um efeito subversivo.

D) *Ordem pública positiva. Normas de aplicação imediata.* — Para além disto, certos autores observam que há no direito material de todos os países normas cujo escopo é tão importante que a sua violação aparece como algo de insuportável: essas normas são portadoras de uma vontade de aplicação geral[498]. Seriam elas as verdadeiras leis de ordem pública. V. neste sentido a Conv. de Roma de 1980, art. 7.°, 2 (v. também o n.° 1).

Já atrás[499] fizemos referência às normas ditas de aplicação imediata (*lois de police*) e vimos como lhes não é alheia a ideia da necessidade de existência de uma conexão entre as situações a regular e o ordenamento local: apenas, a conexão necessária — e também suficiente — não coincidiria com a designada pela regra de conflitos relativa à matéria em questão. São normas, como então dissemos, que demarcam elas próprias, aliás em geral de modo apenas implícito, o seu âmbito de aplicação.

200. *Características da ordem pública* — As características da ordem pública são a *excepcionalidade,* a *imprecisão*, a *actualidade.* Convém referir ainda o seu *carácter nacional* ou relativo a um sistema jurídico determinado.

---

[498] WOLFF, *Das IPR Deutschlands,* pág. 57.

[499] V. *supra*, n.° 82.

Da primeira característica já se falou e a segunda também resulta das considerações do número precedente.

O conteúdo da noção de ordem pública internacional é forçosamente impreciso e vago. Ordem pública internacional é um conceito indeterminado, um conceito que não pode definir-se pelo seu conteúdo, mas só pela função: como o expediente que permite evitar que situações jurídicas dependentes de um direito estrangeiro e incompatíveis com postulados basilares do direito nacional venham inserir-se na ordem sócio-jurídica do Estado do foro e fiquem a poluí-la. Do que se trata, portanto, é de comparar os resultados da aplicação de duas leis — a lei normalmente competente e a *lex fori* — a um mesmo caso, de apreciar as consequências na ordem sócio-jurídica do foro da aplicação da primeira dessas leis — de emitir um juízo de valor concreto, ou sobre algo de concreto.

Não basta estabelecer a incompatibilidade *abstracta* da norma estrangeira em causa com as concepções fundamentais da *lex fori*, com o espírito ou alma do sistema, mas interessa para além disto tirar a limpo a incompatibilidade com esse espírito de uma aplicação *concreta* da mesma norma.

É evidente que a solução de tal problema, que só pode, pois, achar-se ao nível do «caso», supõe da parte do juiz da causa uma liberdade de avaliação inconciliável com qualquer fórmula rígida. A ordem pública não é uma *medida objectiva* para aferir a compatibilidade *concreta* da norma estrangeira com os princípios fundamentais do direito nacional, mas a decisão de não aplicar as leis estrangeiras é alguma coisa que joga essencialmente com *avaliações subjectivas* do juiz, com a representação que na mente deste se forme acerca do sentimento jurídico dominante na colectividade e das reacções desse sentimento à constituição ou reconhecimento do efeito jurídico que se tem em vista.

A vaguidade, a imprecisão da noção de ordem pública é, portanto, um mal sem remédio.

Por outro lado, a ordem pública internacional — *rectius*: o juízo pelo qual se exprime a oposição aos princípios de ordem pública de certo resultado que se imagina — é função de concepções que hão-de vigorar no próprio país onde a questão se põe (ela varia, portanto, no espaço)[500], que hão-de vigorar na própria ocasião do julgamento: esta característica da *actualidade* da ordem pública internacional é admitida pela doutrina quase de modo pacífico. Na verdade, tal característica deduz-se da própria noção de ordem pública: se por ela se trata de defender valores precípuos do direito nacional, não se compreenderia que o juiz fosse autorizado a pôr em xeque a justiça do DIP em nome de concepções já abandonadas e peremptas; como, ao invés, se compreenderia mal que não estivesse em sua mão fazê-lo se a situação *sub judice*, inócua ao tempo da sua constituição, se encontra *agora*, à data do reconhecimento, em manifesta contradição com princípios essenciais do ordenamento do foro[501].

Foi de acordo com esta orientação que uma adopção celebrada na Rússia, em 1922, de harmonia com o antigo direito russo (então considerado em França competente) mas com inobservância das condições de idade exigidas nesse momento pelo Cód. civ. francês e reputadas *essenciais*, foi reconhecida pelo tribunal de Paris em 1936, em virtude de aquelas exigências terem sido entretanto atenuadas (lei de 19 de Junho de 1923)[502].

---

[500] Como disse MAURY (*op. cit.*, pág. 126), o juiz tem de limitar-se a defender o «particularismo jurídico» do seu próprio Estado. O A. acrescenta que esta regra só não seria absoluta na hipótese de se aderir à *foreign Court theory*, porque então far-se-ia mister que o juiz da causa aplicasse o direito que aplicaria o juiz estrangeiro e o aplicasse exactamente como este o faria, i. é, tendo em conta a o. p. internacional do Estado desse juiz.

[501] MAURY, *op. cit.*, pág. 122.

[502] *Op. cit.*, pág. 121.

Na mesma linha, o STJ decidiu (Assento de 22-7-1965) que é contrário aos princípios da ordem pública do Estado português o reconhecimento de um divórcio estrangeiro, mesmo que os cônjuges sejam estrangeiros no momento da sentença, uma vez que o casamento tenha sido celebrado segundo o regime da Concordata entre Portugal e a Santa Sé[503]. Quer dizer: para o Supremo, a entrada em vigor da Concordata de 1940 teria vindo introduzir na ordem pública internacional portuguesa um princípio novo: a indissolubilidade do casamento católico. Pode dizer-se, portanto, que segundo a ideia do STJ é norma de aplicação imediata a que incorporou o texto da Concordata no sistema jurídico português e que dispunha no sentido de que, no casamento católico, se presumia a renúncia dos nubentes ao divórcio. Assim se vê como a o. p. se caracteriza, não só pela extrema imprecisão, mas também por uma acentuada *labilidade*.

201. *Necessidade de balizar o campo de actuação da ordem pública; concretizações desta ideia.* — Essa necessidade é consequente da mesma impossibilidade de definir conceitualmente a ordem pública. Entre outras, são de salientar a este propósito as seguintes ideias:

a) Do que se trata não é propriamente de ajuizar da «justiça» da lei estrangeira (da sua conformidade com a justiça da *lex fori*), mas da compatibilidade com as concepções ético-jurídicas fundamentais da *lex fori* da situação que adviria da aplicação da lei estrangeira aos factos da causa. Esta ideia transparece com suficiente clareza na fórmula do art. 22.°, n.° 1, do Cód. civ.

b) Com a ressalva que adiante se fará, exige-se que entre a factualidade *sub judice* e o ordenamento do foro interceda um *nexo suficientemente forte* para justificar a não aplicação da

[503] Cfr. o referido Assento no Diário do Governo, 1ª série, de 2-8--1965.

norma estrangeira em princípio aplicável[504] (doutrina alemã da *Binnenbeziehung* ou *Inlandsbeziehung*).

Em verdade, se a relação em causa é uma relação *estranha*, ou tanto monta, à comunidade local, em que pode a decisão do caso abalar esta comunidade nos seus alicerces, que são as convicções reinantes em matéria ético-jurídica ou religiosa, mais as coordenadas básicas da sua organização económico-social? Não se esqueça, por outra via, que a *justiça* de uma lei é tão-somente uma justiça *relativa*: relativa a um lugar e a um tempo determinado. Uma justiça espácio-temporalmente condicionada.

Nesta ordem de ideias, a gravidade da divergência entre a norma estrangeira e o direito nacional reputada necessária para justificar a intervenção da ordem pública, variaria na razão inversa da intensidade do nexo apurado entre a relação em causa e o ordenamento jurídico do foro.

Admitindo-se a doutrina exposta, há, porém, que ressalvar os casos — por certo raros — em que a norma ou instituição estrangeira entre em conflito com princípios que nos pareçam essenciais a toda a comunidade humana que deseje realmente nortear-se pela representação de valores ético-jurídicos e assentar neles as suas estruturas sociais. Entre tais casos contar-se-á o da denegação de personalidade jurídica a alguns homens (escravatura), ou só que seja o da recusa de certos direitos fundamentais da pessoa humana (em regra por motivos de carácter racial ou político), o da instituição do casamento poligâmico[505], o do divórcio sob a forma de repúdio da mulher (salvo se esta

---

[504] Esta doutrina não é pacífica. Contra, por exemplo, MAURY, *op. cit.*, págs. 86 e seg.

[505] Se um nacional de um país que admite a poligamia pretender contrair em Portugal segundo casamento na vigência do primeiro, é fora de dúvida que o não poderá fazer, porque a nossa concepção do matrimónio (matrimónio monogâmico — cfr. cód. civ., art.°. 1601.°, *c*)) a tal se oporá.

lhe der o seu assentimento)[506], o da negação dos direitos da filiação aos filhos naturais[507]. Nestas hipóteses, poderá dizer-se, com LEWALD[508], que o elemento que funciona como ligação suficiente da situação *sub judice* ao Estado do foro é o próprio facto de a questão poder ser resolvida por um tribunal deste Estado.

c) Teoria do efeito atenuado da intervenção da cláusula de ordem pública. — Segundo uma doutrina, que recebeu em França a chancela do Tribunal de Cassação (*arrêt Rivière,* de 17 de Abril de 1953), a *o. p.* pode operar de modo diverso conforme se trate de adquirir um direito em França, ou de permitir que um direito adquirido sem fraude no estrangeiro produza em França os seus efeitos (citação de B. AUDIT, *DIP*, p. 265). Assim é que os tribunais foram progressivamente admitindo, depois daquele aresto, os efeitos patrimoniais de uma união poligâmica regularmente celebrada no estrangeiro (v. *supra*, cap. sobre o método, o que foi dito acerca do caso Chemouni).

Nestes termos, como diz Pierre MAYER (*DIP,* p.144), a excepção de ordem pública intervirá quando se tratar, quer da criação no Estado do foro, através de uma sentença constitutiva, de uma relação jurídica (divórcio, adopção), quer do reconhecimento de uma relação já criada no mesmo Estado. A ordem pública não intervirá em regra quando a relação tiver sido constituída no estrangeiro. Suponhamos um divórcio estrangeiro, na sequência do qual os ex-cônjuges contraíram segundas núpcias. O não reconhecimento do divórcio teria aqui, evidentemente,

[506] Repúdio admitido pelas leis pessoais de ambos os cônjuges.

[507] Vários autores apontam outros casos, em que todavia a «inadmissibilidade» do resultado não atinge um grau tão elevado. Assim, para DÖLLE (*IPR*, pág. 84), a impugnação de um negócio jurídico por coacção é sempre de admitir, bem como a redução de uma cláusula penal exorbitante.

[508] *Règles générales des conflits de lois, cit.*, "Rec. des Cours", *cit.*, pág. 123.

mais inconvenientes do que o próprio reconhecimento[509]. Por outra parte, o efeito social perturbador daquela primeira solução é mínimo, atentas as circunstâncias do caso.

Entre nós, vem sendo admitido pacificamente desde 1947 que a celebração em Portugal de um segundo casamento por um cônjuge divorciado no estrangeiro se basta com a simples exibição perante o conservador do registo civil do documento que contenha a sentença de divórcio. Neste caso, a sentença não estará sujeita a revisão e confirmação para produzir os seus efeitos e, por conseguinte, não haverá lugar à verificação da conformidade da situação derivada da sentença com a o. p. do Estado português[510].

Por análogas razões, não tem repugnado noutros países, onde se professam concepções semelhantes às nossas em matéria de casamento, a atribuição de direitos sucessórios aos descendentes de matrimónio poligâmico[511] — matrimónio válido perante a lei nacional dos cônjuges, ambos muçulmanos, e a do país da celebração (Irão) — e até à segunda mulher do polígamo[512]. É que tais soluções não implicam o reconhecimento directo da união poligâmica, mas tão-só o de que a lei reguladora da sucessão *mortis causa* atribui a determinados indivíduos, em virtude da posição em que se encontravam perante o autor da herança em vida deste, direitos sucessórios iguais aos dos filhos legítimos; nada tem, pois, de chocante. Como já vimos atrás, a propósito do caso Chemouni, esta doutrina é inaplicável aos efeitos pessoais do casamento. Uma espécie que se presta a dúvidas em face da teoria de que temos vindo a ocupar-nos é a do repúdio. O repúdio da mulher portuguesa pelo marido

---

[509] *DIP*, p. 144; BATIFFOL-LAGARDE, I, n.os 361-362.

[510] *Vide infra*, parte II, n.º 11, *a*).

[511] Considerados eles como filhos legítimos, designadamente para o efeito de serem admitidos nessa veste à sucessão do pai.

[512] Cfr. RAAPE, *IPR*, p. 95.

muçulmano ofende o preceito constitucional que consagra o princípio da igualdade dos cônjuges[513]. Mas se a mulher deu o seu assentimento ao repúdio — ou no próprio acto ou mesmo posteriormente — não se descortinam razões para fazer apelo à ordem pública; isto no caso de o repúdio ter sido realizado no estrangeiro, ao abrigo da lei do domicílio comum das partes, competente nos termos do art.º 31.º, n.º 2 do Cód. Civ. O mesmo se diga se é a mulher quem pede em Portugal o reconhecimento dos efeitos do repúdio, *v. gr.*, porque pretende contrair segundo casamento.

Consideremos agora o problema posto por um repúdio (ou mesmo um divórcio privado, em que ambos os cônjuges intervêm) que tenha tido lugar no Estado do foro. Em Portugal, como na generalidade dos países ocidentais, é uma ideia corrente a de que em matéria de divórcio os tribunais civis têm competência exclusiva[514]. Só ela garante de modo adequado a salvaguarda dos vários interesses ligados à constituição da família.

No entanto, a intervenção da ordem pública só se justifica, a nosso ver, no caso do repúdio, sendo ainda necessário que a mulher, portuguesa ou residente em Portugal à data do acto, não tenha concordado com a dissolução do vínculo matrimonial nas circunstâncias ocorrentes[514*bis*].

---

[513] A exigência da *Inlandsbeziehung* (conexão suficiente com o Estado português) está evidentemente satisfeita, dado a mulher ser portuguesa.

[514] Pelo que repeita à Alemanha, veja-se o acórdão do BGH, de 14-10-81, IPRAX 1983, p. 37, e JAYME, Clunet 1984, p. 646. O art.º 17.º, 2 da Lei de 25 de Julho de 1986 enuncia esta ideia de forma inequívoca. «Eine Ehe kann im Inland nur durch ein Gericht geschieden werden».

No mesmo sentido a interpretação corrente dos direitos austríaco, belga, espanhol, francês, luxemburguês, holandês e turco (conforme o resultado dos inquéritos a que se procedeu na Comissão Internacional do Estado Civil e que não foram ainda tornados públicos).

[514*bis*] Se um cidadão português pretende desposar mulher estrangeira

202. *Função proibitiva (impeditiva) e permissiva (positiva) da ordem pública* — A ordem pública tanto pode intervir de modo a evitar a constituição ou o reconhecimento em Portugal de uma relação jurídica sujeita a um direito estrangeiro, como para o efeito de permitir a constituição no país de uma situação jurídica que a lei estrangeira aplicável por si não autorizaria.

Exemplos:

(a) Proposta em Portugal uma acção visando a celebração do casamento com base num contrato esponsalício, o tribunal considera contrária à ordem pública portuguesa a aplicação do preceito da lei nacional comum das partes em que se funda a pretensão e julga a acção inviável.

(b) Intentada acção de divórcio, o tribunal entende que a admissão da acção e a concessão do divórcio pelo fundamento invocado (que é causa legítima de divórcio para a lei da nacionalidade comum dos cônjuges) seriam contrárias aos princípios de ordem pública do Estado português; e conclui como em (a).

Em qualquer dos casos, a ordem pública internacional impediu a produção de um efeito jurídico que à face da lei competente deveria produzir-se.

(c) *A* e *B* são nacionais de um Estado onde o impedimento de raça ou o da *disparitas cultus* é conhecido. Pretendem casar no nosso país. Provavelmente, o conservador do registo civil não porá obstáculos à celebração do casamento, argumentando que a aplicação do preceito em causa da lei estrangeira lesaria concepções fundamentais da ordem jurídica portuguesa.

---

que o anterior marido repudiara, sendo a dissolução matrimonial operada por esta forma reconhecida pela lei pessoal da mulher, parece que não há impedimento à celebração do casamento. Na verdade, trata-se aqui simplesmente de tomar em consideração o facto de que a mulher já se não encontra casada em face da lei reguladora da sua capacidade matrimonial, segundo a norma de conflitos do artigo 49.º do Cód. Civ.. É, pois, uma questão prévia que se levanta.

(d) *A* propõe contra *B* acção para anular um contrato com fundamento em coacção moral exercida por terceiro. A lei aplicável à substância e efeitos do negócio jurídico nega toda a relevância à coacção nesta hipótese, como vício susceptível de invalidar o acto. É possível que o juiz, atendendo às circunstâncias do caso concreto, se recuse a tomar em consideração a referida norma, e julgue a acção procedente.

Tanto em (c) como em (d), a ordem pública actuou positivamente, permitindo a celebração de um acto ou a produção de um efeito jurídico que à sombra da lei competente não seriam possíveis.

Mas é de notar que o efeito *directo* da ordem pública é *sempre* impeditivo: consiste sempre na exclusão de um preceito do sistema jurídico declarado competente pelo DIP do foro.

203. *Consequências da intervenção da ordem pública* — Acabámos de dizer que a ordem pública internacional tem sempre por consequência o afastamento de um preceito ou conjunto de preceitos da lei que o DIP do foro qualifica de competente. A não aplicação desses preceitos traz consigo o não reconhecimento — não a nulidade! — ou a impossibilidade de realização do acto para que se requer a tutela jurídica: o casamento, o divórcio, a adopção. Trata-se de uma consequência normal e constante da intervenção da ordem pública.

A exclusão da norma de direito estrangeiro pode dar em resultado a formação de uma lacuna. Surge então um delicado problema — o do modo de a colmatar. *Prima facie*, não se nos depara caminho senão o recurso à *lex fori*: excluída a lei estrangeira competente, a *lex fori* torna-se aplicável *ipso facto*. Assim terá de ser no âmbito de uma teoria, como é a de R. AGO e sequazes, em que o direito nacional tem um valor geral, sendo o DIP o direito especial das relações internacionais: não podendo aplicar-se a excepção, entra em funcionamento a regra de modo automático. Simplesmente, não é esta a concepção a que aderimos. Mas não continuará mesmo assim a ser forçoso o recurso à *lex fori*, para preenchimento das lacunas resultantes da intervenção da ordem pública?

Não necessariamente.

Começaremos por observar que as hipóteses de autênticas lacunas de regulamentação engendradas pelo funcionamento do mecanismo da ordem pública são raras. Por vezes, o «caso» fica resolvido por completo com a simples não aplicação do preceito estrangeiro contrário à ordem pública nacional. É um casamento entre dois indivíduos de raças diferentes, nacionais de um Estado que considera esse facto como impedimento matrimonial. Nós é que não podemos aceitar tal ponto de vista; e pois que além desse nenhum outro impedimento se divisa na lei estrangeira em questão, o casamento poderá celebrar-se. O problema está por completo resolvido. O mesmo se diga no caso de uma acção de divórcio cujo fundamento se considera contrário à ordem pública do Estado do foro: apurado esse ponto, não há senão julgar a acção improcedente, uma vez que (por hipótese) nenhum outro fundamento admitido pela lei estrangeira aplicável fora invocado.

Num outro grupo de situações, a acção da ordem pública consiste apenas em vetar a aplicação da norma estrangeira, sucedendo no entanto nascer daí uma lacuna, que é mister preencher. Como? Pelo recurso à *lex fori*?

Já o dissemos, e assim respondem os autores alemães[515]: não necessariamente. O desejável é que tanto quanto possível se resolva o problema no quadro ainda da lei designada como competente — naturalmente mediante recurso a outras normas

---

[515] Com algumas excepções. No sentido indicado, por todos, RAAPE, *IPR*, pág. 99, DÖLLE, *IPR*, pág. 85, e MAKAROV, *IPR*, pág. 100. Não é esta a doutrina seguida em França: MAURY, *op. cit.*, págs. 145-146; BATIFFOL-LAGARDE, I, n.os 367-388; AUDIT, n.º 308.

dessa lei. Com efeito, esta legislação não foi afastada *in toto*, mas tão-só num preceito determinado. Se não se torna possível dar ao caso a solução que lhe seria dada no âmbito do ordenamento designado como competente pelo DIP do foro, tentemos afastar-nos o menos possível daquela solução — e para tanto o procedimento mais indicado consistirá em colmatar a lacuna através da aplicação doutras normas da mesma lei.

O método recomenda-se especialmente quando o preceito jurídico rejeitado pela nossa ordem pública constitui no ordenamento a que pertence uma excepção ou desvio a um princípio geral: afastada a excepção, recorre-se à regra. Foi assim que procedeu o *Reichsgericht* num caso em que se tratava da aplicabilidade de um preceito do direito suíço — o direito competente na espécie — por força do qual certo crédito seria imprescritível. O tribunal considerou a aplicação desse preceito incompatível com a ordem pública alemã, mas não concluiu pela aplicabilidade dos prazos de prescrição do direito alemão, antes decidiu que se deveria preencher a lacuna emergente através dos preceitos gerais do direito suíço concernentes à prescrição. Resta saber se a solução adoptada deveria ser a mesma na hipótese de o prazo prescricional do direito suíço ser mais longo do que o da lei alemã. É evidente que não: em tal caso, a solução decorrente da *lex fori* seria mais chegada àquela que a ordem pública obrigara a excluir do que a derivada da lei estrangeira.

A doutrina exposta foi perfilhada pelo Código civ. português: art. 22.°, n.° 2. Na hipótese de lacuna, só se recorre à lei portuguesa se na legislação estrangeira competente se não encontrarem «normas apropriadas», isto é, se a partir dessa legislação não conseguir descobrir-se uma solução que seja adequada ao caso, uma solução que não se aparte muito da que a ordem pública forçou a recusar, ou que de toda a maneira dela se afaste menos do que a resultante dos princípios do direito português.

CAPÍTULO VIII

Da fraude à lei em DIP[516]

204. A fraude à lei em DIP consiste em alguém iludir a competência da lei de aplicação normal, a fim de afastar um preceito de direito material dessa lei (preceito rigorosamente imperativo), substituindo-lhe outra lei onde tal preceito, que não convém às partes ou a uma delas, não existe. É este o elemento subjectivo da fraude. A intenção fraudulenta é levada a cabo através de uma adequada manipulação da regra de conflitos, normalmente do factor de conexão. É este o elemento objectivo da fraude, a qual pressupõe que possa depender da vontade dos interessados fixar a conexão relevante à medida das suas conveniências. É a nacionalidade o elemento de conexão normalmente utilizado.

205. Exemplo muito conhecido é o caso *de Beauffremont*. A princesa de Beauffremont vivia em França, na 2ª metade do século XIX, judicialmente separada do marido. Os cônjuges eram ambos franceses e naquele tempo o divórcio não existia ainda em França (só foi reconhecido dez anos mais tarde). Mas a princesa queria divorciar-se, para desposar o príncipe Bibesco. Foi então aconselhada a naturalizar-se num ducado alemão (a escolha recaiu no de Saxe-Altenburg), onde a separação de pessoas e bens equivalia a um divórcio.

---

[516] MAURY, *L'éviction de la loi normalement compétente*, 1952; P. MAYER, *DIP*, pp. 177 e segs.; AUDIT, *La fraude à la loi*, 1974.

Como a lei desse ducado passou a ser a nova lei nacional da princesa de Beauffremont segundo a regra de conflitos francesa, o expediente permitiu à interessada contrair imediatamente segundo casamento, que aliás não foi reconhecido em França, em virtude da fraude que esteve na base da naturalização. O objecto da fraude foi a norma de conflitos que designava como aplicável no caso a lei francesa — justamente aquela de que a princesa pretendia evadir-se; e o instrumento da fraude a norma que considerava aplicável a lei a que a interessada pretendia acolher-se.

206. Foi, portanto, a ilicitude do fim visado com a manobra, e não a pura e simples alteração do elemento de conexão da regra de conflitos, que provocou o malogro do plano. Na verdade, ninguém pode ser privado do direito de mudar de nacionalidade, contanto que o indivíduo proceda com o intento sério de aceitar as consequências mais essenciais da condição de nacional do Estado da naturalização[517]. Ora, a princesa de Beauffremont não revelou essa intenção: interessou-lhe apenas contrair segundas núpcias com o príncipe Bibesco. O não reconhecimento deste acto — ou a sua mera inoponibilidade ao príncipe de Beauffremont — foi, por conseguinte, uma decisão correcta, à luz da teoria da fraude à lei.

207. A manipulação do factor de conexão da norma não é essencial à relevância da fraude. Esta pode incidir no objecto da conexão. Assim, para evitar a aplicação à sua sucessão imobiliária da lei francesa na parte em que institui uma reserva ou porção legitimária a favor dos filhos do *de cujus*, o cidadão francês *Caron*, domiciliado nos Estados Unidos, proprietário de um imóvel sito em França, cedeu-o a uma sociedade americana de que ele possuía acções. A fraude à lei francesa foi pois

[517] Neste mesmo sentido, P. MAYER, *DIP*, n.º 269.

realizada através de uma mudança do estatuto sucessório resultante da transformação de direitos imobiliários em direitos mobiliários (como sabemos, a sucessão mobiliária depende em França da lei do último domicílio do hereditando). Como a lei americana não conhece a legítima, foi possível ao *de cujus* deserdar totalmente os filhos; mas os tribunais franceses não se deixaram iludir pela manobra fraudulenta e restabeleceram a competência da lei francesa com os consequentes direitos dos filhos do fraudante[518].

208. Não pode considerar-se haver fraude no caso de uma pessoa colectiva (uma sociedade anónima, por exemplo) cujos fundadores deliberem fixar-lhe a sede em determinado país unicamente para beneficiar da menos severa legislação desse país relativamente à daquele onde a sociedade se propõe exercer a sua principal actividade. Estamos a pôr a hipótese de uma deliberação *séria* — de uma sede *real*. Achamos nós que neste domínio a fraude só será de considerar nas hipóteses que chamaremos «de internacionalização artificial» da pessoa colectiva: dá-se à pessoa colectiva, aliás puramente interna, cor ou carácter internacional através da simples fixação da respectiva sede em país estrangeiro. Na verdade, deve entender-se que é pressuposto da intervenção do direito de conflitos a existência de uma situação propriamente internacional, não se realizando o pressuposto toda a vez que sejam as partes a internacionalizar artificialmente, *animo legi fraudandi*, a situação.

Mas o mesmo se não diga quando a natureza internacional da pessoa colectiva esteja *in re ipsa*, quando, por exemplo, se trate de uma sociedade anónima que deverá exercer a sua actividade em diversos países, e/ou com capitais procedentes de diversos países, etc. Nos casos desta espécie, verifica-se justamente aquele estado de coisas que de modo típico provoca a

---

[518] *Vide*. P. MAYER, n.º 274.

intervenção do direito conflitual — verifica-se aquela situação de dúvida enquanto à lei aplicável que ao DIP compete remover — e que ele precisamente remove através da eleição do elemento da sede social. Por outro lado, parece-nos que a conexão dada pelo elemento-sede — desde que se trate da sede *efectiva* da pessoa colectiva e não de uma sede fictícia ou aparente — corresponderá sempre à *conexão hipotizada* pela respectiva norma de conflitos, seja qual for o motivo que tenha induzido as partes a eleger aquela sede: pois será sempre aí que *realmente funciona* a direcção jurídica, administrativa e técncica da empresa.

209. Considerações análogas são cabidas no caso dos contratos, sempre que a lei aplicável seja a lei escolhida pelas partes. A Convenção de Roma de 1980 consagra expressamente, no seu art.°. 3.°, o princípio da liberdade de escolha da lei que há-de reger o contrato. Este princípio não conhece limitações, contanto se trate de um negócio jurídico internacional. Por conseguinte, as partes podem designar o direito aplicável ao sabor das suas conveniências. Assim sendo, a fraude é neste domínio impensável. Não importa que os contraentes tenham sido determinados pelo intuito de fugir ao regime imperativo muito rigoroso da lei com a qual a sua operação esteja mais estreitamente vinculada: mesmo assim, a escolha será válida. Ela só o não será se o contrato estiver conectado com uma única lei, porque nesse caso tratar-se-á de um contrato interno e ao ligá-lo a determinado sistema jurídico as partes tiveram a intenção de o internacionalizar (internacionalização artificial) — e já vimos que é pressuposto da intervenção do DIP a existência de uma situação verdadeiramente internacional. Não é este o caso aqui. O carácter internacional foi fraudulentamente atribuído ao contrato pelo acto das partes.

À doutrina exposta no período anterior dá a Convenção de Roma expressão nos termos seguintes (art.° 3.°, 3): «A escolha pelas partes de uma lei estrangeira [...] não pode, quando todos os outros elementos da situação estiverem localizados no momento da escolha num único país, ofender as disposições às quais a lei deste país não permite derrogar por contrato».

210. *Sanção da fraude à lei*[519]. A sanção da fraude consiste no regresso ao estado de coisas a que o fraudante pretendeu evadir-se, com a concomitante ineficácia da situação que ele visou criar. Assim, a princesa de Beauffremont continuou casada com o anterior marido, sendo totalmente ineficaz o casamento com o príncipe Bibesco. Por conseguinte, a naturalização alemã foi ignorada pelos tribunais franceses, que consideraram ter a princesa de Beauffremont continuado a ser francesa. Assim também, no caso Caron, a venda do imóvel à sociedade de direito americano, com a concomitante substituição daquele por acções da sociedade, foi ignorada pelos tribunais franceses, e a legítima dos filhos do fraudante respeitada.

Resta apreciar uma última questão, que é a da fraude à lei estrangeira. A orientação clássica pronunciava-se no sentido negativo. Assim, em França, os tribunais recusaram-se a admitir a alegação de uma italiana de fraude à lei do seu país pelo marido, que, desejando divorciar-se (nesse tempo a Itália não admitia o divórcio), foi naturalizar-se francês. A razão invocada foi que não pertence aos tribunais judiciais criticar o acto administrativo francês da naturalização. Contudo, poderia ter-se entendido que a fraude tinha por objecto a lei francesa de DIP, que designava o sistema de direito aplicável ao divórcio. E o facto é que se admite hoje a relevância da fraude à lei estrangeira, pelo menos quando a fraude tenha consistido na evicção da lei estrangeira competente a favor doutra também estrangeira[519].

---

[519] *V.* BATIFFOL-LAGARDE, *op. cit.*, n.º 373.

CAPÍTULO IX

Da aplicação do direito estrangeiro

209. O direito aplicável por força da norma de conflitos é o direito que realmente vigora num determinado país, seja qual for a natureza da fonte de onde emanam os respectivos preceitos. Pode tratar-se de direito religioso, de direito internacional incorporado *in foro*, de direito consuetudinário. Por outro lado, é irrelevante o facto de o Estado ou o Governo estrangeiro não ser reconhecido pelo Estado do foro. Na verdade, são coisas conceitual e praticamente distintas: o reconhecimento do Estado ou do respectivo Governo (assunto que releva do direito internacional público) e o reconhecimento do direito (privado) que num Estado se encontra em vigor.

210. O direito estrangeiro é aplicado entre nós *como direito*. Vejam-se neste sentido os arts. 348.°, n.° 2, do Cód. civ. (o tribunal aplica *ex officio* o direito estrangeiro declarado competente pelas normas de conflitos portuguesas) e 721.°, 3.°, do CPC (constitui fundamento de recurso de revista a violação da lei substantiva estrangeira).

211. *Prova da existência e averiguação do conteúdo do direito estrangeiro*. Dispõe o já citado art.° 348.°, n.° 1, do Cód. civ. que àquele que invocar direito estrangeiro compete fazer a prova da sua existência e conteúdo; mas que o tribunal deve procurar, oficiosamente, obter o respectivo conhecimento. Por outro lado, o n.° 2 do mesmo artigo resolve uma outra questão que noutros países tem suscitado dúvidas e que é a da aplicação

oficiosa da regra de conflitos — resolve-a no sentido afirmativo, referindo-se à hipótese de nenhuma das partes ter invocado direito estrangeiro, o que é incontestavelmente a melhor solução. Com efeito, o objecto da regra de conflitos é promover a justiça do DIP, designando a lei que se considera mais apropriada, e não conferir aos indivíduos prerrogativas às quais eles seriam livres de renunciar. Por outra via, esta atitude seria de molde a encorajar o *forum shopping*, isto é, a busca pelos particulares na ordem internacional de uma autoridade complacente — que seria a *lex fori* — a fim de obter o que não poderia ser obtido segundo a lei aplicável[520].

Já vimos que é àquele que invocar direito estrangeiro que compete fazer a prova da sua existência e conteúdo; mas que isto não isenta o tribunal do dever de procurar obter, oficiosamente, o respectivo conhecimento. Trata-se, porém, para as partes de uma pura e simples obrigação de meios, pois que a tarefa se pode revelar impossível ou extremamente difícil.

212. *Consequências da falta de prova do direito estrangeiro.* Vejamos agora quais as consequências da falta de prova do direito estrangeiro aplicável.

a) Uma primeira orientação seria aquela conforme a qual o tribunal deveria pronunciar um *non liquet*. Trata-se de uma orientação inaceitável, já que o juiz não pode abster-se de julgar, a pretexto de falta ou obscuridade insanável da lei. A denegação de justiça é em qualquer caso inadmissível.

b) Vejamos outra solução. Quando o conteúdo geral da lei estrangeira foi estabelecido, mas não um seu preceito particular, a lei estrangeira deve ser aplicada na medida em que o tribunal, segundo a sua apreciação, a considere provada. Daqui resultará

---

[520] Cfr. AUDIT, *DIP*, pp. 220 e seg. A jurisprudência francesa pronunciava-se, porém, em sentido oposto (*arrêt Bisbal*, 1959). Esta jurisprudência foi, no entanto, desaprovada já nos anos 80 pela Cassação.

que a causa será julgada contra a parte que fundamenta a sua pretensão justamente no preceito de direito estrangeiro cuja existência e conteúdo não puderam ser estabelecidos. Com efeito, é de presumir neste caso que a decisão de rejeitar a pretensão esteja de acordo com o sentido geral da lei estrangeira.

c) Mas o mesmo se não dirá quando nenhum elemento de prova convincente tiver sido apresentado relativamente à lei estrangeira considerada no seu todo. São de considerar duas soluções: 1ª O juiz decide contra a parte que não conseguiu provar o conteúdo do direito estrangeiro. Esta solução é tão somente de aprovar na hipótese da alínea anterior; quanto ao mais, ela estaria em oposição com a concepção do nosso sistema jurídico, segundo a qual o direito estrangeiro não é tratado como matéria de facto. 2ª O tribunal decide de conformidade com a *lex fori*, sendo esta aplicável a título subsidiário. Contudo, nenhum argumento de fundo dá base a esta doutrina, nem àquela conforme a qual, na hipótese que estamos a analisar, deverá presumir-se que as normas da lei competente não diferem das do direito português. Na verdade, o recurso sistemático à lei do foro, como lei subsidiariamente aplicável ou em virtude da referida presunção de coincidência, poderia conduzir a resultados que tudo indicasse não estarem de acordo com os preceitos da lei designada pela regra de conflitos do foro, como por exemplo no caso de a acção a julgar tender ao reconhecimento da *legítima* dos filhos do testador, sendo certo que da lei nacional do *de cujus* apenas se sabe (mas isso com segurança) que ela pertence ao grupo dos sistemas jurídicos dos países de *common law*. Ora, é de todos conhecido que uma das características gerais comuns a estes sistemas, em matéria de sucessões por morte, é exactamente a liberdade de testar (ausência de legítima).

d) Segundo a orientação preconizada pela doutrina alemã dominante, não sendo possível averiguar o conteúdo do direito *realmente* vigente num determinado Estado, deverá recorrer-se ao direito nele *provavelmente* vigente. Este critério levará à aplicação do sistema que se tiver por mais chegado ao designado pela norma de conflitos do foro. É uma presunção legítima. No entanto, a mera circunstância de dois sistemas jurídicos pertencerem à mesma família, ou de um deles ter servido de modelo ao outro, pode nada querer dizer relativamente ao modo como um e outro provêem acerca de determinados aspectos da regulamentação legal de certo instituto. Assim, a circunstância de o instituto das sociedades anónimas obedecer às mesmas características principais nas duas leis não autoriza só por si a presumir que a regra vigente numa delas sobre o processo de convocação das assembleias gerais ou o prazo para a impugnação das respectivas deliberações vigore também na outra.

Contudo, este reparo tende somente a mostrar que a orientação exposta nesta alínea não pode aceitar-se sem importantes restrições. Voltaremos ao assunto mais adiante.

e) A doutrina atrás defendida a propósito da aplicação a título subsidiário da *lex fori*, parece estar em conflito com o n.º 3 do art.º 348.º do Cód. civ., o qual prescreve que, na impossibilidade de averiguar o conteúdo do direito aplicável, o tribunal recorrerá às regras do direito comum português. No entanto, o significado deste preceito não é aquele que a uma análise desprevenida decorre da sua letra. Para assim concluir, basta confrontar esta norma com a do n.º 2 do art. 23.º, onde se dispõe que, na impossibilidade de averiguar o conteúdo da lei estrangeira aplicável, se deve recorrer àquela que for subsidiariamente competente.

Afinal, o que o n.º 3 do artigo 348.º quer dizer é tão-somente que, tornando-se impossível averiguar o conteúdo do direito estrangeiro que for competente em via principal ou subsidiária, terá de apelar-se, em última instância, para o direito comum português. Assim se vê, não só que o último texto citado não está em conflito com o n.º 2 do artigo 23.º, mas também que a doutrina nele consagrada não é precisamente aquela que se expôs no começo desta alínea.

213. Tudo ponderado, a orientação que recomendamos é a seguinte.

Não sendo possível o conhecimento *directo* do direito estrangeiro (e nesta expressão «conhecimento directo» envolvemos aquele que resulta do exame dos arestos judiciais e das obras dos juristas responsáveis), impõe-se o recurso às presunções, que são também um modo legítimo de provar. Assim, vejamos.

a) Se o tribunal não consegue estabelecer de modo preciso o conteúdo das normas do direito estrangeiro relativas ao caso *sub judice*, mas consegue informar-se com segurança acerca dos princípios gerais desse direito na matéria em questão, deverá decidir o ponto litigioso de harmonia com tais princípios.

b) Imagine-se agora que tudo quanto se conhece acerca do direito estrangeiro aplicável é ter ele sido fundamente influenciado por outro sistema jurídico. A acção a julgar é uma acção de divórcio com fundamento em abandono do lar conjugal. No segundo sistema jurídico (o sistema jurídico-modelo), o divórcio só é admitido com base no adultério. Posto isto, é de presumir que as normas da legislação competente se não apartem muito desta linha de orientação — e a acção de divórcio será julgada improcedente: não deve o juiz recorrer aqui aos preceitos da *lex fori* que autorizariam o divórcio.

Deverá proceder-se em termos semelhantes — isto é, deverá recorrer-se ao sistema jurídico inspirador da lei aplicável — sempre que a matéria da causa, pela sua natureza, contenda directamente quer com linhas gerais do ordenamento jurídico, quer com características básicas da instituição em apreço, e não com simples aspectos particulares e por assim dizer insignificativos da regulamentação legal do instituto em causa. De resto, já tínhamos feito esta observação.

Pode também admitir-se o preenchimento da lacuna do conhecimento do juiz acerca do direito estrangeiro aplicável através da regra decorrente dos princípios gerais de direito comuns às nações civilizadas.

c) Outra relevante presunção a utilizar pelo tribunal é a de que, tendo-se operado no ordenamento estrangeiro quanto à matéria *sub judice* uma alteração de regime e não sendo possível estabelecer directamente o conteúdo da lei nova, a solução que era dada ao caso pela lei antiga continua a ser válida. Mas esta presunção cederá se a referida solução se não casar com o espírito (esse conhecido) da nova lei — e bem assim na hipótese de se averiguar que a lei nova (desconhecida tanto nas suas normas concretas como nas suas características gerais) veio estabelecer uma regulamentação inteiramente distinta da anteriormente vigente.

d) Para além dos tipos de situações a que acabamos de aludir, torna-se extremamente arriscado, cremos, guardar fidelidade ao sistema das presunções, isto é, ao propósito de averiguar por essa via o conteúdo do direito estrangeiro — aquele direito *provavelmente* vigente no Estado cuja legislação se trata de aplicar. Persistindo nessa orientação para além dos limites indicados, o risco de se observar uma norma inteiramente distinta da do ordenamento competente passa, em nosso modo de ver, a superar a probabilidade contrária.

Por isso, parece-nos de bom conselho mudar aqui de rumo, adoptar o ponto de vista de que a conexão estabelecida pela norma de conflitos utilizada nos não permite atingir o alvo (a designação do direito aplicável) — e procurar a solução do problema utilizando a conexão subsidiária daquela, se uma tal conexão subsidiária estiver adrede prevista no direito conflitual do foro. Exemplos: na impossibilidade de averiguação do conteúdo do direito nacional das partes, deverá recorrer-se à *lex domicilii*; na impossibilidade de averiguação do conteúdo da lei escolhida pelos contraentes, deverá recorrer-se à lei designada pelo art. 4.º da Convenção de Roma de 1980.

Conexões há, porém, que não têm sucedâneo: assim, a situação da coisa, como conexão decisiva em matéria de direitos reais. Por outro lado, o próprio direito estrangeiro indicado pela conexão subsidiária pode ser, ele também, de conteúdo incerto. Em todos estes casos, impõe-se a utilização da *lex materialis fori*: não porque seja legítimo em geral admitir que as normas da lei estrangeira coincidem com as da lei do foro, senão apenas para se evitar uma denegação de justiça.

e) Tais as soluções que preconizamos quando encarado o problema em tese geral. Aparentemente, não está de acordo com as ideias expostas a norma do n.º 2 do artigo 23.º do Código civil, porquanto nele se estabelece que, sendo impossível determinar o conteúdo do direito aplicável, se recorrerá imediatamente à lei que for designada pela conexão subsidiária. Mas o desacordo só existe na aparência. Com efeito, o texto citado não exclui pela sua letra a legitimidade do recurso a presunções para se determinar o conteúdo da lei aplicável. E não são acaso as presunções um meio legítimo de provar? Enquanto não estiver estabelecida a impossibilidade de determinar, *mesmo com o auxílio de presunções*, o conteúdo da lei designada como aplicável pela norma de conflitos, não se verificará manifestamente a hipótese que condiciona a utilização da conexão subsidiária.

Não há, pois, desarmonia entre a doutrina exposta nas alíneas precedentes e a consagrada no Código civil.

214. *Impossibilidade de determinação do elemento de conexão utilizado pela regra de conflitos.* — Este problema deverá resolver-se em ordem aos seguintes critérios:

a) Imaginemos que nada se sabe de todo em todo acerca da nacionalidade dos interessados[521]. Em tal caso, deverá utili-

[521] Nem mesmo acerca da sua mais provável nacionalidade.

zar-se a conexão subsidiária em matéria de estatuto pessoal, isto é, o domicílio das partes; vale o mesmo dizer que se presumirá serem elas apátridas.

b) Suponhamos agora — e será porventura a hipótese mais frequente — que a dúvida consiste apenas em saber qual de duas nacionalidades, certas e determinadas, é a do interessado, qual de dois países, certos e determinados, é o domicílio da parte a quem incumbe a prestação característica do contrato, etc. Aqui proceder-se-á nos mesmos termos que foram indicados na alínea precedente — mas só depois de comprovadamente se averiguar que é impossível determinar, das duas referidas nacionalidades, qual a mais provável, ou qual o mais provável lugar do domicílio da referida parte. Porque, na verdade, se um indivíduo é de certeza ou checo ou alemão, não faria sentido considerá-lo sem mais como apátrida — e normalmente sempre haverá indícios que permitam ter por mais verosímil uma das hipóteses postas: a de ser ele ou alemão ou checo.

É nestes termos que deve interpretar-se a segunda parte do n.º 2 do artigo 23.º.

215. Como escreve DÖLLE[522], o juiz nacional «tem de aplicar o direito estrangeiro como o *juiz estrangeiro*[523] o faria». Trata-se, pois, de imputar ao preceito estrangeiro em causa o conteúdo e alcance que lhe forem atribuídos no âmbito do respectivo sistema legislativo (Código civ., art. 23.º, n.º 1).

Para tanto, há-de o tribunal português observar as concepções correntes sobre interpretação das leis na jurisprudência e doutrina do país estrangeiro — cingir-se ao «estilo», ater-se à metodologia dominante nesse país. Se o sentido da norma interpretanda estiver fixado por uma jurisprudência uniforme e constante, cumprir-lhe-á não se apartar dessa directiva: não lhe

---

[522] *IPR*, p. 108.

[523] Um juiz do Estado cuja legislação se trata de aplicar.

pertence corrigir ou melhorar o que a seu juízo for errado ou imperfeito. Só quando a jurisprudência estrangeira se apresentar dividida, recobrará o juiz nacional a sua liberdade de apreciação; mas essa liberdade vai ele exercê-la não com os meios e nos limites consentidos pelo seu próprio direito, antes integrado (como vimos) nas concepções dominantes, no «clima» do país cuja lei se lhe pede que aplique. É essa própria lei que lhe cumpre aplicar, e não uma imagem falseada pelos particularismos jurídicos da sua nação. O juiz português tentará resolver o problema do mesmo modo por que provavelmente o resolveria, em sua maneira de ver, um juiz do Estado da *lex causae*.

PARTE II

DIREITO PROCESSUAL CIVIL INTERNACIONAL[1]

---

[1] RIEZLER, *Intenationales Zivilprozessrecht*, MORELLI, *Diritto Processuale Civile Internazionale*, KROPOLLER, *Handbuch des internationalen Zivilverfahrensrechts*.

CAPÍTULO I

Competência Internacional[2]
Direito português comum[3]

1. Assim como a aplicabilidade de qualquer sistema de direito a uma relação da vida pressupõe que um contacto significativo exista entre a relação e o sistema considerado, assim também a competência internacional dos tribunais de determinado país relativamente a qualquer causa implica que esta se encontre ligada ao Estado e ao seu ordenamento jurídico por uma conexão relevante; conquanto a competência dos tribunais locais não derive por vezes de tal conexão mas de outras fontes. A conexão relevante tanto pode referir-se às partes ou a uma

---

[2] Sobre este assunto v. especialmente HELDRICH, *Internationale Zuständigkeit und anvendbares Recht*, Berlin/Tübingen, 1969, 7ª ed..; KROPHOLLER, «Internationale Zuständigkeit», in *Handbuch des internationalen Zivilverfahrensrechts*, (1982); FRAGITAS, *La compétence internationale en droit privé*, Rec. des Cours, 1961, III; BATIFFOL-FRANCESCAKIS, *Compétence civile et commerciale*, Droit International, I (Encyclopédie Dalloz); HOLLEAX, *La compétence du juge étranger et reconnaissance des jugements*, 1970.

[3] V. A. FERRER CORREIA/F. FERREIRA PINTO, *Breve apreciação das disposições do anteprojecto de código de processo civil que regulam a competência internacional dos tribunais protugueses e o reconhecimento de sentenças estrangeiras*, in *Revista de Direito e Economia*, 1987, págs. 25 e segs.; A. FERRER CORREIA, *Le système portugais sur la compétence internationale (directe)*, in *Études de Droit International en l'honneur de Pierre Lalive*, Bâle/Francfort-sur-le Main, 1993, págs. 49 e segs.; DÁRIO MOURA VICENTE, *A competência internacional no Código de Processo Civil revisto: aspectos gerais*, in *Aspectos do novo processo civil*, Lisboa, 1997, págs. 71 e segs.; RUI DE MOURA RAMOS, *A reforma do direito processual civil internacional*, Coimbra, 1998.

delas, como aos próprios factos litigiosos ou ao imóvel objecto da lide. A competência internacional deve justificar-se por um interesse considerável, que tanto pode dizer respeito às partes como à administração da justiça. Em numerosos casos estes dois interesses unem-se para conduzir a soluções coincidentes.

O que foi dito vale inteiramente para o direito português comum actualmente em vigor (Cód. de Proc. Civ. de 1997 — Dec. Lei n.º 180/96, de 25 de Setembro)[4]. Conforme o art. 65.º, 1, do Código, a competência dos tribunais portugueses para causas emergentes de situações privadas internacionais considera-se fundada por força de qualquer dos seguintes factores: *a*) ter o réu ou algum dos réus domicílio em território português, salvo tratando-se de acções relativas a direitos reais ou pessoais de gozo sobre imóveis sitos em país estrangeiro; *b*) localizar-se em território português o elemento decisivo da competência territorial segundo as regras estabelecidas na lei portuguesa; *c*) ter sido praticado em território português o facto ou um dos factos constitutivos da causa de pedir na acção. São estes os factores de conexão relevantes em matéria de competência internacional, perante o direito português.

2. Para além disto, os tribunais portugueses serão ainda competentes. nos termos da al. *d*) do n.º 1 do art. 65.º, quando seja esse o meio necessário para evitar que o direito em causa fique desprovido de tutela judiciária. É, pois, a uma situação de necessidade que a referida disposição legal pretende obviar. O caso mais importante a mencionar neste contexto (o quadro do chamado *princípio da necessidade*) é o do conflito negativo de jurisdições, ideia que se enuncia nos termos seguintes: quando nenhum dos países, com os quais o caso apresenta conexões apropriadas para justificar a competência dos respectivos tribunais, admite essa competência, é justo aceitar a intervenção de recurso

[4] Quanto ao direito convencional, v. *infra,* cap. III.

dos tribunais locais. Mas isto só na hipótese de entre o objecto do litígio e a ordem jurídica nacional existir algum elemento ponderoso de conexão, pessoal ou real. É claro que esta exigência reduz em grau muito apreciável o alcance da disposição em apreço. Mas, por outra via, compreende-se que o legislador não tenha querido sobrecarregar as tarefas dos nossos tribunais com o conhecimento de situações inteiramente marginais à ordem sócio-jurídica portuguesa.

Veremos adiante como à hipótese do conflito negativo de jurisdições são de equiparar algumas outras, sendo que uma delas já consta do dispositivo legal.

3. A primeira e mais importante regra de conexão do nosso sistema é a do foro do domicílio do réu ou — havendo vários — de algum deles: *actor sequitur forum rei*. Nos Códigos anteriores não era inteiramente assim. Por certo, também lá se consagrava este tradicional princípio, mas com uma grave distorção face à orientação legislativa e doutrinal dominante[5]. Na verdade, no sistema do Código anterior, o *forum rei* cedia o seu lugar a qualquer das regras especiais de competência territorial estabelecidas nos arts. 73.º e segs.: o foro do contrato, o foro do delito, o foro convencional, o *forum rei sitae*, o domicílio do autor, etc. Portanto, o domicílio do réu em

[5] «A regra *actor sequitur forum rei* é considerada como a regra geral de competência territorial e internacional na maioria dos Estados»: cfr. *La reconnaissance et l'exécution des jugements étrangers cit.*, in *Estudos vários de Direito*, p. 72. A mesma nota se encontra no estudo que publicámos nos «Etudes de Droit International en l'honneur de Pierre Lalive», *Le système portugais sur la compétence internationale (directe)*, p. 51, n.º 6, onde se citam nesse sentido a Lei helvética sobre o Direito internacional privado, de 18 de Dezembro de 1987 (art. 2.º), o art. 46.º, 1, da Lei jugoslava de 1982 e o art. 22.º, 2, da Lei espanhola sobre o processo civil de 1985. Cfr. também o art. 88.º, do CPC brasileiro de 1973, e por último, a Lei italiana de 31 de Maio de 1995, art. 3.º, 1.

Portugal nem sempre bastava para fundamentar a competência internacional do juiz português. Seja o caso de uma acção de divórcio, para a qual territorialmente é competente o tribunal do domicílio ou da residência do autor (art. 75.º). No plano da competência internacional, seria, pois, decisivo o facto de o autor, e não o réu, ter o domicílio ou residência em território português.

Foi o Projecto do novo CPC de 1990 que veio alterar esta situação[6], sem dúvida pouco razoável. Com efeito, se considerarmos o ponto à luz do interesse das partes — e à mesma conclusão se chega encarando-o pelo ângulo da boa administração da justiça — a regra do *forum rei*, como norma geral e pedra angular do sistema, é sem dúvida a mais adequada. O autor terá incontestavelmente interesse em propor a demanda no país onde puder razoavelmente esperar que a execução da sentença, e, por conseguinte, a realização do direito, serão mais fáceis; ora este país é naturalmente o do domicílio ou da residência habitual do demandado, por isso que, além do mais, é lá que se encontrarão situados, regra geral, os principais elementos do seu património. O autor estará ainda interessado em intentar a acção num tribunal a que tenha fácil acesso: onde lhe seja fácil apresentar as testemunhas e, em geral, aprestar as provas, contactar com advogados e peritos, etc. Esse tribunal seria o do seu próprio domicílio. Somente, o réu tem um interesse idêntico, e neste conflito de interesses e de pontos de vista há que dar a preferência, naturalmente, ao do último, já que nesta fase o demandante não forneceu ainda qualquer prova do fundamento da sua pretensão. Por conseguinte, não há senão conceder a primazia ao domicílio do réu — e tal é, na verdade, como dissemos, a solução quase universalmente praticada.

---

[6] Aceitando a sugestão feita na *Breve apreciação, cit.*, de FERRER CORREIA e FERREIRA PINTO, p. 9 da separata.

Deve apenas abrir-se uma excepção para as acções relativas a direitos reais ou pessoais de gozo sobre imóveis sitos em país estrangeiro (art. 65.°, al. *a*) do n.° 1). Com efeito, é intuitivo que o tribunal naturalmente competente — e até exclusivamente competente — para tais acções é o da situação dos imóveis[7]: depõem neste sentido quer o interesse da administração da justiça — o foro da situação do imóvel é também o da sede do litígio — quer o interesse do Estado.

4. Não concluiremos esta parte da exposição sem focar duas notas.

A primeira é que a regra *actor sequitur forum rei* vale também para as pessoas colectivas. Para efeitos da alínea *a*) do n.° 1 do art. 65.° — estatui o n.° 2 — considera-se domiciliada em Portugal a pessoa colectiva que tenha em território português a sede estatutária ou efectiva. A referência à sede estatutária mal se compreende num sistema de DIP em que toda a ênfase é dada à sede real e efectiva da pessoa jurídica (Cód. civ., art. 33.°, Cód. das sociedades comerciais, art.° 3.°)[8]. Para além disto, a regra citada do art. 65.° também determina que a filial, agência, sucursal ou delegação em território português da pessoa colectiva é equiparada, para efeitos de competência internacional, à sede no mesmo território. O nosso legislador afastou-se aqui algum tanto da tendência dominante, como o revela quer o exame do direito comparado quer o do direito convencional: na verdade, essa tendência vai no sentido da limitação da competência do Estado em cujo território a sociedade ou pessoa jurídica estrangeira tem um estabelecimento ou uma forma qualquer de delegação, aos litígios que tenham resultado das

[7] Neste mesmo sentido nos pronunciávamos no trabalho cit. na nota precedente, e a sugestão foi aceite pelo legislador. V. também KROPHOLLER, *op. cit.*, n.° 156, p. 259.

[8] Cfr. *supra*, Introdução, cap. V, n.os 42 e segs.

actividades daquele ou desta[9]. O facto, porém, é que o sujeitar-se uma pessoa jurídica estrangeira ao ónus de ter de fazer valer em Portugal, num processo contra ela aqui intentado, os seus meios de defesa não nos parece constituir uma violência grave e injusta para com a ré, que para se defender contará justamente com o apoio da sua delegação portuguesa.

Digamos ainda que à relevância atribuída, para efeitos de competência internacional, aos factores decisivos em matéria de competência territorial se dá tradicionalmente o nome de *princípio da coincidência.*

5. Nos termos do art. 65.º, 1, al. *c)*, a competência internacional dos tribunais portugueses decorre também da circunstância de ter sido praticado em território português o facto que serve de causa de pedir na acção, ou algum dos factos que a integram. É o que se chama *princípio da causalidade.* A melhor justificação deste princípio reside na vantagem que ele proporciona de fazer coincidir numa certa medida a sede do processo com a sede do litígio; de facto, é aqui que o trabalho de recolher as provas e de julgar em conformidade com elas se torna mais fácil e que a decisão da causa produzirá provavelmente o seu efeito útil máximo.

No entanto, contra esta regra, tal como se encontra formulada no Código, vale a objecção seguinte: a simples circunstância de ter sido praticado em Portugal o facto em que se baseia a acção não constitui, manifestamente, uma conexão suficientemente forte para efeitos de competência internacional. Numa acção destinada a pedir o cumprimento de uma obrigação contratual, a celebração do contrato é decerto um dos elementos que integram a *causa petendi*; e, contudo, esse elemento assume um papel pouco significativo na economia

---

[9] Cfr. o nosso estudo *La reconnaissance, cit.*, na colectânea *cit.*, pp. 177 sgs., e KROPHOLLER, *op. cit.*, pp. 311 segs., 463 segs.

do contrato, face à execução da obrigação. A regra do *locus celebrationis* reporta-se a uma época em que os contratos, na sua esmagadora maioria, eram concluídos na presença dos contratantes (contratos entre presentes). Ora a realidade actual é muito diversa, sendo seguramente por esse motivo que a referida conexão tem vindo a perder de há tempos a esta parte a sua preponderância no campo dos conflitos de leis — e não se vê motivo para que as coisas devam ser diferentes em matéria de competência internacional. Por outra via, o lugar de celebração do contrato resulta amiúde de circunstâncias perfeitamente fortuitas, como aliás é patente.

Por isso nós sugeríamos, na anotação citada da Revista de Direito e Economia, a adopção neste caso de uma cláusula de excepção, cujos termos (após a tradução na letra da lei do princípio da causalidade) poderiam ser os seguintes: «... a menos que esta conexão da situação controvertida com a ordem jurídica nacional não seja suficiente, num critério de razoabilidade, para justificar a competência dos tribunais portugueses». Todavia, esta sugestão não foi (infelizmente) acolhida, decerto pela imprecisão que não podia deixar de envolver.

6. Voltemos à regra da al. *d*) do n.º 1 do nosso art. 65.º. Trata-se aí, como foi dito, do *princípio da necessidade* (*forum necessitatis*). A razão primordial deste foro já foi indicada e não deixa margem para dúvidas. O fim da lei é evitar que um direito subjectivo fique desprovido de tutela judiciária, por não existir uma jurisdição que, à face das suas regras internas sobre a competência internacional, se julgue competente para dirimir o litígio que é submetido a um tribunal português. Por outras palavras: trata-se de evitar a *denegação de justiça*. A formulação exposta configura a hipótese do conflito negativo de jurisdições — e foi seguramente daqui que partiu o nosso legislador. Resta saber até que ponto poderá avançar-se na interpretação do texto legal em causa, atento o seu primordial escopo.

O texto correspondente do CPC de 1961 tinha gerado um certo número de dúvidas na jurisprudência pátria, dúvidas essas que o texto actual só elimina em parte. Vejamos as mais importantes:

a) A simples impossibilidade prática de tornar efectivo o direito equivale porventura à impossibilidade jurídica?

b) Deve a grande dificuldade ser assimilada à impossibilidade?

c) *Quid iuris* se a impossibilidade a que se refere o texto legal em apreço não deriva da inexistência de uma jurisdição que se repute competente para conhecer do litígio, mas antes da circunstância de o direito invocado, existente e válido à face da ordem jurídica portuguesa (incluídas as respectivas normas de conflitos), o não ser perante a lei aplicável segundo o DIP do país estrangeiro cujos tribunais se reputam competentes para a causa?

Consideremos as várias hipóteses figuradas.

Por nossa parte, achamos que a simples *impossibilidade prática* ou a *grande dificuldade* de tornar efectivo o direito, a não ser mediante a proposição da respectiva acção em Portugal, deve ser equiparada à impossibilidade jurídica, isto é, à hipótese do conflito negativo de jurisdições. O legislador acolheu de forma expressa, em parte, este ponto de vista, na medida em que admitiu a equiparação a este caso daquele em que se não afigura razoável exigir do autor que proponha a acção no país estrangeiro. Suponhamos que o Estado estrangeiro, cuja competência para a causa não é duvidosa, se encontra numa situação de conflito armado, ou que o autor, nacional desse Estado, é um refugiado político, sujeito ao risco de perder a liberdade (se não a vida) se lá voltar. Cuidamos que em qualquer destas hipóteses se aplicaria a regra da al. *d*) do n.º 1 do art. 65.º. Ora, trata-se manifestamente de casos em que surge a figura da mera impossibilidade prática, se não mesmo simplesmente de grande dificuldade, de obter o reconhecimento do direito mediante a propositura da acção no país estrangeiro.

Dito isto, resta a hipótese descrita em último lugar. Contra a atitude de reconhecer em tal caso o direito invocado pode alegar-se que não seria correcto pôr a apreciação do fundo da causa antes da decisão sobre a questão da competência internacional. Simplesmente, acontece por vezes a decisão do fundo da causa não dar lugar a dúvidas, conquanto o problema admita duas soluções antagónicas consoante a lei que for aplicada. Suponhamos uma acção de divórcio cujo bom fundamento é seguro em face da ordem jurídica portuguesa (incluídas as regras de conflitos do sistema), mas que nem mesmo seria julgada admissível segundo a lei do país estrangeiro competente para a causa, ou o direito considerado aplicável nesse país. Em tais circunstâncias, seria perfeitamente possível partir da decisão da questão de fundo para chegar à resolução do problema de competência internacional. E esta solução é tanto mais atraente porquanto não pode deixar de considerar-se chocante que o juiz português se julgue incompetente, sabendo que na solução contrária estará a única forma de se obter o reconhecimento de um direito existente e válido, à face da ordem jurídica nacional, mas que o não é perante o ordenamento daquele Estado cujos tribunais são competentes para conhecer do litígio.

Por nossa parte, inclinamo-nos para a solução favorável ao autor, mas reconhecendo que a questão é assaz duvidosa.

Na sua parte final, a referida al. *d*) do n.º 1 do art. 65.º contém uma disposição de grande importância. É ela a seguinte: a competência *ex necessitate* do tribunal português pressupõe «que entre o objecto do litígio e a ordem jurídica nacional haja algum elemento ponderoso de conexão, pessoal ou real»[10].

---

[10] Esta exigência foi devida à influência de MACHADO VILLELA, *Notas sobre a competência int. dos tribunais portugueses*, BFDC, 1947. Cfr. BARBOSA

Na verdade, na falta de semelhante conexão, a denegação de justiça não produzirá qualquer perturbação social importante. Por outra parte, a exigência terá sido também devida ao propósito de livrar os tribunais nacionais de se tornarem objecto de um *forum shopping* internacional[11].

7. Digamos agora algumas palavras sobre o princípio da autonomia da vontade na presente matéria.

O Código de 1997, como já o direito anterior se bem que em termos diferentes, admite expressamente os pactos privativo e atributivo de jurisdição: art. 99.°. A regulamentação é a mesma para as duas espécies de convenções. A lei admite que as partes convencionem qual a jurisdição competente para um litígio determinado, ou para os litígios eventualmente resultantes de uma relação jurídica, contanto que a relação controvertida tenha carácter internacional — seja uma relação plurilocalizada.

As condições de validade são várias: quatro de fundo e uma de forma. Das primeiras, somente uma suscita qualquer reserva. Assim, é mister que a eleição do foro diga respeito a um litígio sobre direitos disponíveis; que seja aceite pela lei do tribunal designado (aliás, poder-se-ia cair na hipótese do conflito negativo de jurisdições); que não incida sobre matéria da competência exclusiva dos tribunais portugueses (art. 65.°-A). Finalmente[12], há-de a convenção ser justificada por um interesse sério de ambas as partes, ou de uma delas, desde que não envolva

---

DE MAGALHÃES, *Estudos sobre o novo C.P.C.*, vol. II, pp. 395 segs.; ANSELMO DE CASTRO, *Lições de Direito Processual Civil*, vol. II, p. 418; VARELA, BEZERRA, NORA, *Manual de Direito Processual Civil*, pp. 196 segs.

[11] V. para a França, neste mesmo sentido, AUDIT, *DIP*, p. 298.

[12] De notar que o Código não exige que entre a relação controvertida e a jurisdição designada exista qualquer conexão significativa, à luz dos critérios gerais do direito de conflitos.

inconveniente grave para a outra. Este requisito, que é paralelo, com pouca diferença, do que se encontra estabelecido no art. 41.°, n.° 2, do Cód. Civ.[13] relativamente às obrigações provenientes de negócio jurídico, pode merecer algum reparo. Tinha a ele renunciado o Projecto de 1990, que por este aspecto se aproximava da tendência actualmente dominante na doutrina dos conflitos de leis e também na legislação[14]; no entanto, o Código exige-o expressamente, mas num texto que necessita de interpretação. Entender-se-á que o referido interesse pode referir-se, *inter alia*, tanto ao conteúdo da lei processual do país estrangeiro, como ao do respectivo direito substantivo: as partes podem ser motivadas pelo desejo de verem aplicado ao fundo da causa o direito considerado competente naquele país. Tratar-se-á então de um caso de *electio iuris* através de uma *electio iudicis*; coisa tanto mais natural quanto é certo que a escolha de foro é geralmente havida como escolha *tácita* do direito aplicável.

---

[13] Após a entrada em vigor da Convenção de Roma sobre a Lei Aplicável às Obrigações Contratuais, o âmbito de aplicação dos artigos 41.° e 42.° do Código Civil reduz-se praticamente às obrigações provenientes de negócios jurídicos unilaterais, bem como aos contratos celebrados até à entrada em vigor no nosso país daquela Convenção e àqueles que sejam excluídos do seu âmbito material de aplicação (cf., respectivamente, os artigos 17.° e 1.°).

[14] O texto citado do nosso Cód. Civ. era, tanto quanto sabemos, a única disposição do DIP (interno) que fazia apelo ao interesse sério das partes. Assim, a Lei suíça sobre o DIP de 1987 diz simplesmente que: «O contrato é regido pelo direito escolhido pelas partes» e que do mesmo modo a *electio iuris* «é regida pelo direito escolhido». Acabou, pois, o reinado da orientação seguida pelo Tribunal Federal, que considerava necessária a presença de um interesse razoável na aplicação do direito escolhido. Cfr. PATOCCHI, *Règles de rattachement localisatrices*, *ob. já cit.* neste curso. No mesmo sentido da Lei suíça, a Convenção de Roma sobre a lei aplicável às obrigações contratuais, art. 3.°, n.° 1, e as Leis alemã sobre o DIP, de 25 de Julho de 1986, e italiana de 31 de Maio de 1995, que em matéria de contratos se limitaram a seguir as pisadas da Convenção de Roma (embora a primeira com certo desvio).

Quanto à condição de forma exigida pela al. *e*) do art. 99.º, nada há de especial a observar.

O mesmo se diga da norma da al. *d*), segundo a qual o pacto *de foro prorrogando* ou *derrogando*[15] não pode recair sobre matéria da exclusiva competência dos tribunais portugueses.

Não se encontra no Código a menor referência à prorrogação de jurisdição resultante do simples facto da comparência do réu no processo, como está previsto no art. 18.º da Convenção de Bruxelas, que exceptua apenas os casos de a comparência só ter por objecto arguir a incompetência do tribunal e de existir uma jurisdição dotada de competência exclusiva.

8. O direito português ignora tanto o princípio da subordinação da *competentia iudicis* à *competentia iuris* como o seu contrário.

A independência da competência jurisdicional frente à competência legislativa consiste na circunstância de aquela obedecer a critérios próprios, que não se identificam com os adoptados pelo direito de conflitos. Basta recordar o que se passa com a nacionalidade — factor de alto relevo no sistema das regras de conflitos, mas de nula importância em matéria de competência internacional[16]. Podemos dizer que toda a ideia

---

[15] O pacto atributivo de competência a um foro estrangeiro será ao mesmo tempo privativo de competência dos tribunais nacionais, se acaso estes eram competentes *in casu*, em face da disposição do art. 65.º. Isto, é claro, se a designação convencional envolver atribuição de competência exclusiva ao tribunal estrangeiro, o que aliás não se presume (n.º 2 do art. 99.º).

[16] Exceptua-se a disposição do art. 11.º do Código do Processo nos tribunais do trabalho (que, aliás, cria uma competência exorbitante, constante da lista do art. 3.º da Convenção de Bruxelas), segundo a qual a competência internacional dos tribunais portugueses pode derivar do simples facto de o trabalhador ser português, contanto que o contrato tenha sido concluído em Portugal.

de fazer coincidir em geral a competência jurisdicional e a legislativa, com predomínio para a segunda, é estranha ao sistema português. Quando muito, poderia admitir-se uma certa predominância da *competentia iuris* no caso do *forum necessitatis,* mas isto somente no caso de se aderir a certa interpretação, para que nos inclinamos, da al. *d*) do art. 65.º[17].

Tão-pouco seria lícito caracterizar o sistema português por uma ideia de primado do *forum* sobre o *ius*. No limite, num sistema com tal característica, dever-se-ia começar por determinar para cada caso o foro competente, que faria aplicação ao fundo da causa do seu próprio direito. As leis estrangeiras não seriam reconhecidas no Estado local senão por via indirecta, isto é, através do reconhecimento e da execução das decisões que as tivessem aplicado.

Certo, é provável que o princípio da aplicabilidade da *lex fori* não tenha conhecido limites, nas cidades do norte da Península Itálica, até meados do séc. XIII. As primeiras dúvidas e as primeiras interrogações recaíram provavelmente mais sobre os limites do poder jurisdicional dos juízes do que sobre os da aplicação espacial das leis e terão conduzido à formulação de regras de competência judiciária[18]. De resto, esta ideia de subordinação da *competentia iuris* à *competentia iudicis* vai manter-se por longo tempo na Europa. Ainda nas teorias dos estatutos dos séculos XVI e XVII se podem discernir vestígios dessa ideia[19].

Pelo que respeita ao presente, nos países de *common law* em certas matérias (como a adopção e o divórcio) não há regras que permitam designar a lei aplicável a uma questão jurídica

---

[17] *Vide supra*, n.º 6. A interpretação é aquela conforme a qual a al. *d*) do art. 65.º vale também para a hipótese de o direito invocado ser reconhecido pela nossa ordem jurídica, mas não pela do Estado cujos tribunais são competentes.

[18] HELDRICH, *op. cit.*, pp. 6 segs.

[19] E não se esqueça que a primazia do *forum* sobre o *ius* predominou, na Inglaterra, até à segunda metade do séc. XVIII.

determinada, mas tão-só normas de competência judiciária; o tribunal indicado por estas regras aplica a sua própria lei[20]. Mas é a ideia contrária que predomina no mundo actual e sobretudo na Europa. Com efeito, o recurso sistemático à *lex fori* ofenderia gravemente os princípios fundamentais do DIP e os valores que ele encarna[21]. Pode-se mesmo dizer que o sentido da evolução do DIP consiste numa aproximação gradual do ideal da aplicação paritária do direito do foro e do direito estrangeiro. Esta ideia de igualdade entre a aplicação da *lex fori* e a das outras leis está na base do sistema, largamente seguido (na verdade, todos os países de *code civil* o subscreveram, com maior ou menor determinação), das regras de conflitos ditas bilaterais, porque utilizam um critério único para a designação do direito aplicável (seja do foro ou qualquer outro)[22]. Uma vez esta fase atingida na evolução do DIP, pode dizer-se que a autonomia do direito de conflitos (problema da escolha do direito aplicável) em face da competência internacional e do problema da escolha da jurisdição está conquistada[23].

O direito português realizou inteiramente esta evolução[24].

---

[20] Cfr. HANISCH, *Die versteckte Rückverweisung*, NJW, 1966, p. 2085; NEUHAUS, *Die Grundbegriffe des IPR*, 2ª ed., 1976, p. 282; KEGEL, *IPR*, 6ª ed., 1987, p. 252; KAHNFREUND, *The Growth of Internationalism in English PIL*, 1960, pp. 63 segs.

[21] Cfr. o nosso curso da Academia de Direito Internacional da Haia, *Les problèmes de codificatiion en DIP*, cap. II, n.º 29 e segs. (RC, 1975, II), e *Direito Internacional Privado — Alguns problemas*, cap. II, pp. 35 segs.

[22] Veja-se a Resolução do IDI sobre *a igualdade de tratamento entre a lei do foro e a lei estrangeira* (relator: P. GANNAGE), adoptada na sessão de Santiago de Compostela (1989).

[23] Veja-se contudo a teoria alemã da *Gleichlauf*, caracterizada pela correlação e o paralelismo entre os dois momentos do *forum* e do *ius*, e sobre ela MOURA RAMOS, *op. cit.*, pp. 183 segs.

[24] Veja-se o nosso estudo *Reconhecimento das sentenças estrangeiras no direito brasileiro e português*, *in* Temas de Direito Comercial e Direito Internacional Privado (Coimbra. Almedina, 1989), pp. 255-267.

CAPÍTULO II

O reconhecimento e a execução das sentenças estrangeiras sobre direitos privados
Direito português comum[25]

9. Como foi dito no lugar próprio[26], a matéria de que vamos tratar em seguida pertence indubitavelmente ao âmbito do DIP.

Sabemos que a primeira questão que as relações plurilocalizadas levantam é a do direito aplicável. Mas se uma certa relação jurídica já foi objecto em país estrangeiro de uma

---

[25] V. do A. *Lições-Aditamentos (reconhecimento e execução de sentenças estrangeiras), polic., Coimbra, 1975; Breve apreciação, cit., in "Revista de Direito e Economia", 1987, 25 e ss.;* MAGALHÃES COLLAÇO, *Revisão de sentenças estrangeiras (apontamentos de alunos não revistos pela Prof.ª), polic., Lisboa, 1963;* J. DE CASTRO MENDES, *Alguns problemas sobre revisão de sentença estrangeira, in "Revista da Faculdade de Direito da Universidade de Lisboa", XIX, 1965, 133 e ss.;* M. FERNANDES COSTA, *Direitos adquiridos e reconhecimento de sentenças estrangeiras (Da interpretação da alínea g) do artigo 1096.º do Código de Processo Civil, in "Boletim da Faculdade de Direito de Coimbra — Estudos em Homenagem ao Prof. Doutor António de Arruda Ferrer Correia", 1983;* LUÍS BARRETO XAVIER, *"Sobre ordem pública internacional e reconhecimento de sentenças estrangeiras", polic., Lisboa, Universidade Católica Portuguesa, 1991;* A. MARQUES DOS SANTOS, *Revisão e confirmação de sentenças estrangeiras no novo Código de Processo Civil de 1997 (alterações ao regime anterior), in Estudos de Direito Internacional Privado e de Direito Processual Civil Internacional, Coimbra, 1998, págs. 307 e segs.;* MOURA RAMOS, *A reforma do direito processual civil internacional, págs. 37 e segs..*

[26] Introdução, cap. IV, n.º 32.

definição judicial e se no Estado local surge agora um problema que lhe diz respeito, pode dar-se o caso de a decisão estrangeira preencher as condições necessárias para ser reconhecida e se tornar eficaz como tal perante a ordem jurídica deste Estado e de em tal contexto a questão do direito aplicável ao caso *sub iudice*, com todas as suas complexidades, nem sequer se suscitar. Isto basta para evidenciar a importância da matéria.

10. Reconhecer uma sentença estrangeira é atribuir-lhe no Estado do foro (Estado requerido, Estado *ad quem*) os efeitos que lhe competem segundo a lei do Estado onde foi proferida (Estado de origem, Estado *a quo*), ou pelo menos alguns desses efeitos. As condições do reconhecimento (e/ou da execução) podem variar conforme a natureza do efeito visado.

É sabido que os efeitos próprios da sentença considerada como tal — os que derivam da sua natureza de acto de jurisdição — são o efeito ou a autoridade de caso julgado e o efeito executivo. Além disso, há sentenças que têm um efeito constitutivo, o qual consiste na criação, modificação ou extinção de uma relação jurídica ou de um estado. Deve, porém, notar-se que esse efeito não deriva propriamente da sentença, mas de uma regra de direito material: a sentença não é aqui outra coisa senão uma das condições da consequência jurídica da referida norma. Noutros casos, a sentença vale como simples facto jurídico, a que a lei atribui certos efeitos — efeitos secundários ou laterais. Finalmente, a sentença pode ser encarada como um título, um meio de prova; é a questão da sua força ou do seu efeito probatório que então se põe.

Como já dissemos e veremos melhor na continuação, as condições do reconhecimento e da execução da sentença poderão variar conforme o efeito que estiver em causa.

11. O tema que nos propomos ventilar aqui é tão-somente o da eficácia no país requerido das sentenças que recaiam sobre

direitos privados. As decisões proferidas em matéria administrativa, fiscal ou criminal, matérias estas que não se situam na área do DIP, não serão objecto do nosso estudo. Não importa, porém, a natureza do tribunal que tenha emitido a decisão; o que importa é a matéria sobre que esta tenha recaído: direitos privados[27].

Por outro lado, pergunta-se se na fórmula «sentença proferida por tribunal estrangeiro» (art. 1094.º), se compreendem só as decisões emanadas de tribunais judiciais, ou se nela deverão incluir-se também as provenientes de outras autoridades que as possam proferir.

É o segundo manifestamente o entendimento correcto das referidas expressões[28]. Não é a natureza do órgão que julgou a demanda o elemento aqui relevante, mas a circunstância de ter proferido um julgamento: de – como dizia MACHADO VILLELA – Ter decidido "sob a forma de julgamento, isto é, conhecendo de actos alegados pelos interessados, apreciando-os segundo as provas apresentadas, ouvindo as partes em processo contraditório, decidindo, enfim, não discricionariamente, mas segundo regras de Direito e sob a forma geral de uma discussão judicial". Toda a sentença sobre direitos privados, quer provenha de um tribunal de justiça (civil, administrativo, penal), quer emane de uma autoridade não judiciária legalmente investida no poder de julgar, é susceptível de revisão e confirmação; sendo certo que, por outro lado, só depois de revista e confirmada poderá a decisão surtir, na ordem jurídica do foro, os efeitos que lhe competem segundo a lei do país de origem.

Em resumo: a palavra tribunal deve ser entendida no sentido de «autoridade à qual o Estado em cujo ordenamento se integra

[27] Se uma jurisdição penal estrangeira puder estatuir sobre matéria civil (a indemnização a prestar pelo autor da infracção), a estatuição poderá nesta parte ser objecto de reconhecimento e execução no país requerido.

[28] *Sic*, M. VILLELA, *ob. e loc. cit.*, pp. 642 e segs.; FERRER CORREIA, *La reconnaissaince, cit., loc. cit.*, n.º 2.

tenha concedido o poder jurisdicional». É este o elemento que verdadeiramente importa, para efeitos da aplicação do regime respeitante à eficácia no país requerido da decisão estrangeira: o que importa é que esteja em causa o reconhecimento da eficácia de um acto jurisdicional.

Também não releva o lugar onde a decisão tenha sido proferida. As decisões de um cônsul, cujas funções são exercidas fora das fronteiras do Estado que lhe conferiu poderes e competências, nem por isso deixarão de ser havidas como emanando desse Estado. As decisões de que nos propomos tratar aqui são, pois, todas aquelas que, recaindo sobre matéria do âmbito do direito privado, tenham carácter jurisdicional e sejam pronunciadas em nome de uma soberania estrangeira. Quanto aos actos provenientes de uma jurisdição internacional, pertence ao tratado que a tiver instituído determinar as condições da sua validade na ordem interna dos Estados que esse tratado vincula.

12. Já dissemos que a aplicação das normas relativas ao reconhecimento das «sentenças estrangeiras» depende apenas de se tratar de verdadeiros actos jurisdicionais. Ora para o acto a reconhecer pode ser competente, no país de origem, uma entidade legislativa, administrativa ou religiosa, e não um tribunal. Tal circunstância será irrelevante pois, como vimos, o que importa é que a decisão emane de uma instância dotada de poder jurisdicional pelo Estado respectivo. Mas por vezes é justamente esta circunstância que se afigura duvidosa.

Consideremos, por exemplo, o divórcio do direito rabínico e o do direito muçulmano (*Talak*).

Aparentemente, a intervenção nestes casos da autoridade religiosa ou administrativa não assume a natureza de acto jurisdicional. A autoridade religiosa ou administrativa nada aprecia, nada decide. Assim, o papel do rabino é puramente passivo, porque ele se limita a testemunhar que o marido fez entrega à mulher da carta de divórcio (*gueth*) e que esta a aceitou. Contudo, há que reconhecer que, dado a dissolução do casamento pressupor o consentimento de ambos os cônjuges, ela não se afasta muito do divórcio por mútuo acordo dos Estados laicizados. As coisas passam-se diferentemente no *Talak* do direito muçulmano, que dispensa o consentimento da esposa, embora exija, em certos países árabes, a intervenção de uma autoridade pública (administrativa).

É extremamente duvidoso que tais «divórcios» possam ser assimilados a verdadeiras decisões — salvo, porventura, num sistema como o da Convenção de Haia de 1970[29].

Com efeito, o art.º 1.º da Convenção dispõe que:

> «A presente Convenção aplica-se ao reconhecimento num Estado contratante de divórcios e separações de pessoas e bens obtidos noutro Estado contratante na sequência de um processo judiciário ou outro oficialmente reconhecido neste último Estado e que aí produza efeitos legais».

Se bem que a Convenção tenha sido redigida em termos amplos exactamente para incluir divórcios e separações de pessoas e bens obtidos por qualquer via, mesmo consensual e mesmo unilateral, é condição necessária que tenha havido um processo qualquer — e pode pôr-se em dúvida que este requisito se encontre satisfeito nos dois casos citados. O certo, porém, é que o facto de um divórcio ou uma separação não poderem ser assimilados a uma sentença não quer dizer que o seu reconhecimento esteja por isso precludido. Tais factos podem eventualmente ser reconhecidos no Estado do foro, não seguramente como decisões judiciais estrangeiras, mas como actos de *direito privado*. O ponto é que eles sejam válidos e eficazes à face da lei aplicável segundo a regra de conflitos do Estado do

---

[29] Que está em vigor para o nosso país desde 9 de Julho de 1985.

foro e que o reconhecimento não seja considerado contrário à ordem pública deste Estado.

No sentido do reconhecimento de um divórcio *privado* estrangeiro, citaremos uma decisão[30] da Conservatória dos Registos Centrais, que deferiu um pedido de registo de um divórcio realizado no Japão, entre um japonês e uma portuguesa (ou talvez portuguesa-japonesa), perante o presidente da câmara municipal de certa localidade. Resumidamente, os considerandos da decisão eram os seguintes[31].

Trata-se, no caso vertente, de um divórcio por mútuo consentimento, razão pela qual a pretensão não poderá ser indeferida a pretexto de colidir com a ordem pública do Estado português. Nem a ofensa poderia consistir no único facto de não ter intervindo no acto um tribunal, porque tanto a Conservatória como os nossos tribunais têm com frequência atribuído efeitos, quer a uma adopção constituída em país estrangeiro por acto público (não por sentença)[32], quer a um divórcio estrangeiro por mútuo consentimento homologado(?) por uma autoridade administrativa[33-34].

Esta doutrina permite-nos resolver o caso do divórcio judaico, mas não (ao que parece) o do divórcio muçulmano, que cobra efeito pelo simples facto de o marido pronunciar três vezes a palavra *Talak*. Este divórcio não pressupõe o

[30] De 5 de Julho de 1985 (não publicada).

[31] Seguiremos de perto o que escrevemos em *Temas*, p. 479.

[32] Ao abrigo da lei competente segundo o DIP português: Cód.civ., art. 60.°, n.° 1 ou n.° 2. Isto, apesar de a adopção só poder constituir-se em Portugal por decisão do juiz (art. 1973.°, 1).

[33] Neste sentido se pronunciaram vários acórdãos da Relação de Lisboa (citados em *Temas*, p. 480, nota).

[34] Observe-se que no caso do divórcio japonês, há pouco referido, a autoridade administrativa ter-se-á limitado a ordenar que se procedesse ao registo das declarações de divórcio dos cônjuges, nos termos da lei japonesa do registo civil; o que é diferente da homologação.

consentimento da mulher — é um *repúdio*. Ora o repúdio colide com o princípio, que a nossa Constituição consagra, da igualdade entre os cônjuges. Já sabemos, no entanto, que a oponibilidade da excepção de ordem pública (não discutimos que o princípio da igualdade conjugal pertence a esta área) implica a existência de um nexo suficientemente estreito entre a situação da vida a regular e o Estado do foro. Termos em que é certamente impensável a atribuição de eficácia jurídica em Portugal ao repúdio pelo marido muçulmano da esposa portuguesa — a menos que esta tenha prestado ao acto o seu assentimento mesmo que posteriormente[35]. Por isso, se for a mulher a solicitar o reconhecimento do divórcio, não há que levantar obstáculos ao deferimento da pretensão. O mesmo se diga — mas agora por força da própria razão que está na base da oponibilidade da excepção de ordem pública — se nenhum dos cônjuges for português, nem residir em Portugal no momento da declaração.

13. Quanto ao problema posto por um divórcio privado ou um repúdio que tenham ocorrido no território do Estado do foro, já dissemos acima (especialmente, n.º 191) o que mais importa saber.

Em Portugal, como na generalidade dos países ocidentais[36], é ideia corrente a de que em matéria de divórcio[37] — dada a gravidade dos interesses em jogo — os tribunais civis têm competência exclusiva. No entanto, a extensão desta directriz a famílias não integradas na comunidade local parece constituir exagero. O não reconhecimento do divórcio privado será particularmente chocante na hipótese de os interessados,

---

[35] E até por factos concludentes. V. em sentido semelhante a Lei holandesa de 25.03.1981.

[36] V. citações em *Temas*, p. 484, n. 76, e nestas lições, parte I, nota 514.

[37] Com a possível exclusão do divórcio por acordo dos cônjuges.

que residiam em Portugal ao tempo da prática do acto, terem passado a viver num país que reconheça a dissolução matrimonial, rompendo todos os laços que os uniam ao Estado português. A rigidez da solução tornar-se-á ainda mais patente se a questão da eficácia do divórcio vier a suscitar-se perante uma autoridade judiciária portuguesa a título de questão prejudicial[38]. Tudo ponderado, parece que a solução do reconhecimento — mesmo que o divórcio privado tenha ocorrido em Portugal — constitui na hipótese figurada solução mais razoável — a que todavia falta o conforto dos precedentes indiciais.

Se, porém, se tratar, não de um divórcio privado assimilável a um divórcio por mútuo consentimento, mas de um repúdio, a ordem pública constituirá provavelmente obstáculo intransponível ao reconhecimento[39].

Fundamento do instituto do reconhecimento das sentenças estrangeiras

14. Que razões subjazem a esta orientação do direito contemporâneo, já agora irreversível, no sentido do reconhecimento e eventualmente da execução das sentenças proferidas no estrangeiro sobre direitos privados?

Certo, são razões de índole eminentemente prática que aconselham esse reconhecimento. Do que se trata, sem qualquer dúvida, é de assegurar a continuidade e estabilidade das situações da vida jurídica internacional, a fim de que os direitos adquiridos e as expectativas dos interessados não sejam ofendidos. A circunstância de uma situação controvertida ter sido definida por um tribunal, cuja decisão é caso julgado no país em que foi proferida, não poderia ser ignorada. A decisão, pois que se tornou definitiva nesse país, pôs aí termo ao litígio, reforçou as expec-

[38] Veja-se WENGLER, *IPR* I, p. 637.

[39] Sobre a questão do reconhecimento do divórcio privado, v. KEGEL, citações em *Temas*, p. 486, n.º 82.

tativas das partes e de terceiros e consolidou direitos que anteriormente apareciam como incertos. Há que dar todo o seu peso a estes factos. É preciso que a incerteza anterior não renasça e a dúvida não se reinstale. A propositura de um novo processo poderia dar azo a decisões contraditórias, em detrimento do imperativo fundamental do DIP, que é a uniformidade de regulamentação jurídica das situações conectadas com diferentes sistemas de direito. Contudo, e por outra via, conceber-se-ia mal que os Estados admitissem sem qualquer espécie de controlo (o que não quer dizer necessariamente sem controlo prévio) a eficácia das decisões provenientes de uma soberania estrangeira, que podem inclusive ofender princípios fundamentais da ordem pública internacional do Estado do foro, quer material quer processual. É entre estes dois pólos que se move o instituto do reconhecimento e da execução das sentenças estrangeiras sobre direitos privados. A simples intuição nos adverte de que, se há que ter por indiscutível o princípio do reconhecimento, importa por outra parte sujeitá-lo a certas condições. É este um assunto a analisar mais tarde.

Postas estas considerações, importa encontrar para o princípio do reconhecimento, além da fundamentação pragmática, uma justificação lógica. Entendemos que a melhor justificação é a que reside na competência internacional do tribunal de origem, reconhecida pela ordem jurídica do Estado requerido. Com efeito, admitir a competência dos tribunais de um Estado em certo caso traduz-se em aceitar que esses tribunais tinham perfeita legitimidade para conhecer da causa e para sobre ela emitir uma decisão revestida da força do caso julgado. Portanto, se tal decisão foi pronunciada nesse Estado, a única atitude consonante com a premissa será conceder à sentença, no país requerido, os efeitos que lhe são atribuídos pela lei do país de origem.

Nesta perspectiva, a competência internacional do tribunal de origem não é somente uma de entre as diversas condições porventura exigidas para o reconhecimento da sentença, mas a condição verdadeiramente primordial e de alguma sorte o autêntico centro ou *pivot* do sistema.

Sistemas seguidos quanto ao reconhecimento das sentenças provenientes de países estrangeiros

15. Vamos agora passar em revista os vários sistemas seguidos quanto ao modo do reconhecimento das sentenças estrangeiras.

É evidente que o sistema mais favorável à eficácia extraterritorial das sentenças é aquele que, sem deixar de a condicionar mais ou menos fortemente, dispensa no entanto toda a verificação prévia desse condicionalismo. É o sistema chamado do reconhecimento de pleno direito — que não significa, evidentemente, repetimos, um reconhecimento sem condições, mas apenas que as condições exigidas não serão objecto de um controlo judicial senão no caso de a decisão ser invocada em qualquer processo, a título principal ou incidental.

O reconhecimento *ipso iure* está consagrado na Convenção de Bruxelas sobre a competência judiciária e o reconhecimento das sentenças estrangeiras em matéria civil e comercial[40], e constitui a regra geral na Alemanha; a excepção são as causas da esfera matrimonial (*Ehesachen*)[41].

O que acabámos de expor sobre o reconhecimento de pleno direito não vale, é óbvio, para o efeito executivo do

---

[40] Art. 26.º. A decisão proferida num Estado membro produz efeitos em todos os Estados da Comunidade, sem necessidade de recurso a qualquer processo. No mesmo sentido (reconhecimento de pleno direito) a Convenção de Lugano de 1988 (art. 26.º). Também a Convenção da Haia sobre os divórcios e separações de pessoas e bens, de 1970, estabelece um regime mais propício ao reconhecimento do que o regime comum em Portugal. Para mais desenvolvimentos v. *infra*, no capítulo relativo ao direito convencional.

[41] KEGEL, *IPR*, 7.ª ed., p. 819.

julgado. É assim inclusivamente no quadro da Convenção de Bruxelas[42].

16. Em França, assiste-se a uma interessante evolução no sentido da liberalização do regime do reconhecimento da eficácia das decisões judiciais estrangeiras. Essa evolução é comandada pela jurisprudência com destaque para a acção da *Cour de Cassation*. Assume relevo especial o *arrêt Munzer*, de 7 de Janeiro de 1964, «no qual a *Cour de Cassation* operou a síntese dos resultados adquiridos, enunciando formalmente condições precisas» do reconhecimento[43]. O regime actualmente em vigor é misto. Há decisões que beneficiam de uma eficácia de pleno direito: são, antes de tudo, as decisões relativas ao estado e à capacidade das pessoas. Assim, foi decidido (*arrêt Bulkley*, de 1860) que uma estrangeira regularmente divorciada no seu país podia contrair em França um segundo casamento, sem que o divórcio tivesse recebido o *exequatur*[44]. A decisão estrangeira beneficia, portanto, de uma presunção de regularidade[45]. Do mesmo modo, a *Cour de Cassation* iria pronunciar-se, em 1900, a favor da validade do casamento celebrado em França por uma pessoa de nacionalidade russa, cuja anterior união matrimonial tinha sido declarada nula na Alemanha, sem que para esta sentença tivesse sido obtido o *exequatur*. Outras decisões no mesmo sentido se seguiram, até que, em 1930, a *Cour de Cassation* generalizou a solução, referindo-a expressamente a todas as sentenças proferidas por um tribunal estrangeiro em matéria de estado e capacidade das pessoas[46], salvo os casos em que elas devam dar lugar a actos de execução material sobre os bens ou de coerção sobre as pessoas.

---

[42] V. *infra*, no capítulo relativo ao direito convencional.

[43] B. AUDIT, *DIP*, n.º 451.

[44] *A e op. cit.*, n.º 471.

[45] *Ibidem*.

[46] *Ibidem*.

Além da (firme) jurisprudência no que toca às decisões sobre estado e capacidade, deparam-se-nos alguns julgados que aplicam a mesma solução a todas as sentenças constitutivas, «porque os direitos novos por elas criados não poderiam ser desconhecidos sem inconvenientes sérios»[47].

O sistema do reconhecimento de pleno direito vigora também hoje na Itália, como se pode ver do art. 64.°, n.° 1, da já citada Lei sobre a Reforma do DIP, de 31 de Maio de 1995[48].

17. Outro sistema é aquele segundo o qual o reconhecimento da sentença pressupõe a verificação prévia da sua regularidade, isto é, pressupõe a verificação no caso concreto das condições de que segundo a lei do país requerido depende a atribuição de eficácia às decisões de tribunais estrangeiros. O sistema apresenta duas modalidades, conforme seja ou não admitida a revisão de mérito. No segundo caso fala-se de sistema da delibação. É este o sistema seguido em Portugal[49-50], no Brasil, na Suíça[51].

---

[47] *Ibidem*, n.° 472. De resto, o Autor que temos vindo a citar faz-se eco de uma tendência favorável à extensão da orientação referida a todas as sentenças estrangeiras sobre direitos privados (n.° 473).

[48] Cfr. P. PICONE, *La teoria del DIP nella legge italiana di reforma della materia*, cit. por MARQUES DOS SANTOS, *Revisão e confirmação de sentenças estrangeiras no novo CPC*, nota 20.

[49] Desde o CPC de 1876, mas com alguns desvios. Cfr. MACHADO VILLELA, *Tratado* I, pp. 637 segs.; ALBERTO DOS REIS, *Processos especiais* II, p. 142, e as nossas *Lições de DIP, Aditamentos* (polic.), 1973, p. 96. V. também MARQUES DOS SANTOS, *op. cit.*, p. 109.

[50] O art. 1094.°, n.° 1, refere-se às decisões proferidas por tribunais estrangeiros ou «por árbitros no estrangeiro», prescrevendo que nenhuma de tais decisões terá eficácia em Portugal sem estar revista e confirmada. Pergunta-se se a necessidade de revisão abrange também as arbitragens que, tendo decorrido em Portugal, foram decididas no estrangeiro. Isto porque as decisões arbitrais proferidas no âmbito da Lei da Arbitragem

Há que exceptuar deste regime (que o art. 1094.°, 1, do CPC consagra), por força da ressalva formulada neste mesmo texto («Sem prejuízo do que se ache estabelecido em tratados e leis especiais...»), as decisões dos tribunais eclesiásticos respeitantes à nulidade do casamento católico ou à dispensa do casamento rato e não consumado (Concordata entre Portugal e a Santa Sé de 7-5-1940; cfr. o art. 7.°, n.° 3.°, do Código do Registo Civil). O mesmo se diga quanto às decisões a que se aplicam as Convenções de Bruxelas e de Lugano, as quais, como já foi dito, consagram o sistema do reconhecimento de pleno direito.

O sistema da revisão de mérito está hoje em franco declínio, tendência que se iniciou com o já citado *arrêt Munzer* da Cassação francesa. Fora também a Cassação que, pouco depois do *Code Civil*, formulara o princípio da revisão de fundo: «O juiz francês tem o direito de rever a decisão estrangeira ... se entende que um ponto qualquer, de facto ou de direito, foi mal julgado».

Esta posição estava em oposição evidente com o fundamento do reconhecimento das decisões proferidas em país estrangeiro, tal como nós o concebemos. Com efeito, uma vez que concedemos o reconhecimento ou o *exequatur* porque achamos que o julgado emana de um tribunal internacionalmente competente e não por acreditarmos que a causa foi bem decidida, toda a reapreciação dos fundamentos da decisão deve

---

Voluntária (Lei n.° 31/86, de 29 de Agosto) «não carecem de qualquer revisão ou homologação para produzirem os seus efeitos de caso julgado e de título executivo em Portugal»: v. arts. 37.° e 26.°, n.° 2 (MARQUES DOS SANTOS, *op. cit.*, n.° 8). Mas a dúvida que se levanta é a de saber se a Lei n.° 31/86 se aplica à decisão proferida no estrangeiro, quando o processo de arbitragem se tiver desenrolado em Portugal. Sustenta a afirmativa o Doutor MARQUES DOS SANTOS (*loc. cit.*). O ponto afigura-se-nos duvidoso.

[51] *Lei federal sobre o DIP, cit.*, arts. 25.° a 32.°.

ser afastada. Aliás, ela seria excluída pela própria noção de reconhecimento de uma sentença, já que reconhecer uma sentença é aceitar as decisões que ela contém e não julgar segunda vez o litígio. Em todo o caso, e como já dissemos, tal revisão estaria em conflito aberto com a teleologia deste importante instituto do direito processual internacional.

Actualmente, a revisão de fundo é interdita, salvo casos excepcionais, em vários Estados, entre os quais a Alemanha, a França (desde 1964), a Itália, Portugal (desde 1876), o Brasil. O mesmo se diga das mais recentes Convenções sobre a nossa matéria, como a Convenção da Haia de 1971, a do Luxemburgo de 1967, a de Bruxelas (1968), a de Lugano (1988).

Podemos, pois, concluir que a exclusão da revisão de mérito corresponde a uma das tendências mais firmes do direito contemporâneo, no capítulo do reconhecimento e da execução das sentenças estrangeiras. No entanto, como já dissemos de passagem, o princípio da não revisão de mérito conhece alguns desvios.

Olhemos ao direito português. As condições da confirmação da sentença estrangeira entre nós exigidas e que o art. 1096.° do CPC enumera não respeitam senão à regularidade da decisão e do processo de que ela constitui o último termo, como teremos ocasião de ver mais adiante. Nem sempre foi assim: nas várias versões do CPC que se foram sucedendo até à actual, um dos requisitos da confirmação estabelecidos no lei tinha a ver manifestamente com uma revisão de fundo, embora restrita à matéria de direito. A expressão que encontrava essa exigência no Código de 1961 (art. 1096.°, al. *g*)) era a seguinte: se a parte que decaiu no processo estrangeiro é um português, há que ver se o nosso direito privado era o aplicável no caso de espécie e, na hipótese afirmativa, se o tribunal o aplicou e o aplicou correctamente. O tribunal português só confirmará a decisão se a resposta for afirmativa. Por nossa parte, de há muito vínhamos sustentando — e esta opinião foi sufragada nos últimos anos por vários acórdãos de STJ — que o escopo do preceito da al. *g*) do art. 1096.° era tão somente pôr ao alcance do português vencido no pleito um meio de evitar a execução no nosso país da sentença, se tal fosse do seu interesse. Logo, o preceito não funcionaria se o interesse da parte portuguesa vencida fosse justamente o inverso.

No comentário que publicámos, em colaboração com o Dr. F. FERREIRA PINTO, ao Anteprojecto de 1998, sugeríamos que, na lógica desta orientação, a ideia formulada através da al. *g*) do art.° 1096.° do Cód. anterior transitasse, do capítulo das condições de confirmação da sentença, para o dos fundamentos de oposição ao respectivo pedido. Esta sugestão foi acolhida: desapareceu do art. 1096.° a al. *g*), tendo passado o seu preceito a constituir o n.° 2 do art.° 1100.° (fundamentos da impugnação do pedido). Por outro lado, explicitou-se a outra ideia que já considerávamos implícita no Código anterior, a saber: que a impugnação só procede provando-se que o resultado da acção teria sido mais favorável à parte portuguesa, se o tribunal estrangeiro tivesse aplicado o direito material português.

Outro caso de revisão de mérito se nos depara no direito português: é o da al. *c*) do art. 771.° do CPC, aplicável em matéria de revisão de sentenças estrangeiras por força do art. 1100.°, n.° 1, daquele Código. A circunstância mencionada na referida alínea do art. 771.° constitui um dos possíveis fundamentos do recurso de revisão de uma sentença de tribunal português transitada em julgado. Consiste na descoberta de documento novo que, por si só, seja suficiente para modificar a decisão em sentido mais favorável à parte vencida. Por conseguinte, a utilização deste recurso no campo da homologação das sentenças estrangeiras vem a traduzir-se num caso de revisão de mérito em matéria de facto.

18. Como vimos, foi a Cassação francesa, através do *arrêt Munzer*, que vibrou em França o golpe mortal no princípio da

revisão de fundo. Mas se deixou de ser lícito ao juiz francês verificar a conformidade da decisão com as disposições aplicáveis do direito competente, em contrapartida, ele deve controlar, à face das regras de conflitos francesas, a competência da lei aplicada pelo tribunal de origem ao fundo da causa.

Este sistema — que mesmo em França tem suscitado severas críticas[52] — é inaceitável. Com efeito, a divergência das regras de conflitos bilaterais em vigor nos vários países é um facto assente e aceite, e não parece razoável que o Estado do foro imponha aos outros Estados os seus pontos de vista, como se unicamente eles representassem a verdadeira justiça do DIP. Negar o reconhecimento a uma sentença só por nela se não ter feito aplicação da regra de conflitos do foro (ou de uma regra do mesmo conteúdo) constitui manifesto exagero. A boa solução — a solução relativista — é a que está expressamente consagrada na Convenção da Haia de 1971[53] e também na de Bruxelas, como se vê do confronto dos arts. 29.° e 27.°, n.° 4 (*v. infra*).

A doutrina do *arrêt Munzer*, além da crítica já esboçada, atrai mais a seguinte objecção: se o tribunal requerido se limita a verificar se o juiz estrangeiro resolveu o problema da lei aplicável como um juiz do Estado *ad quem* deveria fazê-lo, o benefício da solução reduz-se a bem pouco[54]. Se, diversamente,

---

[52] A jurisprudência, para evitar os inconvenientes de tal condição do reconhecimento, recorre muito frequentemente à noção de equivalência substancial entre a lei efectivamente aplicada pelo juiz estrangeiro e aquela que o deveria ter sido segundo o direito de conflitos francês. Cfr. AUDIT, n.° 464. Sobre a não razoabilidade da exigência, v. sobretudo Pierre MAYER, *DIP* (5ª ed.), n.° 388.

[53] «La reconnaissance ou l'exécution ne peut être refusée pour la seule raison que le tribunal d'origine a apliqué une loi autre que celle qui aurait été applicable d'après les règles de DIP de l'Etat requis».

[54] E é efectivamente esta a posição geralmente assumida pelos tribunais franceses. Cfr. *A. ultim. cit.*

ele deve investigar se o tribunal de origem interpretou e aplicou em termos correctos a lei que declarou aplicável, nesse caso, a regra exclusiva da revisão de mérito encontra-se exposta aos maiores perigos.

Em Portugal, encontramos tão-só um eco muito discreto da doutrina exposta e criticada: é no art. 1100.º, n.º 2, do CPC. Com efeito, a impugnação do pedido de reconhecimento ou de execução ao abrigo desse texto só procede se o impugnante provar (como de resto já vimos, p. 465):

a) que a questão devia resolver-se pelo direito material português, segundo as normas de conflitos da lei portuguesa;

b) que o resultado da acção lhe teria sido mais favorável se o juiz tivesse aplicado o direito português.

Quanto, porém, ao que se diz na al. *a*), há que ter em conta, ao lado das regras de conflitos comuns do nosso sistema jurídico, a disposição especial do n.º 2 do art. 31.º do Cód. Civ., de que já tratámos. Significa isto que se a lei aplicável no caso vertente, segundo uma daquelas regras, era a portuguesa como lei nacional dos interessados, mas o tribunal decidiu em conformidade com a lei do domicílio, o pedido de impugnação deverá ser julgado improcedente. É certo que o citado art. 31.º, n.º 2, contempla apenas na sua letra as situações constituídas por via de negócio jurídico. Deve, porém, entender-se que o legislador só pensou, para as opor àquelas, nas situações que se constituem meramente *ex lege*. Se a questão a resolver é, por exemplo, a de averiguar a quem cabe a herança de alguém que se finou intestado, e se aí se defrontam duas pretensões sucessórias baseadas em sistemas jurídicos distintos, a decisão só pode resultar da opção por um desses sistemas. Não se põe aqui qualquer problema de protecção de direitos adquiridos. O capital desígnio do legislador, ao formular a norma do art. 31.º, n.º 2, foi proteger as fundadas expectativas das partes (e até de terceiros) – foi tutelar a confiança daquelas na validade da situação criada à sombra da lei do país em que viviam e que nesse país pôde surtir os seus efeitos. Ora está claro que esta razão vale para a hipótese figurada acima, mas vale também decerto para o caso da situação jurídica reconhecida ou constituída pela decisão judicial estrangeira, ao abrigo dos preceitos do direito que a citada regra do DIP português considera aplicável, em alternativa com a *lex patriae*. Aqui, realmente, há expectativas bem radicadas e fundadas na nova situação criada: pois que fundamento mais sólido e firme do que a decisão de uma autoridade judiciária?

19. Já sabemos que o sistema do direito português é o da revisão formal ou delibação. Mas antes de falarmos das condições de que depende, nesta perspectiva, a confirmação de uma sentença procedente de tribunal estrangeiro, ponhamos a questão de saber se não haverá porventura decisões — sem falar das exceptuadas por tratados ou leis especiais, a que já nos referimos — que escapam ao rigor do controlo prévio, isto é, cuja eficácia seja reconhecida entre nós automaticamente ou *ipso iure*. O problema põe-se para as sentenças *constitutivas*, para os actos de *jurisdição voluntária* e para os efeitos da sentença tomada como simples *facto jurídico* e como *meio de prova*.

a) O nosso direito não se mostra favorável a admitir excepções ao princípio da revisão como acto prévio à atribuição de efeitos a uma decisão estrangeira. O caso das sentenças constitutivas não foi merecedor de um tratamento privilegiado. Contudo, em cumprimento e no seguimento de um despacho do Ministro da Justiça de 1947, entendeu a Conservatória dos Registos Centrais que a simples exibição de uma sentença estrangeira de divórcio não revista e confirmada é título bastante para permitir a celebração de segundo casamento em Portugal. O mínimo que pode dizer-se de tal decisão é ser o seu fundamento altamente discutível, já que é erro pô-la ao abrigo do n.º 2 do art. 1094.º do CPC: efectivamente, a decisão não é invocada aqui como simples meio de prova. A decisão não prova a constituição no estrangeiro do estado de divorciado em relação a *A*, senão que é ela mesma que *constitui* o novo estado. O que se invoca como meio de prova é apenas o documento que incorpora a decisão e que com ela se não identifica.

Deste modo, onde a referida orientação nos conduz é ao entendimento de que ou as decisões proferidas em matéria de estado das pessoas (inclusive as declarativas[55]), ou então todas as decisões constitutivas, se furtam à regra do controlo prévio. Nenhuma destas soluções encontra apoio nos textos do nosso direito positivo, nem nos precedentes judiciais.

b) Não nos custaria, porém, admitir que o art. 1094.º, 1, não valesse para os actos de jurisdição voluntária, precisamente por não terem eles a natureza de actos jurisdicionais. O principal argumento contra a distinção é a dificuldade de traçar uma linha de fronteiras prática e clara entre jurisdição contenciosa e graciosa. Ela foi, todavia, aceite entre nós por MACHADO VILLELA[56].

c) Uma decisão de um tribunal estrangeiro pode ser invocada não como tal, mas como simples facto jurídico, ou até como situação de facto, e nesse caso produzirá os seus efeitos independentemente de *exequatur*. O mesmo se diga relativamente aos *efeitos laterais* da sentença. Assim, por exemplo, a sentença que reconhece um crédito tem indirectamente por efeito submetê-lo ao prazo da prescrição ordinária. Suponhamos que o problema da prescrição se levanta num país onde tal sentença

---

[55] Como uma sentença que tenha anulado um matrimónio.

[56] V. também LUÍS BARRETO XAVIER, *Sobre ordem pública internacional e reconhecimento de sentenças estrangeiras*, policop. Lisboa, 1991.

Na Alemanha, o regime aplicável em matéria de jurisdição voluntária afasta-se algum tanto do regime comum; v. KEGEL, *IPR*, § 22, V, 1. Na França, a distinção entre as duas matérias não é relevante; B. AUDIT, *DIP*, n.º 444: «Le régime de l'efficacité s'applique aux décisions gracieuses aussi bien que contentieuses...». V. *La reconnaissance*, *cit.*, n.º 13.

não é, ou ainda não é, reconhecida. Não obstante isto, o tribunal chamado a pronunciar-se sobre a questão, se reconhece o crédito como existente à face da lei que o rege, não poderá deixar de considerar o débito sujeito à prescrição ordinária. Tal é, na verdade, e por hipótese, a solução que decorre da lei aplicável à relação jurídica em causa, segundo o direito de conflitos de *lex fori*. Ponto é que a decisão relativa à existência do crédito tenha efeito no âmbito daquele sistema jurídico. Para além disto, não há senão observar a norma da *lex causae* (*La reconnaissance, cit.*, n.º 14).

Também se trata de reconhecer um efeito indirecto da decisão estrangeira no seguinte caso: *A* e *B* divorciaram-se no seu Estado nacional. *A*, o ex-marido, morre e a mulher tenta fazer valer no Estado local — onde aquele divórcio não é reconhecido — os direitos sucessórios que a lei aplicável nessa matéria (a da nacionalidade do falecido) atribui ao cônjuge supérstite. A pretensão de *B* não pode ser atendida, porque à face da lei que rege a sucessão lhe falece a qualidade necessária: a de cônjuge sobrevivente. O tribunal local não tem que se pronunciar sobre o divórcio, mas apenas sobre a pretensão sucessória da demandante. Ora a lei que rege a sucessão nega tal pretensão. Do divórcio há só que *tomar em consideração* o *facto* da sua existência perante as disposições do estatuto sucessório[57].

Seja um caso similar: segundo a Lei italiana sobre o divórcio, de 3 de Dezembro de 1970 (art. 3.º), o cônjuge italiano pode pedir o divórcio fundando-se na circunstância de o outro cônjuge (um estrangeiro) ter conseguido obter no seu Estado nacional uma sentença de divórcio ou de anulação do matrimónio. Antes da recente Reforma do DIP italiano (1995), punha-se a questão de saber se esta sentença só podia ser pro-

[57] À mesma conclusão se poderia chegar tomando pelo caminho da questão prévia.

duzida perante um juiz italiano, num processo de divórcio baseado no referido texto legal, depois de revista nos termos estabelecidos no CPC. A resposta teria de ser negativa, porquanto a intenção da lei de 1970 era a de vir em auxílio das chamadas «viúvas branca» italianas. Daqui se devia deduzir que só era necessário estabelecer que o outro cônjuge se tinha realmente divorciado no seu Estado nacional. Não se tratava de conceder na Itália os efeitos normais do divórcio à decisão estrangeira, mas o divórcio era apenas invocado como *situação de facto*.

d) Finalmente, a sentença estrangeira pode ser produzida como meio de prova, «em processo pendente nos tribunais portugueses», «sujeita à apreciação de quem haja de julgar a causa» (art. 1094.°, n.° 2).

A sentença pode ser invocada como prova dos factos que constata. E sendo o documento que a contém um documento autêntico, ser-lhe-á aplicável a regra da *lex fori* concernente aos documentos autênticos exarados num país estrangeiro de conformidade com a lei deste país: tais documentos fazem, pois, prova plena como o fariam documentos da mesma natureza exarados em Portugal (v. Cód. civ., art. 371.°, n.° 1).

Para além desta fronteira, a decisão continua naturalmente a ser um meio de prova, todavia «sujeito à apreciação de quem haja de julgar a causa». Isto significa que as conclusões tiradas pelo juiz *a quo* das provas produzidas perante ele não se imporão ao juiz *ad quem*: este conserva à face delas uma inteira liberdade de apreciação — e é justamente por isto que nada se opõe a que o juiz *ad quem* conceda à sentença estrangeira o valor e o alcance de um meio de prova. Não há necessidade para tanto de obter previamente para a sentença um *exequatur*.

Evidentemente, este poder de livre apreciação do juiz não funciona enquanto a sentença fizer prova plena relativamente a certos factos, nos termos fixados pela *lex fori*.

20. Já dissemos que o sistema consagrado entre nós é o da revisão formal ou delibação, com alguns desvios. Nenhuma

decisão estrangeira sobre direitos privados (salvo o que se achar estabelecido em tratados e leis especiais) terá eficácia em Portugal sem estar revista e confirmada (CPC, art. 1094.º. 1). Os requisitos necessários para a confirmação são os enumerados no art. 1096.º.

Antes de passarmos à sua análise, queremos ainda fazer referência a um outro sistema: o sistema inglês ou da *Common Law* (que aliás não se aplica desde 1933[58], em matéria de *money judgements*, nem às sentenças estrangeiras de divórcio e de separação de pessoas e bens abrangidas pela Convenção da Haia de 1970[59], nem às decisões proferidas no âmbito das Convenções de Bruxelas de 1968 e de Lugano de 1988). Nesse sistema, dito da *actio iudicati*, a decisão estrangeira não é reconhecida directamente, mas à parte interessada é concedido o direito de intentar no Reino Unido uma nova acção com o mesmo objecto, consistindo o fundamento desta acção precisamente na própria sentença estrangeira. O demandante obterá ganho de causa contanto que a decisão obedeça a certos requisitos, que de resto se não referem ao seu conteúdo.

Analisaremos seguidamente os requisitos necessários para a confirmação das sentenças estrangeiras sobre direitos privados, segundo o art.º 1096.º do CPC; veremos que o sistema aqui consagrado é na verdade o da revisão formal ou mera delibação[60].

---

[58] Em 1933, o *Foreign judgements (Reciprocal Enforcement) Act* instituiu um sistema de registo que permite equiparar uma sentença estrangeira à decisão de um tribunal inglês, com base na reciprocidade reconhecida *by order in Council: La reconnaissance, cit.*, Estudos Vários, pp. 144-145; CHESHIRE-NORTH, *PIL*, 11ª ed., pp. 388 segs.; MARQUES DOS SANTOS, *op. cit.*, nota 15.

[59] Efectivamente, a Convenção da Haia de 1970, já citada, foi incorporada na ordem jurídica inglesa através de uma Lei de 1971 «Recognition of divorces and legal separations Act»; cfr. GRAVESON, numa nota da Rev. crit. de DIP, 1972.

[60] A condição da reciprocidade (é necessário que uma decisão da mesma natureza e conteúdo, proferida no país requerido, tivesse sido declarada eficaz no Estado de origem) exigida ainda hoje nalguns países,

Todavia, antes ainda de encetarmos aquela análise, impõe-se tomar posição sobre o problema da natureza e do objecto da acção de delibação — ou, por diferentes palavras, de qual a relação existente entre a decisão estrangeira e a sentença nacional que a confirma.

1) De conformidade com as concepções da escola *positivista-particularista* — que prevaleceram quase sem oposição até ao começo dos anos trinta — o grande jurista italiano ANZILOTTI sustentou que, tendo o acto jurisdicional (como todo o acto de soberania) um valor forçosamente limitado ao Estado de onde emana, o efeito próprio da sentença de delibação seria declarar que determinado evento jurídico se produziu (embora na órbita de uma lei estrangeira), ou, noutros casos, criar, modificar ou extinguir, ante a ordem jurídica do foro, a relação de direito que constituiu o objecto da sentença estrangeira. Daqui a conclusão de que, de um ponto de vista formal, não se trataria de uma decisão única com efeitos reconhecidos por duas ordens jurídicas diferentes, mas verdadeiramente de duas decisões diferentes, conquanto de conteúdo idêntico, operando cada uma os seus efeitos no seu respectivo Estado[61-62].

2) Esta concepção não é a mais correcta e mesmo na Itália, onde nasceu, deixou de predominar há muito.

Graças sobretudo aos estudos de LIEBMAN e de MORELLI[62bis], admite-se actualmente naquele país que o acto formal

---

entre eles a Alemanha e a Espanha, nunca o foi em Portugal: MACHADO VILLELA, *Tratado II*, p., J. A. DOS REIS, *op. cit. II*, p. O mesmo se diga da revisão de mérito, como regra.

[61] FERRER CORREIA, *La reconnaissance, cit.*, in Estudos vários, p. 143.

[62] De actuar os seus efeitos no todo ou em parte. Sobre este ponto, v. AUDIT, n.° 479: «O juiz pode conceder o *exequatur* à parte alimentar de uma decisão sem consagrar o vínculo de filiação estabelecido pela decisão estrangeira».

[62bis] *Diritto Processuale Civile Internazionale*, 2.ª ed., p. 288-292.

de reconhecimento ou o *exequatur* não é outra coisa senão a condição necessária (*condicio iuris*) para que a decisão estrangeira possa desenvolver no Estado do foro os efeitos que lhe competem segundo a lei do Estado de origem: os efeitos de acto jurisdicional. Antes de revista e confirmada, a sentença não produz na ordem jurídica do foro senão um único efeito: o de possibilitar a propositura da acção de revisão e confirmação. E é justamente a sentença proferida nesta acção que, verificando que todas as condições para tanto legalmente necessárias se acham cumpridas, abre a ordem jurídica nacional à eficácia do acto proveniente de uma jurisdição estrangeira. O escopo daquele procedimento não consiste, portanto, na obtenção de uma sentença nacional idêntica à sentença estrangeira, mas tão-só na confirmação ou homologação desta última. O tribunal não julga segunda vez o litígio — limita-se a julgar que a decisão estrangeira está em condições de actuar os seus efeitos em Portugal.

Questiona-se também sobre se o efeito da confirmação é a nacionalização do julgado estrangeiro, ou um julgado português que atribui relevância na ordem jurídica nacional ao conteúdo da decisão confirmada. Esta última nos parece ser a posição preferível, o que permite, *inter alia*, ter em conta a autoridade daquela decisão a partir do momento em que foi proferida, ressalvados os direitos de terceiros. Esta observação reveste-se de muito interesse para os efeitos da al. *g*) do art. 771.° CPC: existência de caso julgado entre as mesmas partes formado anteriormente, facto qualificado como fundamento de impugnação do pedido de revisão e confirmação da sentença (art. 1100.°, 1).

Condições de confirmação das sentenças estrangeiras

21. Art. 1096.°, al. *a*) — Para que a sentença seja confirmada é necessário «que não haja dúvidas sobre a autenticidade

do documento de que conste a sentença nem sobre a inteligência da decisão». Os documentos autênticos que o sejam à face da lei do país onde foram exarados terão o mesmo valor em Portugal que se exarados fossem aqui (Cód. civ. art. 371, n.º 1); por conseguinte, o documento que contém a decisão faz prova plena da sua existência e conteúdo. De acordo com o art. 365.º, n.º 2, do Cód. civ., pode ser necessário mandar proceder à legalização do documento, nos termos do art. 540.º, 1, do CPC. Contudo, Portugal é parte na Convenção relativa à Supressão da Exigência da Legalização dos Actos Públicos Estrangeiros[63], pelo que só em casos contados haverá que dar cumprimento a essa formalidade[64].

Quanto ao requisito da inteligência (ou inteligibilidade) da decisão, sempre temos entendido que o que se pretende é que o tribunal *ad quem* possa compreender o que foi decidido (isto é, o dispositivo da sentença), sem ter de se preocupar com a coerência lógica entre as premissas e a conclusão.

Alínea *b)* — Trânsito em julgado da sentença segundo a lei do país de origem.

Trânsito em julgado significa não poder já a decisão ser objecto de recurso ordinário. Trânsito em julgado não é o mesmo que exequibilidade. Dá-se, por vezes, o caso de uma sentença ser exequível, ante as disposições legais vigentes no país onde foi emitida, sem todavia ter transitado em julgado.

O simples facto de não constar do processo a prova do trânsito em julgado não constitui impedimento à confirmação; tal impedimento existirá, contudo, se o tribunal, por conhecimento derivado do exercício das suas funções, chegar à conclusão de que no caso vertente esse requisito falta. É esta a solução mais consentânea com o preceito do art. 1101.º.

---

[63] Convenção da Haia, de 5 de Outubro de 1961, que foi ratificada ou a que aderiram numerosos Estados.

[64] MARQUES DOS SANTOS, *op. cit.*, p. 117.

Alínea *c*) — Competência do tribunal estrangeiro.

De conformidade com a orientação tradicional, o tribunal do país requerido verificará se o Estado de origem detinha, na espécie, uma competência internacional.

A competência internacional de um Estado só pode considerar-se admitida se existir uma conexão significativa entre o litígio e a ordem jurídica desse Estado.

Constituía problema o saber segundo que lei devia verificar-se a competência internacional do tribunal de origem. Predominava, no direito interno dos Estados, a doutrina segundo a qual era à *lex fori* que cabia pronunciar-se. Ainda hoje é esta a solução preponderante. É o sistema da *bilateralidade*, que consiste numa ideia de *bilateralização* das regras de conflitos unilaterais do país requerido. Na verdade — argumenta-se[65] — dada a ausência de um critério ou conjunto de critérios fornecidos pelo direito internacional público geral, cada Estado tem o direito de aplicar à definição da esfera de competência dos outros Estados as regras que ele considera justas para si. Por conseguinte, o tribunal de origem será competente se, em condições idênticas de facto e de direito, as jurisdições locais tivessem podido conhecer do litígio.

Contudo, esta solução está em desacordo quer com o princípio da necessária cooperação entre as autoridades dos diferentes Estados, quer com as exigências da vida jurídica internacional, que reclamam um sistema o mais possível favorável à «circulação» das decisões.

Demais, nenhum Estado pode razoavelmente pretender que só as regras por ele aprovadas estão de acordo com o sistema ideal nesta matéria da competência internacional. A única coisa

---

[65] FRAGISTAS, *La Compétence internationale*, Rec. Cours 1961, III, p. 178-179.

que um Estado tem o direito de exigir dos outros é que respeitem o seu domínio de competência *exclusiva* — e isto só no caso de, ao fixar os limites dessa área, ele não ultrapassar os limites do razoável. Para além desta fronteira, parece que são unicamente as chamadas competências *exorbitantes* — as que se não baseiam num nexo suficientemente estreito entre o litígio e as jurisdições do país em causa — que o Estado requerido se poderá negar a reconhecer.

Do exposto resulta que, respeitados os limites indicados, são as normas da lei do Estado de origem, e não as da *lex fori*, que há que ter em consideração. E tanto mais assim deverá ser porquanto são elas as únicas a que os tribunais desse país podiam atender no momento de aquilatarem da sua própria competência. Logo, salvo em caso de competência exclusiva do Estado requerido — e levadas também em conta as considerações aduzidas sobre as competências exorbitantes — é de acordo com o direito em vigor no Estado de origem que deve resolver-se o problema.

No entanto, chegados a este ponto, uma dúvida pode vir insinuar-se. Se a decisão estrangeira é reputada eficaz, no país onde foi proferida, apesar da provada incompetência dos Tribunais deste país face aos critérios aí em vigor, não é certo que se lhe não pode negar a eficácia própria da sentença no país requerido com fundamento naquela provada incompetência? Dir-se-á, na verdade, que a lei do Estado *a quo* considera a sentença expurgada do seu vício originário — e efectivamente assim é: tudo se passa como se as normas desse Estado tivessem sido escrupulosamente observadas.

Contudo, não se segue daqui que a teoria ou o sistema que acabámos de expor (chamado da *unilateralidade atenuada*) constitua uma orientação errónea e inaceitável: dali só resulta que no seu âmbito o controlo da competência do tribunal de origem não tem por escopo senão apurar dois dados: primeiro, se no caso concreto se verificou ofensa da área de competência *exclusiva* do Estado local; segundo, «se o litígio se relaciona de uma maneira caracterizada com o país» de origem da decisão[66].

Entre nós, dominou até ao Código actual a doutrina da *bilateralidade*, já que o Cód. Proc. Priv. aludia expressamente às regras de conflitos de jurisdições da lei portuguesa. Passou-se agora para o sistema da *unilateralidade atenuada*, pois que a al. *c*) do art. 1096.º do CPC de 1997 limita-se a considerar requisito necessário da confirmação que a sentença «provenha de tribunal estrangeiro cuja competência não tenha sido provocada em fraude à lei e não verse sobre matéria da exclusiva competência dos tribunais portugueses».

Pode, pois, dizer-se que a competência do juiz estrangeiro é verificada segundo regras de competência próprias, por isso que nenhuma referência se faz às normas vigentes no país de origem. O facto é que não vemos diferença de maior entre esta solução e a correspondente à doutrina da unilateralidade atenuada. Mas uma coisa deve observar-se — e criticar-se —: é que o texto do novo Código não acolheu a sugestão[67] no sentido da exigência expressa de uma conexão significativa (caracterizada, segundo a Cassação francesa) entre o litígio e o país onde foi proferida a sentença revidenda. Quanto aos dois únicos requisitos que o Código sanciona, uma vez que a lista das competências exclusivas constante do art. 65.º-A deve ter-se por taxativa, nada temos a objectar.

Alínea *d*) — Litispendência e caso julgado.

O texto desta alínea é um daqueles que passaram íntegros do Código anterior. Em certas circunstâncias, o facto de estar

---

[66] Assim se pronunciou a Cassação francesa, pelo acórdão de 6-02--1985. A Cassação considerou ainda necessário que a escolha da jurisdição não tenha sido fraudulenta. Cfr. AUDIT, n.º 458, e Pierre MAYER, *DIP*, n.º 372.

[67] FERRER CORREIA e FERREIRA PINTO, *loc. cit.*

pendente em tribunal português um litígio entre as mesmas partes, com a mesma causa e idêntico objecto, obsta ao reconhecimento ou execução da sentença estrangeira proferida sobre tal controvérsia.

O nosso direito adopta a mesma solução que foi consagrada para a litispendência pela Convenção da Haia de 1971[68]. A litispendência não impede o reconhecimento, se foi o tribunal estrangeiro que preveniu a jurisdição (se a acção foi proposta primeiramente no tribunal estrangeiro). A mesma doutrina vale para o caso julgado: a excepção de caso julgado com fundamento em causa afecta a tribunal português (se procedente, como é óbvio) não obsta ao reconhecimento, se a jurisdição foi prevenida pelo tribunal estrangeiro. No entanto, a excepção de caso julgado em Portugal aparece de novo no capítulo dos fundamentos da oposição ao pedido, e aparece nos termos seguintes: a impugnação do pedido de reconhecimento ou de execução será julgada procedente quando se mostre (al. *g*) do art. 771.°, aplicável por força do n.° 1 do art. 1100.°) que a decisão revidenda é contrária a outra que constitua caso julgado para as partes, formado anteriormente. A hipótese é a do conflito entre duas decisões, das quais uma é portuguesa. O caso julgado português prevalecerá, se for anterior ao estrangeiro (aqui, contrariamente ao que se passa no quadro da al. *d*) do art. 1096.°, a prevenção de jurisdição não desempenha qualquer papel; o que decide é o momento do trânsito em julgado das decisões). O preceito da al. *g*) do art. 771.° vale igualmente na hipótese de as decisões conflituantes serem ambas estrangeiras, se aquela cuja existência serve de fundamento à impugnação do pedido já tiver sido revista e confirmada por tribunal português.

---

[68] Para a Convenção de Bruxelas, o tribunal solicitado em segundo lugar abstém-se *ex officio* de decidir até que a competência do outro tribunal seja estabelecida; uma vez isto feito, remete-lhe o processo (art. 21.°).

Alínea *e*) — Regularidade do processo.

Em todos os países se entende que o facto de ter ocorrido uma grave irregularidade no processo, por força da qual à parte contra a qual se pede o reconhecimento não foi dada a possibilidade, ou uma oportunidade razoável, de fazer valer os seus direitos, constitui um impedimento ao reconhecimento da sentença estrangeira.

O nosso Código começa por referir a necessidade de o réu ter sido regularmente citado para a acção, nos termos da lei do país do tribunal de origem; e acrescenta a esta a exigência de no processo terem sido observados os princípios do contraditório e da igualdade das partes[69]. O Código anterior referia-se apenas à necessidade da citação, aferida tal necessidade pela lei portuguesa, e só chamava a lei processual estrangeira para determinar as formalidades do acto. O Código actual adopta, por um lado, uma atitude mais aberta, na medida em que remete toda a matéria da citação para a lei estrangeira, mas, por outro, mostra-se mais atento aos direitos fundamentais da defesa, enquanto alude expressamente à necessidade de haverem sido observadas certas condições essenciais da protecção desses direitos, que são os princípios do contraditório e da igualdade das partes. Aliás, e de toda a maneira, a não consideração destes princípios sempre assumiria a devida relevância, através da excepção de ordem pública (processual)[70].

Alínea *f*) — Ordem pública internacional.

A superioridade do texto actual em relação à do Código anterior é patente[71]. Na verdade, o Código anterior exigia que

---

[69] O legislador adoptou, pois, a fórmula sugerida na cit. *Breve Apreciação*, de FERRER CORREIA-FERREIRA PINTO, pp. 52-53. Cfr. MARQUES DOS SANTOS, *op. cit.*, p. 135 e n.º 113.

[70] FERRER CORREIA-FERREIRA PINTO, *Breve Apreciação*, p. 53.

[71] No mesmo sentido, MARQUES DOS SANTOS, *op. cit.*, p. 139.

a sentença não contivesse «decisões contrárias aos princípios de ordem pública portuguesa», ao passo que para a actual al. *f)* o que se requer é que a sentença «não contenha decisão cujo reconhecimento conduza a um resultado manifestamente incompatível com os princípios da ordem pública internacional do Estado Português»[72]. Não é, portanto, a decisão propriamente que conta, mas o resultado a que conduziria o seu reconhecimento. A decisão pode apoiar-se num norma que, considerada em abstracto, se diria contrária à ordem pública internacional do Estado português, mas cuja aplicação concreta o não seja. Ao invés, pode a lei em que se apoiou a decisão não ofender, considerada abstractamente, a ordem pública, mas a sua aplicação concreta assentar em motivos inaceitáveis[73]. Nesta parte, a inspiração da al. *f)* do art.º 1096.º do CPC é idêntica à do art. 22.º, 1, do Cód. civ. (ordem pública internacional em matéria de conflitos de leis).

Anote-se, por último, que a introdução do advérbio «manifestamente» — na frase «... cujo reconhecimento conduza a um resultado manifestamente incompatível...» — é também uma inovação oportuna, porque traduz com propriedade o carácter excepcional da intervenção da ordem pública[74].

---

[72] Também aqui se adoptou a fórmula proposta na cit. *Breve Apreciação*, pp. 53-54.

[73] V. B. AUDIT, n.º 467.

[74] No § 328, I, n.º 4, da ZPO utiliza-se a mesma expressão («offensichtlich unvereinbar»), bem como no art. 27.º, n.º 1, da Lei federal suíça, de 18-12-1987, e em várias Convenções da Haia de DIP.

CAPÍTULO III

Direito convencional[75]

SECÇÃO I

Competência internacional

§ 1.º — *Convenção de Bruxelas de 1968 sobre Competência Judiciária e Execução de Decisões em Matéria Civil e Comercial*

22. A Convenção de Bruxelas, de 27-IX-1968, com as modificações introduzidas pela Convenção de Adesão de Portugal e de Espanha (a Convenção de San Sebastian, de 1989), em

[75] J. MOTA CAMPOS, *Um instrumento jurídico de integração europeia. A Convenção de Bruxelas de 27 de Setembro de 1968 sobre Competência Judiciária, Reconhecimento e Execução das Sentenças*, in "Boletim do Ministério da Justiça, Documentação e Direito Comparado", n.º 22 (1985), 73 e ss.; MOURA RAMOS, *L'adhésion du Portugal aux conventions communautaires en matière de droit international privé*, in "Das relações...", 143-170; *La Convention de Bruxelles après la Convention d'adhésion du Portugal et de l'Espagne*, in "Das relações...", 170-195; MIGUEL TEIXEIRA DE SOUSA/DÁRIO MOURA VICENTE, *Comentário à Convenção de Bruxelas*, Lisboa, 1994; DÁRIO MOURA VICENTE, *Da aplicação no tempo e no espaço das Convenções de Bruxelas de 1968 e de Lugano de 1988* (Anotação de jurisprudência), in "Revista da Faculdade de Direito da Universidade de Lisboa, vol. XXXV, 1994, 461-485; Ministério da Justiça — Gabinete de Direito Europeu, *As convenções de Bruxelas e de Lugano* (textos actualizados e jurisprudência mais significativa), Lisboa, 1996; Mª CRISTINA PIMENTA COELHO, *A Convenção de Nova Iorque de 10 de Junho de 1958 Relativa ao Reconhecimento e Execução de Sentenças Arbitrais Estrangeiras*, in "Revista Jurídica", AAFDL, n.º 20 (Nov. de 1996 — nova série), 37-69.

vigor para Portugal desde 1 de Julho de 1992, trata, em dois títulos, da competência internacional dos tribunais dos Estados contratantes[76] (a chamada competência directa, porque o fim visado é definir a área em que cada jurisdição nacional pode exercer a sua competência) e do reconhecimento e execução na União das decisões proferidas no âmbito de um Estado membro.

A Convenção aplica-se em matéria civil e comercial (art. 1.º). São, porém, excluídos os litígios que respeitem ao estado e capacidade das pessoas físicas, aos regimes matrimoniais, testamentos e sucessões. São outrossim excluídas da aplicação da Convenção as falências, concordatas e processos análogos; a segurança social; e a arbitragem.

O âmbito espacial de aplicação da Convenção determina-se do seguinte modo, em matéria de competência: a competência internacional rege-se nos Estados contratantes pelas regras da Convenção, desde que o réu esteja domiciliado em um desses países (art. 2.º). Mas a Convenção é também aplicável: se se verificar um factor de competência exclusiva relativamente a um Estado contratante (art. 16.º); se for celebrado um pacto de jurisdição, tendo uma das partes domicílio em um Estado contratante (art. 17.º); se, proposta uma acção num Estado contratante, o réu comparecer (art. 18.º).

Pelo que toca à aplicação no tempo das regras da Convenção relativas à competência, vale o princípio de acordo com o qual tais regras se aplicam às acções propostas num Estado contratante posteriormente à entrada em vigor da Convenção nesse Estado contratante. Esta Convenção entrou em vigor em Portugal em 1 de Julho de 1992[77].

---

[76] Os Estados contratantes coincidem, tendencialmente, com os Estados membros da União Europeia. Mas os mais recentes países membros da União (Suécia, Áustria, Finlândia) ainda não concluíram o respectivo processo de vinculação internacional à Convenção de Bruxelas.

[77] Cf. Aviso n.º 95/92, D.R., I-A, 10/7/92.

Sempre que não deva aplicar-se a Convenção de Bruxelas — e não seja de aplicar também a Convenção de Lugano[78] [79] —, a competência internacional dos nossos tribunais rege-se pelo disposto no direito comum português, resultante basicamente do Código de Processo Civil.

É de grande importância o Protocolo de 3 de Junho de 1971, que atribuiu ao Tribunal de Justiça das Comunidades Europeias poderes para decidir sobre a interpretação da Convenção de Bruxelas, quando os Tribunais dos Estados contratantes solicitem que aquele órgão jurisdicional comunitário se pronuncie a título prejudicial. Ao abrigo deste Protocolo, o Tribunal de Justiça tem vindo a produzir abundante jurisprudência, cuja consulta se afigura de enorme interesse.

23. Na parte relativa à competência, a Convenção está centrada no princípio do domicílio: «as pessoas domiciliadas no território de um Estado contratante são demandadas, seja qual for a sua nacionalidade, perante as jurisdições desse Estado» (art. 2.°, al. 1)): *actor sequitur forum rei*. Com efeito, este princípio é de aceitação universal nos países de tradição romanista[79bis]. Por outro lado, considerou-se ser ele mais consentâneo com a natureza da Comunidade europeia do que o da nacionalidade.

A regra do art.° 2.° admite certas derrogações a este princípio. Nos termos do art. 3.°, o réu domiciliado num Estado contratante (só) pode ser demandado perante um tribunal de um Estado contratante diferente com base nas regras enunciadas

---

[78] Ver *infra*, § 2.°.

[79] As duas referidas convenções foram publicadas pelo Gabinete de Direito Europeu do Ministério da Justiça, Colecção Divulgação do Direito Comunitário, ano 8.°, n.° 20, 1996.

[79bis] "A questão de saber se uma *pessoa física* está domiciliada no estado do foro é resolvida segundo a lei deste (artigo 52.°, al. 1); a de saber se ela está domiciliada num outro Estado contratante é regida pela lei do Estado em questão (al. 2)». AUDIT, n.° 511.

nas secções II a VI. Os arts. 5.º e 6.º prevêem um certo número de competências facultativas. Trata-se, pois, aí de competências alternativas com a competência geral do art.º 2.º.

Nos termos do art.º 5.º, essas competências são as seguintes:

1ª Em matéria contratual, o foro do contrato, que é o do lugar onde a obrigação foi ou deve ser cumprida;[79ter]

2ª em matéria de obrigação de alimentos, o foro do domicílio ou da residência habitual do credor; tratando-se de pedido acessório de acção relativa ao estado das pessoas, a acção pode ser proposta perante o tribunal competente segundo a lei do foro, a não ser que esta competência seja unicamente fundada na nacionalidade de uma das partes;

3ª em matéria delitual ou quase delitual, o tribunal do lugar onde o facto danoso ocorreu;

4ª se se tratar de uma acção de reparação do dano causado ou de restituição fundada numa infracção, o tribunal do lugar onde foi intentada a acção pública, na medida em que este tribunal, segundo a sua lei, possa conhecer da acção civil;

5ª se se tratar de um litígio relativo à exploração de uma sucursal, de uma agência ou de qualquer outro estabelecimento, o tribunal do lugar da respectiva situação;

6ª em matéria de *trusts*, um réu domiciliado num Estado contratante pode ser demandado, na sua qualidade de fundador, de *trustee* ou de beneficiário de um *trust*..., perante os tribunais do território em que o *trust* tem o seu domicílio;

[79ter] O Tribunal de Justiça das Comunidades pronunciou-se no sentido de que a obrigação a ter em conta é sempre aquela cuja inexecução é invocada. Sendo assim, o artigo 5.º, al. 1, não institui propriamente um foro do contrato, mas do litígio particular de que se trata. Cfr. A. *cit.*, *DIP*, n.º 513. Quanto ao lugar de execução da obrigação, o tribunal considerou ser esse lugar aquele que for determinado pela lei aplicável à relação jurídica em causa, segundo as regras de conflitos do foro. *Ob. cit.*, n.º 514.

7ª se se tratar de um litígio relativo ao pagamento de uma remuneração reclamada por assistência ou salvação de que tenha beneficiado uma carga ou um frete, a acção pode ser intentada no tribunal em cuja jurisdição a carga ou o respectivo frete tenham sido arrestados ou tivessem podido sê-lo, no caso de não ter sido prestada caução ou outra garantia. Esta disposição só se aplica se o réu tiver um direito sobre a carga ou o frete, ou o tivesse no momento da assistência ou da salvação.

O art.º 6.º enumera algumas competências fundadas sobre a conexão das causas. Assim:

1.º O réu domiciliado no território de um Estado contratante pode ser demandado, havendo vários réus, no tribunal do domicílio de qualquer deles;

2.º se se tratar do chamamento à acção de um garante ou da intervenção de terceiro, o réu domiciliado num Estado contratante pode ser demandado no tribunal em que foi proposta a acção originária;

3.º em caso de pedido reconvencional que derive do contrato ou do facto em que se fundamenta o pedido do autor, o tribunal competente para a acção sê-lo-á também para a reconvenção (mesmo que o autor principal esteja domiciliado num outro Estado contratante);

4.º o réu com domicílio no território de um Estado contratante pode em matéria contratual, se a acção puder ser apensada a outra relativa a direitos reais sobre imóveis dirigida contra o mesmo réu, ser demandado no Estado contratante da situação do imóvel.

Ao contrário do art. 2.º — que estabelece unicamente a competência internacional do país do domicílio do réu — os arts. 5.º e 6.º designam também, directamente, o tribunal que será competente.

O art. 3.º já citado dispõe ainda que contra as pessoas domiciliadas num Estado da Comunidade não podem ser invocados, num outro Estado da Comunidade, certos fundamentos de competência, designadamente... (trata-se das chamadas competências *exorbitantes*, porque baseadas numa conexão reputada não razoável ou não conforme com o espírito geral que anima o instituto). Entre essas competências — a enumeração do art. 3.º é meramente exemplificativa — contam-se aquela que se funda apenas na nacionalidade de uma das partes (vejam-se os arts. 14.º e 15.º do *Code civil*); o foro do património (tribunal do país onde existem bens pertencentes ao réu; Alemanha e Reino Unido); competência baseada no facto de o acto que determina o início da instância ter sido comunicado ao réu durante uma estadia temporária no país, etc.

24. As secções III e IV do Título II formulam regras particulares a certas matérias, nas quais uma parte é reputada mais fraca, o que justifica uma medida de protecção[80].

A secção III trata da competência em matéria de seguros; a secção IV, da competência em matéria de contratos celebrados pelos consumidores[81].

25. Caso do réu domiciliado fora do território da Comunidade. O caso está previsto e é regulado pelo art. 4.º, al. 1), que formula a seguinte doutrina: se o réu não tiver domicilio no território de um Estado contratante, a competência será regulada, em cada Estado membro, pelo direito comum desse Estado, mas sem prejuízo da aplicação do disposto no art. 16.º (texto que fixa as chamadas competências exclusivas). O art. 4.º estabelece ainda que o autor, qualquer que seja a sua naciona-

---

[80] *Vide* AUDIT, *op. cit.*, n.º 530.

[81] O art. 13.º define a noção de contrato celebrado por um consumidor, para os efeitos previstos na referida secção IV do Título II. Consumidor é quem contrata para um fim estranho à sua actividade profissional (*cit.* artigo 13.º).

lidade mas domiciliado no território de um Estado contratante, pode, em pé de igualdade com os nacionais, invocar as regras de competência que aí estejam em vigor e, nomeadamente, as relativas às competências exorbitantes (art. 3.°, al. 2)). Nestas condições, um nova-iorquino ou um belga, domiciliado em Paris, poderá — valendo-se da regra de competência excepcional do art. 14.° do *Code civil* — demandar perante os tribunais franceses um brasileiro ou um português domiciliado em Lisboa, precisamente como um francês o teria podido fazer. E isto mesmo que o litígio nenhuma conexão relevante tenha com a França. Como tem sido observado, os privilégios nacionais tornam-se desta sorte «privilégios comunitários»[82].

Trata-se de uma solução deveras discutível, porque ela conduz ao alargamento do campo de aplicação de regras cujo fundamento não pode ser, nem é, admitido. Evidentemente, a Convenção teria podido ater-se ao *status quo*, reservando a aplicação das referidas disposições para os nacionais do Estado do foro. No entanto, foi entendido que isso implicaria quebra do princípio da igualdade entre nacionais e estrangeiros estabelecido pelo Tratado de Roma.

26. Já temos falado das competências exclusivas. O seu catálogo está fixado no art. 16.°[83], cujas regras se aplicam, nas relações entre os Estados membros, independentemente do domicílio das partes.

Nos termos do art. 16.°, 1.°, são exclusivamente competentes, em matéria de direitos reais imobiliários e de arrendamentos de imóveis, os tribunais do Estado contratante onde o imóvel se encontra situado. Em matéria de validade, de nulidade ou de dissolução das sociedades ou outras pessoas jurídicas ou das deliberações dos seus órgãos, são exclusivamente competentes

---

[82] MARTHA WESER, *Convention Communautaire*, 1975, p. 276.

[83] E no nosso direito no art. 65.°-A do CPC.

os tribunais do Estado membro da situação da respectiva sede. Em matéria de validade das inscrições em registos públicos, o n.º 3.º do art. 16.º atribui competência exclusiva aos tribunais do Estado onde esses registos se encontram. O art. 16.º, n.º 4.º, confere competência exclusiva em matéria de inscrição ou de validade de patentes, marcas, desenhos e modelos e outros direitos análogos que dão lugar a um depósito ou a um registo, às jurisdições do Estado contratante em cujo território a formalidade foi pedida ou efectuada, ou reputada efectuada em virtude de uma convenção internacional. Finalmente, em matéria de execução das decisões, são unicamente competentes os tribunais do Estado contratante do lugar da execução (art. 16.º, 5.º). A esta enumeração o art. 17.º adita um novo caso, que é o da prorrogação de competência. São exclusivamente competentes os tribunais de um Estado contratante designado pelas partes, salvo se o pacto tiver sido concluído a favor apenas de uma delas, caso em que esta mantém o direito de recorrer a qualquer outro tribunal que seja competente nos termos da Convenção. Os pactos atributivos de jurisdição não produzirão efeitos se forem contrários aos arts. 12.º e 15.º, ou se os tribunais cuja competência pretendam afastar forem exclusivamente competentes (art. 16.º).

A sanção para a inobservância de uma competência exclusiva, por força do art. 16.º, encontra-se no art. 19.º, que dispõe: nesta hipótese, o juiz a quem tenha sido submetido o litígio, a título principal, declarar-se-á *ex-officio* incompetente.

No art. 18.º, a Convenção admite a prorrogação tácita de competência: é competente o juiz de um Estado contratante perante o qual o réu compareça — salvo se a comparência tiver por objecto arguir a incompetência ou se existir outra jurisdição que seja exclusivamente competente em virtude do art. 16.º. Ao invés, se o réu, domiciliado no território da Comunidade e demandado perante os tribunais de um Estado membro que não o do seu domicílio, não comparecer, o juiz declarar-

-se-á oficiosamente incompetente, se a sua competência se não fundamentar numa regra da Convenção. O juiz deve sobrestar na decisão enquanto não se verificar que ao réu foi dada a oportunidade de receber o acto introdutivo da instância em tempo útil para apresentar a sua defesa, ou que para esse fim foram efectuadas todas as diligências.

Caso da litispendência — Determina o art. 21.º que, correndo a mesma acção em diferentes Estados contratantes, o tribunal a que a acção foi submetida em segundo lugar suspenda oficiosamente a instância, até que seja estabelecida a competência do outro. Uma vez averiguada essa competência, o segundo tribunal declara-se incompetente a favor do primeiro.

Tais são as mais importantes disposições da Convenção de Bruxelas em matéria de competência internacional.

§ 2.º — *Convenção de Lugano de 1988 sobre Competência Judiciária e Execução de Decisões em Matéria Civil e Comercial.*

27. As normas da Convenção de Lugano, de 16 de Setembro de 1988, coincidem em larga medida com as da Convenção de Bruxelas. Através daquela Convenção, visou-se instituir um regime semelhante de competência internacional directa, de modo a facilitar o reconhecimento e execução de decisões jurisdicionais nas relações entre os países da União Europeia e outros países europeus (os países que integravam a EFTA, com a excepção do Liechtenstein). A Convenção de Lugano, também em vigor no nosso país desde 1 de Julho de 1992[84], constitui assim uma Convenção paralela à de Bruxelas, e que apenas em alguns pontos especiais, de que não trataremos aqui, dela se afasta[85].

---

[84] Cf. O Aviso n.º 94/92, D.R., I-A, 10/7/92.

[85] Destaca-se, antes de mais, a circunstância de a interpretação da Convenção de Lugano não ser objecto da competência do Tribunal de

Por força do disposto no artigo 54-B da Convenção de Lugano, a Convenção de Bruxelas prevalece sobre aquela. Assim, a competência internacional dos tribunais portugueses regula-se preferentemente pelas disposições da Convenção de Bruxelas. A relevância da Convenção de Lugano na definição da competência jurisdicional dos tribunais portugueses apenas se verifica nas hipóteses em que atribui competência aos tribunais de um Estado contratante que não seja parte na Convenção de Bruxelas, quer por a esses tribunais ser reconhecida competência exclusiva, quer por o demandado – ou, no caso de celebração de um pacto de jurisdição, também o demandante — se encontrar domiciliado num Estado contratante da Convenção de Lugano. Nestas hipóteses, a Convenção de Lugano afasta a aplicação das regras comuns de competência internacional dos tribunais portugueses. Fora destes casos, é a Convenção de Bruxelas ou o direito comum português que se aplica[86].

Justiça das Comunidades – ou de qualquer outro órgão jurisdicional. Para lá de algumas diferenças menores de redacção, as mais relevantes diferenças de conteúdo registam-se em matéria de contrato individual de trabalho e de arrendamento de imóveis (cf. os artigos 5.°, 17.° e 16.° de ambas as convenções). Deve lembrar-se que outras diferenças foram afastadas pela Convenção de San Sebastian, de 1989, através da qual Portugal e Espanha aderiram à Convenção de Bruxelas, e que veio alterar esta última. Cf. RUI DE MOURA RAMOS, *La Convention de Bruxelles après la Convention d'adhésion du Portugal et de l'Espagne*, in *Das relações privadas internacionais*, Coimbra, 1995, pp. 171-195.

[86] Já pelo que toca ao reconhecimento e execução de decisões, a Convenção de Lugano assume maior importância em Portugal, como veremos.

SECÇÃO II

Reconhecimento e execução das decisões judiciais[87]

§ 1.º — *Convenção de Bruxelas de 1968 sobre Competência Judiciária e Execução de Decisões em Matéria Civil e Comercial*

28. Vamos seguidamente expor e comentar sucintamente as características mais salientes da Convenção de Bruxelas, quanto ao reconhecimento e execução num Estado contratante das decisões judiciais proferidas, em matéria civil e comercial, nos outros Estados contratantes[88].

1ª Consagração do sistema do *reconhecimento de pleno direito.* É o art.º 26.º que enuncia este princípio. O reconhecimento não depende do recurso a qualquer procedimento. Presume-se que a decisão obedece às condições estipuladas no lei do país requerido. No entanto, como já dissemos, isto apenas significa que a atribuição de efeitos à sentença estrangeira não implica a verificação prévia da sua regularidade — da sua conformidade com os requisitos legais. Se o reconhecimento for invocado, a título principal ou incidental, perante um órgão jurisdicional de um Estado contratante, haverá então que proceder à referida

---

[87] J. MOTA CAMPOS, *Um instrumento jurídico, cit., in "Boletim do Ministério da Justiça, Documentação e Direito Comparado", n.º 22 (1985), 73 e ss.;* MOURA RAMOS, *L'adhésion du Portugal aux conventions communautaires, cit., in "Das relações...", 143-170; La Convention de Bruxelles, cit., in "Das relações...", 170-195;* MIGUEL TEIXEIRA DE SOUSA/DÁRIO MOURA VICENTE, *Comentário à Convenção de Bruxelas, Lisboa, 1994; Dário Moura Vicente, Da aplicação no tempo e no espaço, cit., in "Revista da Faculdade de Direito da Universidade de Lisboa, vol. XXXV, 1994, 461-485; Ministério da Justiça — Gabinete de Direito Europeu, As convenções de Bruxelas e de Lugano, Lisboa, 1996;*

[88] V., quanto ao âmbito temporal de aplicação das regras sobre reconhecimento e execução de decisões, o artigo 54.º.

verificação, como se de um pedido de *exequatur* se tratasse: é o que resulta do disposto nas als. 2) e 3) do citado art. 26.º. Em caso de invocação do reconhecimento a título incidental, o juiz do processo será competente para apreciar o pedido.

Assim se vê como a Convenção, com vista a facilitar a circulação das decisões no interior da Comunidade, renuncia a impor formalidades complicadas.

2ª Veremos agora como, no mesmo espírito, ela reduz os motivos pelos quais o reconhecimento ou a execução não poderão ser concedidos. Esses motivos são apenas os constantes dos arts. 27.º e 28.º (v. também o art. 59.º).

O 1.º motivo de indeferimento do pedido de reconhecimento ou de *exequatur* é ser esse reconhecimento contrário à ordem pública do Estado requerido. Apesar de este preceito não atingir a clareza da al. *f*) do art. 1096.º do nosso CPC, a sua interpretação não deverá afastar-se da doutrina exposta quando estudámos o problema no plano do direito português comum. De resto, notar-se-á que o texto do art. 27.º, falando de reconhecimento e não de decisão, mostra que a ideia é só excluir aquele quando o seu efeito concreto colidir com a ordem pública[89]. Não é o conteúdo da decisão que releva, mas o efeito concreto que resultaria do reconhecimento.

O 2.º motivo é não ter sido o acto introdutório da instância ou equivalente comunicado ou notificado ao réu revel, regularmente e em tempo útil, em termos de lhe permitir a defesa.

A regularidade da comunicação ou notificação aprecia-se de acordo com a lei do Estado de origem. Quanto ao ponto de saber se a mencionada notificação se verificou em tempo útil, deve entender-se que ele se aprecia de harmonia com as circunstâncias[90].

[89] Neste sentido, AUDIT, *DIP*, n.º 568.

[90] AUDIT, n.º 569.

3.º motivo: *decisões contraditórias*. Se a decisão a reconhecer for incompatível com outra proferida entre as mesmas partes no Estado requerido, o reconhecimento será recusado. Dado o facto de o sistema da Convenção ser o do reconhecimento independente de revisão e confirmação, parece que a decisão estrangeira, sendo anterior em data à portuguesa, deverá prevalecer.

O caso de decisões contraditórias emanando de Estados contratantes diferentes não está previsto na Convenção. Parece dever entender-se que prevalecerá a que primeiro foi proferida (*prior tempore, potior iure*). Em contrapartida, a Convenção regula o conflito entre duas decisões das quais uma foi proferida anteriormente num Estado terceiro; se esta última decisão reunir as condições necessárias ao seu reconhecimento no Estado requerido (o que pressupõe entre nós a prévia revisão e confirmação), será ela que prevalecerá — e o reconhecimento (da outra) não terá efeito.

Estipula também a Convenção, no seu art. 28.º, que as decisões não serão reconhecidas se tiver sido violado o disposto nas secções III (competência em matéria de seguros), IV (competência em matéria de contratos celebrados pelos consumidores) e V (competências exclusivas)[91]. Para além disto, não pode proceder-se ao controlo da competência dos órgãos jurisdicionais do Estado de origem — e esta é uma das mais importantes características da Convenção: tal disposição, cujo alcance seria ocioso encarecer, é bem o sinal da confiança que os Estados contratantes depositam uns nos outros e nas respectivas justiças.

De notar ainda que nos casos em que é autorizado excepcionalmente o controlo da competência do tribunal de origem, a autoridade requerida está vinculada pelas constatações em matéria de facto com base nas quais aquele tribunal deu por

---

[91] Veja-se também o caso previsto no art. 59.º.

assente a sua competência. Esta regra[92] foi motivada pelo propósito de limitar ao máximo a possibilidade de uma abertura à revisão de fundo. Revisão esta cuja proscrição está expressamente proclamada no art. 29.º: a decisão estrangeira não pode ser, em nenhum caso, objecto de revisão de mérito.

Conexa com esta matéria é a não consideração do controlo da competência da lei aplicada pelo tribunal *a quo* ao fundo da causa. A este respeito, não encontramos na Convenção qualquer preceito de conteúdo idêntico ao do art. 29.º. Mas facilmente se chega, cotejando os arts. 27.º, al. 4) e 29.º, à conclusão de que a doutrina é a mesma nos dois casos. É que o primeiro destes dois preceitos refere uma única hipótese em que a inobservância das regras de DIP do Estado requerido conduz ao não reconhecimento da decisão: é quando essa inobservância tiver recaído sobre regras relativas ao estado e capacidade das pessoas singulares, aos regimes matrimoniais, testamentos e sucessões[93]. Claramente se entende, pois, que em qualquer outro caso se está sob a alçada do art.º 29.º, cuja norma é de carácter geral e de feição bem terminante.

29. Falemos, por último, da execução forçada num Estado membro de uma decisão proferida noutro Estado.

Já sabemos que o que foi dito acerca do reconhecimento de pleno direito da decisão não vale para este caso. Se se trata de obter a execução forçada da sentença num país diferente daquele onde foi proferida, há que seguir os trâmites do processo regulado nos arts. 31.º a 45.º da Convenção. A decisão não terá força executiva enquanto lhe não for aposta a *formule exécutoire*, que será concedida a requerimento de qualquer interessado. A jurisdição para tanto solicitada decide sem audiência da outra parte (art. 34.º, 1l. 1)) — o que constitui outra importante

---

[92] Já seguida entre nós pelo STJ, no acórdão de 7 de Abril de 1964.

[93] Estas matérias são, como vimos, excluídas da Convenção.

característica da Convenção. O pedido só pode ser recusado por um dos fundamentos previstos nos arts. 27.° e 28.°, que já conhecemos. Se a execução for autorizada, a parte contrária poderá recorrer da decisão (art. 36.°), sendo o recurso, em Portugal, restrito à matéria de direito (art. 41.°).

De notar que na sua parte final o art. 34.° insiste na ideia de que a decisão estrangeira não pode ser, em nenhum caso, objecto de revisão de mérito.

§ 2.° — *Convenção de Lugano de 1988 sobre Competência Judiciária e Execução de Decisões em Matéria Civil e Comercial*

30. Também em sede de reconhecimento e de execução de decisões judiciais, o regime da Convenção de Lugano é semelhante ao da Convenção de Bruxelas[94]. As regras da Convenção de Lugano são aplicáveis ao reconhecimento e execução em Portugal de sentenças proferidas nos Estados contratantes dessa Convenção, quando não sejam também parte na Convenção de Bruxelas[95], bem como ao reconhecimento nesses países de sentenças proferidas em Portugal (cf. o art. 54-B da Convenção de Lugano).

[94] Sobre tais regras não há diferenças relevantes a registar.

[95] Os Estados que, até ao presente momento, são contratantes unicamente da Convenção de Lugano (ou por não serem membros da União Europeia, ou por não estar ainda concluído o processo de vinculação à Convenção de Bruxelas) são os seguintes: Áustria, Finlândia, Islândia, Noruega, Suécia e Suíça.

BIBLIOGRAFIA GERAL DE DIREITO INTERNACIONAL PRIVADO – ESTRANGEIRA E PORTUGUESA

ALEMANHA

LEWALD, *Règles générales des Conflits de Lois*, "Rec. des Cours", 1941
WOLFF, *Das IPR Deutschlands*, 1954
RAAPE-STURM, *IPR*, 1977
MAKAROV, *Grundriss des IPR*, 1970
WENGLER, *IPR*, I, II, 1981
KEGEL, *IPR*, 1995
SØERGEL-KEGEL, *BGB*, VIII, *EGBGB*

ÁUSTRIA

SCHWIND, *Handbuch des österreichishen IPR*, 1975
SCHWIND, *IPR, Lehr-und Handbuch*, 1990

BÉLGICA

GRAULICH, *Principes de DIP*, 1961
RIGAUX, *DIP*, I, II, 1987

BRASIL

DOLINGER, *DIP*, 1986
STRENGER, *Curso de DIP*, 1978
TENÓRIO, *DIP*, I, II, 1970
VALLADÃO, *DIP*, I, II, III, 1977 a 1980

ESPANHA

MIAJA DE LA MUELA, *DIP*, I, II, 1985 a 1987
GONZÁLEZ CAMPOS e FERNÁNDEZ ROZAS, *DIP*, 1992
GONZÁLEZ CAMPOS, *DIP*, 1993

MARÍN LOPEZ, *DIP*, I, II, 1991 e 1992
CARRILLO SALCEDO, *DIP*

ESTADOS UNIDOS

EHRENZWEIG, *Conflict of Laws e PIL*, 1962 e 1967
CRAMTON-CURRIE, *Conflict of Laws*, 1981
CAVERS, *The Choice of Law Process*, 1965
CAVERS, *Contemporary Conflicts Law*, Rec. 1970, III
BRILMAYER AND MARTIN, *Conflict of Laws*, 1990
LEFLAR, *American Conflicts Law, 1977*

FRANÇA

HOLLEAUX, FOYER, DE LA PRADELLE, *DIP,* 1987
MAYER, *DIP*, 1991
AUDIT, *DIP*, 1991
BATIFFOL-LAGARDE, *DIP*, I, II, 1993
LOUSSOUARN-BOUREL, *DIP*, 1993

INGLATERRA

WOLFF, *PIL*, 1950
GRAVESON, *Conflict of Laws*, 1974
DICEY-MORRIS, *ON THE CONFLICT OF LAWS*, I e II, 1993
CHESHIRE, NORTH, FAWCETT, *PIL*, 1992

ITÁLIA

AGO, *Lezioni di DIP*, 1955
QUADRI, *Lezioni di DIP*, 1969
DE NOVA, *Rec. des Cours*, 1968
VITTA, *DIP*, I, II e III, 1972 a 1975
BALLARINO, *DIP,* 1996

SUIÇA

NIEDERER, *Einführung in die allgemeine Lehren des IPR*, 1961
SCHNITZER, *Handbuch des IPR*, I, II, 1958
HEINI, KELLER, SIEHR, VISCHER UND VOLKEN*, IPRG KOMMENTAR*, 1993

PORTUGAL

MACHADO VILLELA, *Tratado de DIP*, 2 vols. 1921, 22
TABORDA FERREIRA, *Sistema do DIP*, 1957
MAGALHÃES COLLAÇO, *Lições de DP*, 3 vols. (polic.)
FERRER CORREIA, *Lições de DIP*, 2 vols. (polic.), 1973-75
FERRER CORREIA, *DIP – Alguns problemas*, 1981-1996
BAPTISTA MACHADO, *Lições de DIP*, 1974 e 1982

ÍNDICE-SUMÁRIO

INTRODUÇÃO

CAPÍTULO I

OBJECTO, FUNÇÃO E CONCEITO

CAPÍTULO II

NATUREZA E FONTES

las), de Roma, de 1980, sobre a lei aplicável às obrigações contratuais. Ver também a obra da codificação do direito internacional privado no seu conjunto, levada a cabo em 1928 pela União Pan Americana: o chamado Código Bustamante.

14. Vejam-se ainda as convenções sobre arbitragem comercial internacional (protocolo de Genebra de 1923, Convenção de Genebra de 1927, Convenção de Nova Iorque de 1958 e de Genebra de 1961).
15. As normas de conflitos estabelecidas por convenções internacionais não se tornam eficazes na ordem interna de cada um dos Estados contratantes enquanto não forem aí recebidas ou incorporadas.
16. O direito internacional privado, com ser direito estadual, é ainda direito privado.

CAPÍTULO III

FUNDAMENTO GERAL NO DIREITO INTERNACIONAL PRIVADO E PRINCIPAIS INTERESSES QUE VISA SATISFAZER

17. No domínio do direito internacional privado é a valores de certeza e estabilidade jurídica que cabe a primazia.
18. São dois os propósitos a que o direito internacional privado responde: determinar a lei sob o império da qual uma certa relação deve constituir-se para que seja juridicamente válida e possa tornar-se eficaz e executar essa tarefa de modo tal que a lei assim designada seja também tida por aplicável em todos os demais países.
19. A harmonia jurídica internacional responde à intenção primeira do direito de conflitos, que é assegurar a continuidade e a uniformidade de valoração das situações plurilocalizadas.
20. O princípio da harmonia jurídica interna ou material.
21. O Estado com melhor competência será o que em melhores condições se achar para impor o acatamento dos seus preceitos.
22. O princípio do interesse da boa administração da justiça e o da igualdade de tratamento entre a *lex fori* e as leis estrangeiras.
23. Na escolha do elemento de conexão o principal papel compete ora a interesses individuais, ora a interesses colectivos.
24. O primeiro desses interesses faz-se sentir com particular intensidade em certas zonas ou matérias de carácter pessoal mais vincado. Principal campo de incidência do outro é o chamado comércio jurídico. Deste interesse distinguem-se aqueles outros que, sendo ainda inte-

resses individuais, se reportam contudo a pessoas indeterminadas ou ao público em geral.

25. O direito internacional privado tem a sua própria justiça, inconfundível com a do direito material, já que a escolha da lei competente não é por via de regra função do conteúdo da lei, mas de ser ela a que mais fortemente ligada estiver aos factos. Contudo, por vezes é a própria justiça material que invade o domínio do direito internacional privado. Já conhecemos as regras de conflitos de conexão substancial. Outras vezes, o juiz recusa o seu visto a um preceito jurídico estrangeiro, por entender que a aplicação desse preceito ao caso concreto produziria um resultado absolutamente intolerável à luz dos valores fundamentais do Estado, ou lesaria gravemente interesses de primeira grandeza da comunidade local. É isto a excepção de ordem pública internacional.

CAPÍTULO IV

O DIREITO INTERNACIONAL PRIVADO E DOMÍNIOS AFINS; ÂMBITO DO DIREITO INTERNACIONAL PRIVADO

26. Direito internacional privado e direito intertemporal (transitório). O direito internacional privado é um direito de conflitos, a par do qual outros sistemas conflituais existem. É desde logo o caso do direito transitório, ou intertemporal, que tem por objecto os conflitos de normas jurídicas no tempo, enquanto o direito internacional privado tem por objecto os conflitos de leis no espaço. Ambos têm como objectivo garantir a estabilidade e continuidade das situações jurídicas interindividuais e tutelar a confiança e a expectativa dos interessados.
27. Conflitos internacionais e conflitos internos. O problema dos conflitos de normas nasce algumas vezes da coexistência de vários sistemas de direito no mesmo Estado. É o que se passa nalguns Estados federais, como os EUA e o Canadá. Fenómeno idêntico ocorre também nalguns Estados unitários (por exemplo, o Reino Unido).
28. Conflitos interpessoais. A coexistência no mesmo Estado de várias leis para diferentes estratos da população tem origem confessional ou étnica.
29. Direito internacional privado e direito privado uniforme.

30. Direito internacional privado e direito comparado. As várias funções que têm sido atribuídas ao direito comparado. O método comparativo reveste-se de grande utilidade quando justamente aplicado ao próprio direito internacional privado.
31. Direito internacional privado e direito constitucional. *a*) As regras de conflitos são susceptíveis de entrar em colisão com os preceitos relativos à matéria dos direitos fundamentais. Os tribunais portugueses devem recusar aplicação a um preceito jurídico estrangeiro que pelo seu conteúdo colida com algum dos direitos fundamentais consagrados na Constituição, mas só quando se verificarem as condições que decidem da intervenção da ordem pública internacional do Estado português. *b*) Os tribunais devem tomar em consideração o facto de dado preceito estrangeiro ser inconstitucional no seu país, mas isto porque o julgador deve mover-se no quadro da lei estrangeira aplicanda e orientar-se pelos princípios nela fixados.
32. Âmbito do direito internacional privado: doutrina alemã, escola anglosaxónica e escola francesa.
33. Solução adoptada: o direito internacional privado, além das normas de conflitos de leis, abrange as normas de conflitos de jurisdições e os preceitos sobre o reconhecimento e a execução das sentenças estrangeiras em matéria de direito privado.

CAPÍTULO V

DIREITO DOS ESTRANGEIROS (PRINCÍPIOS GERAIS)

I

34. Reconhecimento aos estrangeiros de personalidade jurídica.
35. Princípio geral que enforma em Portugal o instituto do direito dos estrangeiros: princípio da equiparação. Recusa de direitos políticos. Direitos públicos não políticos. Direitos privados.
36. Sistema do direito português em vigor nesta ultima matéria: sisterna da equiparação. Interpretação da norma do artigo 14.° do Cód. Civ.
37. Instrumentos jurídicos internacionais que estabelecem igualdade de direitos entre certos estrangeiros e os cidadãos portugueses. A convenção sobre igualdade de direitos e deveres entre brasileiros e portugueses. Estatuto geral de igualdade e estatuto especial de igualdade de direitos políticos. Convenções celebradas com países africanos de língua oficial portuguesa. Estatuto especial dos nacionais dos países da União Europeia.

II

PESSOAS COLECTIVAS ESTRANGEIRAS

38. O problema da nacionalidade das pessoas colectivas.
39. Critério base da averiguação da nacionalidade das pessoas colectivas. Critérios seguidos. Direito português: critério da sede.
40. Reconhecimento das pessoas colectivas estrangeiras.
41. O reconhecimento de plano: campo de aplicação. O reconhecimento mediante autorização administrativa.
42. Direito português vigente.

PARTE I

CONFLITOS DE LEIS

CAPÍTULO I

RESUMO HISTÓRICO

§ 1º
ORIGENS DO DIREITO INTERNACIONAL PRIVADO

43. Atitude do direito romano perante os conflitos de leis.
44. Os princípios da personalidade do direito e mais tarde da territorialidade vigentes na Idade Média.
45. As origens do direito internacional privado remontam aos fins do século XIII. Influência da Escola de Bolonha. A resolução dos problemas suscitados pelas relações entre as cidades italianas do norte.

§ 2º
FASE DE DESENVOLVIMENTO
A TEORIA DOS ESTATUTOS

46. A teoria dos estatutos — primeira tentativa de resolução dos conflitos dos sistemas jurídicos baseada no reconhecimento e aplicabilidade do direito estrangeiro pelo juiz local — inicia-se com os post-glosadores na última metade do século XIII.

47. No período correspondente à teoria dos estatutos (que termina no século XVIII) distinguem-se três escolas: a escola estatutária italiana (século XIV a XVI), a escola francesa dos século XVI a XVIII e a escola holandesa (século XVII).
48. A primeira distinção a que se chegou, no decurso da evolução da teoria dos conflitos de leis, foi a distinção entre o processo e o fundo da causa. Quanto ao processo *(ad litem ordinandam)*, o juiz não aplica senão a sua própria lei; é só quanto ao fundo do litígio *(ad litem decidendam)* que se pode conceber a aplicação de uma lei estrangeira.
49. Principais representantes da Escola Italiana: BÁRTOLO e BALDO, ambos juristas da Escola de Bolonha.
50. BÁRTOLO distinguiu os estatutos que dispõem relativamente às pessoas (estatutos extraterritoriais) e estatutos que não se aplicam senão às coisas situadas no território (territoriais).
51. O princípio *locus regit actum*. Direito aplicável aos efeitos imediatos do contrato ou às consequências ulteriores. A forma do processo *(ordinatio litis)* e as formalidades e o conteúdo do acto testamentário. Os estatutos permissivos e proibitivos.
52. Escola francesa. DUMOULIN e D'ARGENTRÉ.
53. DUMOULIN e o princípio da autonomia da vontade.
54. As teorias de D'ARGENTRÉ: o princípio da territorialidade — em princípio *toutes les coutumes sont réelles;* âmbito restrito dos estatutos pessoais.
55. Escola holandesa. ULRICH HUBER e PAULO e JOÃO VOET. A *comitas gentium* e o significado deste conceito.
56. Apreciação sumária da teoria dos estatutos.

§ 3º

O SÉCULO XIX
E A CIÊNCIA DO DIREITO INTERNACIONAL PRIVADO

57. Aqui se inaugura a fase do direito internacional privado legal ou positivo. As grandes codificações do direito privado e as primeiras normas de conflitos.
58. Orientação fundamental das doutrinas oitocentistas. A ideia de uma comunidade de direito entre os Estados. Os sistemas de SAVIGNY, MANCINI e PILLET.
59. SAVIGNY. Ideias fundamentais da teoria de SAVIGNY. A cada relação jurídica deve aplicar-se a lei mais conforme à sua natureza. Esta lei é a da sede da relação.

60. Limites da comunidade de direito. Excepções ao princípio da aplicação das leis estrangeiras.
61. MANCINI. As relações jurídicas do direito privado, segundo este autor, são reguladas pela lei nacional dos seus sujeitos ou pela lei por estes escolhida, dentro dos limites consentidos pela ordem pública do Estado local. A ideia da nacionalidade foi a contribuição mais importante trazida por Mancini.
62. Doutrina de PILLET. Principais inovações desta doutrina: fundamento da aplicabilidade da lei nacional na resolução do conflito de leis; carácter atribuído às leis de ordem pública; a ideia do fim social das leis, enquanto critério determinante do seu campo de aplicação no espaço.
63. Decadência do universalismo oitocentista.
64. Referência à teoria de FRANKENSTEIN (remissão).

§ 4º

EVOLUÇÃO ULTERIOR DO DIREITO INTERNACIONAL PRIVADO

65. Consequências do movimento codificador no campo do direito internacional privado.
    BARTIN e a ideia de que o direito internacional privado é apenas a projecção do direito privado interno no plano internacional.
66. Reacção contra o particularismo positivista.

§ 5º

DOUTRINA PORTUGUESA

67. MACHADO VILELA e os seus continuadores.
68. Reacção actual contra esta tendência.

CAPÍTULO II

O MÉTODO DO DIREITO INTERNACIONAL PRIVADO

§ 1º

ORIENTAÇÃO TRADICIONAL

69. As chamadas regras de conflitos do direito internacional privado:

a) normas de conteúdo rígido (*hard-and-fast Rules*); *b*) regras abertas ou flexíveis (*open ended Rules*).

70. Estas últimas regras concedem ao julgador liberdade maior ou menor na fixação, em cada caso, da conexão mais apropriada. Tal orientação está bem patente no "Restatement of the Law, 2nd, Conflict of Laws," (1971).
71. A Lei austríaca sobre o direito internacional privado de 1978 e o princípio da conexão mais forte ou mais estreita. Este princípio aparece também por vezes na citada Lei como fundamento *per se* de soluções conflituais
72. Também no Cod. civ. português, na Lei alemã de 1986 e na Lei italiana de 1995 se encontram algumas disposições que remetem a título subsidiário para a lei da conexão mais estreita. Idêntica orientação adopta a Convenção de Roma de 1980, no seguimento da regra segundo a qual o contrato é regido pela lei escolhida pelas partes.
73. É na Lei federal Suíça de 18.12.1987 que vamos encontrar a expressão mais acabada da tendência para permitir ao julgador o recurso a uma lei que ele entenda ter com o caso a ligação mais estreita. Ver o artigo 115.º da referida Lei, onde se consagra a chamada *cláusula geral de excepção* em direito internacional privado.
74. Exposição das críticas ao método tradicional, críticas que procedem sobretudo dos EUA. As soluções que nos são oferecidas em alternativa.

§ 2º
TENDÊNCIA SUBSTANCIALISTA

75. Esta corrente preconiza a intervenção no campo do direito internacional privado dos princípios e critérios da justiça material. No seu primeiro ramo, ela caracteriza-se pela importância que atribui à pesquisa de soluções materiais "ad hoc" (JITTA e HIMANS). Esta doutrina é manifestamente inaceitável.
76. Doutrina do professor norte-americano ARTHUR VON MEHREN. Solução proposta por este autor para o caso Neumeier v. Kuehner. Crítica da solução.

§ 3°

SITUAÇÕES DE CÚMULO E VÁCUO JURÍDICO. A ADAPTAÇÃO

77. Primeira proposta de solução do problema. Segunda proposta: o expediente ou técnica da adaptação.
78. Caso de adaptação de uma norma de direito internacional privado (caso Chemouni).
79. Adaptação que incide sobre preceitos jurídico-materiais. Exemplos.

§ 4°

PESQUISA DA MELHOR LEI (BETTER LAW APPROACH)

80. Breve exposição deste outro ramo da tendência substancialista (CAVERS). As duas fases do percurso do pensamento do célebre jurista norte-americano. Os princípios de preferência.

§ 5°

DIREITO INTERNACIONAL PRIVADO MATERIAL

81. A criação de normas de direito material especial para as relações privadas internacionais.
    a) Direito material de origem consuetudinária.
    b) Direito material de origem jurisprudencial.
    c) Normas de fonte legislativa (Cod.civ. português, arts 51°, n.° 2 e 2223).
    d) Direito convencional: direito material uniforme; direito uniforme para determinada área de relações jurídicas, só quando estas assumam natureza internacional e entre elas e o direito a aplicar exista uma conexão significativa.
    Conclusão: resulta do exposto que a teoria substancialista não tem defesa, seja qual for a modalidade que se considere.

§ 6°

A PERSPECTIVA DO INTERESSE DO ESTADO TEORIA DE B. CURRIE

82. CURRIE e a *governmental interest analysis*. A ideia fundamental desta teoria é insustentável.

Por outro lado, a teoria de CURRIE, fazendo do interesse do Estado o elemento fundamental, olvida por completo a intenção primordial do direito internacional privado, que é assegurar protecção às situações jurídicas interindividuais plurilocalizadas.

83. Contudo, há regras que não podem achar-se sujeitas às normas gerais do sistema do direito internacional privado: são as regras de aplicação imediata ou necessária. No entanto, a sua aplicabilidade pressupõe que entre o "caso" e a *lex fori* se verifique a conexão que elas próprias estabeleçam ou que se deduza do seu fim.

84. Esta categoria é constituída por preceitos de direito material cujo objectivo reside na tutela de interesses de grande relevância.

85. Tais normas deparam-se-nos sobretudo no campo da legislação de carácter económico-financeiro, mas também se encontram no domínio do direito da família.

86. Esses preceitos são providos de uma regra de extensão (Ausdehnunasnorm).

87. As referidas normas continuam a ser aplicadas quando pertençam à *lex causae* e, segundo o artigo sétimo n.º 2 da Convenção de Roma e o art.º 19.º da Lei Suíça, mesmo quando se encontrem na lei de terceiro Estado.

88. Normas espacialmente condicionadas ou autolimitadas. Exemplo: ver o caso já citado neste curso KAUFMANN v. AMERICAN YOUTH HOSTELS, INC.

89. Conclusão. O direito internacional privado actual tem como característica dominante a de procurar atingir os seus objectivos através de diferentes vias metodológicas. No entanto, a posição da doutrina clássica mantém-se inalterável: o direito internacional privado é essencialmente direito de conflitos.

CAPÍTULO III

TEORIA DA NORMA DE CONFLITOS

§ 1º

FUNÇÃO DA REGRA DE CONFLITOS REGRAS DE CONFLITOS BILATERAIS E UNILATERAIS

90. A orientação geralmente seguida na prática é a correspondente ao sistema bilateralista: a norma de conflitos bilateral designa simulta-

neamente, através do elemento de conexão, tanto a *lex fori* como uma lei estrangeira.

91. Opõe-se a este o sistema da regra de conflitos unilateral. Teoria de QUADRI.

§ 2º

ESTRUTURA DA REGRA DE CONFLITOS
OS ELEMENTOS ESTRUTURAIS DA NORMA

92. São três os elementos de que se compõe a norma de conflitos: o objecto da conexão (aquilo que se conexiona com determinada lei), o elemento de conexão e a consequência jurídica.
93. Critérios da conexão única e da conexão plúrima.
94. Critério da conexão plúrima alternativa.
95. Sistema da competência cumulativa.
96. Sistema da aplicação distributiva das leis. Os impedimentos (matrimoniais) de carácter bilateral. O caso do impedimento de vínculo.
97. As conexões subsidiárias; hipóteses em que a aplicabilidade da lei designada é posta sob condição.

§ 3º

RELEVÂNCIA DO FACTOR TEMPO NA ACTUAÇÃO DA REGRA DE CONFLITOS.

98. Sucessão no tempo de regras de conflitos do foro.
99. Sucessão de leis no ordenamento jurídico aplicável:o problema resolve-se pela aplicação dos princípios de direito transitório da *lex causae.*
100. O conflito móvel: noção.
101. Os mais importantes factores de conexão variáveis: a nacionalidade, o domicílio ou residência habitual de uma pessoa e a localização de uma coisa móvel.
102. Solução do conflito em matéria matrimonial e em matéria dos direitos sobre as coisas móveis corpóreas.

CAPÍTULO IV

O CONCEITO-QUADRO E O PROBLEMA DA QUALIFICAÇÃO

103. Os conceitos - quadro das normas de conflitos, que delimitam o respectivo campo de aplicação, são conceitos tomados da técnica jurídica.
104. Da natureza destes conceitos derivam dois problemas, que constituem no seu conjunto o problema da qualificação. O primeiro é o da interpretação dos conceitos atrás referidos: *a*) teoria da qualificação da *lex fori*; *b*) teoria comparatista; *c*) reconstituição do juízo de valor em que reside a razão e fundamento da norma de conflitos;
105. O problema central do tema da qualificação consiste na definição do objecto desta, ou seja, na do objecto da própria regra de conflitos.
106. A norma de conflitos refere-se a preceitos materiais do ordenamento potencialmente aplicável.
107. À *lex fori* compete decidir se os preceitos considerados, atentas as suas características principais, correspondem ao tipo visado na regra de conflitos. Todavia, é no quadro da *lex causae* que vão colher-se essas características.
108. A doutrina seguida em Portugal no que concerne ao método ou técnica a adoptar para resolver o problema da qualificação. Teoria de WENGLER. O art. 15.º do nosso Cód. civ. Explicação deste preceito.
109. O Cód. civ. português afastou-se de toda a teoria que preconiza o recurso ao ponto de vista do direito material da *lex fori* para resolver o problema da qualificação.
110. O argumento da desnecessidade da qualificação primária ou de 1º grau. O argumento derivado do princípio da igualdade.
111. Diferentes modalidades da teoria clássica: teoria de ROBERTSON; teoria da dupla qualificação (ROBERTO AGO). Crítica desta teoria: a qualificação de competência e a qualificação de mérito.
112. Os conflitos de qualificações. Noção. Resumo da doutrina adoptada.
113. Conflitos positivos de qualificações. Algumas aplicações da doutrina exposta.
114. *a*) Conflito entre a qualificação forma e a qualificação substância. *b*) Conflito entre a qualificação real e a qualificação pessoal. *c*) Conflito entre a qualificação regime matrimonial e sucessório. Doutrina de KEGEL. Solução adoptada.
115. Conflitos negativos.

CAPÍTULO V

OS CONFLITOS DE SISTEMAS DE DIREITO INTERNACIONAL PRIVADO

SECÇÃO 1ª

DIFERENTES ABORDAGENS DO PROBLEMA

116. Importância do conflito de sistemas. A ideia de um direito internacional privado à segunda potência (NEUMANN e GABBA). Normas de conflitos de 1º e 2º escalão. Razões que levaram ao abandono desta concepção.
117. Teoria de FRANKENSTEIN. A ideia de um tríptico de conexões: primárias, secundárias e falsas.
118. A lei chamada a regular as relações interindividuais é a da nacionalidade dos respectivos sujeitos; a lei reguladora dos direitos sobre as coisas, a *lex rei sitae*. Estas duas conexões são as conexões primárias, válidas *à priori*. E assim também as conexões secundárias.
119. As teorias de FRANKENSTEIN, segundo o autor, derivariam da força da verdade científica e a sua aceitação deveria ser, portanto, universal.
120. No entanto, as verdades científicas proclamadas por FRANKENSTEIN jamais lograram impor-se como tal. Por isso, a teoria de FRANKENSTEIN nunca foi aceite.
121. Doutrina da autolimitação espacial das regras de conflitos da *lex fori* (FRANCESCAKIS). A existência de duas categorias de situações jurídicas. As situações definitivamente constituídas em país estrangeiro, sem qualquer contacto com a ordem jurídica de foro, estariam fora da alçada das normas de conflitos deste ordenamento.
122. Crítica desta teoria e remissão para outro capítulo deste curso.

SECÇÃO 2.ª

CONFLITO NEGATIVO. DO REENVIO

123. Definição do problema. *a*) Retorno ou reenvio de 1.º grau; *b*) A transmissão de competência ou reenvio de 2.º grau.
124. As origens do problema: o caso “Forgo”.

§ 1.º

TEORIA DA REFERÊNCIA MATERIAL

§ 2.º

TEORIA DA REFERÊNCIA GLOBAL

TEORIA CLÁSSICA

I

(Doutrina da Devolução Simples)

II

Teoria do Reenvio Total ou da Devolução "Dupla"
(Foreign Court Theory)

§ 3.º
DOUTRINA QUE, PARTINDO DA TEORIA DA REFERÊNCIA MATERIAL, ACEITA A DEVOLUÇÃO COM UM ALCANCE LIMITADO. REENVIO E HARMONIA JURÍDICA INTERNACIONAL

§ 4.º
O REENVIO OCULTO

§ 5.º
CONCLUSÕES

SECÇÃO 3.ª

DA QUESTÃO PRÉVIA

147-148. Definição do problema. Exemplos.
149. Questão prévia e substituição.
150. Pressupostos do problema da questão prévia.
151. Conexão autónoma e conexão subordinada.
152. Apreciação das doutrinas expostas.
153. A harmonia jurídica internacional como fundamento do critério da conexão subordinada.
154. Argumento em contrário derivado do princípio da harmonia interna ou material.
155. A adopção da doutrina da conexão subordinada nem sempre conduz a resultados inadmissíveis, sob o ponto de vista da harmonia material. Contudo, encarado o tema à luz deste princípio, é indispensável introduzir certas limitações no critério da conexão subordinada.
156. Alguns grupos de casos em que o recurso ao direito de conflitos da *lex causae* deve repudiar-se.
157. *a*) Hipótese em que a lei chamada a reger a questão principal é aplicada apesar de não se considerar competente.
158. *b*) Hipótese em que a decisão da questão controvertida envolverá a própria questão prejudicial.
159. *c*) Normas que, ao operar a remissão para o direito estrangeiro, não incluem nessa remissão determinados pontos ou questões prejudiciais. A questão prejudicial só poderá ser submetida ao direito de conflitos da *lex causae*, se versar sobre relação jurídica distinta da que se controverte, ou se a questão principal incidir sobre um efeito ulterior da relação jurídica cuja existência ou validade é o objecto da questão prévia.
160. Para além do quadro referido anteriormente, as questões prejudiciais devem resolver-se de conformidade com a lei designada pelo direito de conflitos próprio da questão principal.
161. Se algumas das consequências decorrentes deste critério se revelarem inaceitáveis, deverá recorrer-se, para a correcção dos resultados inadmissíveis ou inconvenientes, à cláusula geral da ordem pública e à teoria da adaptação. Exemplos.
162. A correcção dos resultados injustos derivados do critério da conexão subordinada pode também obter-se através do princípio dos direitos adquiridos.

163. As outras ideias sobre a questão prévia. Segundo WENGLER, nós podemos conceber este problema como sendo o de averiguar de que condições depende, à face da lei reguladora da questão de fundo, a relação prévia (por exemplo, a relação matrimonial). Posta a questão nestes termos, é evidente que o nosso problema pode levantar-se mesmo quando a lei aplicável à relação controvertida seja a *lex fori*.
164. Por vezes, a solução mais razoável consistirá em se conectar a relação prévia através de uma regra de conflitos especial. Se essa regra existir, expressamente formulada, no sistema jurídico chamado a disciplinar a questão de fundo, está o problema resolvido. Mas pode não ser esse o caso – e, contudo, tornar-se possível que uma interpretação judiciosa da *lex causae* nos leve à mesma conclusão.
165. Estas considerações, se são válidas, também o serão na hipótese de a relação de fundo pertencer ao âmbito da *lex fori materialis.*
166. Mesmo que não possa chegar-se à conclusão da existência da referida regra de conflitos especial para a questão prévia, poderá acontecer que a resolução desta questão segundo o critério da conexão subordinada seja postulada pela justiça material da *lex causae.* Se assim for, continua a não estar em causa um problema de escolha de lei. Dizia EHRENZWEIG que a interpretação dos preceitos materiais aplicáveis à questão de fundo pode mostrar que a *lex causae* só é susceptível de ser coerentemente aplicável dentro dos quadros próprios, isto é, se incluirmos as suas regras de conflitos relativamente à questão prévia.
167. Se, ao invés, aqueles preceitos se mostrarem indiferentes ao modo como venha a ser resolvido o problema da lei aplicável à questão prévia, não vemos como possa continuar a definir-se, mesmo então, o problema da questão prévia como problema de interpretação da norma material a aplicar.
168. Assim, somos reconduzidos à perspectiva tradicional da matéria: direito de conflitos da *lex causae* ou direito de conflitos da *lex fori?*
169. Não existe, que saibamos, nos vários sistemas jurídicos nacionais, qualquer texto que se refira directa e expressamente ao tema da questão prévia em direito internacional privado.

SECÇÃO 4ª

O PRINCÍPIO DA MAIOR PROXIMIDADE

170. Este princípio foi formulado em 1911 por ZITELMANN nos seguintes termos: sendo um conjunto de bens e direitos concebido unitaria-

mente pela lei mais apropriada para o reger, há no entanto que distrair da universalidade todos aqueles elementos que a ela não pertençam, segundo o estatuto próprio de cada um. Exemplo: a herança. Se alguns dos bens hereditários estão sujeitos a uma ordem jurídica (a do Estado da respectiva situação) que não perfilha a referida concepção unitária, há que destacar tais elementos da universalidade para que tenham a sorte que lhes competir segundo o estatuto que os domina.

171. Duas acepções desse princípio: *a*) ele significa tão somente que a lei reguladora de um património (por exemplo, a herança) cederá a sua competência à do Estado da situação de coisas certas e determinadas, na medida em que estas coisas estiverem sujeitas nesse Estado a um regime especial de direito material (LEWALD e KEGEL). *b*) Opinião corrente na Alemanha durante a vigência da antiga EGBGB: a lei definida como aplicável a certa universalidade de bens abdica da sua competência em favor da lei da situação de alguns deles (imóveis), não só na hipótese já referida, mas também naquela em que a *lex rei sitae* se considera exclusivamente competente pelo que toca a tais bens.

172. Aceitação da primeira directiva apontada (trata-se aí de normas de aplicação necessária ou imediata). Quanto à segunda directiva, só é de aceitar, apurando-se que a aplicação da lei do Estado da situação dos bens imóveis é condição ao mesmo tempo necessária e suficiente para assegurar às decisões dos tribunais locais pleno reconhecimento naquele referido Estado. Esta era a doutrina consagrada no art.º 5º do nosso anteprojecto de 1964; mas tal sugestão não foi aceite pelo legislador.

SECÇÃO 5ª

O CONFLITO POSITIVO DE SISTEMAS DE DIREITO INTERNACIONAL PRIVADO E O PRINCÍPIO DO RECONHECIMENTO DAS SITUAÇÕES JURÍDICAS CRIADAS NO ESTRANGEIRO

173. Os diversos fins para os quais tem sida utilizada em direito internacional privado a noção de direito adquirido. *a*) Conciliação da prática universal da aplicação de direito estrangeiro com o princípio da territorialidade das leis e o dogma da soberania estatal. A doutrina anglosaxónica e a teoria dos *vested rights*. *b*) PILLET e os seus continuadores.

CAPÍTULO VI

REFERÊNCIA DA NORMA DE CONFLITOS A UM ORDENAMENTO JURÍDICO PLURILEGISLATIVO

CAPÍTULO VII

DA ORDEM PÚBLICA INTERNACIONAL

188. Características da ordem pública. A ordem pública não é uma medida objectiva para aferir a compatibilidade concreta da norma estrangeira com os princípios fundamentais do direito internacional do foro, mas a decisão de não aplicar as leis estrangeiras é algumas coisa que joga essencialmente com avaliações subjectivas do juiz. A imprecisão da noção de ordem pública e a sua actualidade.
189. A necessidade de balizar o campo de actuação da ordem pública; concretizações desta ideia. Entre a factualidade *sub judice* e o ordenamento do foro deve existir um nexo suficientemente forte para justificar a não aplicação da norma estrangeira (doutrina alemã da *Inlandsbeziehung*).
190. Teoria do efeito atenuado da intervenção da cláusula de ordem pública: a ordem pública pode operar de modo diverso conforme se trate de adquirir um direito no Estado local, ou de permitir que o direito adquirido sem fraude no estrangeiro produza neste Estado os seus efeitos. Em regra, a ordem pública não intervirá quando a relação tiver sido constituída no estrangeiro.
191. Função proibitiva (impeditiva) e permissiva (positiva) da ordem pública.
192. Uma espécie que se presta a dúvidas é a do repúdio. O repúdio da mulher portuguesa pelo marido muçulmano ofende o preceito constitucional que consagra o princípio da igualdade dos cônjuges. Mas se a mulher deu o seu assentimento ao repúdio, não se descortinam razões para fazer apelo à ordem pública; isto no caso de o repúdio ter sido realizado no estrangeiro, ao abrigo da lei do domicílio comum das partes (art.° 31.° do Cód. civ.). O mesmo se diga se é a mulher quem pede em Portugal o reconhecimento do repúdio.
193. Repúdio que teve lugar em Portugal. Entre nós, como na generalidade dos países ocidentais, é uma ideia corrente a de que em matéria de divórcio os tribunais civis têm competência exclusiva. No entanto, a intervenção da ordem pública só se justifica no caso do repúdio, sendo ainda necessário que a mulher não tenha concordado com a dissolução do matrimónio.
194. Por vezes resulta da intervenção da ordem pública a formação de uma lacuna, que necessitamos de preencher.
195. O desejável é que tanto quanto possível se resolva o problema no quadro ainda da lei designada como competente. O procedimento mais indicado consistirá em colmatar a lacuna através da aplicação de outras normas da mesma lei. Esta doutrina foi perfilhada pelo Cód. Civ. português (art.° 22, n.° 2).

CAPÍTULO VIII

DA FRAUDE À LEI EM DIREITO INTERNACIONAL PRIVADO

196. A fraude à lei em direito internacional privado.
197. Em que consiste a conduta fraudatória.
198. Os elementos constitutivos da fraude.
199. O elemento subjectivo.
200. O elemento objectivo. A intenção fraudulenta é normalmente levada a cabo através de uma adequada manipulação do factor de conexão da norma de conflitos. É, portanto, essencial que os interessados possam fixar a conexão relevante ao sabor das suas conveniências.
201. O elemento de conexão normalmente utilizado é a nacionalidade.
202. O caso de *Beauffremont.*
203. Se ninguém pode ser privado do direito de mudar de nacionalidade (seja qual for o motivo), é mister que o indivíduo proceda com o intento sério de aceitar as consequências mais essenciais da condição de nacional do Estado da naturalização. Ora a princesa de Beauffremont não agiu com essa intenção, mas tão somente com a de contrair segundas núpcias com o príncipe Bibesco. Foi, portanto, justa a decisão dos tribunais franceses de não reconhecerem esse acto, com fundamento na fraude à lei francesa.
204. A fraude à lei pode incidir no objecto da conexão: o caso *Caron.*
205. A fraude à lei no campo das pessoas colectivas.
206. ...e no campo dos contratos.
207-208. Sanção da fraude à lei.
209. Da fraude à lei estrangeira.

CAPÍTULO IX

DA APLICAÇÃO DO DIREITO ESTRANGEIRO

210. O direito estrangeiro é aplicado entre nós como verdadeiro direito. *Vide* os arts. 348.°, n.° 2 do Cód. Civ. e 721.°, 3.° do Cód. Proc. Civ.
211. Prova da existência e averiguação do conteúdo do direito estrangeiro. Colaboração com o Tribunal daquele que invoca direito estrangeiro.
212. Consequências da falta de prova do direito estrangeiro.
213. Orientação que se recomenda.

PARTE II

DIREITO PROCESSUAL CIVIL INTERNACIONAL

CAPÍTULO I

COMPETÊNCIA INTERNACIONAL

DIREITO PORTUGUÊS COMUM

CAPÍTULO II

RECONHECIMENTO E EXECUÇÃO DAS SENTENÇAS ESTRANGEIRAS SOBRE DIREITOS PRIVADOS

DIREITO PORTUGUÊS COMUM

224. Significado do reconhecimento de uma sentença estrangeira.
225. Vamos ocupar-nos aqui tão somente das sentenças que recaiam sobre direitos privados.
226. Interpretação da expressão "sentença proferida por tribunal estrangeiro" (art.° 1094.°).
227. É indiferente que para o acto a reconhecer seja competente, no país de origem, uma entidade legislativa, administrativa ou religiosa e não um tribunal. Casos duvidosos: o divórcio do direito rabínico e o do direito muçulmano. O sistema da Convenção da Haia de 1970.
228. Hipótese de um divórcio privado ou um repúdio que tenham ocorrido no território do Estado do foro. *Vide supra*, capítulo da o.p. internacional, especialmente, n.° 201. Se se tratar de um verdadeiro repúdio, e não de um simples divórcio privado, a ordem pública internacional constituirá obstáculo intransponível ao reconhecimento.

§ 1°

FUNDAMENTO DO INSTITUTO DO RECONHECIMENTO DAS SENTENÇAS ESTANGEIRAS

229. São razões de índole eminentemente prática que aconselham esse reconhecimento.
230. Mas não se concebe que os Estados admitam sem qualquer espécie de controlo a eficácia das decisões provenientes de uma soberania estrangeira.
231. A justificação lógica do reconhecimento: a melhor justificação é a que reside na competência internacional do tribunal de origem, reconhecida pela ordem jurídica do Estado requerido.

§ 2º

SISTEMAS SEGUIDOS QUANTO AO RECONHECIMENTO DAS SENTENÇAS PROVENIENTES DE PAÍSES ESTRANGEIROS

232. O sistema mais favorável à eficácia extraterritorial das sentenças é aquele que, sem deixar de condicionar o reconhecimento, dispensa, no entanto, a verificação prévia das condições legalmente estabelecidas (sistema do reconhecimento de pleno direito).
233. Sistema do direito francês anterior a 7 de Janeiro de 1964. Regime da revisão de fundo. Actualmente, o regime em vigor é misto: as decisões relativas ao estado e à capacidade das pessoas beneficiam de uma eficácia de pleno direito. Deparam-se-nos também alguns julgados que aplicam a mesma solução a todas as sentenças constitutivas. O sistema do reconhecimento de pleno direito vigora também hoje na Itália.
234. Outro sistema é o que exige a verificação prévia da legalidade das decisões dos tribunais estrangeiros. Quando não é admitida a revisão de mérito, fala-se de sistema da delibação (Portugal, Brasil, Suíça).
235. A revisão de fundo é interdita, salvo casos excepcionais, em vários Estados, entre os quais a Alemanha, a França (desde 1964), a Itália, Portugal (desde 1876), o Brasil. O mesmo se diga das mais recentes convenções internacionais na nossa matéria, como a Convenção da Haia de 1971, a do Luxemburgo de 1967, a de Bruxelas (1968) e a de Lugano (1988).
236. Entre nós, a revisão de mérito existia até ao Código actual em dois casos: al. g) do art.º 1096.º e al. c) do art.º 771.º.
237. A doutrina da al. g) do artº 1096 passou para o texto relativo aos fundamentos de oposição ao pedido de reconhecimento (n.º 2 do art.º 1100.º do C.P.C.).
238. Assim, resta só um caso de revisão de mérito no direito português: é o da al. c) do art.º 771.º do C.P.C.
239. O Arrêt Munzer de 7 de Janeiro de 1964, que acabou com o princípio da revisão de fundo, dispõe contudo que o juiz deve controlar, à face das regras de conflitos francesas, a competência da lei aplicada pelo tribunal de origem ao fundo da causa. Crítica desta orientação.
240. Já sabemos que o sistema do direito português é o da revisão formal ou delibação. Vejamos agora se não haverá decisões — sem falar das exceptuadas por tratados ou leis especiais — que escapam ao rigor do controle prévio. O problema põe-se em relação às sentenças constitutivas, aos actos de jurisdição voluntária e aos efeitos da sentença tomada como facto jurídico e como meio de prova.

241. Os casos em que a dispensa do controlo prévio é de admitir entre nós são raros (art.º 1094.º, n.º 2 do C.P.C.)
242. Referência ao sistema inglês ou da *Common Law*.
243. Teoria de ANZILOTTI sobre o efeito próprio da sentença de delibação. Refutação desta teoria.
244. Questão de saber se o efeito da confirmação é a nacionalização do julgado estrangeiro, ou um julgado português que atribui relevância na ordem jurídica nacional ao conteúdo da decisão confirmada. É esta última a melhor solução.

§ 3º

CONDIÇÕES DA CONFIRMAÇÃO DAS SENTENÇAS ESTRANGEIRAS

245. Art.º 1096.º, alínea a) e alínea b).
246. Alínea c). Ao contrário do que sucedia até ao Código actual, a competência do tribunal de origem não depende das normas da *lex fori*. A alínea c) do art.º 1096.º do CPC limita-se a considerar requisito necessário da confirmação que a sentença "provenha de tribunal estrangeiro cuja competência não tenha sido provocada em fraude à lei e não verse sobre matéria da exclusiva competência dos tribunais portugueses".
247. Art.º 1096.º, alínea d). Litispendência e caso julgado. A litispendência não impede o reconhecimento se foi o tribunal estrangeiro que preveniu a jurisdição. A mesma doutrina vale para o caso julgado.
248. Quanto, porém, à excepção de caso julgado, ela aparece de novo no capítulo dos fundamentos da oposição ao pedido: a impugnação do pedido de reconhecimento ou de execução será julgada procedente se a decisão estrangeira for contrária a outra que constitua caso julgado para as partes, formado anteriormente. É a hipótese do conflito entre duas decisões, das quais uma é portuguesa. O caso julgado português prevalecerá se for anterior ao estrangeiro.
249. Art.º 1096.º, alínea e). Regularidade do processo. O réu deve ter sido regularmente citado para a acção, nos termos da lei do tribunal de origem e é preciso que no processo tenham sido observados os princípios do contraditório e da igualdade das partes.
250. Art.º 1096.º, alínea f). Ordem pública internacional.
251. Enquanto o Código anterior exigia que a sentença não contivesse decisões contrárias aos princípios de ordem pública portuguesa, o que o actual requer é que a sentença "não contenha decisão cujo

reconhecimento conduza a um resultado manifestamente incompatível com os princípios da ordem pública internacional do Estado português". Não é, portanto, a decisão propriamente que conta, mas o resultado a que conduziria o seu reconhecimento.

DIREITO CONVENCIONAL CONVENÇÃO DE BRUXELAS, DE 28-IX-1968, COM AS MODIFICAÇÕES INTRODUZIDAS QUANDO DA ADESÃO DE PORTUGAL E ESPANHA (CONVENÇÃO DE SAN SEBASTIAN, DE 1989, EM VIGOR PARA PORTUGAL DESDE 1 DE JULHO DE 1992). CONVENÇÃO DE LUGANO, DE 16.IX.1988

CAPÍTULO I

COMPETÊNCIA INTERNACIONAL

252. Âmbito da convenção de Bruxelas.
253. Princípio fundamental da convenção *(actor sequitur forum rei)*.
254. Derrogações a este princípio (art.° 5.° e 6.°).
255. Secção 3ª do título 2° (competência em matéria de seguros). Secção 4ª (competência em matéria de contratos celebrados pelos consumidores).
256. Caso do réu domiciliado fora do território da comunidade (art.° 4.° alínea 1ª).
257. Competências exclusivas. O seu catálogo está fixado no art° 16°; ver também o art.° 18.°.
258. Caso da litispendência (art.° 21.°)

CAPÍTULO II

RECONHECIMENTO E EXECUÇÃO DAS DECISÕES JUDICIAIS PROFERIDAS NUM ESTADO CONTRATANTE NOS OUTROS ESTADOS CONTRATANTES

259. Sistema do reconhecimento de pleno direito (art.° 26.°).
260. Motivos pelos quais o reconhecimento ou a execução não poderão ser concedidos (art.° 27.° e 28.°).

PUBLICAÇÕES DO AUTOR

1 — LIVROS

Dolo e preterintencionalidade, 1935 (tese de licenciatura), dactilografada, publicada em 1969 nos *Estudos Jurídicos*, II).

Erro e interpretação na teoria do negócio público (tese de doutoramento), 1939 (1ª ed.); 1968 (2ª ed., nos *Estudos Jurídicos*, I); 1985 (3ª ed.).

Sociedades fictícias e unipessoais, 1948.

Estudos Jurídicos, I, 1968.

Estudos Jurídicos, II (Direito Civil e Comercial. Direito Criminal), 1969.

Estudos Jurídicos, III (*Direito Internacional Privado*), 1970.

Lições de Direito Comercial (policopiadas), I (última versão: 1973), II (última versão: 1968), III (última versão: 1975).

Lições de Direito Internacional Privado (policopiadas) (última versão: 1973 a 1975).

Les problèmes de codification en droit international privé, Rec. des Cours de l'Académie de Droit International de la Haye, 1975, II.

Direito Internacinal Privado — Alguns problemas, 1981 (versão portuguesa, modificada e ampliada, da obra anterior), 1996 (4ª reimpressão).

Discursos e entrevistas, 1982.

Estudos vários de Direito, "Acta Universitatis Conimbrigensis", 1982.

Temas de Direito Comercial e de Direito Internacional Privado, 1989.

Lições de Direito Comercial (Reprint), 1994.

A venda internacional de objectos de arte, 1994.

2 — OPÚSCULOS, ARTIGOS DE REVISTA, CONFERÊNCIAS, ANOTAÇÕES A SENTENÇAS, TRABALHOS LEGISLATIVOS

Disposições a favor de terceiros em convenções antenupciais, 1943.

Sociedades unipessoais de responsabilidade limitada, na "Revista de Direito e de Estudos Sociais", I (1945-46), e nos *Estudos Jurídicos*, II.

Amortização e cessão de quotas, na "Revista de Direito e de Estudos Sociais", I (1945-46).

O estatuto pessoal dos plurinacionais e dos apólides, na "Revista de Direito e de Estudos Sociais"; III (1947-48).

A procuração na teoria da representação voluntária, no "Boletim da Faculdade de Direito" de Coimbra; XXIV (1948); em separata e nos *Estudos Jurídicos,* II.

O testamento de mão-comum em Direito Internacional Privado, na "Revista de Direito e de Estudos Sociais", IV (1948-49), em separata e nos *Estudos vários de Direito.*

O problema das qualificações em Direito Internacional Privado, na "Revista de Direito e de Estudos Sociais", V (1949-50), e nos *Estudos Jurídicos,* III.

Convenções de liquidação de quota pelo último balanço e liberalidade, na "Revista de Direito e de Estudos Sociais", VI (1950); e nos *Estudos Jurídicos,* II.

Propriedade industrial. Registo do nome de estabelecimento. Concorrência desleal, na "Revista de Direito e de Estudos Sociais", VI (1950); e nos *Estudos Jurídicos,* II.

Direito Internacional Privado, no "Boletim do Ministério da Justiça", n.° 24 (1951), e em separata.

Parecer sobre um questionário relativo à transferência de propriedade nas vendas internacionais de objectos mobiliários, no "Boletim do Ministério da Justiça", n.° 28 (1952).

Valor do acto realizado por demente antes de instaurada a acção de interdição, na "Revista dos Tribunais", 1954, e em separata.

Unidade do estatuto pessoal, no "Boletim da Faculdade de Direito", XXX (1955), em separata e no "Jornal do Foro", 22.° (1958).

Pessoas colectivas. Anteprojecto de um capítulo do novo Código Civil, no "Boletim do Ministério da Justiça", n.° 67 (1957), e em separata.

Reivindicação do estabelecimento comercial como unidade jurídica, na "Revista de Legislação e de Jurisprudência", 89.° (1957), em separata e, com aditamentos e alterações, nos *Estudos Jurídicos,* II.

O problema do reenvio (devolução) em Direito Internacional Privado, no "Boletim da Faculdade de Direito" de Coimbra, XXXVIII (1962), e em separata.

A representação de menores sujeitos ao pátrio poder na assembleia geral das sociedades comerciais, na "Revista de Legislação e de Jurisprudência", 95.°, 96.° e 97.° (1962 a 1964), em separata e, com alterações e aditamentos, nos *Estudos Jurídicos,* II.

Conflitos de leis (com a colab. de J. Baptista Machado), no "Boletim do Ministério da Justiça", n.° 136 (1964); e em separata.

Da responsabilidade do terceiro que coopera com o devedor na violação de um pacto de preferência, na "Revista de Legislação e de Jurisprudência", 98.° (1965-66), e nos Estudos Jurídicos, II.

La société d'un seul associé, no "Boletim da Faculdade de Direito" de Coimbra, XLI (1966), e em separata.

La question du renvoi dans le nouveau Code Civil portugais, na "Miscellany in honour of Ch. Fragistas", vol. XII, II, Théssalonique, 1967, no "Boletim da Faculdade de Direito" de Coimbra, XLII (1967), em separata e nos *Estudos Jurídicos,* III.

O problema das sociedades unipessoais (com a colab. de António Caeiro), no "Boletim do Ministério da Justiça", n.° 166 (1967), em separata, nos *Estudos Jurídicos,* II, e na colectânea "Estudos de Direito Comercial", I (1969).

O problema da qualificação segundo o novo direito internacional privado português, no "Boletim da Faculdade de Direito" de Coimbra, XLIV (1968), em separata e nos *Estudos Jurídicos,* III.

Das Problem der Qualifikation nach dem portugiesischen IPR, in "Zeitschrift für Rechtsvergleichung", 1970 (versão alemã do trabalho anterior).

De novo acerca do reenvio no actual Código Civil Português, no "Boletim da Faculdade de Direito" de Coimbra, XLV (1969), e em separata.

Le reégime juridique des fondations privées, culturelles et scientifiques, en droit portugais, no "Boletim da Faculdade de Direito", XLVI (1970); em separata e nos *Estudos vários de Direito.*

The judicial status of private, cultural and scientific foundations in Portuguese Law, in "The Fiscal and Juridical Status of Foundations", 1972 (versão inglesa do trabalho anterior).

Da questão prévia em direito internacional privado, na "Revista Portuguesa de História", Tomo XIII (1971), (número de homenagem ao Doutor Paulo Merêa), em separata e em *Estudos Jurídicos III.*

As sociedades comerciais no período da constituição, nos "Estudios Jurídicos en homenage a Joaquin Garrigues", 1971.

La reconnaissance et l'exécution des jugements étrangers en matiére civile et commerciale (Rapport général au VIII Congrès de l'Académie Internationale de Droit Comparé — Pescara, 1970), 1971.

O novo direito internacional privado português (Alguns princípios gerais), no "Boletim da Faculdade de Direito" de Coimbra, XLVIII (1972), em separata e nos *Estudos vários de Direito.*

La doctrine des droits acquis dans un système de régles de conflit bilatérales, in "Multitudo Legum — Ius unum, Festschrift fur W. Wengler", II, 1973, e nos *Estudos vários de Direito.*

Breves reflexões sobre a competência internacional indirecta, na "Revista de Legislação e de Jurisprudência", 108.°-109.° (1976), em separata e nos *Estudos vários de Direito.*

Nuevos rumbos para el Derecho Internacional Privado?, nos "Cuadernos de la Cátedra J. B. Scott", Universidad de Valladolid, 1979, e nos *Estudos vários de Direito.*

Novos rumos para o Direito Internacional Privado?, na "Revista de Direito e economia", 1978 (versão modificada do trabalho anterior).

Miaja de la Muela e a tendência "substancialista" em Direito Internacional Privado, nos "Estudios de Derecho Internacional. Homenage al Profesor Miaja de la Muela", II, 1979, e nos *Estudos vários de Direito.*

A revisão do Código Civil e o direito internacional privado, no "Boletim do Ministério da Justiça", n.° 283 (1979), em separata e nos *Estudos vários de Direito.*

Sobre o problema das autonomias universitárias, Universidade de Coimbra, 1981.

Considerações sobre o método em direito internacional privado, no n.° especial do "Boletim da Faculdade de Direito" de Coimbra, "Estudos em homenagem ao Prof. Doutor José Joaquim Teixeira Ribeiro", 1981, em separata e nos *Estudos vários de Direito.*

Le procédé conflictuel en Droit International Privé et les solutions alternatives, 1982, nos *Estudos vários de Direito.*

La reconnaissance et l'exécution des jugements étrangers en matière civile et commerciale — Droit comparé (Cours à la Faculté Internationale de Droit Comparé), 1982, nos *Estudos vários de Direito.*

Autonomia patrimonial como pressuposto da personalidade jurídica, na "Revista de Legislação e de Jurisprudência", 115.° *(1982),* e nos *Estudos vários de Direito.*

Pacto leonino: espécies; proibição e seus fundamentos, na "Revista de Legislação e de Jurisprudência", 115.° (1982), e nos *Estudos vários de Direito.*

Notas para o estudo do contrato de garantia bancária, na "Revista de Direito e Economia", 1982.

O reconhecimento das sentenças estrangeiras nos sistemas brasileiro e português, na "Revista de Legislação e de Jurisprudência", 116.° (1983).

Natureza e autonomia da Universidade, 1983.

Direito Internacional Privado matrimonial, na "Revista de Legislação e de Jurisprudência", 116.° (1984).

Sobre a projectada reforma da legislação comercial portuguesa, na "Revista da Ordem dos Advogados", 1984, e em separata.

Direito Internacional Privado, na PÓLIS — Enciclopédia Verbo da Sociedade e do Estado", 2 (1984).

Conflitos de leis em matéria de direitos reais, na "Revista de Legislação e de Jurisprudência", 117.°-118.°, (1985).

Da Arbitragem Comercial Internacional (Temas de Direito Comercial e Direito Internacional Privado, 1989).

O Problema da lei aplicável ao fundo ou mérito da causa na Arbitragem Comercial Internacional (in Temas).

O Direito Internacional Privado Português e o Princípio da Igualdade (in Temas).

O Princípio da Autonomia do Direito Internacional Privado no Sistema Jurídico Português (in Temas).

3 — DISCURSOS

Discurso (no doutoramento do Conselheiro Fernando Martins de Carvalho), no "Boletim da Faculdade de Direito" de Coimbra, XVIII (1942).

Primeiro Congresso Hispano-Luso-Americano de Direito Internacional, no "Boletim da Faculdade de Direito" de Coimbra, XXVII (1952), e em separata.

Homenagem à memória do Doutor Álvaro da Costa Machado Vilela, no "Boletim da Faculdade de Direito" de Coimbra; XXXVI (1961), e em separata.

Sessão da Faculdade Internacional para o ensino do Direito Comparado, no "Boletim da Faculdade de Direito" de Coimbra, XLI (1966), e em separata.

Discurso (no doutoramento de Luís António da Gama e Silva), no "Boletim da Faculdade de Direito" de Coimbra, XLIII (1968), e em separata.

Discurso, in "Na posse das comissões de revisão dos códigos", 1977.

Discursos (no acto de posse do Reitor, a 16-6-1978, e no acto de posse dos Vice-Reitores, a 4-9-1978), no "Anuário da Universidade de Coimbra", Ano de 1977/78, e em separata.

Discurso (na sessão inaugural dos trabalhos do Conselho de Reitores das Universidades Portuguesas), no "Anuário da Universidade de Coimbra", Ano de 1978/79, e em separata.

Discurso (na abertura solene das aulas da Universidade de Coimbra em 24-10-1980), no "Anuário da Universidade de Coimbra", Ano de 1980-1981, e em separata.

Discurso, in "Visita de João Paulo II à Universidade de Coimbra em 15 de Junho de 1982", 1983.

Discurso, in "10 de Junho. Dia de Portugal, de Camões e das Comunidades portuguesas", 1983.

4 — PREFÁCIOS E NOTAS PRÉVIAS

Prefácio, in Pio Coelho de Mendonça, *Breve ensaio sobre uma construção de Ernst Frankenstein,* 1949.

Prefácio, in Alberto Pimenta, *Sociedades entre cônjugues,* 1953.

Prefácio, in Fernando Lopes, 50 *anos de advocacia, II — No campo do Direito Comercial,* 1962.

Prefácio, in Pedro Sousa Macedo, *Manual do Direito das Falências,* I (1964).

Nota prévia, in António A. Caeiro, *A exclusão do direito de voto nas sociedades por quotas,* 1966.

Nota prévia, in "Estudos de Direito Comercial", I (1969).

Nota prévia, in Wengler, *A responsabilidade por facto ilícito em direito internacional privado* (trad. do alemão por F. Azevedo Moreira), 1974.

Préface, in António Pereira de Almeida, *La société de responsabilité limitée en droit portugais et sa réforme,* 1975.

5 — TRADUÇÕES

HANS A. FISCHER, *A reparação dos danos no Direito Civil,* 1938.

TRABALHOS EM CO-AUTORIA

1 — LIVROS

Com ANTÓNIO A. CAEIRO
Anteprojecto de lei das sociedades comerciais. Parte Geral. I, 1973.
Com V. G. LOBO XAVIER, ANTÓNIO A. CAEIRO e MARIA ÂNGELA COELHO
Sociedades por quotas de responsabilidade limitada. Anteprojecto de lei — 2.ª revisão e exposição de motivos, 1977.

2 — OPÚSCULOS, ARTIGOS DE REVISTA, ANOTAÇÕES A SENTENÇAS, TRABALHOS LEGISLATIVOS

Com MANUEL DE ANDRADE
Suspensão e anulação de deliberações sociais, na "Revista de Direito e de Estudos Sociais", III (1947-48), e em separata (com o título *Suspensão de deliberações sociais e direitos individuais dos accionistas).*
Parecer, in *Pacto de preferência na venda de acções*, 1955.

Com EDUARDO CORREIA
Fundamento da interdição por demência. Alguns aspectos do problema, na "Revista de Legislação e de Jurisprudência", 86.° (1954), e em separata.

Com RUI DE ALARCÃO
Acerca da taxa-limite do montante da cláusula penal fixada pelo Dec. 21.730, na "Revista de Direito e de Estudos Sociais", IX (1958), e em separata.

Com V. G. LOBO XAVIER
Do contrato de sociedade, no "Boletim do Ministério da Justiça", n.° 104 (1961), e em separata.
A amortização de quotas e o regime de prescrição, na "Revista de Direito e de Estudos Sociais", XII (1965), e em separata.

A exigência estatutária de quorum nas assembleias gerais de segunda convocação e o art. 104.° do Código Comercial, na "Revista de Direito e de Estudos Sociais", XIV (1967), e em separata.

Sobre a contrapartida da amortização de quota, na "Revista de Direito e de Estudos Sociais", XVIII (1971), e em separata.

Contrato de empreitada e cláusula de revisão: interpretação e erro; alteração das circunstâncias e aplicação do art. 437.° do Código Civil, na "Revista de Direito e Economia", 1978.

Efeito externo das obrigações; abuso do direito; concorrência desleal (A propósito de uma hipótese típica), na "Revista de Direito e Economia", 1980.

Registo de manifestos mineiros e transmissão dos respectivos direitos; negócio formal e prova da sua conclusão, na "Revista de Legislação e de Jurisprudência", 117.° (1984).

Dissolução de sociedades por quotas: natureza supletiva do n.° 1.° do art. 42.° da Lei de 11-4-1901; o caso especial do direito de um sócio a requerer a dissolução como garantia do seu direito de exclusão, na "Revista de Direito e Economia", 1984.

Com MANUEL HENRIQUE MESQUITA

A obra intelectual como objecto de empreitada. Direito do dono da obra de desistir do contrato e efeitos da desistência, na "Revista da Ordem dos Advogados", 1985.

Com ANTÓNIO AGOSTINHO CAEIRO

Aumento do capital, preferência dos accionistas e sobrepreço das acções, na "Revista de Direito e de Estudos Sociais", XV (1968), e na colectânea "Estudos de Direito Comercial", I (1969).

Alteração da cláusula de preferência na transmissão de acções, na "Revista de Direito e Economia", 1975.

Recusa do pagamento de cheque pelo banco sacado; responsabilidade do banco face ao portador, na "Revista de Direito e Economia", 1978.

Modificação do objecto social e sua especificação nos estatutos; aumento do capital a deliberar pelo conselho de administração; previdência dos administradores, na "Revista de Direito e Economia", 1980/81.

Com V. G. LOBO XAVIER, ANTÓNIO A. CAEIRO e MARIA ÂNGELA COELHO

Sociedades por quotas de responsabilidade limitada. Anteprojecto de lei, na "Revista de Direito e Economia", 1976.

Com ALMENO DE SÁ

Emissão de cheque, cessão de créditos e compensação, na "Revista de Direito e Economia", 1989, e em separata.

Algumas notas sobre as fundações, na "Revista de Direito e Economia", 1989.

Oferta pública de venda de acções e compra e venda de empresa, na "Colectânea de Jurisprudência", 1993, e em "A Privatização da Sociedade Financeira Portuguesa", Lisboa, 1995.

Direito de Autor e comunicação pública de emissões de rádio e televisão, no "Boletim da Faculdade de Direito de Coimbra", LXX, 1994, e em separata.

Execução pública pelo autor, direitos conexos e gestão colectiva, no "Boletim da Faculdade de Direito de Coimbra", LXXIV, 1999, e em separata.

ÍNDICE GERAL

PARTE II

DIREITO PROCESSUAL CIVIL INTERNACIONAL